MAESTRÍA DE LA FELICIDAD

Vladimir Gessen
María Mercedes Gessen
Marcus Gessen
Merlín Gessen
Gabriel Gessen
Annika Gessen

Nones
Art & Books

BLIBROS

©*Maestría de la Felicidad*
©Familia Gessen

Depósito legal: DC2022000670
ISBN: 9798871991756

Coordinación editorial: Roger Michelena @Libreros
Coordinación de publicación: Gisela Nones @NonesBooks
Corrección: Jorge Gómez Jiménez @CorreccionT
Diseño y diagramación: Mariano Rosas @Thebookmakers

Primera edición: diciembre de 2023
Copyright© de la presente edición: FB Libros C.A.
FB Libros: 58+424.1158066
ficcionbrevelibros@gmail.com

Todos los derechos reservados. Bajo las sanciones establecidas en las leyes, queda rigurosamente prohibida, sin autorización escrita de los titulares de *copyright*, la reproducción total o parcial de esta obra por cualquier medio o procedimiento, sea electrónico, mecánico, fotocopia, por grabación u otros, así como la distribución de ejemplares mediante alquiler o préstamos públicos.

A la Divina Providencia que nos integra a todos...
A nuestra querida familia con amor,
y a ti, apreciado lector, con gratitud.

Prefacio

A lo largo de nuestra carrera como profesionales de la conducta humana, le hemos preguntado a las personas sin importar su edad: "¿Qué vas a ser en tu vida?". La respuesta generalmente es alcanzar una meta, uno o más objetivos concretos. Suelen referirse a logros personales como "ser médico", "ser ingeniero", "ser bombero" o "graduarme en la universidad", "hacer un doctorado", "ser militar" o "ser famoso".

Otra opción tiene que ver con la consecución de bienes o de servicios, tales como "ser rico", "comprar una casa", adquirir algo: "un carro", o "viajar", y algunos van más allá de lo personal e indican: "casarme", "tener hijos", "una familia" o "poder ayudar a mis padres". Algunos pocos dicen: "ser presidente" o entrar en la lista de los más ricos del mundo. Los menos responden: "promover un medio ambiente mejor", "evitar el calentamiento global" o "trabajar en pro de la tolerancia y la igualdad de los seres humanos".

Así también nosotros nos manifestábamos ante la interrogante, hasta que descubrimos que cada una de las respuestas era correcta, pero no completa. Desde ese día estamos conscientes de que lo que todos y cada uno de los seres humanos debemos responder ante esa cuestión de qué quieres ser en tu vida, es... ¡Ser feliz!

Cada una de las opciones personales, de obtener algo o impulsar alguna causa, forma parte de la felicidad, pero esa sola iniciativa —por sí misma— no lo es. Ni siquiera con la suma de todas las respuestas cuando describen qué desean ser o tener.

La felicidad es un estado mental que tiene que ver con la razón y las emociones, con nuestras decisiones, con la conciencia propia de nosotros, de la humanidad, y con la Divina Providencia. Tampoco lo seremos en todo tiempo y espacio. Ser felices no es algo permanente, es la suma de los momentos en que lo estamos. A mayor número de esos instantes, de esos episodios, tenderemos a ser más felices y durante más tiempo.

Para alcanzar ese estado lo primero que requerimos es entender nuestras emociones, aumentar nuestra inteligencia emocional y poner a nuestro favor el poder que nos brindan. Las emociones sin control nos provocarán situaciones y circunstancias no deseadas para nuestro objetivo central de vida: ser felices. La rabia bien manejada nos reta para superar desafíos, pero descontrolada nos lleva a la ira y sus consecuencias. El miedo bajo nuestra razón nos permite el estrés "bueno", que nos dota de una serie de elementos que nos permitirán salir airosos de situaciones peligrosas. El miedo sin control se convierte en pánico o parálisis y nos puede costar la vida.

A pesar de ser una emoción positiva, la alegría sin control puede llevarnos a una vida desenfrenada y convertirse en infelicidad. La bella y muy estimada emoción del amor nos impulsa a actuar hacia su dirección, pero debemos conducirla con la razón para lograr ser felices en pareja y ser felices en familia. Igual con los amigos, con los vecinos y los conocidos. Definitivamente debemos aprender los secretos de las emociones y de cómo gobernarlas a nuestro favor.

Lo segundo a tomar en cuenta nos lo plantea un graduado en Sistemas y experto en comunicaciones e informática, Marcus Gessen, quien nos muestra cómo nuestro cerebro es un extraordinario "*hardware*" que asimila un "software" o "programas" de comportamiento a través del aprendizaje, los cuales usaremos durante nuestra vida. Si estos programas no tienen fijado un objetivo claro, no nos conducirán a obtener los resultados que esperamos para obtener una conducta que automáticamente nos lleve a un destino que deberíamos poseer y disfrutar todos los seres humanos: ser felices. En definitiva se trata de cómo programarnos para ser felices y cuáles son las herramientas y mecanismos para hacerlo realidad.

También veremos la conducta de los seres humanos, quiénes somos y hemos sido, y hasta qué punto hemos sido felices en buena parte de nuestra existencia. Todo ello tiene que ver con nuestra conducta en el entorno y en nuestras interacciones con los demás y con el medio ambiente donde nos desenvolvemos. En esta fase veremos cómo —en buena medida— sí se puede ser feliz en pareja, en familia, en el trabajo, con los amigos, y con nosotros mismos, en cada etapa de nuestras vidas.

Siempre habrá dificultades, diferencias, hasta conflictos, pero existen distintas formas de compartir minimizando los aprietos y los conflictos, y de superar los obstáculos en las relaciones humanas. Examinaremos los elementos que nos permitirán alcanzar las mejores relaciones con los seres queridos, las amistades y las personas conocidas de nuestro ambiente. Incluso con los extraños, que en infinidad de casos son responsables de nuestro bienestar y conveniencia, o todo lo contrario, de nuestro enojo, incomodidad y malestar. Aprenderemos a usar la tolerancia y la convivencia, que no la condescendencia, procurando el bien común que a todos nos beneficia.

En el paso tres —si queremos ser felices—, analizaremos cómo tomar las decisiones adecuadas, partiendo del principio de que la peor decisión que se puede tomar es no tomarla, salvo que esa —el no hacer nada— sea precisamente la decisión. Por el otro lado, la mayoría de la humanidad ha aprendido a decir sí. Pero muy pocos conocen los ingeniosos mecanismos para decir "no, gracias". Tomar decisiones es lo que hacemos durante toda nuestra vida; periódicamente tomamos cientos de ellas sin darnos cuenta. En nuestra vida tomaremos más de 2 millones 500 mil decisiones. Pero muy pocos lo hacen apropiadamente; más de 85% de la población mundial no sabe o conoce las destrezas para tomarlas.

Puedes ser feliz sin ser rico, pero debes tomar decisiones para dejar de vivir en pobreza. Existen pasos ignorados por muchos que nos sirven para aprender el arte y la ciencia de tomar decisiones acertadas y que estas nos lleven a aumentar la frecuencia de los momentos de felicidad.

En cuarto lugar, analizaremos lo concerniente a las necesidades humanas, las cuales exploraremos, y a las necesidades psicológicas de sentirse queridos, aceptados, emocional y espiritualmente. Junto al oxígeno y el agua, la comida es vital. Satisfacer el hambre es la primigenia sensación de satisfacción desde el nacimiento. Al hacerlo desaparece el llanto y es la antesala de la sonrisa. Por ello un punto clave será la gastronomía; más en específico, la neurogastronomía, comentada por el especialista en esta área y neurogastrónomo Merlín Gessen, como un elemento central que nos lleva a los más importantes recuerdos y momentos de nuestra existencia, y está asociada al amor, la amistad y el buen humor, componentes energéticos vitales de nuestra felicidad.

En quinto lugar, apreciamos cómo el ser humano instintivamente, desde que devino en la especie *Homo sapiens*, tuvo el mandato genético de la supervivencia y aprendió cómo lograrla. Lo cual significaba estar dotado de agua, alimentos, vivir en tribu y procrear descendencia. Así, buscó el medio ambiente necesario para obtener el preciado líquido, viviendo cerca de algún sitio que se lo proveyera. Por eso comenzó a emigrar. Para el alimento descubrió cómo cazar solo, y en grupo con sus congéneres, así como para recolectar la comida. Vivir en comunidad le proporcionó la protección del clan, lo cual le hizo más seguro enfrentar los peligros y proteger a las familias.

La felicidad está en todos los tiempos y espacios de nuestra vida. Lo más importante es que puede estar aquí y ahora. Para algunos puede representar un cambio del paradigma "de que nacimos para sufrir", como se desprende de algunas creencias de tiempos superados. Pero debemos adecuar a nuestro cerebro con las claves, llaves o, más bien, con los programas apropiados para hacer de la felicidad una parte cotidiana de nuestras vidas.

La experiencia de las comunidades aborígenes nos demuestra que en algún momento la comida escaseará, o eventualmente algún accidente natural puede interrumpir el suministro del agua, o surgirá una epidemia. También, otra tribu puede atacar y agredir a la comunidad existente. Ante estas circunstancias el *Homo sapiens* aprendió a emigrar. Al poner en riesgo su existencia buscó nuevos destinos. Es así como desde los primeros tiempos del *Homo sapiens* comenzó la migración por todo el planeta. Desde África hasta la Patagonia, en el sur de lo que hoy es Argentina, y pasando por todos los continentes, el ser humano ha emigrado, hasta nuestros días. Basta que una comunidad se encuentre en peligro existencial y sus habitantes migrarán. En el presente la mayoría de los emigrantes provienen de naciones donde se encuentra en juego la vida, sea por guerras, epidemias, hambrunas, falta de salud o pobreza extrema. Lo esencial es que se emigra mayormente por supervivencia.

No obstante, en este siglo 21 existe en el mundo contemporáneo otro tipo de emigrante: el que, sin tener la necesidad de irse de su país, decide hacerlo para lograr mayor bienestar. Mayor felicidad. Emigrar por necesidad vital genera distintos duelos. Emigrar por un mejor destino y alcanzar metas superiores a las necesidades genera una mayor felicidad. Aunque también es válido alcanzarla sin emigrar. Las ciencias de la conducta han investigado estas opciones y se las presentaremos, porque quienes emigraron o quienes se quedaron buscando mayor satisfacción nos enseñan un modelo de cómo manejar las penas, las nostalgias, las tristezas y los lutos del emigrante que tuvo que hacerlo. Aprenderemos cómo dar respuesta a cada una de las pérdidas que se puedan presentar al buscar otro destino y a comprender que en lugar de migrar para la supervivencia, puede hacerse en búsqueda de la felicidad.

Asimismo, entenderemos que la realidad del mundo del presente es multirracial, pluricultural, y debemos aceptar que la felicidad va asociada a la integración, a la tolerancia, y se aleja por completo de la discriminación. Las familias de hoy siguen unidas pero los estudios, los desempeños profesionales, el anhelo de vivir mejor con más y mejores bienes y servicios, y la búsqueda de objetivos muy diversos, conducen a la separación geográfica aunque no a la emocional. ¿Cómo convivir con la familia a pesar de la distancia en que puedan encontrarse? Lo trataremos en un capítulo de este libro.

De sexto, evaluaremos de manera universal que no podemos ser felices solos, y será maravilloso percatarnos de esto: no podremos ser felices sin procurar la felicidad cuanto podamos... Eres único, pero no estás solo. En este libro revelamos que gracias a la física cuántica aprendimos que estar solo no existe en ningún lugar del infinito Universo. La psicología cuántica nos lleva a teorizar que coexisten fuerzas universales que, al ponernos en el tiempo y espacio acertado, coadyuvan a que logremos la felicidad junto a tu entorno. Con los valores positivos de la vida, de la humanidad y de la universalidad, unido al conocimiento científico, nos podemos dotar de los cánones más certeros para ser felices en todo tiempo y espacio al máximo posible y contar para ello con un respaldo universal.

Cuando termine esta *Maestría de la Felicidad* estará más cerca de saber de qué se trata este estado de bienestar y de ventura, y emprenderá el camino para alcanzar su mayor grado. Estamos seguros de que lo va a lograr, personalmente y junto a sus seres queridos.

Vladimir, María Mercedes (abuelos y padres), Marcus, Merlín (hijos, hermanos y padres), Gabriel y Annika Gessen (hijos y nietos).

La Felicidad

Imágenes de Ermal Tahiri y Gordon Johnson en Pixabay

La felicidad, además de ser un estado emocional como tradicionalmente se ha categorizado, en los seres humanos interviene lo cognitivo, es decir todo lo relacionado con el conocimiento, el pensamiento y la comprensión. Los procesos cognitivos son aquellos que implican la percepción, la atención, la memoria, el razonamiento, el juicio y la toma de decisiones. También forman parte de la felicidad lo conductual y lo biológico. Realmente la felicidad es un estado "biopsicosocial". Es a la vez biológica, psicológica y social.

En efecto, la felicidad en cada persona es un estado complejo que involucra toda la vida y la conducta humana. La felicidad no es solo una emoción, sino también una construcción cognitiva que implica evaluaciones subjetivas sobre la propia vida y las circunstancias que rodean a cada quien. Además, los comportamientos y acciones que una persona realiza también pueden influir en su capacidad para experimentar felicidad.

En lo biológico, la felicidad igualmente está relacionada con la actividad de ciertos neurotransmisores, como la serotonina y la dopamina, que están involucrados en la regulación del estado de ánimo y la emoción. De hecho, estudios han demostrado que ciertos trastornos mentales, como la depresión, están asociados con una disminución en la actividad de estos neurotransmisores.

En los "procesos cognitivos" referidos a los mecanismos mentales que permiten a una persona utilizar la información del mundo que le rodea, estos pueden incluir la percepción sensorial, la memoria a largo plazo, la atención, la resolución de problemas, y la comprensión del lenguaje.

Toda persona tiene su forma de definir y de interpretar su estado de felicidad. Cada ser humano se caracteriza por su independencia de pensamiento y la humanidad ha existido en búsqueda de la verdad y la felicidad. Por lo tanto, no existe una opinión única sobre la felicidad desde una perspectiva de libre pensamiento, ya que cada uno tiene su visión y enfoque. Por ello enfatizamos la importancia de la libertad individual y la capacidad de tomar decisiones informadas para encontrar el mayor grado de felicidad, basándose en la razón, la experiencia personal y la capacidad de vivir una vida auténtica y satisfactoria.

Cada uno de los seres humanos debemos fundamentarnos en la evidencia empírica y la lógica para formar nuestras propias opiniones sobre la vida y la felicidad. En este sentido, consideramos la felicidad como un estado personal, subjetivo, que se alcanza a través del aprendizaje, la reflexión, la exploración y la experimentación.

La ciencia de la felicidad

Es una rama de la psicología que se enfoca en el estudio de las emociones positivas, los rasgos positivos del carácter y las experiencias positivas en la vida de las personas. En lugar de centrarse en la patología y en los problemas, la psicología positiva busca entender y fomentar el bienestar humano, la felicidad y el florecimiento humano. La ciencia de la felicidad se basa en la idea de que la felicidad no es simplemente la ausencia de sufrimiento o problemas, sino que es un estado de bienestar emocional y mental que se puede cultivar y mejorar. La investigación en psicología positiva ha identificado numerosas prácticas y habilidades que pueden mejorar el bienestar y la felicidad de las personas, tales como la gratitud, el optimismo, la resiliencia, la empatía, el perdón y la conexión social. A través de la investigación y la aplicación práctica de estos hallazgos, la psicología positiva busca ayudar a las personas a alcanzar una vida más plena, satisfactoria y feliz.

La felicidad y las creencias

Conversamos con un monje budista y este fue su punto de vista sobre el tema: "La felicidad se considera como un estado mental interno que se alcanza a través del cultivo de la mente y la eliminación del sufrimiento y de la ignorancia". El objetivo principal de la práctica budista —nos explicó— es alcanzar la "iluminación" o el "despertar", que se refiere a un estado de liberación. En el budismo, se piensa que la felicidad no depende de las circunstancias externas, sino que es una condición interna que se debe cultivar a través de la práctica de la meditación y el desarrollo de cualidades como la compasión, la bondad amorosa, la sabiduría y la atención plena. Además, se considera que la felicidad verdadera es duradera, y no se limita a experiencias temporales de placer o satisfacción.

Para el cristianismo, la felicidad tiene que ver con la relación con Dios y con la fe en la vida eterna. Se alcanzaría a través de la salvación y la otra vida después de esta. A diferencia del budismo, el cristianismo enfatiza la importancia de la relación con Dios y la práctica de la fe como una fuente de felicidad y propósito en la vida.

Para los católicos, la felicidad se enlaza con la relación con Dios y con el cumplimiento de su voluntad. Se considera que la felicidad verdadera se alcanza a través de la vida en la gracia de Dios y la práctica de las virtudes cristianas. La felicidad para ellos se experimenta en la medida en que se vive en conformidad con los mandamientos de su Iglesia. La felicidad no dependería de las circunstancias externas, sino que se logra a través de la relación con Dios y la práctica de las virtudes cristianas como la humildad, la caridad, la justicia y la paciencia. Asimismo se relaciona con el propósito y la misión en la vida, que se encontraría en la vocación personal de cada individuo, como sería el llamado de Dios a una persona para cumplir su plan en la vida, ya sea a través del matrimonio, la vida religiosa o el servicio a los demás.

Desde la perspectiva de la psicología, la felicidad se define como un estado de bienestar subjetivo en el que una persona experimenta emociones positivas, como alegría, satisfacción y tranquilidad, y tiene una actitud positiva hacia la vida en general. La psicología positiva —una rama de la psicología que se enfoca en el estudio del bienestar humano y las emociones positivas— se obtiene a través de la realización de las necesidades humanas básicas, y de seguridad, de pertenencia y amor, de estima, de reconocimiento social y de autorrealización. Por otra parte, ha identificado ciertos factores que contribuyen a la felicidad, como la gratitud, el optimismo, la resiliencia, la satisfacción laboral, la calidad de las relaciones interpersonales y el sentido de propósito y significado en la vida. La felicidad no sería un estado permanente, sino un estado fluctuante que depende de las circunstancias externas e internas de cada individuo. Se enfocan en el desarrollo de habilidades y estrategias para promover y mantener la felicidad a largo plazo e incrementar emociones positivas, como la del agradecimiento y la práctica de actividades gratas.

María Mercedes Gessen le asigna al perdón un papel destacado en la felicidad: "El perdón puede desempeñar un rol extraordinario en la felicidad de una persona. Reduce el estrés emocional, el resentimiento, el enojo y el rencor, que son estados de emociones negativas que nos mantienen atrapados en el pasado. El perdón puede liberarnos de estas emociones y permitirnos avanzar".

"También promueve la empatía, porque cuando perdonamos a alguien, estamos mostrando compasión y afinidad hacia esa persona. Esto puede ayudarnos a sentirnos más conectados con los demás y a aumentar nuestra sensación de bienestar. Igual, el perdón puede ayudar a mejorar las relaciones, ya que reduce la tensión y el conflicto. Cuando perdonamos a alguien, podemos reconstruir la confianza y la cercanía en una relación. Esto, además, fomenta la autocompasión, porque perdonar no solo implica dispensar el perdón a los demás, sino también perdonarnos a nosotros mismos. Al practicar el autoperdón, podemos liberarnos de la culpa y de la vergüenza, lo que puede aumentar nuestra autoestima y nuestro bienestar emocional".

"Por último, el perdón promueve la resiliencia, lo que puede ayudarnos a superar las dificultades y afrontar los desafíos de la vida con más facilidad. Al perdonar a los demás y a nosotros mismos, podemos liberarnos de las emociones y de los pensamientos negativos que pueden obstaculizar nuestro crecimiento y desarrollo personal y nuestra felicidad".

Puntos de vista filosóficos

La definición de la felicidad puede variar dependiendo de la corriente filosófica que se considere. Para los estoicos, la felicidad se relacionaba con la virtud y la sabiduría. Según esta corriente filosófica, la felicidad consiste en vivir de acuerdo con la razón y la naturaleza, aceptando lo que no se puede cambiar y buscando siempre la tranquilidad y la serenidad interior.

Los epicúreos indicaban que la felicidad se relaciona con el placer y la ausencia de dolor. Según ellos, la felicidad se logra al vivir una vida sencilla, rodeados de amigos y disfrutando de los placeres naturales.

Para Sócrates, la felicidad se alcanzaba a través del conocimiento de uno mismo y la búsqueda de la verdad. Él creía que la ignorancia es la causa de todos los males y que solo a través del conocimiento y la introspección podíamos llegar a la felicidad. Sócrates también creía en la virtud, pero enfatizaba en la importancia del autoconocimiento y la reflexión para conseguirla.

Platón, por su parte, creía que la felicidad se obtiene con la perfección y la armonía en el mundo de las ideas. Para él, la realidad física es una mera sombra de la realidad ideal, y la felicidad se adquiere al comprender y participar en la realidad ideal. Platón también enfatizaba en la virtud, pero sin ignorar la sabiduría y la verdad en el mundo de las ideas.

Desde un punto de vista filosófico, el concepto de felicidad puede variar dependiendo de las creencias, pero suele estar relacionado con la virtud, el bienestar, la realización de nuestra naturaleza humana o una combinación de estos elementos.

Así, unos coinciden en que la felicidad se relaciona con la realización de metas y logros de vida y metas alcanzadas durante ella, mientras que para otros puede estar más relacionada con la sensación de paz consigo mismo, con los demás y con el mundo.

Perspectivas sociales

La felicidad se ha definido de diversas maneras, pero en general se refiere a un estado emocional positivo que implica sentimientos de bienestar subjetivo, satisfacción con la vida y un sentido de propósito y significado.

Según la tesis de la felicidad como un estado de ánimo subjetivo positivo, se experimenta conjuntamente con sentimientos de alegría, satisfacción y placer. Para quienes perciben la felicidad como satisfacción con la vida, se relaciona con la evaluación global que hacemos de nosotros y de cómo nos va en distintos ámbitos, como la salud, las relaciones interpersonales, el trabajo y los *hobbies*.

La felicidad como sentido de propósito la relaciona con la sensación de que nuestra vida tiene una determinación y un significado, y que nuestras actividades y acciones están alineadas con nuestros valores y metas personales.

Para abarcar cómo los humanos definen la felicidad tendríamos que preguntarle a cada uno. Pero si lo agrupamos por coincidencias, probablemente tendríamos, por un lado, a quienes se refieren a la felicidad que se experimenta a través de la satisfacción de los deseos y necesidades básicas, como la alimentación, el sexo, el sueño o la diversión. Otros dirían que se trata de experimentar el vivir de acuerdo con los valores personales y tener un sentido de objetivo de vida. Muy en boga en el presente, muchos describirían la felicidad cuando se vive a través de las relaciones interpersonales con la conexión social, con la amistad, el amor y las comunicaciones. Algunos considerarían que la felicidad se siente al involucrarse en actividades artísticas como la música, la pintura o la escritura, entre otras labores creativas, y otro grupo numeroso señalaría que la felicidad depende del bienestar físico, como la buena salud, el ejercicio físico y el contacto con la naturaleza.

En realidad estos tipos de felicidad no son mutuamente excluyentes y pueden coexistir y complementarse entre sí. Además, la felicidad es una experiencia subjetiva y puede ser diferente para cada persona.

¿Cuál es su concepto de felicidad? ¿Cuándo es feliz? ¿Cómo lograr ser feliz la mayor parte de su vida?...

Naciones Unidas y el Índice de la Felicidad

En el año 2012 Naciones Unidas emitió el primer informe que establecía un índice de felicidad de las naciones denominado "Informe Mundial de la Felicidad", publicado por el Instituto de la Tierra de la ONU. De esta manera se reflejaba —desde hace más de una década— la importancia que ha adquirido la felicidad para el desarrollo de la humanidad. Los diferentes informes de evaluación de países de las Naciones Unidas se enfocaban hasta entonces en las notas negativas. Se establecían estadísticas y parámetros sobre el hambre, las carencias, las epidemias y pandemias, entre otros parámetros. Con ello, la ONU ofreció una nota positiva con la felicidad y ha repetido el informe sobre el tema todos estos años, dándole más atención a la felicidad como criterio de valoración de los países. Así, cada año se revisa el estado de la felicidad en el mundo, lo que nos demuestra cómo la nueva ciencia de la felicidad explica, además de las variaciones personales, las nacionales, en el índice de felicidad. (Helliwell, John F., Richard Layard y Jeffrey Sachs, eds. 2012. "Informe sobre la felicidad en el mundo 2012". Nueva York: Red de Soluciones para el Desarrollo Sostenible de las Naciones Unidas).

Obviamente cuando Naciones Unidas ha aceptado la felicidad como objetivo de los gobiernos de los países, esto trae como consecuencia efectos profundos en los programas y las acciones de los organismos oficiales. En el Informe de Felicidad de 2023, los países que figuran en los primeros lugares son Finlandia, Dinamarca, Islandia, Israel, Holanda, Suecia, Noruega, Suiza, Luxemburgo, Nueva Zelandia, Austria, Australia y Canadá. Llama la atención que países más ricos y desarrollados del mundo, como Estados Unidos, Francia, Alemania, Reino Unido, Italia, Rusia o China, no están entre los doce primeros puestos. Entre los menos felices se encuentran, en el último lugar, Afganistán, antecedido por Líbano, Sierra Leona, Zimbabue y la República del Congo.

El modelo incluye las medidas de afecto positivo y negativo en las emociones por país y año. El informe mide seis variables claves como los ingresos per cápita de los ciudadanos, el apoyo social, la esperanza de vida saludable, la libertad para tomar decisiones de vida, la generosidad, la cohesión social, la benevolencia y la ausencia de corrupción. Estas variables tienen efectos significativos tanto en las emociones positivas como en las negativas (Helliwell, JF, Layard, R., Sachs, JD, Aknin, LB, De Neve, J.-E. y Wang, S., eds. 2023. "Informe mundial sobre la felicidad 2023", 11.ª ed. Red de Soluciones para el Desarrollo Sostenible de las Naciones Unidas).

Los países de menor calificación durante todos los años que se ha emitido el informe de felicidad nos ilustran que la principal causa de infelicidad son las guerras que padecen sus naciones, aunque en ellas aumentan las variables de benevolencia y solidaridad asociadas a la felicidad.

A través de los años tomamos algunos países que figuran en los primeros puestos de felicidad y algunas de las posibles razones detrás de estas calificaciones. Finlandia ha mantenido su posición como el país más feliz del mundo por seis años consecutivos, lo que tiene que ver con su fuerte sistema de bienestar social, educación de calidad y atención médica universal. Altos niveles de confianza en las instituciones públicas, acceso a servicios de salud de calidad y una cultura equitativa.

Dinamarca figura porque posee fuerte seguridad social, apoyo gubernamental a la educación y la igualdad de género y una cultura de "hygge" que enfatiza la comodidad y el bienestar. También por su nivel de igualdad social y la calidad de vida. La cultura "hygge" es un concepto danés que se refiere a un estilo de vida que promueve la comodidad, la relajación y la felicidad en los momentos cotidianos. Se puede entender como una sensación de bienestar, calidez y felicidad en un ambiente acogedor y agradable. Se enfoca en disfrutar de las pequeñas cosas de la vida, como una taza de té caliente, velas aromáticas, una cena con amigos o una noche acogedora en casa. También se promueve la conexión social y la convivencia en familia o con amigos, así como la práctica de actividades que ayuden a relajarse y a desconectar del estrés diario. En Dinamarca, la cultura "hygge" es muy valorada y se considera una parte importante del bienestar y la felicidad de las personas. Esta filosofía ha ganado popularidad en otros países como una forma de encontrar la felicidad en la simplicidad y la comodidad de la vida diaria.

Suiza presenta elevados niveles de bienestar financiero, atención médica de primer nivel, un alto estándar de vida y un ambiente natural cuidado, lo que contribuye a la felicidad general de sus ciudadanos.

Islandia cuenta con una cultura muy igualitaria, apoyo a la educación, un fuerte sentido de la comunidad y un medio ambiente único.

Holanda mantiene claros niveles de equidad, un desenvolvimiento económico estable y un competente sistema de seguridad social. Además practican una cultura tolerante e inclusiva y disfrutan de un sistema de transporte público bien desarrollado y una economía estable. Al mismo tiempo, es un líder mundial en energía renovable y sostenibilidad.

Como vemos existen varios factores que contribuyen a la felicidad en los países mejor calificados, que figuran con altos niveles de confianza social, apoyo gubernamental, una economía sana, una cultura de cuidado y bienestar de todos y altos niveles de libertad personal.

El Informe Mundial de la Felicidad indica asimismo algunas de las razones por las que otros países tienen niveles de felicidad más bajos.

En el caso de Afganistán, ha estado en conflicto armado durante décadas y tiene una de las tasas más altas de muertes violentas del mundo. También sufre una economía en crisis y altos niveles de pobreza y desempleo.

Zimbabue ha experimentado una inestabilidad política permanente y una economía en declive durante muchas décadas, lo que ha llevado a la pobreza y desigualdad. También ha presentado crisis humanitarias, incluida la falta de acceso a alimentos y agua potable.

Tanzania tiene una economía en desarrollo, pero enfrenta desafíos importantes en términos de pobreza, acceso limitado a servicios de salud y educación, y altos niveles de corrupción.

La República Centroafricana ha estado en conflicto armado interno durante muchos años, lo que ha generado una crisis humanitaria, pobreza y desigualdad, con presencia de problemas en la provisión de servicios básicos, como atención médica y educación.

Debemos tener en cuenta que hay muchos factores que suman puntos a la felicidad de una nación, y estos pueden ser complejos y multifacéticos. Otro punto es que hablamos de cómo se siente la mayoría de los ciudadanos de estos países, pero en cada uno de ellos existen ciudadanos felices a pesar del bajo puntaje de su país. De igual forma ciudadanos "infelices" se encuentran en las naciones calificadas como muy felices. Al final, la felicidad es un sentimiento, una emoción y una decisión personal.

En general, los países menos felices tienen problemas como conflictos armados, inestabilidad política, falta de acceso a servicios básicos como la atención médica, la educación y la vivienda, y una economía en crisis. De la misma manera hay desafíos culturales, de discriminación y sociales que contribuyen a la infelicidad en estos países.

Entre los países con mayor apreciación de felicidad, como Australia y Canadá, disfrutan una cultura de integración social, de tolerancia y de no discriminación, y son pluriculturales y multirraciales con amplias garantías en el ejercicio de las libertades personales.

El Día Internacional de la Felicidad es el 20 de marzo —día del solsticio de primavera—, como institucionalizó la Asamblea General de la Organización de Naciones Unidas el 28 de junio de 2012, y se comenzó a celebrar en marzo de 2013. Esto implica que la mayoría de las naciones del mundo aceptan el concepto de felicidad como una variable para evaluarlos en su gestión. Se instauró de hecho que la felicidad es un valor humano y los gobiernos deben procurarla.

Capítulo 1: Cómo lograr el control y la inteligencia emocional necesarios para alcanzar la Felicidad

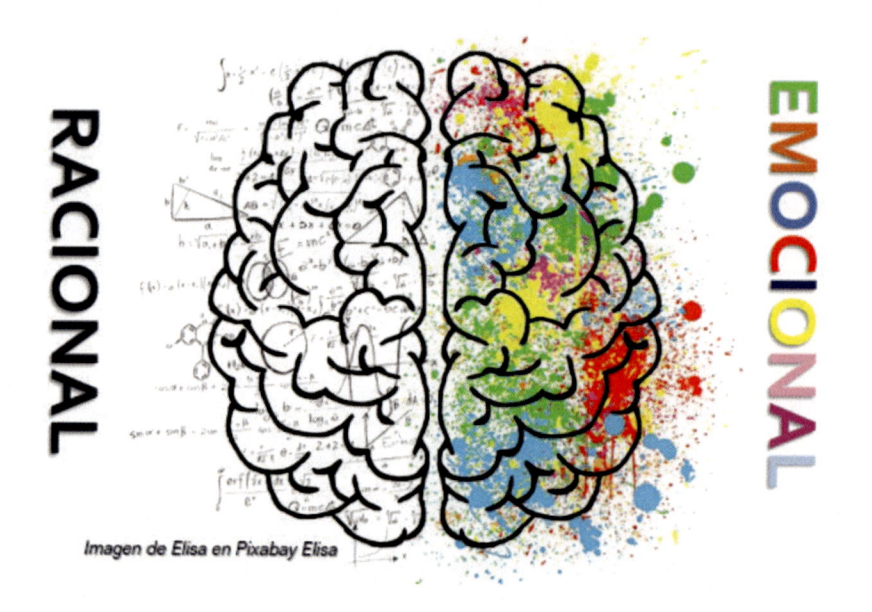

Imagen de Elisa en Pixabay Elisa

Somos seres racionales... y emocionales

Somos seres racionales. Pensamos, tenemos conciencia de nosotros mismos, hablamos, y somos la inteligencia más elevada del reino animal. No obstante, somos animales y estar en la cúspide de su desarrollo no nos exime de actuar siguiendo algunos "instintos" en determinados comportamientos.

Existe una vida instintiva, la cual es fundamental porque permite la supervivencia de las especies. Por ello, las ciencias de la conducta denominan "conducta instintiva" a la conducta animal. En el caso de los seres humanos poseemos además la "conducta racional".

La conducta instintiva en humanos es un patrón de comportamiento que se produce de forma natural y automática en respuesta a un estímulo. Es una conducta innata, que se encuentra en los seres vivos desde su nacimiento o desde temprana edad, y que no requiere de aprendizaje o experiencia previa para manifestarse. Las conductas instintivas son programadas genéticamente y están diseñadas para asegurar la supervivencia y la reproducción de los individuos de una especie. Entre estas conductas instintivas se encuentran el instinto de alimentación, el de apareamiento, el de cuidado parental y el de emigración, entre muchos otros.

Aunque las conductas instintivas son innatas, pueden ser influenciadas por factores ambientales y experiencias anteriores. Además, en los seres humanos la conducta instintiva es menos prominente que en otros animales, debido a nuestra capacidad de aprendizaje y adaptación y porque poseemos la razón.

La conducta racional es el comportamiento que se basa en la capacidad humana de procesar información de manera lógica y sistemática para tomar decisiones informadas y bien fundamentadas. Se caracteriza por ser consciente, deliberada y orientada a objetivos. Esta conducta evalúa la información disponible, identifica y analiza las opciones posibles y selecciona la mejor alternativa, basándose en una serie de criterios y objetivos definidos previamente. Implica también una capacidad de autocontrol y de gestión emocional que permite a las personas actuar de manera coherente con sus objetivos a pesar de la influencia de las emociones y los impulsos.

La racionalidad no es necesariamente sinónimo de la conducta perfecta o la conducta más adecuada en todos los casos, ya que la información disponible puede ser incompleta o incorrecta, y los seres humanos pueden estar influenciados por factores emocionales o cognitivos que pueden afectar su capacidad para tomar decisiones convenientes. Sin embargo, la conducta racional es una herramienta valiosa para tomar decisiones conscientes en la vida cotidiana.

Un hecho notable como es reconocerse uno mismo es un aspecto importante de la conducta racional. La capacidad de reconocerse a sí mismo es una habilidad psicológica que se relaciona con la conciencia propia y con la inteligencia emocional. Se refiere a la capacidad de reflexionar sobre uno mismo, entender y ser consciente de las propias emociones, pensamientos, fortalezas y debilidades.

Imagen de Elisa en Pixabay Elisa

Conciencia de sí mismo

Psicológicamente, el reconocimiento de sí mismo implica una comprensión profunda de la propia identidad, de nuestra conciencia, valores, metas, deseos y necesidades. Esta habilidad permite a las personas tener un mejor entendimiento de quiénes somos y de cómo es nuestro comportamiento, y la comprensión de que las decisiones pueden estar influenciadas por nuestras propias emociones, pensamientos y creencias. Igualmente faculta a toda persona a tener una mejor comprensión de sí misma y de los demás, lo que puede mejorar la calidad de sus relaciones interpersonales y su bienestar emocional en general.

La capacidad de reconocerse y valorar las emociones y los pensamientos propios se conoce como "inteligencia emocional", un aspecto clave de la conducta racional porque nos permite ser conscientes de cómo nuestras propias emociones y pensamientos pueden influir en nuestras acciones. Lo cual conlleva a tomar decisiones más informadas haciendo uso de emociones como el amor o la compasión.

El reconocimiento de sí mismo también puede afectar nuestras interacciones sociales y nuestras relaciones interpersonales. Es una habilidad esencial para una vida saludable y equilibrada.

Muy contados animales tienen conciencia de sí mismos, aunque nunca como las personas. El concepto de conciencia de sí mismo es un tema de debate en la ciencia, ya que no existe un consenso científico sobre si los animales tienen una verdadera conciencia de sí mismos. No obstante, se ha observado que en algunos casos muestran la capacidad de reconocerse en un espejo, lo que sugiere que tienen al menos una cierta conciencia de sí.

El "test del espejo", desarrollado por Gordon Gallup en la década de 1970, (Povinelli, D. J. 1993. "Reconstructing the evolution of mind". *American Psychologist*, 48-5, 493-509), es un método utilizado para evaluar la capacidad de los animales para reconocerse a sí mismos en un espejo. Algunos de los animales que han pasado este test son chimpancés y otros primates no humanos, siendo los que han pasado la prueba con más frecuencia. Se ha demostrado que tienen la capacidad de reconocerse a sí mismos en un espejo y de utilizarlo para inspeccionar partes de su cuerpo que de otra manera no podrían ver. Durante el experimento se marca al animal en una parte del cuerpo que no puede ver directamente, como la cara, y luego se le pone frente al espejo. Si el animal se da cuenta de que la marca está en su cara, se considera que ha pasado el test del espejo y podría decirse que tiene alguna capacidad de autorreconocerse.

De esta forma se ha confirmado que otros primates no humanos, como los orangutanes, bonobos y gorilas, tienen esta habilidad. En los elefantes igualmente se ha informado que pasan el test del espejo y tienen la misma capacidad. Así como ocurre en los delfines y los cuervos.

El concepto de conciencia de sí mismo es complejo porque reconocerse físicamente no implica tener conciencia de existencia o de pensamiento. Hasta el presente no hay evidencias de ello. Lo cierto es que en la vida animal lo determinante es la supervivencia, lo cual provoca las motivaciones y necesidades para subsistir, como el oxígeno, el agua, los alimentos, la procreación y la vida en manada, colmena o en bandada, todo para la conservación de cada especie. Hasta aquí los humanos podemos coincidir en alguna medida con los animales que tienen una percepción de sus estados emocionales y son capaces de reconocerse en el espejo y en fotografías.

En los humanos la conciencia de sí mismo es la capacidad de ser un individuo separado de los demás y de tener una percepción de sus propios estados mentales, emociones, deseos y creencias. Esta conciencia implica la capacidad de reflexionar sobre sí, reconocerse como un ser único y tener una autopercepción. Los seres humanos pueden desarrollar una imagen interna de sí mismos, formar una identidad personal y tener una comprensión de su pasado, presente y futuro.

Podemos analizar nuestras acciones, evaluar nuestro comportamiento y hacer juicios sobre nosotros y tener una perspectiva crítica de uno. Esto implica ser conscientes de nuestras fortalezas, debilidades, valores y creencias, y poder cuestionar y evaluar nuestro propio pensamiento y comportamiento.

La adquisición de la conciencia de sí mismo en los seres humanos es un proceso que se desarrolla a lo largo del tiempo y no ocurre en un momento específico. No hay una edad precisa en la que todos los individuos adquieran plenamente la conciencia de sí mismos, ya que este desarrollo puede variar entre las personas y depender de varios factores, como la madurez cognitiva y emocional, el entorno social y las experiencias individuales. Sin embargo, se ha observado que algunos hitos importantes en el desarrollo de la conciencia de sí mismo ocurren durante la infancia y la niñez temprana. Alrededor de los 18 meses de edad, los niños pueden mostrar signos de reconocimiento propio en el test del espejo, lo que indica que pueden percibirse a sí mismos como individuos separados de los demás.

A medida que los niños crecen, desarrollan una mayor conciencia de sí mismos, de su identidad y sus características individuales. Aproximadamente entre los 2 y 3 años, los niños comienzan a utilizar pronombres como "yo" y adjetivos posesivos como "mío" para referirse a sí mismos, lo que indica una comprensión más profunda de su propia existencia. A lo largo de la niñez y la adolescencia, el desarrollo de la conciencia continúa, y los individuos comienzan a formar una identidad personal más sólida, a conocer sus propios pensamientos y emociones, y a establecer una imagen interna de sí mismos.

Al nacer, los bebés no tienen una conciencia plenamente desarrollada como individuos separados. Su experiencia se centra principalmente en las sensaciones físicas, la interacción con el entorno y la satisfacción de necesidades básicas. Los bebés no tienen una comprensión reflexiva de sus pensamientos, emociones o identidad. A medida que crecen y se desarrollan, comienzan a adquirir habilidades cognitivas y emocionales que sientan las bases para la conciencia de sí mismos, y experimentan el mundo, logran una mayor conciencia de su propia individualidad. Se percatan de que son seres distintos de los demás y desarrollan una identidad personal basada en su historia, experiencias y relaciones sociales.

Sí, los seres humanos están conformados a nivel neurológico y biológico con los mecanismos orgánicos que no poseen los animales, lo que proporciona las bases para el desarrollo de la conciencia de sí mismos. La estructura y función del cerebro humano, así como las capacidades cognitivas y emocionales únicas que poseemos, son factores importantes en la adquisición de la conciencia de sí mismo.

El cerebro nos permite procesar información sensorial, realizar funciones cognitivas superiores y experimentar emociones. Nuestro cerebro tiene regiones específicas relacionadas con la autorreflexión, la autoconciencia y la formación de la identidad. Además, a nivel biológico, los seres humanos tenemos una capacidad única para la comunicación verbal y simbólica, lo que nos permite recapacitar sobre nuestros pensamientos, comunicar nuestras experiencias internas y desarrollar conceptos abstractos sobre nosotros y el mundo que nos rodea.

Existe evidencia de que los seres humanos poseen una organización cerebral y características neuroanatómicas que nos distinguen de otros animales y nos brindan la capacidad potencial para desarrollar una conciencia de nosotros mismos. A lo cual hay que sumar que nuestra conciencia estará influenciada por factores sociales, culturales y ambientales, así como por la interacción y el aprendizaje en el entorno en el que crecemos.

En el caso de los animales, aunque no tienen una conciencia de sí mismos en el mismo sentido que los seres humanos, algunos estudios sugieren que buena parte de las especies poseen una conciencia de manada y de tener una conciencia de grupo, como las abejas o las hormigas, o una conciencia social. Esto significa que los animales son conscientes de su pertenencia a una colonia y son capaces de reconocer a otros miembros de su especie y participar en comportamientos cooperativos y coordinados en beneficio del grupo, como ocurre con las bandadas de pájaros o los cardúmenes de sardinas.

En manadas de mamíferos como los elefantes, los lobos o los delfines, los individuos muestran comportamientos de coordinación, comunicación y colaboración en actividades como la caza, la crianza de los jóvenes o la defensa del territorio. Esto implica cierta conciencia de la presencia y los roles de los demás miembros de la manada, así como la capacidad de ajustar su comportamiento en función de las interacciones sociales.

La conciencia de un creador

No hay evidencia científica concluyente de que los animales tengan conciencia de un dios o de un creador. La capacidad de los animales para tener creencias religiosas o espirituales no se ha demostrado en la investigación científica. Si bien algunos animales pueden mostrar comportamientos que podrían ser interpretados como rituales o prácticas similares a las religiosas, estas conductas animales generalmente se explican por sus necesidades biológicas, sociales o reproductivas, más que por una comprensión consciente de un ser supremo o un creador.

Ciertos chimpancés y bonobos, con los que se han realizado estudios sobre el comportamiento social de los primates, han sido observados participando en lo que parecen rituales, como balancearse en árboles, vocalizaciones repetitivas y movimientos corporales coordinados. Estos comportamientos pueden tener una función social y de cohesión grupal, pero no son evidencia de creencias religiosas.

Algunos científicos destacados en este campo son Jane Goodall, una primatóloga reconocida mundialmente por su trabajo pionero con chimpancés en el Parque Nacional Gombe Stream, en Tanzania; Frans de Waal, un etólogo reconocido por su investigación sobre el comportamiento social y emocional de los primates y quien ha publicado numerosos artículos y libros sobre el tema, y Marc Bekoff, un biólogo cognitivo conocido por su trabajo en el campo de la cognición y la ética animal, quien ha escrito numerosos libros y publicaciones científicas sobre el comportamiento animal y la conciencia (marcbekoff.com).

Algunas especies de aves, como los cuervos y las urracas, han sido observadas realizando "juegos de regalo": estos pájaros recolectan y exhiben objetos inusuales, como piedras o ramas, y los presentan a otros miembros del grupo. Aunque el propósito exacto de estos comportamientos no está claro, algunos investigadores han planteado la posibilidad de que tengan una función social o de cortejo. Un investigador conocido en este campo es Bernd Heinrich, autor del libro "Mama's Last Hug: Animal Emotions and What They Tell Us about Ourselves".

En el reino animal también se han documentado comportamientos que podrían interpretarse como veneración o reverencia hacia ciertos objetos o lugares; entre ellos, algunos expertos en el estudio de las abejas, como Karl von Frisch, quien fue galardonado con el Premio Nobel de Fisiología o Medicina en 1973 por su descubrimiento de la "danza de la abeja", y Thomas D. Seeley, un destacado experto en abejas y etólogo. Estas abejas, de la especie Apis mellifera, suelen realizar danzas en forma de "ocho" para comunicar la ubicación de fuentes de alimento a otras abejas del enjambre. Estas danzas pueden considerarse como una especie de "ritual" para transmitir información vital para la supervivencia de la colonia. La investigación sobre la comunicación y el comportamiento de las abejas se ha realizado en el campo de la etología y la apicultura.

La noción de una deidad o de un creador es un concepto que involucra creencias religiosas o personales, y generalmente se basa en sistemas de pensamiento y culturas humanas. No existe evidencia alguna de conceptos o creencias en animales, como sí de que su comportamiento es instintivo y se fundamenta en la supervivencia y los mecanismos que garantizan la reproducción y preservación de una especie, así como la transmisión exitosa de sus genes a través de la reproducción a lo largo del tiempo. Desde el punto de vista psicológico, la supervivencia de la especie se relaciona con los instintos y comportamientos animales innatos que promueven la reproducción, el cuidado de las crías y la preservación del grupo social. Estos comportamientos son esenciales para garantizar la supervivencia a largo plazo de la especie.

En distintas especies animales, los machos y las hembras tienen conductas específicas durante la época de reproducción, como el cortejo y el apareamiento. Los animales también pueden exhibir formas de crianza y cuidado parental para asegurar la supervivencia de las crías, como construir nidos, proteger territorios o proveer alimento. Los animales están estimulados por impulsos biológicos y conductuales específicos que han evolucionado en el tiempo para garantizar la supervivencia y propagación de su linaje, procederes que ocurren a nivel individual y grupal en el contexto de la especie. No implica una conciencia o comprensión consciente de los animales sobre la importancia de su reproducción para la supervivencia de la especie en un sentido abstracto. Se trata más bien de patrones de conducta animal que han demostrado ser adaptativos y exitosos en términos de supervivencia y reproducción a lo largo de la evolución.

La conciencia personal de sí mismo y la conciencia personal de un creador, con base en la ciencia, sigue siendo una experiencia exclusiva de la humanidad hasta el momento.

Las emociones

En los seres humanos las emociones son estados mentales y fisiológicos que experimentamos como respuesta a una variedad de estímulos. Entre ellas se pueden incluir sentimientos de alegría, tristeza, ira, miedo, asco o sorpresa. Desde la perspectiva de las ciencias de la conducta, las emociones son indispensables porque juegan un papel fundamental en la motivación, la toma de decisiones, la interacción social y el bienestar psicológico. Las emociones pueden influir en nuestras formas de pensar y de actuar, y afectan nuestra capacidad para procesar información y resolver problemas. Las emociones suelen ser una señal de nuestras necesidades y deseos, y nos ayudan a comunicar nuestros estados mentales a los demás. Cuando estamos tristes, podemos indicar a quienes nos rodean que necesitamos apoyo y consuelo.

Las emociones son un tema prioritario en la investigación y práctica de la psicología, y entenderlas nos ayuda a comprender mejor el comportamiento humano y mejorar la calidad de vida de las personas. La psicología reconoce una amplia gama de emociones que se han identificado a través de la investigación y la observación clínica.

La alegría y la felicidad:
Se expresan a través de los sentimientos o sensaciones de placer, satisfacción y bienestar. Son dos emociones relacionadas pero

distintas entre sí. La alegría se refiere a una emoción positiva y placentera que experimentamos en respuesta a un evento o situación. Puede ser el resultado de algo que nos hace sentir bien, como una victoria, un logro, una buena noticia o una conexión emocional con otra persona. Se caracteriza por una sensación de energía positiva, euforia y optimismo.

Por otro lado, la felicidad es una emoción más amplia y duradera que se relaciona con un estado general de bienestar, satisfacción y realización en la vida. A menudo se describe como un estado de ánimo positivo y constante que se siente cuando nuestras necesidades y deseos están satisfechos y estamos contentos con nuestro entorno y nuestras relaciones. La felicidad se caracteriza por una sensación de paz interior, gratitud y sentido de propósito.

Ambas emociones son necesarias para nuestro bienestar emocional y físico. La alegría nos brinda momentos de felicidad y positividad en nuestra vida cotidiana, mientras que la felicidad es la suma de todos esos momentos de alegría y se relaciona con un estado general de satisfacción y realización en la vida. La investigación ha demostrado que las personas que experimentan más alegría y felicidad tienen menos problemas de salud mental y física y disfrutan de una mejor calidad de vida en general.

La tristeza:

La tristeza es una emoción negativa que se experimenta cuando se produce una pérdida, decepción, fracaso o cualquier otro evento que se percibe como negativo o doloroso. Puede ser una respuesta natural y normal a las experiencias difíciles de la vida, como la pérdida de un ser querido, la ruptura de una relación, un cambio importante en la vida o en presencia de una situación estresante. La tristeza se caracteriza por una sensación de desesperanza, desánimo o desesperación, e incluye síntomas físicos como llanto, fatiga, falta de energía o cambios en el apetito o el sueño. Aunque la tristeza es una emoción normal y natural, si se experimenta con frecuencia o se prolonga en el tiempo puede convertirse en depresión u otros trastornos.

Sin embargo, la tristeza también puede tener beneficios y ayudarnos a procesar y superar una experiencia difícil, a fortalecer nuestras relaciones con los demás y a motivarnos a buscar apoyo y ayuda cuando la necesitamos. Es importante permitirse sentirla y experimentarla en lugar de reprimirla o negarla, y buscar ayuda si se convierte en una carga demasiado pesada para sobrellevarla por nuestra cuenta.

El miedo:

Esta emoción es una respuesta que se produce ante la percepción de una amenaza real o imaginaria. Suele ir acompañada de una serie de cambios fisiológicos, como la aceleración del ritmo cardíaco, la sudoración y la liberación de adrenalina, que preparan al cuerpo para responder a alguna amenaza de una manera efectiva. Es una emoción natural y adaptativa que ha evolucionado como mecanismo de defensa para proteger a los organismos de los peligros potenciales del entorno y que nos coadyuva a responder a situaciones que pueden poner en riesgo nuestra seguridad o supervivencia. Sin embargo, cuando el miedo se convierte en una respuesta desproporcionada o se experimenta de manera excesiva, puede interferir con la vida cotidiana y convertirse en un trastorno emocional, como la ansiedad o el trastorno de estrés postraumático.

El miedo puede ser desencadenado por una variedad de estímulos, como situaciones físicas amenazantes, eventos sociales estresantes o pensamientos y preocupaciones internas. La respuesta de miedo se activa a través del sistema nervioso autónomo, lo que provoca una serie de cambios fisiológicos en el cuerpo, como el aumento de la frecuencia cardíaca, la respiración acelerada y el aumento de la sudoración. Estos cambios preparan el cuerpo para luchar o huir, según sea necesario, para enfrentar la amenaza percibida. También puede transformarse en un problema si damos una respuesta exagerada a situaciones que no representan una verdadera amenaza. En estos casos, el miedo puede convertirse en una fobia o un trastorno de ansiedad que afecta la calidad de vida y el bienestar emocional y físico de la persona.

La ira y la rabia:

Ambas son una respuesta emocional que se produce cuando una persona percibe una amenaza, una injusticia o una frustración en su vida. Esta emoción se caracteriza por una sensación de irritación, enfado u hostilidad, y una fuerte impulsividad para actuar. La ira y la rabia aparecen por diversas situaciones, como una discusión, un insulto, una crítica, una traición o un fracaso, entre otras. Estas emociones suelen acompañarse también por una serie de reacciones fisiológicas, como el aumento en la frecuencia cardíaca, sudoración, tensión muscular y la sensación de calor en el cuerpo.

Son emociones normales y adaptativas que pueden ayudar a una persona a expresar sus necesidades y defender sus derechos. Sin embargo, cuando estas emociones se experimentan de manera excesiva o se expresan de forma inapropiada, pueden generar problemas en las relaciones interpersonales y en la salud mental y física, así como en la toma de decisiones. Por lo tanto, es importante aprender a gestionar adecuadamente estas emociones para evitar consecuencias negativas.

El asco:

Es una respuesta emocional que se produce cuando una persona se encuentra ante un estímulo que le resulta repulsivo o desagradable. Esta emoción se caracteriza por una sensación de náusea, rechazo y aversión hacia algo o alguien. Puede ser desencadenado por diferentes estímulos, como el olor de un alimento en mal estado, la visión de un insecto o la sensación de tocar una sustancia pegajosa, entre otros. Esta emoción suele ir acompañada de una serie de reacciones fisiológicas, una sensación de malestar estomacal y una elevación de la temperatura corporal.

La función del asco es proteger al organismo de posibles amenazas para la salud, ya que esta emoción nos aleja de estímulos que pueden ser portadores de enfermedades o contaminantes. Sin embargo, cuando el asco se experimenta de manera excesiva puede generar prejuicios, discriminación y otros problemas sociales. Por lo tanto, es importante aprender a controlar adecuadamente esta emoción para evitar consecuencias negativas.

La sorpresa:

Es una respuesta emocional que se produce cuando una persona se encuentra ante un estímulo inesperado o novedoso. Esta emoción se caracteriza por una sensación de desconcierto, perplejidad y asombro. Es desencadenada por diferentes estímulos, como una noticia inesperada, un regalo o una acción imprevistos de alguien, y nos impacta ante el asombro que aparece cuando vemos o escuchamos, o nos encontramos con algo inesperado. Esta emoción suele ir acompañada de una serie de reacciones fisiológicas, una dilatación de las pupilas y una tensión muscular momentánea.

La función de la sorpresa es preparar al organismo para enfrentar situaciones inadvertidas o novedosas, y nos ayuda a adaptarnos a los cambios en nuestro entorno. Esta emoción también puede generar curiosidad y motivación para explorar y descubrir cosas nuevas. La sorpresa es una emoción positiva y puede mejorar el estado de ánimo y la creatividad. Sin embargo, en algunas situaciones extremas, la sorpresa puede ser abrumadora y generar una respuesta emocional desproporcionada. En estos casos, es importante aprender a gestionar adecuadamente la emoción de la sorpresa para evitar consecuencias negativas.

La caja de Pandora:

Es un mito griego que se refiere a una caja que contiene todos los males y desgracias del mundo. Según la leyenda, Pandora, la primera mujer creada por los dioses, recibió la caja como un regalo y se le advirtió que la mantuviera cerrada. Movida por la curiosidad, abrió la caja.

Esta metáfora se utiliza para representar el proceso de descubrimiento y apertura de aspectos desconocidos o reprimidos de las personas para explorar y confrontar nuestras emociones y conflictos internos. La vida nos hace pasar por experiencias difíciles pero, a la vez, a una mayor comprensión y crecimiento personal. Se interpreta como un símbolo de la capacidad de la humanidad para enfrentar las dificultades y los desafíos de la existencia.

La esperanza se considera como el único bien que quedó atrapada en la caja de Pandora, brindando a la humanidad la posibilidad de encontrar consuelo y superar las dificultades. Por lo tanto, su apertura también simboliza el descubrimiento de la esperanza en medio de los males y desafíos del mundo. Abrir esta caja desató todos los males, pero también reveló la existencia de la esperanza en su interior. Esta dualidad refleja la idea de que, aunque el mundo puede estar lleno de sufrimiento y adversidades, también existe la probabilidad de encontrar esperanza y superación en medio de las dificultades.

El fruto prohibido:

Existe una similitud psicológica entre el fruto prohibido del árbol del conocimiento en el relato del Génesis y la metáfora de la caja de Pandora. En ambos casos, se proporciona la idea de que al acceder al conocimiento o descubrir lo desconocido se desencadenan consecuencias y se adquiere una responsabilidad. En el relato bíblico, el consumo del fruto del árbol del conocimiento del bien y del mal, por parte de Adán y Eva, representa su búsqueda de un mayor entendimiento y conciencia, pero también resulta en la adquisición del conocimiento. Se asume una responsabilidad: usar el conocimiento que aporta la ciencia para el bien común y defender la vida, y no para el mal y la destrucción.

La esperanza:

La esperanza no se considera una emoción en sí misma; es más bien una combinación de cognición, emoción y motivación. Significa tener una expectativa positiva y optimista sobre la vida, y la creencia de que se pueden tomar medidas para alcanzar objetivos. La esperanza tiene una dimensión racional y un pensamiento positivo sobre el futuro. Tiene también una dimensión emocional, ya que se relaciona con sentimientos de entusiasmo y alegría. Estos sentimientos pueden surgir cuando creemos que podemos lograr nuestras metas. La esperanza tiene igualmente una dimensión motivacional, ya que nos impulsa a tomar medidas para alcanzar nuestras metas. Cuando tenemos esperanza, estamos más dispuestos a hacer un esfuerzo adicional para superar los obstáculos y trabajar hacia nuestros objetivos.

La desesperanza:

Desde una perspectiva psicológica, se refiere a un estado emocional en el cual una persona experimenta una falta de expectativas positivas sobre el futuro. La desesperanza puede manifestarse como una sensación de pesimismo, impotencia y desaliento. Es la creencia de que las circunstancias no mejorarán y de que los esfuerzos no darán resultado. Está asociada con diversos trastornos psicológicos, como la depresión y la ansiedad, e influye en el funcionamiento personal y social y en la motivación de una persona. No atendida lleva a sentimientos de apatía, resignación y una disminución de la capacidad para establecer metas y tomar acciones positivas, por lo que debe requerir intervención profesional para su abordaje y tratamiento adecuado.

La "desesperanza aprendida" es un concepto desarrollado en el campo de la psicología. Se refiere a un estado de desesperanza que se adquiere como resultado de experiencias repetidas de falta de control o de fracasos en el logro de metas, lo cual lleva a la creencia de que los esfuerzos futuros serán inútiles. Según la teoría de la desesperanza aprendida, cuando las personas experimentan situaciones en las que perciben que no tienen control sobre los resultados y que sus acciones no tienen impacto en su entorno, pueden desarrollar una sensación de indefensión y desesperanza. Esta creencia de impotencia puede generalizarse a otras áreas de la vida y afectar su bienestar emocional y su capacidad para enfrentar desafíos futuros.

La vergüenza:

Es una respuesta emocional que se produce cuando una persona se siente expuesta o juzgada por otros y cree que ha fallado o cometido un error. Esta emoción se caracteriza por una sensación de incomodidad, humillación y autoexposición. La vergüenza puede ser desencadenada por diferentes situaciones, como una equivocación en público, una crítica o burla de los demás, o la percepción de haber actuado de manera no convencional. Esta emoción suele ir acompañada de una serie de reacciones fisiológicas, como una aceleración del ritmo cardíaco, enrojecimiento de la piel y una tensión muscular.

La función de la vergüenza es social, ya que hasta cierto punto nos ayuda a reconocer las normas y valores de nuestra cultura y a comportarnos —si aceptamos esas reglas— tomando en cuenta esos patrones de conducta. También nos puede hacer reflexionar sobre nuestros errores y aprender de ellos. Sin embargo, cuando la vergüenza es excesiva o se experimenta de manera crónica, puede generar consecuencias negativas en la autoestima, la confianza y las relaciones interpersonales. Por lo tanto, es importante aprender a gestionar positivamente la emoción de la vergüenza, aceptando los errores y aprendiendo de ellos sin juzgarse a uno mismo de manera severa.

El *bullying:*

En la actualidad, el *bullying* o acoso social puede causar vergüenza en las personas que lo experimentan sin haber incurrido en ninguna falta. Las víctimas de *bullying* a menudo se sienten avergonzadas por ser objeto de burlas, humillaciones o acoso.

Los perpetradores del *bullying* —ahora exponenciado por las redes sociales— suelen destacar diferencias de la persona afectada calificándolas como debilidades o señalar falsamente malos comportamientos de la víctima del acoso, lo que puede generar sentimientos intensos de vergüenza. Estos sentimientos pueden tener un impacto negativo en la autoestima y el bienestar emocional de la persona afectada.

La culpa:

Es una respuesta emocional que se produce cuando una persona cree haber infringido una norma moral, social o personal y se siente responsable de un daño o perjuicio. Se caracteriza por una sensación de remordimiento, arrepentimiento y autocastigo. La culpa es desencadenada por diferentes situaciones, como haber lastimado a alguien, haber incumplido una promesa o haber hecho algo incorrecto, entre otros. Esta emoción, al igual que otras, va acompañada de una serie de reacciones fisiológicas, que a veces incluye una sensación de opresión en el pecho.

La función de la culpa es social, ya que nos ayuda a reconocer las consecuencias de nuestras acciones y a reparar los daños causados. También nos puede motivar a cambiar nuestra conducta y a mejorar nuestras relaciones interpersonales. Sin embargo, cuando la culpa se descontrola o se experimenta de manera crónica, puede llevar a consecuencias negativas en la autoestima y la calidad de vida. Por lo tanto, debemos manejar la emoción de la culpa, aceptando la responsabilidad de nuestras acciones y reparando los daños, y aceptando que debemos redimirnos y cambiar.

La envidia:

Se trata de una respuesta emocional que se produce cuando una persona experimenta una sensación de frustración o resentimiento hacia otra persona que tiene algo que aquella desea y no posee. Esta emoción se caracteriza por una sensación de amargura, resentimiento y malestar. La envidia es desencadenada por diferentes situaciones, como el éxito de alguien, su posesión de bienes materiales o la atención de los demás, entre otras. Esta emoción suele ser acompañada de una sensación de incomodidad en el cuerpo.

La función de la envidia es social, ya que nos ayuda a reconocer nuestros deseos y metas personales y a motivarnos a alcanzarlos. También nos puede hacer reflexionar sobre nuestras propias capacidades y limitaciones. No obstante, cuando la envidia es extrema o se experimenta de manera crónica, puede generar consecuencias negativas en la autoestima y las relaciones interpersonales. Por ello, debemos utilizarla a nuestro favor, reconociendo y valorando nuestras propias fortalezas y logros, y trabajando en nuestras debilidades para alcanzar nuestras metas de manera saludable y satisfactoria.

La admiración:

Es un sentimiento de respeto, estima y reconocimiento hacia las cualidades, logros o virtudes de otra persona. Su esencia es ver en el otro algo valioso o inspirador, y que puede motivar a emular esas cualidades positivas, mientras que la envidia se caracteriza por sentir resentimiento, celos o frustración ante los logros, cualidades o posesiones de alguien más. A diferencia de la admiración, la envidia no busca emular o aprender de esa persona, sino que en muy buena medida desea que el otro pierda lo que tiene.

La compasión:

Puede ser considerada como una emoción. Se define como una respuesta emocional ante el sufrimiento de los demás, y se caracteriza por la sensación de empatía, la preocupación por el bienestar del otro y el deseo de aliviar su sufrimiento. La compasión no solo involucra una respuesta emocional, sino que también implica una actitud de socorro y un compromiso por aliviar el malestar o alguna situación inconveniente en los demás. Por lo tanto, es una emoción con una dimensión cognitiva y conductual, ya que no solo se trata de sentir, sino también de actuar en consecuencia.

La compasión es una emoción fundamental para las relaciones interpersonales y la cooperación entre individuos, ya que permite entender y responder a las necesidades de los demás de manera efectiva. Además, se ha demostrado que la compasión tiene efectos positivos, mental y físicamente, en quienes la experimentan y en aquellos que la reciben.

Por el otro lado, la autocompasión es una forma de compasión dirigida hacia uno mismo. Se refiere a la capacidad de reconocer y aceptar nuestros propios sufrimientos, fracasos y limitaciones, y tratarlos con la misma amabilidad, cuidado y comprensión que lo haríamos con otra persona a la que queremos ayudar. La autocompasión permite cultivar una actitud de apoyo y comprensión hacia uno mismo, en lugar de ser críticos, exigentes o autocríticos cuando enfrentamos situaciones difíciles o dolorosas. Hay que reconocer que el sufrimiento es una parte normal de la vida, y que todos experimentamos dolor y dificultades en algún momento. Pero debemos tratar de desarrollar una perspectiva más amable y realista hacia nosotros mismos, que nos haga afrontar los desafíos de la vida con más resiliencia y fortaleza emocional. Al igual que la compasión hacia los demás, la autocompasión también tiene efectos positivos en la salud mental y física, ya que reduce el estrés, la ansiedad y la depresión, y nos aumenta la autoestima.

La cohesión social es el grado en que los miembros de una sociedad o grupo están unidos y comprometidos en torno a valores y objetivos comunes. Es una forma de compasión colectiva hacia los demás.

Se trata de un aspecto importante de la vida social y se relaciona con la forma en que las personas interactúan entre sí, cooperan y trabajan juntas. Se manifiesta en diferentes formas, como la solidaridad entre los miembros de una comunidad, la confianza mutua, la participación ciudadana en la toma de decisiones, la tolerancia hacia la diversidad o la colaboración en la resolución de problemas, entre otras.

La cohesión social es importante porque ayuda a construir sociedades más justas, democráticas y sostenibles, promueve el bienestar y la calidad de vida de las personas y reduce la violencia y el conflicto. Por el contrario, la falta de cohesión social puede llevar a la exclusión, la desigualdad, la discriminación, la falta de confianza y la inestabilidad social.

¿El estrés es una emoción?

El estrés no es exactamente una emoción en sí mismo, sino que es una respuesta fisiológica y psicológica compleja ante situaciones percibidas como desafiantes, amenazantes o demandantes. Involucra sí emociones como la ansiedad, el miedo o la frustración, y conlleva cambios neurofisiológicos y liberación de hormonas del estrés.

El cerebro no reconoce fácilmente cuándo una situación es real o está ocurriendo. La imaginación puede activar emociones similares a la realidad aunque en menor grado.

El caso de *La guerra de los mundos:*

Cuando surgió el cine y comenzaron a aparecer filmes divertidos o cómicos, de amor, de terror y espanto, o de violencia, los espectadores comenzaron a sentir profundas emociones. Crónicas de la época narran cómo los asistentes a películas de terror huían del teatro despavoridos por los "monstruos". También es célebre el caso de "La guerra de los mundos", que es en realidad una novela de ciencia ficción escrita por H. G. Wells en 1898, pero fue muy famosa la adaptación radiofónica que se transmitió en Estados Unidos en 1938 producida por Orson Welles y su compañía teatral

Mercury Theatre, y se transmitió por la cadena de radio CBS el 30 de octubre de ese año. Presentaba la historia de una invasión extraterrestre en Nueva Jersey, y se transmitió en un formato noticioso que simulaba una noticia real de última hora, con interrupciones periódicas para informar sobre la presencia alienígena en la ciudad. Aunque la mayoría de los oyentes reconocieron que se trataba de una obra de ficción, hubo algunas personas que se alarmaron y creyeron que los eventos descritos eran reales. Hubo casos de pánico, principalmente en las ciudades de Nueva York y Nueva Jersey, donde se desarrollaba la trama de la historia.

Este caso nos indica que situaciones no reales pueden provocar reacciones emocionales aunque en menor grado. Lo cual es muy útil para que las personas aprendan a manejar las emociones sin correr riesgo.

El estrés lo provocan las preocupaciones y los problemas que a través de los años, con el devenir científico y tecnológico, se han ampliado y deben afrontar los seres humanos. Esto se ha evidenciado con mayor ahínco desde el siglo 19 en adelante, y han ido *in crescendo* hasta nuestros días.

El estrés es causado por diversos factores que generan una respuesta en el cuerpo, como una lesión o enfermedad, exposición a temperaturas extremas, ruido, contaminación, malnutrición, falta de sueño o de actividad física, o por eventos psicológicos, como problemas en las relaciones interpersonales, problemas laborales, problemas financieros, pérdida de un ser querido o preocupaciones sobre el futuro, entre otros, y por situaciones ambientales, como desastres naturales, eventos traumáticos, violencia, conflictos armados o pandemias, entre otras. Además, cada vez es más estresante estudiar, por la cantidad de conocimiento que se debe tener para el ejercicio de labores técnicas o profesionales y por la adaptación obligatoria a las nuevas tecnologías de la comunicación que todos deben hacer, así como el procesamiento de las informaciones mundiales.

A menudo, el estrés se asocia con la emoción de la ansiedad, que es una respuesta caracterizada por sentimientos de aprensión, preocupación y temor que están estrechamente relacionados. Las preocupaciones son pensamientos persistentes y repetitivos sobre situaciones negativas o eventos futuros que pueden ser percibidos como amenazantes o desafiantes, y que pueden desencadenar una respuesta de estrés en el cuerpo y la mente.

Cuando el cuerpo percibe una situación estresante, se activa el sistema nervioso simpático y se libera una serie de hormonas del estrés, como el cortisol y la adrenalina, lo que produce diversos efectos en el cuerpo. El estrés crónico puede llevar a niveles elevados y persistentes de hormonas del estrés, como los corticoides y la adrenalina, lo que puede tener consecuencias negativas para la salud. La liberación crónica de cortisol, el principal corticoide en el cuerpo, puede afectar negativamente el sistema inmunológico y aumentar el riesgo de enfermedades cardíacas, diabetes, problemas de memoria, disminución de la densidad ósea y trastornos de ansiedad.

El ejercicio regular es una herramienta eficaz para reducir y gestionar el estrés. Cuando te ejercitas, tu cuerpo libera endorfinas, que son sustancias químicas naturales que actúan como analgésicos y mejoran tu estado de ánimo. Estas endorfinas pueden ayudar a reducir los niveles de corticoides y promover una sensación de bienestar.

El ejercicio físico también ayuda a aliviar la tensión muscular, mejorar la calidad del sueño y aumentar la confianza en uno mismo, lo que contribuye a reducir los síntomas asociados con el estrés. Es una forma saludable de canalizar y liberar la energía acumulada por el estrés. Algunas personas encuentran beneficios en actividades más intensas, como correr o practicar deportes, mientras que otras prefieren opciones más suaves, como caminar o practicar yoga. Cada uno debe encontrar una actividad física que le guste y que se adapte a su nivel de condición física. No obstante, hay que abordar también las causas subyacentes del estrés y adoptar estrategias como la gestión del tiempo, el cuidado personal y la búsqueda de apoyo emocional, para manejar eficazmente el estrés.

El estrés es beneficioso en situaciones de corta duración, ya que ayuda al cuerpo a prepararse para enfrentar la situación estresante, pero cuando el estrés es crónico o prolongado, puede tener efectos negativos en la salud física y emocional. Por lo tanto, debemos aprender a manejar el estrés de manera efectiva para reducir sus efectos negativos en la salud. Esto puede incluir técnicas de relajación, meditación, ejercicio regular y terapia cognitivo-conductual, entre otras herramientas de manejo de estrés.

Los celos en el amor:

¿Qué son los celos en los seres humanos? ¿Se considera psicológicamente una de las emociones? En realidad son una respuesta emocional compleja que se produce cuando una persona ama a otra y percibe una amenaza hacia la relación que tiene con ella. Este sentimiento puede ser intuitivo, real o imaginario, y suele surgir cuando la persona siente que otra persona llama la atención del ser querido.

Desde el punto de vista psicológico, los celos pueden ser considerados como una emoción humana pero en situaciones específicas. Se manifiestan de diferentes maneras y niveles de intensidad, y algunas personas los manifiestan con mayor frecuencia o fuerza que otras. Los celos también son una señal de inseguridad, baja autoestima o falta de confianza en sí mismos o en la relación con la pareja.

En general, los celos no son necesariamente una emoción negativa en sí misma, pero pueden ser perjudiciales si se experimentan de manera excesiva o se manejan de manera poco saludable. Las personas deben aprender a reconocer y manejar sus sentimientos de celos de manera efectiva para mantener relaciones saludables y satisfactorias.

Podemos señalar algunos *tipos de celos* que se presentan más comúnmente:

Celos románticos: este es el tipo de celos más conocido, y se produce —como señalamos— cuando una persona siente que su pareja está prestando atención a otra persona de una manera que le hace percibir su relación en peligro.

Celos sexuales: se producen cuando una persona siente que su pareja está interesada en tener relaciones sexuales con otra persona o que está siendo infiel.

Celos emocionales: este tipo de celos surge cuando una persona piensa que su pareja está compartiendo sentimientos íntimos con otra persona que deberían ser exclusivos de la relación. Se da en muchos casos con las amistades en las redes sociales.

Celos laborales: ocurren cuando una persona siente que su trabajo o posición dentro de una organización está en riesgo por la presencia de un compañero de trabajo más eficiente, mejor preparado o que parece tener más influencia.

Celos de amistad: este tipo de celos se siente cuando una amistad está prestando más atención a otra persona o grupo de amigos en detrimento de la amistad que tiene con quien lo padece.

Celos familiares: pueden aparecer entre hermanos cuando sienten que uno de ellos está recibiendo más atención o favoritismo de los padres, o en el caso de los padres, cuando sienten que uno de sus hijos está siendo preferido por el otro.

Los celos no se dan solamente en relaciones amorosas o románticas, sino que pueden presentarse en una variedad de situaciones y relaciones interpersonales y pueden ser desencadenados por cualquier situación en la que una persona sienta que está perdiendo atención, afecto, estatus, poder o control en una relación significativa para ella. En teoría, una persona puede sentir celos de cualquier cosa que perciba como una amenaza a su relación o posición en la vida, incluso celar animales u objetos inanimados. Sin embargo, este tipo de comportamiento es relativamente raro y por lo general se considera poco saludable o incluso patológico.

Cuando una persona siente celos de un objeto, puede ser un síntoma de un comportamiento obsesivo —hasta compulsivo— donde la persona se perturba con la idea de que el objeto es importante para su vida, y puede sentir ansiedad o angustia cuando el objeto no está presente o se encuentra en una situación donde percibe que lo puede perder. Otro ejemplo podría ser una persona que siente celos de un objeto porque lo relaciona con una persona significativa en su vida, como un regalo de una expareja o que perteneció a un ser querido fallecido. En este caso, los celos pueden ser una forma de expresar el deseo de mantener una conexión emocional con esa persona a través de ese objeto.

El amor

Es una emoción compleja y multifacética que se ha estudiado desde diversas perspectivas en la psicología y otras disciplinas. En términos generales, el amor se puede definir como un sentimiento intenso de afecto, cariño y conexión emocional hacia otra persona, que puede manifestarse de muchas maneras. El amor de pareja contempla sentimientos de atracción, deseo sexual, intimidad emocional, pasión y compromiso a largo plazo, aunque el amor se pueda experimentar en diferentes formas y contextos, como el amor romántico, el amor platónico, el amor familiar o fraternal, o el amor propio, entre otros.

Desde una perspectiva psicológica, el amor se ha estudiado en términos de sus componentes cognitivos, emocionales y conductuales. Los psicólogos han identificado diferentes teorías y modelos que intentan explicar cómo se forma y se mantiene el amor.

Teoría del apego:

Es una teoría psicológica que explica cómo los seres humanos desarrollan vínculos afectivos con otros individuos a lo largo de su vida, especialmente durante la infancia. Esta teoría fue desarrollada por el psicólogo John Bowlby en la década de 1950 (Bowlby, J. 1982. "Attachment and loss: retrospect and prospect". American Journal of Orthopsychiatry, 52-4, 664-678) y ha sido ampliamente estudiada y aplicada en el campo de la psicología del desarrollo y la psicoterapia.

La teoría del apego sostiene que los seres humanos tienen una necesidad innata de establecer vínculos afectivos, especialmente con sus familiares y durante la infancia. Estos vínculos proporcionan una sensación de seguridad, protección y consuelo que son fundamentales para el desarrollo emocional y psicológico. Según esta teoría, los vínculos de apego se desarrollan en tres etapas:

La *etapa de apego preafectivo*, que ocurre durante las primeras semanas de vida y se caracteriza por una respuesta instintiva de los bebés a los estímulos que les proporcionan seguridad y confort.

La *etapa de apego afectivo:* esta etapa se hace presente entre los 2 y 7 meses de edad y se caracteriza por la formación de vínculos emocionales más fuertes y selectivos con figuras de apego específicas.

La *etapa de apego de consolidación:* esta etapa ocurre entre los 7 y 24 meses de edad y se caracteriza por la consolidación de los vínculos de apego y la exploración del entorno por parte del niño.

La teoría del apego también destaca la importancia de las experiencias tempranas en el desarrollo de los vínculos afectivos y cómo estas experiencias influyen en la forma en que las personas establecen relaciones en la vida adulta. Así, los bebés que reciben cuidado y atención adecuados de sus figuras de apego desarrollarán un vínculo seguro, mientras que aquellos que reciben poco o ningún cuidado pueden desarrollar vínculos inseguros o desorganizados.

Teoría triangular del amor:

Describe el amor en términos de tres componentes principales: intimidad, pasión y compromiso. Fue desarrollada por el psicólogo Robert J. Sternberg en la década de 1980 (Sternberg, R. J. 1986. "A triangular theory of love". Psychological Review, 93-2, 119-135), y es una de las teorías más influyentes sobre el amor y las relaciones románticas.

Según la teoría triangular del amor, la intimidad se refiere a la cercanía emocional, la conexión y la confianza que las personas comparten entre sí. La pasión se refiere a la atracción física, el deseo y la excitación sexual que sienten las personas hacia su pareja. Y el compromiso se refiere a la decisión consciente de permanecer en una relación y trabajar en ella, incluso cuando hay dificultades.

Estos tres componentes se combinan para formar siete tipos diferentes de amor, que Sternberg describe de la siguiente manera:

El *amor de compañía*, considerado como alto en intimidad, y bajo en pasión y compromiso.

El *amor vacío*, el cual se manifiesta como alto en compromiso, y bajo en intimidad y pasión.

El *amor romántico,* alto en intimidad y pasión, mientras que es bajo en compromiso.

El *amor fatuo*, que es muy alto en pasión y en compromiso, y bajo en intimidad.

El *amor comprometido*, alto en compromiso, moderado en intimidad y bajo en pasión.

El *amor pasional,* que se muestra alto en pasión, moderado en intimidad y bajo en compromiso.

El *amor consumado*, que es alto en intimidad, pasión y compromiso.

Sternberg también destaca que el amor no es estático y puede cambiar con el tiempo y las experiencias compartidas en la relación. El amor evoluciona de un amor pasional a un amor comprometido a medida que la relación madura. Esta teoría es útil para comprender diferentes tipos de amor y cómo evolucionan las relaciones románticas a lo largo del tiempo.

Teoría de la interdependencia social:

Esta teoría psicológica explica cómo se desarrollan y mantienen las relaciones interpersonales. Fue desarrollada por los psicólogos Harold Kelley y John Thibaut en la década de 1950 (Kelley, H. H., & Thibaut, J. W. 1978. "Interpersonal relations: A theory of interdependence". New York: Wiley), y ha sido ampliamente utilizada para comprender la dinámica de las relaciones románticas, las amistades, las relaciones laborales y otras relaciones sociales.

Según esta teoría, las relaciones interpersonales se basan en la interdependencia social, que se refiere al grado en que las acciones y los resultados de una persona dependen de las acciones y los resultados de otra persona. La teoría de la interdependencia social identifica tres tipos de interdependencia:

Dependencia recíproca: cuando ambas personas dependen una de la otra para lograr sus objetivos.

Dependencia unilateral: cuando una persona depende de la otra para lograr sus objetivos, pero la otra persona no depende de ella.

Independencia: cuando ninguna de las personas depende de la otra para lograr sus objetivos.

La teoría también describe cómo las personas manejan la interdependencia social en sus relaciones. Esto se hace mediante la evaluación de las recompensas y costos asociados con la relación, y comparándolas con las expectativas y normas sociales. De esta forma, si una persona espera que una relación le brinde cierto nivel de apoyo emocional, pero no recibe ese apoyo, puede sentir insatisfacción y decidir terminar la relación.

Esta teoría es útil para entender cómo las personas manejan sus relaciones, y cómo las expectativas y normas sociales influyen en ellas.

Pensamos que las parejas tienden a desarrollar una red social conjunta, en la cual sus círculos de amigos y familiares se interconectan y comparten actividades sociales.

¿Cómo surge el amor?

Lo primero de lo que nos damos cuenta es de que algo cambia en nosotros. En el interior de todo nuestro cuerpo están sucediendo cambios biológicos, psicológicos y bioquímicos. El enamoramiento es un estado emocional complejo que involucra cambios físicos, cognitivos y emocionales en nuestro ser. Al estar enamorados, nuestro cuerpo experimenta una serie de cambios fisiológicos, como aumento del ritmo cardíaco, sudoración, dilatación de las pupilas y aumento de la adrenalina en la sangre.

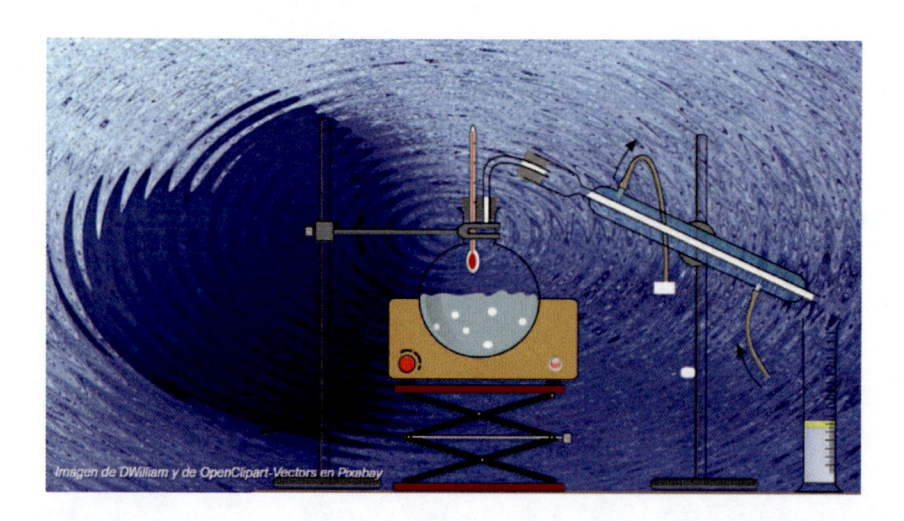

La bioquímica del amor:

Se presentan cambios bioquímicos que ocurren en nuestro cuerpo ante la presencia del amor. Aumenta la dopamina, que es un neurotransmisor que se asocia con el placer y la recompensa, y es comúnmente conocida como una de las "hormonas del amor". Este incremento puede resultar en una sensación de felicidad y euforia. Asimismo se incrementa la noradrenalina, una hormona que se libera en respuesta al estrés o en la excitación. Los enamorados sienten algo de nerviosismo y aceleración del ritmo cardíaco.

La serotonina también aumenta. Es un neurotransmisor que se asocia con el estado de ánimo y la regulación emocional. En el enamoramiento sus niveles pueden incrementarse, lo que resulta en cambios en el apetito y en el sueño. Pensamos que estos cambios en los niveles de serotonina durante esta etapa de enamoramiento contribuyen a la dependencia emocional que a menudo se asocian con el amor, junto con la feniletilamina. Durante las etapas iniciales del enamoramiento, se producen cambios químicos en el cerebro que pueden aumentar los niveles de serotonina. Esto conduce a los sentimientos de euforia, excitación y felicidad asociados con estar enamorado. También se ha observado que los niveles de serotonina pueden estar relacionados con la perseverancia en las relaciones románticas.

La feniletilamina (FEA) se encuentra en el cerebro y se ha relacionado con el amor y la atracción romántica. Se cree que la FEA actúa como un neurotransmisor y que influye en la liberación de dopamina en el cerebro, lo que contribuye a los sentimientos de felicidad asociados con el enamoramiento. Se produce de forma natural en el cerebro y se libera en pequeñas cantidades durante períodos de felicidad, alegría y excitación. Se ha sugerido que esta sustancia actúa como una especie de "droga natural" del amor, ya que incrementa la sensación de euforia y bienestar que se siente. Existen otros neurotransmisores, hormonas y sustancias químicas que también desempeñan un papel en el amor y la atracción. Un dato que debemos tomar en cuenta es que igualmente el amor reduce el cortisol, la hormona que se libera en respuesta a situaciones estresantes. Durante el enamoramiento, sus niveles corrientemente disminuyen, lo que causa una sensación de calma y tranquilidad con bioquímica natural.

La oxitocina es una hormona que se asocia con la vinculación social y la confianza, y en la conexión emocional con la persona amada. Es una hormona que se relaciona con el sentimiento de cercanía que a menudo se experimenta en el enamoramiento. También desempeña un papel en la formación de los romances a largo plazo y en la sensación de seguridad personal con la pareja. A menudo se le conoce como la "hormona del amor" o la "hormona del apego" asociado a los noviazgos y amistades con las personas queridas.

La oxitocina se produce en el hipotálamo, una región del cerebro, y se libera tanto en el torrente sanguíneo como en el cerebro en respuesta a diferentes estímulos. En el contexto del amor, se ha demostrado que la oxitocina desempeña varios roles significativos, porque está implicada en la formación y consolidación de los sentimientos entre las personas. Los niveles de oxitocina aumentan durante el contacto físico íntimo, como los abrazos, los besos y el contacto sexual.

La oxitocina también es un promotor de la confianza y de comportamientos prosociales. Se ha demostrado que niveles más altos de oxitocina conducen a una mayor disposición a confiar en los demás, y producen igualmente una mayor empatía y reconocimiento de las emociones de los demás. En un estudio, Paul Zak y sus colegas investigaron el efecto de la oxitocina en la generosidad y la confianza interpersonal. Encontraron que la administración de oxitocina aumentó la generosidad en los participantes y también promovió la confianza hacia los demás en situaciones de intercambio económico. Estos hallazgos respaldan la idea de que la oxitocina puede tener un papel importante en el impulso de la confianza entre los seres humanos (Zak, P. J., Stanton, A. A., & Ahmadi, S. "Oxytocin increases generosity in humans". 2007).

Además se ha confirmado que la oxitocina reduce los niveles de estrés y de ansiedad, lo que contribuye a la sensación de calma y tranquilidad. La oxitocina tiene efectos ansiolíticos y antiestrés en el cerebro, señala Inga Dorothea Neumann, una profesora alemana de psicofarmacología en la Universidad de Regensburg en Alemania conocida por sus investigaciones sobre la neurobiología y los efectos de la oxitocina (Neumann, I. D. 2008. "Stimuli and consequences of dendritic release of oxytocin within the brain". Biochemical Society Transactions, 36-5, 1.452-1.456). Igual se ha sugerido que la oxitocina desempeña un papel en la formación de vínculos entre los padres y los bebés durante la lactancia materna.

Las feromonas:

Las feromonas son sustancias químicas que se liberan naturalmente en el cuerpo humano y pueden ser detectadas por otros individuos de la misma especie a través del olfato. En humanos, se cree que las feromonas pueden jugar un papel en el amor y el sexo al influir en las respuestas emocionales, sexuales y conductuales de otras personas. En términos de amor y atracción romántica, las feromonas juegan un papel en la comunicación no verbal entre dos personas. Se ha sugerido que las feromonas desempeñan un rol en la selección de parejas y en la atracción física entre dos personas. Algunos estudios han encontrado que las mujeres son más sensibles a las feromonas masculinas en el momento del ciclo menstrual en el que son más fértiles, lo que sugiere que las feromonas pueden desempeñar un papel en la selección de parejas reproductivas.

En cuanto al sexo, las feromonas actúan en la excitación y la respuesta sexual en ambos sexos. La exposición a feromonas sexuales aumenta la frecuencia y la intensidad de la actividad sexual en los hombres y las mujeres. Sin embargo, la evidencia científica sobre el papel de las feromonas en el sexo es limitada y se necesitan más investigaciones para comprender mejor su impacto.

Las feromonas de una persona tienen algún impacto en las respuestas emocionales y sexuales en otras; sin embargo, no son el único factor que influye en la atracción y la conexión emocional entre ellas. En la atracción y el amor también intervienen factores como la personalidad, la apariencia física, la química interpersonal y otros factores sociales y culturales.

Uno de los estudios más citados en este tema es el realizado por los investigadores Wedekind y Füri en 1997, publicado en la revista *"Nature"* y en el que los investigadores pidieron a un grupo de hombres que usaran camisetas durante dos noches consecutivas; luego recogieron las camisetas y las depositaron en bolsas de plástico. Acto seguido, se pidió a un grupo de mujeres que olieran las bolsas y eligieran la camiseta que les resultara más atractiva. Los resultados mostraron que las mujeres tendían a elegir las camisetas de los hombres con un complejo de histocompatibilidad (MHC) diferente al suyo propio —un grupo de genes ubicados en el cromosoma 6 que desempeñan un papel crucial en la presentación de antígenos y juegan un papel fundamental en el sistema inmunológico—, lo que sugiere que las feromonas producidas por los hombres son una señal de compatibilidad genética y atractivo para las mujeres.

Otro estudio, publicado en la revista *"Physiology and Behavior"* en 2009, investigó la respuesta de las mujeres a una feromona masculina específica llamada androstadienona. Los investigadores encontraron que la androstadienona produjo, en las mujeres que lo olían, una respuesta en el área del cerebro asociada con la atracción sexual. Los resultados indican que las mujeres son sensibles a las feromonas masculinas y estas ejercen un papel en la atracción sexual y la selección de parejas en los humanos.

En los animales como los gatos y perros observamos que cuando las hembras están en celo los machos lo perciben y las buscan para procrear.

A diferencia de los animales, los seres humanos no tienen un ciclo estral como los animales y no entran en celo. En cambio, las mujeres tienen un ciclo menstrual, que es el proceso mensual que experimentan las mujeres en el que se producen la ovulación y la menstruación. Estudios apuntan a que los hombres detectan cambios sutiles en el comportamiento y el olor de las mujeres durante diferentes fases del ciclo menstrual. Una investigación de Kristina M. Durante, Vladas Griskevicius, Sarah E. Hill, Carin Perilloux y Norman Li, publicada en la revista "Evolution and Human Behavior" con el nombre de "Changes in Women's Choice of Dress Across the Ovulatory Cycle: Naturalistic and Laboratory Task-Based Evidence", en 2008, mostró que los hombres encontraron más atractivas las fotografías de mujeres que se tomaron durante su fase ovulatoria, en comparación con fotografías tomadas durante otras fases del ciclo menstrual.

Las mujeres perciben cambios en su olor corporal, la voz y el comportamiento durante diferentes fases del ciclo menstrual, lo que puede afectar la atracción y el comportamiento de los hombres.

Esto agrega un factor evidente que nos mostraría la razón por la cual una mujer, en una reunión social, puede llamarle la atención a un hombre en particular a pesar de no ser la más bonita, o que una mujer tenga mayor interés en un hombre sin ser el más atractivo. Sería una conducta instintiva provocada por el potente "perfume" de las feromonas.

No obstante, hay que tener en cuenta que estos efectos son sutiles y que la atracción y el comportamiento humano están influenciados por una variedad de componentes, incluyendo la personalidad, la apariencia física, la química interpersonal y otros elementos sociales y culturales.

El síndrome de abstinencia en el amor:

Sabemos que toda droga tiende a ser adictiva y que cuando se deja de tomar se produce el denominado "síndrome de abstinencia". Las drogas naturales del cuerpo del amor también lo son. El estado de felicidad que nos provoca el amor tiene un estímulo, o un sujeto claro que desencadena este estado: la presencia del ser amado y su ausencia nos puede perturbar.

El síndrome de abstinencia se refiere a un conjunto de síntomas físicos y psicológicos que ocurren después de interrumpir el consumo de una sustancia adictiva, como drogas narcóticas o psicotónicas, alcohol o tabaco. Estos síntomas son el resultado de la adaptación del cuerpo a la presencia constante de una de estas sustancias, y se producen cuando se reduce o se detiene su consumo. Varían en función del tipo de sustancia, la duración del consumo, la cantidad de la sustancia consumida y otros factores individuales, pero generalmente incluyen síntomas físicos como sudoración, temblores, náuseas, diarrea, dolor de cabeza y fiebre. Además, entre los síntomas psicológicos se encuentran la ansiedad, depresión, irritabilidad, insomnio, dificultad para concentrarse y fuertes deseos de consumir la sustancia. Suele ser un proceso difícil y desafiante para quienes intentan superar una adicción. En algunos casos, los síntomas pueden ser graves y requerir atención de un profesional de la salud especializado en estos casos.

Cuando estamos enamorados aumentan las drogas naturales del cuerpo del amor y nos hacen sentir bien. Cuando la pareja no está, bajan sus niveles y nos apremia una necesidad de estar nuevamente con ella. Algunas personas tienen la sensación de un "síndrome de abstinencia" cuando no están cerca de su pareja o no tienen contacto físico con ella. Esto se debe a que el cuerpo ha desarrollado una dependencia personal y psicológica de la pareja, lo que puede llevar a una disminución en los niveles de dopamina, oxitocina y otros neurotransmisores que se liberan durante el enamoramiento.

Ahora bien, aunque algunos de los síntomas llegan a ser similares a los que experimentan quienes consumen narcóticos durante el síndrome de abstinencia de drogas, no se considera exactamente lo mismo. En este síndrome la causa subyacente es una adicción física a una sustancia, mientras que en el caso del enamoramiento la causa subyacente es una dependencia emocional y psicológica.

A diferencia del malestar físico que causa la dependencia de drogas y la ausencia de la sustancia, en el caso de las "drogas naturales del amor" que proporciona el mismo cuerpo humano, su ausencia no nos va a provocar un síndrome que ponga en peligro a la persona. Lo que ocurre es que nos sentimos muy bien en compañía del ser amado y cuando no está a nuestro lado disminuye la sensación de bienestar y felicidad. Por ello ansiamos volver a encontrarnos con esa persona.

En tiempos pasados, la separación del ser amado podía significar semanas o meses, si alguno de los enamorados viajaba. Esto podía producir estados alterados de tristeza por el desencuentro.

Cuando llegaba una carta de amor —la que podía tardar días o más—, bajaba el nivel de angustia. Hoy no pasa esto, basta tomar el *smartphone* para estar en contacto con el ser amado, que allí va a estar. El denominado síndrome por ausencia del ser amado por ello debería estar en extinción, salvo cuando es definitiva.

Cambios cognitivos en el amor:

Durante el enamoramiento, nuestra atención se centra en la persona que amamos, lo que puede resultar en una disminución de la atención hacia otras cosas. Además, es común que idealicemos a la persona amada y que tengamos dificultades para ver sus defectos. Lo cual puede ser no muy positivo en el largo plazo. Distintas parejas cuando acuden a consulta señalan que su par cambió luego de convivir juntos, aunque en muchos casos no es así; simplemente, cuando se enamoraron solo prestaron atención a lo positivo de cada quien y no se percataron de lo no tan positivo.

Pasa igual cuando nos mostramos a la persona que nos gusta, y que eventualmente amaremos, con lo mejor de nosotros, y cada uno oculta lo que no quiere revelar. De la misma manera se puede mostrar a la persona por amar que somos como ella quiere que sea su pareja, y fingimos parecernos a ese modelo que creemos tiene.

En muchos casos, parejas constituidas dejan de amarse, o se separan o divorcian, por no haberse conocido más cuando se enamoraron.

Psicología para todos:

Vladimir y María Mercedes Gessen, en su libro *"Psicología para todos"*, (Círculo de Lectores, 2001, pp. 15-17). explican que la práctica clínica psicológica señala que existen 10 principales problemas que deterioran el amor y las relaciones armoniosas de pareja. Estos son:

1. *Las grandes y pequeñas discrepancias:* diferencias en objetivo, en intereses y en los hábitos cotidianos que, día a día, van generando una serie sucesiva de conflictos pequeños los cuales provocan, en un sinnúmero de casos, el desamor. Estas diferencias tienen mucho que ver con la relación de competencia y poder entre las partes. Es natural que cada uno de los miembros de la pareja tienda a dominar, en determinado aspecto, al otro, dependiendo de sus propias capacidades e intereses. Sin embargo, de una manera u otra, en cada pareja se establece un intento de liderazgo por cada uno. Lo normal y lo deseable es que se establezca un equilibrio. Por supuesto, a mayores diferencias, más precario será este equilibrio y las posibilidades de desavenencias aumentan.

Esto no pasaría si desde el primer momento la pareja hubiese establecido cómo se iban a tomar las decisiones, en cuáles intereses y hábitos coincidían y cómo manejar los que no.

2. *La pareja se extiende sin desearlo:* los hijos son un regalo de la naturaleza y de la Divina Providencia; no obstante, en algunos casos el advenimiento de un hijo no previsto, o cuando el nuevo miembro de la familia fue producto de una gestación no deseada, causa desacuerdos y decepciones. Sobre todo si este embarazo impide el cumplimiento de objetivos de estudio o económicos y la situación obliga a cambiar los intereses y las metas de la pareja.

Se puede prever que esta circunstancia no se presente si en la primera etapa del enamoramiento se habla y se acuerda cómo y cuánto va a crecer la familia y en qué condiciones y escenarios.

3. *La insatisfacción sexual,* producto generalmente de disfunciones sexuales no tratadas. Existen parejas —algunas encuestas indican más del 30%— que conviven sin tener una plena sexualidad y, lo que es peor, sin comentárselo entre ambos. Tampoco buscan ayuda profesional.

No se trata de tener relaciones antes de estar conviviendo. Es que la conducta de sexualidad puede ir transformándose en el tiempo motivada por distintas causas. Una pareja puede cambiar, a lo largo de los años que están juntos, su forma de hacer el amor o en su sexualidad. De hecho, es bastante común que las parejas experimenten estos cambios en su vida sexual en diferentes etapas de su relación. Las innovaciones en la conducta sexual de una pareja pueden ser el resultado de una serie de factores, acorde a su edad. La actividad sexual es una experiencia altamente individual y puede variar significativamente entre las personas, independientemente de su género. Sin embargo, hay algunos patrones generales que se pueden observar en la actividad sexual de hombres y mujeres a diferentes edades. Los hombres tienden a tener un pico de actividad sexual en su adolescencia y durante la década de los veinte años, mientras que las mujeres tienden a experimentar ese aumento en la actividad sexual en sus veinte y treinta años. Pero no es una regla, otras personas lo hacen a los cuarenta o los cincuenta. El punto es que la pareja puede no coincidir en el mismo momento. Se cree que la actividad sexual tiende a disminuir a medida que las personas envejecen, aunque esto puede variar considerablemente entre las personas.

Algunos ejemplos de cambios en la conducta sexual que se pueden presentar en parejas casadas incluyen disminución de la frecuencia o intensidad de las relaciones sexuales debido al estrés, la fatiga, los problemas de salud, la falta de tiempo o la falta de interés.

También la experimentación de distintos roles sexuales, donde la pareja prueba nuevas posiciones, juguetes sexuales, fantasías y otros aspectos de la sexualidad. Asimismo, cambios en la orientación sexual de la pareja cuando uno o ambos descubren nuevas formas de obtener placer.

Problemas de disfunción sexual, como la eréctil, la eyaculación precoz o la falta de deseo sexual, que pueden afectar negativamente la vida sexual de la pareja o problemas de comunicación, donde la pareja puede tener dificultades para hablar sobre sus necesidades y deseos sexuales, lo que puede llevar a la insatisfacción sexual.

En general, es importante que las parejas sean conscientes de que la conducta sexual evoluciona a lo largo del tiempo, y que trabajen juntas para abordar cualquier tema que pueda surgir en este sentido y mantener una vida sexual saludable y satisfactoria. Si una persona tiene preocupaciones sobre su actividad sexual, debe hablar con un profesional de la conducta o un terapeuta sexual para obtener ayuda y orientación. El estrés, los problemas de salud, los cambios hormonales, la monotonía en la relación, la falta de comunicación, la presión externa, pueden dar al traste con la relación. De presentarse este escenario, lo recomendable es asistir con un terapeuta familiar o de pareja.

4. *La comunicación negativa:* hablamos, en primer lugar, de los pensamientos que algunos tienen, en el sentido de que piensan que su pareja, de una u otra forma, les va a hacer daño. Por ejemplo, si la pareja está callada porque simplemente está pensando en algún suceso del día, el pensamiento negativo provoca reacciones como esta: "Debe estar callado(a) porque está enojado(a) conmigo". Otros pensamientos negativos se dan en quienes creen que todo les sale mal o sufren de una autoestima muy baja. No importa lo que haga la pareja, nunca estarán satisfechos. Solo ven lo negativo, nunca lo positivo. Otro aspecto de la comunicación negativa es la falta de atención entre los miembros de la pareja: "¡Nunca me escuchas!".

La comunicación negativa en una pareja se refiere a patrones de comunicación que pueden dañar la relación y afectar negativamente la conexión emocional entre ambos miembros. Esto puede incluir las críticas, cuando uno de los miembros de la pareja reprocha regularmente al otro, señalando sus errores o defectos.

También puede incluir el desprecio, en el caso de que se utilice el sarcasmo, la burla o el menosprecio, o comunicarse irrespetuosamente con el otro miembro de la pareja.

Otra forma de comunicarse inapropiadamente es cuando uno o ambos miembros de la pareja están constantemente a la defensiva, respondiendo con excusas o justificaciones ante cualquier comentario o crítica, o manteniendo una actitud evasiva al evitar discutir temas importantes o negarse a participar en la conversación, o si se utilizan indirectas o comentarios punzantes para expresar enojo o frustración.

También se produce cuando uno de los miembros de la pareja no presta atención a las necesidades o deseos del otro, o en el momento que uno de los miembros de la pareja se cierra a conversar o discutir algún tema y no está dispuesto a hablar sobre sus sentimientos o preocupaciones.

La falta de comunicación o hacerlo inadecuadamente puede tener un impacto significativo en la estabilidad de una relación de pareja. Es importante que los miembros de la pareja trabajen juntos para mejorar su comunicación y fomentar un ambiente de apoyo y comprensión mutua. Siempre es útil la búsqueda de la terapia de pareja o la adopción de estrategias de comunicación más efectivas y respetuosas.

5. *Las distintas etapas del amor* también generan problemas a la pareja. La primera crisis ocurre generalmente al tercer año de relación, cuando decae la etapa que llamaremos pasional, donde tiene una gran importancia el dedicarse el uno al otro. En este momento, cada miembro de la pareja comienza a pensar en los otros objetivos y metas que le reclama la vida.

Es común hablar de distintas etapas en el matrimonio para las parejas. Si bien estas etapas pueden variar según la cultura, las creencias y las circunstancias individuales de cada pareja, podemos identificar algunas etapas generales que muchas parejas atraviesan durante su vida matrimonial:

La etapa de enamoramiento: en esta fase, la pareja se siente extremadamente atraída el uno por el otro y se enamoran profundamente. Esta fase suele ser muy emocionante y llena de pasión y romanticismo.

La etapa de ajuste: después de la fase de enamoramiento, las parejas a menudo pasan por una etapa de ajuste en la que comienzan a acostumbrarse a la vida juntos. En esta etapa, la pareja puede experimentar algunos conflictos y desafíos a medida que aprenden a vivir juntos y a trabajar en equipo.

La etapa de consolidación aparece una vez que las parejas han superado los desafíos iniciales; a menudo pasan a la etapa de consolidación. En esta etapa, la pareja se siente más cómoda y segura en su relación y puede comenzar a hacer planes juntos a largo plazo.

La etapa de crisis, que a veces las parejas atraviesan durante su matrimonio, como una infidelidad, problemas financieros o problemas de salud. Durante esta etapa, la pareja puede experimentar mucha tensión y conflicto, pero si logran superar la crisis, su relación puede salir fortalecida.

La etapa de renovación, donde, luego de superar una crisis, las parejas a menudo pasan por una etapa de renovación en la que trabajan juntos para reconstruir su relación. En esta etapa, la pareja puede comprometerse a mejorar su comunicación, a pasar más tiempo juntos o a trabajar en sus objetivos individuales y como pareja.

Hay que tener en cuenta que estas etapas no van en un ordenamiento temporal y que las parejas pueden experimentar más de una etapa al mismo tiempo o en diferentes lapsos. Además, cada pareja es única y puede experimentar estas etapas de manera diferente.

6. *¿Quién se ocupa del hogar?* La distribución de las cargas de las tareas del hogar siempre genera conflicto. Debe existir igualdad en las labores caseras y algunos hombres se resisten a aceptarlo.

En principio, los dos miembros de una pareja deben ocuparse de los asuntos del hogar, de las tareas domésticas. Pese a ello, no hay una respuesta única o universal para esta pregunta, ya que la división del trabajo en el hogar y las tareas domésticas depende de cada pareja, de sus circunstancias individuales y sus respectivas culturas. Pensamos que lo más importante es que ambos trabajen juntos para encontrar una solución que funcione para los dos y que sea justa y equitativa.

En algunas parejas, puede ser que uno de los miembros tenga más tiempo libre o disfrute más de las tareas del hogar, y en ese caso, esa persona puede ocuparse de la mayor parte de las tareas domésticas. Lo importante es que la división del trabajo sea discutida abierta y honestamente entre ambos miembros de la pareja, y que se llegue a un acuerdo que satisfaga a ambos. Se debe tener en cuenta que la división del trabajo en el hogar puede cambiar con el tiempo; por ejemplo, si uno de los miembros de la pareja comienza un nuevo trabajo o tiene un cambio en sus responsabilidades laborales, puede ser necesario reajustar la división del trabajo en el hogar para adaptarse a la nueva situación.

7. *Otro problema son los problemas que generan las familias,* de cada miembro de la pareja. Los padres y madres, y los otros miembros de las familias de cada miembro de una pareja, pueden —hasta de buena fe— causar que la pareja rompa la relación entre ellos o con sus respectivas familias.

Los familiares directos a veces provocan problemas en una relación de pareja si interfieren demasiado en la vida de ellos o si no respetan los límites de la relación. Esto puede ser especialmente problemático si los padres o familiares no aprueban la relación o no están de acuerdo con las decisiones que la pareja ha tomado. Algunos problemas comunes que surgen son la intromisión en la relación, que originan conflictos y afectan negativamente la intimidad y la privacidad de la pareja, creando tensiones entre la pareja y la familia.

También influyen las diferencias culturales o de valores, porque los padres o familiares pueden tener distintas formas de pensar o creencias con respecto a la pareja. Sobre todo por las diferencias generacionales. En ocasiones, los padres o familiares pueden tener expectativas poco realistas sobre la relación o presionar a la pareja para que tome ciertas decisiones o que adopte ciertos comportamientos. Otro factor es la falta de comunicación o que los padres de algún miembro de la pareja no quieran tener contacto con uno de los dos.

En estos casos la pareja debe hablar abiertamente sobre los problemas que surjan con los padres o familiares y tratar de encontrar soluciones que satisfagan a ambas partes. Si los problemas persisten y no se pueden resolver, puede ser necesario buscar la ayuda de un terapeuta o consejero para superarlos.

8. *La infidelidad.* Esta circunstancia crea un profundo resentimiento en la pareja burlada. Sin llegar a la infidelidad, de igual manera, los celos son un factor de perturbación en el amor.

La infidelidad es un problema grave y resulta en dolor, traición, desconfianza y resentimiento en la pareja. Daña la autoestima y la confianza de la persona que fue engañada y afecta la comunicación y la intimidad en la relación. Además, llega a ser difícil de perdonar y superarla, incluso si se decide trabajar en la relación.

Si la pareja decide trabajar en la relación después de una infidelidad, se debe abordar abiertamente el problema y hablar sobre las razones detrás de la infidelidad. Ambos miembros de la pareja deben estar dispuestos a comprometerse y trabajar juntos para reconstruir la confianza y la intimidad. También es útil buscar la ayuda de un terapeuta o consejero para superar el dolor y el resentimiento y aprender a comunicarse de manera efectiva.

La infidelidad es una de las principales causas de divorcio, pero no siempre es la única o la principal causa, incluyendo que estas sean la razón de la infidelidad. Las razones detrás de un divorcio pueden variar ampliamente y dependerán de la situación y las circunstancias de cada pareja. La infidelidad puede estar acompañada y ser concomitante con otras causas de divorcio. Una de ellas es la falta de comunicación efectiva, que conlleva frustración, resentimiento y desconexión emocional en la pareja. También ante diferencias irreconciliables en los valores, las expectativas o los objetivos a largo plazo.

Los celos, por otro lado, en ciertos casos llegan a ser tóxicos para una relación, ya que provocan desconfianza, descontrol y estrés emocional. Generalmente surgen de la inseguridad personal, de la falta de confianza en la pareja o de experiencias pasadas negativas.

Si uno de los miembros de la pareja experimenta celos, debe hablar abiertamente sobre ellos con el ser amado y tratar de comprender las razones detrás de ellos. La pareja debe trabajar, los dos juntos, para establecer límites claros y abordar las causas subyacentes de los celos. También será provechoso en ambos elevar la autoestima y la confianza personal a través de la terapia o el asesoramiento. Lo mejor es que la pareja esté dispuesta a trabajar juntos y comprometerse para salvar la relación. La comunicación abierta, la comprensión mutua y la disposición a buscar ayuda profesional pueden ser clave para superar la infidelidad y los celos y reconstruir una relación saludable y satisfactoria.

9. *La carga del medio ambiente:* nos referimos a los problemas que no emanan de la propia pareja sino del comportamiento social de alguno de ellos o de los dos, como que uno de los dos consuma drogas o alcohol. Los "amigos" que sonsacan a uno de los miembros de la pareja. El llegar "tarde" a casa, las "salidas" y una vida disipada al margen de la pareja.

10. Por último —no podían faltar—, *los problemas económicos:* "¿En qué gastaste el dinero?... Todo lo que tú haces es gastar". Tienen un impacto significativo en una relación de pareja y llegan a ser un motivo de la separación o el divorcio. Crean o aumentan el estrés y la tensión en la relación, especialmente si la pareja está luchando para llegar a fin de mes o para pagar deudas. El estrés financiero puede afectar negativamente la salud emocional y física de la pareja, lo que puede llevar a conflictos y desconexión emocional.

Las diferencias en la forma en que la pareja maneja el dinero pueden ser una fuente de conflicto. Si uno de los miembros de la pareja es más ahorrativo y el otro es más gastador, puede haber desacuerdos sobre cómo o en qué gastar o invertir y ahorrar el dinero. Estas diferencias pueden generar resentimiento y tensiones en la relación. Igual pasa si uno de los miembros de la pareja gana mucho más dinero que el otro, puede haber desequilibrios en la igualdad de criterios a la hora de tomar decisiones en la relación. La pareja puede sentirse resentida o desvalorizada si siente que sus contribuciones económicas no son valoradas.

Los problemas financieros, como las deudas ocultas o el gasto excesivo, pueden erosionar la confianza en la relación. Si uno de los miembros de la pareja siente que el otro no es honesto con respecto al dinero, esto puede afectar negativamente la confianza en otras áreas de la relación.

Para superar los problemas económicos y evitar el divorcio, es importante que ambos hablen abiertamente sobre el dinero y establezcan metas financieras realistas. La pareja también puede buscar asesoramiento financiero y trabajar juntos para crear un presupuesto que se ajuste a sus ingresos y gastos. Si los problemas financieros se deben a deudas, ambos pueden trabajar juntos para crear un plan para pagarlas y buscar ayuda profesional si es necesario. Solamente una comunicación abierta, junto a la cooperación y la toma de decisiones conjuntas, pueden ayudar a superar los problemas económicos y fortalecer la relación de pareja.

Estas son las principales razones por las cuales las parejas dejan de serlo si no saben manejar las situaciones. Sin embargo, no es difícil aprender a resolverlas. Como podemos apreciar, todos los problemas tienen algo en común: se habrían podido prever si la pareja se hubiese conocido bien antes de lanzarse al agua. Lo que ocurre es que muchas parejas comienzan la vida en común prácticamente mostrándose el uno al otro como no son. Es decir, él le hace ver a ella lo que él cree que a ella le gusta, y ella le muestra a él lo que piensa que él desea. Este trabalenguas es la clave: cuando la pareja se conoce y siente la atracción inicial, hará todo lo que pueda por lograr profundizar la atracción y tratar de establecer una relación. En esta primera etapa, cada uno tratará de complacer al otro lo mejor que pueda. Por ejemplo, si él aprecia que a ella le gusta la música barroca, muy probablemente, aunque a él le fascine la salsa o sea rockero, aparentará que le encanta la música clásica, y así sucesivamente. Ambos estarán mintiéndose piadosamente hasta lograr la mutua conquista. El problema radica en que, cuando comienzan a vivir en pareja, se descubren como dos perfectos desconocidos en muchas áreas. Es común escucharlos decir: "¡No te conozco!" o "Has cambiado, no sé quién eres".

Por otra parte, algunas parejas no toman conciencia de la importancia de establecer una vida en común. Cuando alquilamos un apartamento firmamos un contrato. Cuando compramos un televisor inteligente, un computador, un *smartphone* o cualquier artefacto electrónico, antes de prenderlo leemos cuidadosamente las instrucciones para aprender a usarlo. No obstante, cuando de establecer pareja se trata, a pesar de ser el acto más importante de nuestra vida, no firmamos ningún acuerdo ni leemos las instrucciones de cómo es el otro.

Casi que nos condenamos a fracasar o dejamos todo en manos del amor y del azar, y que la vida venga como venga. Cuando firmamos cualquier contrato, siempre tienen cosas buenas y malas. En el contrato de alquiler, es bueno tener apartamento, es malo pagar todos los meses. Es bueno disfrutar de un vehículo, pero muy pesado pagar las cuotas. Así son todos los contratos.

Contrato o acuerdo de pareja:

Las parejas tienen que saber que deben establecer las reglas de juego y firmar un "acuerdo —o contrato— de la pareja" antes de convivir. Esta es la clave fundamental del amor, más allá del "contigo pan y cebolla". Hay que hacer un acuerdo y, para lograrlo, tenemos que comenzar por conocernos en profundidad.

Un contrato o acuerdo de pareja se refiere a un entendimiento mutuo y explícito entre dos personas que están en una relación romántica de convivencia como el matrimonio. Este tipo de contrato establece las expectativas, los límites y las responsabilidades compartidas que ambas partes acuerdan cumplir para mantener y fortalecer su enlace. Debe abordar una amplia gama de aspectos, dependiendo de las necesidades y valores de ambas partes. Algunos de los elementos comunes que se pueden incluir son: establecer pautas claras para una comunicación abierta y respetuosa, fomentando la expresión de sentimientos, necesidades y preocupaciones; definir los límites personales y espacios individuales que cada miembro de la pareja necesita para mantener su autonomía y bienestar emocional; acordar las responsabilidades y tareas compartidas en el hogar, como la distribución de las labores domésticas, las responsabilidades financieras y el cuidado de los hijos, si los hay; discutir las expectativas y necesidades emocionales y sexuales de cada miembro de la pareja, así como las formas de mantener la intimidad y la conexión emocional, y establecer estrategias y técnicas para resolver los conflictos de manera saludable y constructiva, como la escucha activa, el compromiso y el respeto mutuo.

Lo aconsejable es que sea tan amplio como sea posible y se definan los elementos que contemplen situaciones cotidianas tales como el manejo de la economía en el hogar o si van a tener hijos o no. Si los padres tienen religiones distintas, cuál de ellas se les enseñará a los hijos, o si les van a enseñar ambas, y que los hijos decidan a su mayoría de edad u otra fórmula. Qué modelo de educación se impartirá a los pequeños. Cuáles serían las prioridades económicas.

A más detallado sea el acuerdo, menos posibilidades de conflicto existirán en el futuro. También, así como los tiempos cambian, los acuerdos siempre se pueden actualizar y establecer una fórmula para superar los problemas e inconvenientes que toda pareja o familia presente. De forma que cada pareja puede adaptar y modificar su acuerdo a medida que evolucionan y enfrentan nuevos desafíos en su relación. Un contrato o acuerdo de pareja no debe ser una imposición o una forma de control, sino una herramienta para facilitar la comunicación, la comprensión mutua y el crecimiento conjunto.

Comportamiento de búsqueda y los cambios conductuales en el amor

El comportamiento de búsqueda se relaciona con las acciones y estrategias que las personas utilizan para encontrar y mantener relaciones románticas. Este comportamiento puede incluir actividades como buscar citas, conocer gente nueva, participar en actividades sociales y utilizar aplicaciones y sitios web de citas. El comportamiento de búsqueda en el amor está motivado por la necesidad humana de conexión emocional y compañía. Las personas pueden sentirse impulsadas a encontrar pareja por diferentes razones, como el deseo de amor, la necesidad de apoyo emocional, la curiosidad o la presión social.

Esta conducta es influenciada por factores personales, como la personalidad, la autoestima y la experiencia previa en relaciones románticas. También por factores contextuales, como la cultura, el género, la orientación sexual y la disponibilidad de opciones de citas.

Cuando estamos enamorados, es común que pretendamos la atención y la aprobación de la persona amada. Se hacen cosas en las que normalmente no incurriríamos, como enviar constantes mensajes de texto o llamar a la persona con desmedida frecuencia.

Otro es el comportamiento de cuidado. Los enamorados pueden sentir un fuerte deseo de cuidar y proteger a la persona amada. Esto se manifiesta en hacer algo por la otra persona como cocinar para ella, hacerle favores o apoyarla de alguna manera. Igual suele presentarse una conducta de aventura: en las primeras, es común que las personas tomen riesgos emocionales y físicos, como enamorarse sin ser correspondidas o tener relaciones sexuales inapropiadas.

La priorización de la relación cuando nos enamoramos es común. La relación se convierte en una prelación ante todo lo demás en nuestra vida. Habrá cambios en nuestra rutina diaria, como pasar más tiempo con la persona amada o hacer sacrificios por la relación.

El enamoramiento traerá una serie de cambios emocionales y conductuales que reflejan la intensidad de nuestros sentimientos. Cuando amamos es común hacer cosas diferentes, como arriesgarnos a compartir nuestros secretos más íntimos, ser más abiertos y cariñosos con la persona amada, o incluso hacer sacrificios en nombre del amor.

Sentir el amor es un estado emocional intenso que puede tener un impacto significativo en muchos aspectos de nuestra vida. Sin embargo, debemos recordar que el enamoramiento es solo una etapa inicial de una relación y que con el tiempo pueden surgir nuevos desafíos y situaciones que requieren una atención especial.

Categorías de las emociones

Las emociones que se han identificado y estudiado en la psicología, a menudo se agrupan en categorías más amplias según su naturaleza y función. Estas son algunas de las categorías de emociones más comunes en la psicología:

> *Emociones positivas*, que incluyen la alegría, el amor, la gratitud, el orgullo, el alivio y la esperanza.
> *Emociones negativas*, entre ellas la tristeza, la ira, el miedo, el asco, la vergüenza y las reacciones emocionales del celo.
> *Emociones autoconscientes*, como la vergüenza, la culpa y la timidez, que se relacionan con la conciencia de uno mismo y la evaluación social.
> *Emociones sociales*, tales como la empatía, la simpatía, la compasión y la vergüenza ajena, que se relacionan con las relaciones interpersonales.

Emociones básicas, donde se cuentan la alegría, la tristeza, el miedo, la ira, el asco y la sorpresa, que se consideran emociones universales presentes en todas las culturas.

Emociones secundarias, que son emociones que surgen como resultado de la combinación o modificación de emociones básicas, como la vergüenza, la culpa y el orgullo.

Emociones cognitivas, entre las que conseguimos la sorpresa, la admiración y la confusión, y que se relacionan con la comprensión y la interpretación de la información.

Emociones de afrontamiento, que comprenden la determinación, el coraje y la perseverancia, y se relacionan con la capacidad de afrontar situaciones difíciles o desafiantes.

Estas categorías son solo algunas de las muchas formas en que se han agrupado las emociones en la psicología, y pueden variar según el enfoque teórico o la disciplina específica.

Las emociones y su relación con los recuerdos o la memoria

Un dato que debemos tomar en cuenta es que todas las emociones desempeñan un papel importante en la formación y recuperación de la memoria y las remembranzas. Los eventos emocionales tienden a ser recordados con más facilidad y precisión que los eventos neutrales. Esto se debe en parte a que las emociones aumentan la atención y el procesamiento de la información, lo que hace que la información sea más memorable y fácil de recuperar más adelante.

Además, las emociones están involucradas en la consolidación de la memoria, que es el proceso por el cual los recuerdos a corto plazo se convierten en recuerdos a largo plazo. Se ha encontrado que las emociones afectan la consolidación de la memoria a través de la activación del sistema nervioso simpático y la liberación de hormonas del estrés, como el cortisol. A pesar de ello, no todos los recuerdos están necesariamente asociados con emociones. Los recuerdos también están relacionados con la información que se presenta de manera neutra y sin emociones.

Es posible que un evento traumático cause tanto amnesia —la incapacidad de recordar el incidente— como hipermnesia —recuerdo detallado y persistente del incidente. La amnesia traumática se refiere a la incapacidad de recordar detalles significativos de un evento traumático. Esta amnesia puede ser parcial o completa, y puede durar desde minutos hasta años después del evento. La amnesia traumática es causada por el estrés extremo o el trauma emocional que se experimenta durante el evento. En algunos casos, la amnesia traumática es una forma de defensa psicológica que el cerebro utiliza para protegerse del dolor emocional asociado con el evento traumático.

Por otro lado, la hipermnesia produce un recuerdo fotográfico, minucioso y persistente del evento traumático. Las personas que experimentan hipermnesia pueden recordar cada pormenor de lo que ocurrió durante el evento traumático, hasta después de muchos años. La hipermnesia está asociada a la activación de la amígdala y la liberación de hormonas del estrés durante el evento traumático, lo que lleva a un recuerdo emocionalmente intenso y duradero.

El recuerdo de un evento traumático es consecuencia de varios factores, como la edad en el momento del evento, la gravedad del trauma, la cantidad de tiempo transcurrido desde el evento y otros factores contextuales.

Las emociones en seres humanos y en los animales

Los animales experimentan una amplia variedad de emociones, algunas de las cuales para distintos autores pueden ser similares a las emociones humanas. Hay evidencia científica que indica que los animales sienten alegría, miedo, tristeza, ira, curiosidad y otras emociones (Panksepp, J. 2011. "The basic emotional circuits of mammalian brains: Do animals have affective lives?". Neuroscience & Biobehavioral Reviews, 35-9, 1791-1804). (Darwin, C. 1872. "The Expression of the Emotions in Man and Animals").

Los estudios han demostrado que los chimpancés experimentan algunas emociones complejas como la empatía y la compasión, mientras que los perros muestran alegría y felicidad cuando se les da atención o cuando juegan. Los elefantes también han demostrado signos de dolor y duelo ante la pérdida de un miembro de su manada. Pese a esto, la experiencia emocional de los animales difiere, en cuanto a comportamiento, de la de los seres humanos. Los animales no tienen el mismo lenguaje y cultura que los humanos, por lo que su forma de expresar las emociones es diferente. Al mismo tiempo, las emociones son más complejas en los seres humanos debido a nuestro alto grado de conciencia y capacidad de reflexionar sobre nuestras emociones.

Aunque los animales experimentan emociones, no podemos asumir que su experiencia emocional es idéntica o similar a la nuestra. Los seres humanos de alguna manera le agregamos a nuestra vida instintiva el pensamiento, los sentimientos, y estos nos hacen llevar una vida humana muy distinta a la de los animales. Nos movemos y actuamos con racionalidad, pero le impregnamos una motivación especial, sentimental, le agregamos creatividad y control a nuestras emociones.

Tomemos el caso de la rabia, que es una emoción primaria y se puede experimentar tanto en animales como en seres humanos. Aunque hay similitudes en la forma en que la rabia se manifiesta en ambos, también hay algunas diferencias importantes. Desde el punto de vista de la expresión física, tanto en animales como en humanos, la rabia se observa a través de respuestas del organismo, como el aumento de la frecuencia cardíaca, sudoración o tensión muscular, entre otras. Sin embargo, en los animales la rabia se aprecia en comportamientos agresivos más intensos y violentos que en los seres humanos. La rabia en el animal se manifiesta siguiendo su instinto de supervivencia. Requiere ser agresivo para alimentarse. Debe matar y comer. También en los animales la rabia se desencadena por estímulos específicos, como amenazas externas o territoriales.

En los seres humanos, la rabia es originada por supervivencia aunque la mayoría de las veces, por una variedad de factores que tienen que ver con la conducta racional, con lo cognitivo, con las normas y reglas sociales, el ser humano hace uso de la defensa propia en casos extremos para salvar su vida, pero tanto desde el punto de vista de las creencias como de las leyes, los seres humanos —a pesar de las incontables guerras— han acordado que no se debe matar a otro.

Por otra parte, existen motivos diferentes a los animales como las frustraciones, las injusticias percibidas, las diferencias de credos religiosos o políticos o distintos puntos de vista sobre diferentes temas y otros factores psicológicos y sociales. En los seres humanos, la rabia se revela de diversas formas, desde la irritación y el enojo, pasando por la venganza —una forma de retaliación consciente y premeditada no común en animales—, hasta la ira descontrolada y la violencia. En los animales, la rabia se despliega principalmente como agresión, defensa y ataque para subsistir.

Los seres humanos tienen una capacidad cognitiva más desarrollada que los animales, lo que significa que interpretan y evalúan situaciones de manera más compleja. Esto influye en la forma en que las personas experimentan y expresan la rabia, ya que los humanos pueden tener una mayor conciencia de las causas y consecuencias de sus acciones.

¿Se enamoran los animales?

Si bien los animales no experimentan el amor en el sentido humano, muchos animales tienen comportamientos y respuestas emocionales que se parecen al enamoramiento. Estos pueden estar relacionados con la formación de vínculos sociales y de apareamiento. Algunas aves y mamíferos forman parejas monógamas y establecen vínculos duraderos con su pareja, que pueden incluir rituales de apareamiento y cuidado mutuo de la cría. Estas conductas animales serían interpretadas como una forma de afecto en el sentido de que los animales parecen sentir una conexión emocional con su pareja y mostrar cierto grado de celos y protección hacia ella. Además, algunos animales muestran procederes que sugieren la presencia de emociones similares al enamoramiento, como la alegría, la excitación y la satisfacción, cuando interactúan con la pareja de apareamiento. Estas prácticas pueden estar relacionados con la liberación de hormonas como la dopamina y la oxitocina, que están asociadas con la formación de vínculos emocionales en humanos y animales.

La mayoría de los animales se aparean principalmente con el propósito de la reproducción, pero también algunas especies copulan por otras razones, como la expresión de afecto y la creación de vínculos sociales. Estos tratos sexuales no reproductivos a menudo ocurren en especies que tienen relaciones sociales complejas y viven en grupos estables. En el caso de los primates bonobos, Frans de Waal y otros investigadores publicaron en 1995 un estudio en la revista científica *Current Anthropology* que examinó el comportamiento sexual de estos primates en la naturaleza, encontrando que tienen relaciones sexuales frecuentes y variadas, que a menudo tienen fines sociales y de resolución de conflictos y no solo con fines reproductivos. Una revisión de la literatura científica sobre el comportamiento sexual de los primates, publicada en 2012 en la revista *"Evolutionary Anthropology"*, también encontró que los chimpancés tienen relaciones sexuales por razones sociales. Otros estudios, como el realizado por Richard Wrangham y otros investigadores publicado en 1993 en la revista *"American Journal of Primatology"*, han encontrado que la sexualidad de los chimpancés también está estrechamente ligada a su estructura social y jerarquía.

Los delfines, los leones marinos y algunas especies de aves también son conocidos por mantener copulaciones no reproductivas. El comportamiento sexual en estos animales es variado y complejo, y depende en gran medida de la especie y de las condiciones ambientales y sociales en las que viven.

Generalmente otras hembras como las perras y las gatas tienen relaciones sexuales solo durante su período fértil, que se conoce como "celo". Durante este período, las hormonas reproductivas de la hembra cambian, lo que atrae a los machos y los hace más receptivos a la cópula. En el caso de las perras, el ciclo estral suele durar alrededor de tres semanas y ocurre aproximadamente dos veces al año. Durante este período, la hembra mostrará signos de estar en celo, como una hinchazón de la vulva y una descarga vaginal. Los machos pueden detectar estos cambios y serán atraídos hacia la hembra.

En el caso de las gatas, el ciclo estral es un poco más complejo y varía dependiendo de la raza y la edad. Las gatas no tienen una temporada de apareamiento específica, sino que entran en celo varias veces durante el año, especialmente durante la temporada de primavera y verano. Durante el celo, la hembra mostrará signos como la vocalización excesiva, la inquietud y la frotación en los muebles y las personas.

Tanto las perras como las gatas solo tienen relaciones sexuales durante su período fértil, lo que no significa que no puedan experimentar comportamientos sexuales fuera de este período, como la masturbación o el montaje de objetos o de otros animales. Sin embargo, estos comportamientos no están relacionados con la reproducción y son más comunes en animales que no han sido esterilizados.

Normalmente, en los animales el amor es instintivo y tiene que ver con la sobrevivencia. En los seres humanos el amor, más allá del instinto, es un sentimiento profundo, donde entran en juego la conciencia, lo racional, lo emocional y la genética.

Emociones más humanas

Para bien o para mal, a lo largo de la historia de la humanidad las emociones han jugado un papel preponderante en el comportamiento de los pueblos y las naciones. En la actualidad, aunque usamos más el cerebro, el pensamiento y la razón, no podemos despojarnos de ellas. Nos acompañan en cada momento.

Imagen de Sabine Kroschel en Pixabay

Por esto, las redes sociales de la actualidad no podrían existir con el inconmensurable éxito que poseen sin que nuestros mensajes tengan una entonación especial de alegría, amor, éxito, asombro, disgusto, asco, rabia, duda, llanto, risa y picardía, entre otras emociones. Al comienzo de la comunicación "electrónica", como algunos le llamaron, sin video ni fotos, los mensajes y los escritos no transmitían lo que sí hacía el mensaje hablado con sus entonaciones.

Entonces aparecieron los emoticones —una unión de emoción e ícono—, creados en 1999 por Shigetaka Kurita, un diseñador japonés de interfaces en el mundo de las computadoras. También aparecieron los *"emojis"*, que en japonés es "imagen", para usarlos como pictogramas con el objeto de ser más elocuentes que el idioma escrito. Desde ese momento todo cambió, cada mensaje dejó de ser inexpresivo, frío, aunque transmitiera su objetivo, y se convirtió en algo emotivo. Así, el abrazo y el beso 🥰 se pudieron dar, y el corazón 💖 le agregó el amor, y la amistad, a la misiva en el ciberespacio.

Imagen de Gordon Johnson en Pixabay

La enseñanza clave de la forma en que se desenvuelve la dinámica de la comunicación humana en las redes sociales está en que establezcamos un equilibrio entre nuestra vida racional y la vida instintiva, o emocional, en caso de los seres humanos. Los humanos somos parte del reino animal, pero somos seres pensantes con conciencia propia y nos comportamos como tales, no como los animales. Sí, es verdad que buena parte de la conducta de las personas es instintiva, emocional e intuitiva, porque formamos parte del reino animal y de ellos en alguna medida provenimos. Pero nos hacen diferentes el pensamiento, ser racionales, poseer una clara conciencia de quiénes somos…, y que, además del sistema neurológico instintivo, usamos el cerebro racional.

Las emociones se sienten y se expresan. Provocan reacciones fisiológicas y psicológicas en nuestro organismo. General y normalmente se presentan como la respuesta de nuestro cuerpo ante alguna situación que estemos viviendo o experimentando, o por la presencia de alguna persona, una entidad o un animal, un objeto o el lugar en que estemos. Incluso, a alguna afección interna, sea un dolor, una enfermedad física o mental. Asimismo, puede ser una respuesta biopsicosocial a un pensamiento, una sensación, un presentimiento, una intuición o un instinto, e incluso a algo irracional o sobrenatural.

Miedo, temor, terror, pánico

El Grito de Edvard Munch, Public domain, via Wikimedia Commons

El miedo es una emoción natural que se experimenta en situaciones en las que se percibe amenaza, peligro o incertidumbre, y es un mecanismo excelente de defensa del ser humano ante los peligros. Es una respuesta emocional automática del cuerpo que prepara al organismo para enfrentar o escapar de la contingencia.

El temor, el miedo, el terror y el pánico son emociones relacionadas con situaciones de amenaza, pero tienen diferencias en cuanto a su intensidad y duración.

El temor es una emoción común que se experimenta ante escollos que se perciben como amenazantes, pero que no representan un mayor riesgo de inmediato. El temor suele ser de intensidad moderada y puede durar el tiempo que esté presente la situación que lo provoca, como al hablar en público o al acercarse a un perro desconocido.

El miedo es más intenso que el temor y se experimenta ante una situación que se percibe como peligrosa e inminente. Dura lo necesario para provocar una respuesta de lucha o enfrentamiento, o huida de la persona, como lo sería sentir miedo ante una serpiente venenosa o ante un atraco a mano armada.

El terror es la emoción más intensa de las tres y se puede experimentar ante situaciones extremadamente peligrosas y amenazantes que ponen en trance la vida. El terror es de corta duración y produce una respuesta de parálisis o de *"shock"* en el organismo. Sentiríamos terror ante un terremoto, un incendio o un ataque terrorista.

La principal diferencia entre temor, miedo y terror es la intensidad de la emoción y la gravedad de la situación percibida como amenazante. El temor es una emoción moderada, el miedo es más intenso y el terror es la más intensa y extrema ante situaciones que ponen en peligro la existencia.

El miedo extremo o el terror pueden conducir al estado de pánico, que es un trastorno de ansiedad experimentado por una persona en respuesta a un estímulo que se percibe como amenazante (ataques de pánico situacionales). Presenta de manera intensa una serie de síntomas físicos y emocionales, que pueden incluir palpitaciones, sudoración, temblores, dificultad para respirar, mareo, sensación de ahogo o dolor en el pecho, entre otros. Los síntomas emocionales serían el miedo intenso, el terror, la sensación de irrealidad o despersonalización, y el miedo a perder el control o a no saber qué hacer.

El estado de pánico tiene una duración breve, de minutos y en pocos casos hasta una hora, pero a veces es intenso y limitante en la vida cotidiana. Además, se desencadena en ocasiones súbitamente sin motivo aparente (ataques de pánico inesperados) y se encuentra asociado con otros trastornos de ansiedad, como la fobia social o el trastorno obsesivo-compulsivo. En este caso lo mejor es buscar ayuda profesional. El tratamiento comprende terapia cognitivo-conductual, medicamentos ansiolíticos y terapias alternativas como la meditación y la relajación muscular progresiva.

La intuición del peligro se refiere a la capacidad de todo animal, incluidos los seres humanos, de percibir situaciones que pueden ser peligrosas o amenazantes sin necesidad de una información o análisis exhaustivo. Esta percepción intuitiva puede ser el resultado de una evaluación rápida de las señales del entorno, experiencias previas, creencias y emociones.

"Intuición del peligro" es un término utilizado para describir la capacidad de percibir o presentir una amenaza o situación arriesgada sin tener una evidencia clara o racional para respaldar esa percepción. En el ámbito psicológico, se considera como una forma de percepción a nivel no consciente que puede ayudarnos a detectar posibles amenazas o peligros antes de que se manifiesten de manera evidente.

Se basa en la idea de que nuestro cerebro tiene la capacidad de procesar información de manera rápida y automática, y que se manifiesta en forma de sensaciones o presentimientos. A menudo se dice que es una respuesta instintiva y primitiva que ha evolucionado como una forma de protegernos de posibles amenazas.

Nuestra intuición puede manifestarse a través de señales físicas, como un aumento de la frecuencia cardíaca, una sensación de inquietud o malestar, o incluso una respuesta visceral de huida o lucha. También se expone a través de pensamientos que nos advierten, aunque no tengamos una justificación lógica o evidencia de alguna causa. Esta alarma no siempre es precisa y se ve afectada por sesgos de fe o interpretaciones subjetivas acorde a las creencias.

La defensa del organismo:

Por otro lado, el mecanismo de defensa del miedo es una respuesta emocional y fisiológica que se activa ante situaciones de peligro o amenaza percibidas. Esta respuesta se produce en el sistema nervioso autónomo y puede manifestarse como hemos dicho en una sensación de ansiedad, sudoración, aumento de la frecuencia cardíaca, entre otros síntomas. Es posible que la intuición del peligro y el mecanismo de defensa del miedo estén relacionados, en el sentido de activar este mecanismo de defensa del organismo. Sin embargo, la intuición del peligro puede ser una capacidad que va más allá de la respuesta del miedo, ya que puede estar influenciada por otros factores cognitivos y emocionales.

Cuando se siente miedo, el cuerpo experimenta una serie de cambios fisiológicos que se activan en respuesta a la percepción de la amenaza. Estos cambios son parte de la respuesta de afrontamiento o huida. Entre los cambios fisiológicos que ocurren durante el miedo abarcan el aumento de la frecuencia cardíaca, porque el corazón late más rápido para bombear más sangre a los músculos y órganos a fin de oxigenar más al organismo; dilatación de las pupilas para permitir que entre más luz y se pueda ver mejor en la oscuridad; aumento de la sudoración, para enfriar la piel y evitar el sobrecalentamiento, también para mejorar el agarre en las manos y evitar que se resbalen; en cuanto al sistema muscular, los músculos se tensan para estar listos para la acción, lo que puede producir temblores o escalofríos, y se acelera la respiración para oxigenar los músculos y el cerebro, y aumentar la eficacia de la acción. Todos estos cambios fisiológicos son una respuesta natural y adaptativa del cuerpo ante situaciones de una amenaza real, y pueden variar en intensidad y duración según la percepción del individuo sobre la situación.

La bioquímica del miedo:

El miedo es un proceso complejo que involucra múltiples áreas del cerebro y diversas señales bioquímicas. Se detallan algunos de los procesos bioquímicos y las hormonas y neurotransmisores que participan en la respuesta al miedo:

Activación del sistema nervioso simpático. Al detectarse la amenaza, el sistema nervioso simpático se activa y libera en la sangre la hormona adrenalina (epinefrina). Esta provoca la liberación de glucosa y ácidos grasos para proporcionar energía adicional al cuerpo.

Liberación de noradrenalina. Además de la adrenalina, el sistema nervioso simpático también libera noradrenalina (norepinefrina), lo que aumenta la frecuencia cardíaca y la presión arterial, y ayuda a preparar al cuerpo para la acción.

Se libera igualmente cortisol. La "hormona del estrés" se suelta en respuesta al miedo. El cortisol ayuda a aumentar la disponibilidad de glucosa en el cuerpo, lo que proporciona energía adicional para la acción.

Activación del sistema límbico. La parte del cerebro que está involucrada en la regulación emocional y la memoria. El hipotálamo y la amígdala son dos estructuras importantes del sistema límbico que se activan durante el miedo. La amígdala es especialmente importante en la respuesta al miedo, ya que procesa información sensorial y desencadena respuestas emocionales.

Liberación de neurotransmisores. Mientras el miedo esté presente, actúan varios neurotransmisores, incluyendo la dopamina, la serotonina y la acetilcolina. Estos neurotransmisores tienen efectos diferentes en el cuerpo, como aumentar la atención y la alerta, o disminuir la actividad motora.

Como apreciamos, el miedo es un proceso bioquímico complejo que involucra la liberación de hormonas y neurotransmisores, y la activación de múltiples áreas del cerebro. Esta respuesta adaptativa ayuda al cuerpo a prepararse para enfrentar situaciones de peligro o amenaza.

Algunos militares comentan además que cuando tienen miedo extremo la agudeza del oído es mayor, al igual que algunos gendarmes indican que cuando están en la línea de fuego ven muy bien, pero no escuchan los disparos. Otras personas disertan sobre que no se siente dolor o que se atenúa en una situación de miedo, que son más fuertes o que corren o saltan más rápido y más alto.

La visión de túnel es un fenómeno común que ocurre durante el miedo o situaciones de alta tensión emocional. Se refiere a una disminución de la percepción visual periférica, lo que hace que la persona se enfoque en un objeto o evento específico, a menudo la fuente de la amenaza o el peligro percibido. En otras palabras, la persona siente como si estuviera mirando a través de un túnel, y todo lo demás alrededor se desvanece.

Además de la visión de túnel, algunas personas pueden experimentar otros cambios físicos durante el miedo, como un aumento de la sensibilidad del oído y de otros sentidos. Esto se debe a que el sistema nervioso se pone en alerta máxima y presta más atención a los estímulos sensoriales para detectar posibles amenazas.

En cuanto al dolor, es cierto que en situaciones de miedo o tensión emocional algunas personas no se percatan del dolor o lo sienten menos intensamente. Esto se debe a que, durante el miedo, el cuerpo libera hormonas que actúan como analgésicos, como la adrenalina y el cortisol, calmantes naturales que disminuyen la punzada de las heridas o golpes. La adrenalina tiene la capacidad de reducir la sensación de dolor al bloquear temporalmente las señales de dolor en el cerebro. Además, el cortisol, otra hormona liberada durante el miedo, también puede tener un efecto analgésico al reducir la inflamación en el cuerpo.

Debemos tener en cuenta que estos efectos analgésicos son temporales y no deben ser utilizados como una forma de evitar el tratamiento médico adecuado para las lesiones o dolores crónicos. Además, la liberación constante de hormonas del estrés puede tener efectos negativos en la salud a largo plazo, como el aumento del riesgo de enfermedades cardiovasculares y trastornos del estado de ánimo.

No tenerle miedo al miedo... Todo lo contrario...

El miedo es una ventaja y un instrumento y mecanismo de supervivencia... El miedo sin control provoca el estado de terror o de pánico y la parálisis de la acción defensiva o de huida: alternativas para no sobrevivir...

Cuando vemos lo que ocurre en nuestro cuerpo al experimentar el miedo, nos demuestra que no debemos "tenerle miedo al miedo". Está previsto en nuestra naturaleza genética como un mecanismo para sobrevivir y protegernos. Pero debemos aprender a controlarlo. Si no lo hacemos el miedo nos dominará y actuaremos por instinto y perderemos la ventaja de la racionalidad.

Situación de amenaza o de peligro	Respuesta orgánica automática	Estado adrenalínico y otros corticoides
Las emociones dominan nuestras acciones... *El instinto animal decidirá las acciones a tomar sin ningún control racional...*		Acelera el Pulso y el Corazón para oxigenar el cuerpo. Crea visión de túnel. Amplifica o elimina el sonido
		Estado de pánico o de parálisis

Si el miedo toma el control de nuestro cuerpo ante una situación de peligro, la respuesta del organismo será automática. Nuestro sistema nervioso disparará un estado adrenalínico que producirá en nuestro cuerpo la aceleración del pulso y de la tensión arterial, tendremos mayor precisión y foco en la visión y se agudizarán los otros sentidos: oído, gusto, olfato y tacto. El sistema muscular estará en optima situación junto a todos los sistemas del organismo para afrontar el peligro.

En ese momento pueden ocurrir dos cosas, una es que las emociones dominen nuestras acciones y nuestro instinto animal decidirá qué acciones tomaremos sin ningún control de nuestra razón. Puede funcionar en alguna medida, huiremos sin pensar o repeleremos alguna agresión luchando automática e inconscientemente. Es posible que superemos —o tal vez no— el peligro.

La segunda opción es que pasemos del miedo extremo al pánico y que no funcionen nuestra razón ni nuestro instinto. El estado de pánico nos provocará un *"shock"* que nos inmovilizará y, al no tomar acción, no podremos superar la amenaza.

El miedo bajo control de la razón

Comenzamos a caminar instintivamente, pero aprendemos a hacerlo mejor cuando tropezamos o nos caemos. Aprender es usar la racionalidad. Una bicicleta es una excelente herramienta para trasladarnos y potencia nuestra forma de movernos para ser más veloces y ágiles. Pero debemos aprender a usarla, y mientras más practiquemos seremos mejores en cómo usarla. Educarse, ilustrarse, cultivarse y ejercitar nos hacen mejores para usar cualquier artefacto o mecanismo. Así debemos considerar al miedo y sus variantes como el temor, los estados de terror o pánico. Debemos aprender a usar al extraordinario mecanismo de defensa que es el miedo.

El reclutamiento neuronal

El reclutamiento neuronal se refiere a la capacidad del cerebro para activar y coordinar diferentes grupos de neuronas (células cerebrales) para llevar a cabo su labor. Por lo tanto, el reclutamiento neuronal no es una propiedad de las neuronas en sí mismas, sino más bien una propiedad emergente del cerebro como un sistema complejo. Este reclutamiento es posible gracias a la capacidad del cerebro para establecer conexiones sinápticas entre las neuronas y para modificar la fuerza de estas conexiones en función de la actividad neuronal. Las neuronas se comunican entre sí mediante la liberación de neurotransmisores en las sinapsis, y esta comunicación sináptica es esencial para la coordinación y el reclutamiento de diferentes grupos de neuronas. Cada neurona en el cerebro tiene propiedades específicas que la distinguen de otras neuronas, como su ubicación, morfología, conectividad y propiedades eléctricas. Sin embargo, es la interacción entre múltiples neuronas y sus conexiones lo que da lugar, además de la actividad de reclutamiento neuronal, a las funciones cognitivas y emocionales del cerebro.

Este reclutamiento es un proceso mediante el cual el cerebro activa y coordina diferentes regiones cerebrales para llevar a cabo una determinada tarea o procesamiento cognitivo. En el contexto del miedo, el cerebro estimula diversas regiones cerebrales, como la amígdala, el hipocampo, la corteza prefrontal y la corteza cingulada, para procesar y responder a la información del evento. La amígdala es una de las regiones cerebrales más importantes para el procesamiento del miedo, ya que se encarga de detectar y evaluar las situaciones de amenaza y enviar señales al resto del cerebro para iniciar una respuesta de enfrentamiento o de huida.

La corteza cingulada es una región cerebral que se encuentra en la superficie medial del cerebro, justo por encima del cuerpo calloso, que es una estructura que conecta los hemisferios cerebrales derecho e izquierdo. Se divide en dos regiones principales, la corteza cingulada anterior y la corteza cingulada posterior. Es una región cerebral muy importante para el procesamiento de la información emocional, la toma de decisiones y la regulación del dolor. En particular, la corteza cingulada anterior está implicada en la regulación de las emociones y en la toma de decisiones en situaciones de conflicto o incertidumbre. También está involucrada en la percepción y regulación del dolor. Por otro lado, la corteza cingulada posterior está envuelta en el procesamiento de la información visual y espacial, así como en la atención y la memoria, y en la integración de información sensorial y la planificación de movimientos.

Este sería un reclutamiento neuronal normal para disponer de todas las partes del cerebro que se precisan para dar una respuesta ante el peligro a través del estado de alerta o de miedo. Caso contrario es el de la epilepsia —una enfermedad neurológica que se caracteriza por episodios de actividad eléctrica anormal y sincrónica en el cerebro que pueden dar lugar a síntomas como convulsiones, alteraciones sensoriales y otros síntomas—, en que la actividad de reclutamiento neuronal puede envolver grandes regiones del cerebro y, en algunos casos, puede extenderse a todo el cerebro.

La activación de un conjunto particular de neuronas depende del tipo de tarea o estímulo que se está procesando. Si una persona está viendo una imagen, se activarán las neuronas en las áreas visuales del cerebro, mientras que si está escuchando una canción, lo harán las neuronas en las áreas auditivas.

Cuando tenemos miedo extremo se produce una actividad de reclutamiento cada vez mayor en tanto se intensifique el mismo. Como se pretende preparar al organismo para varias actividades, en distintas partes del cerebro se provocarán estos reclutamientos: en el área motora, en las áreas sensoriales de cada uno de los sentidos y en todo el aparato cerebral que involucra las emociones, lo que podría disminuir nuestra capacidad cognitiva.

La neurociencia cognitiva se refiere a los procesos mentales que se utilizan para adquirir, procesar, almacenar y utilizar información en el cerebro. Estos procesos mentales incluyen la percepción, la atención, la memoria, el razonamiento, la resolución de problemas, el juicio y la toma de decisiones. El cerebro usa una amplia variedad de regiones y redes neuronales para llevar a cabo estas funciones cognitivas. La corteza prefrontal, que se encuentra en la parte frontal del cerebro, está involucrada en la planificación, la toma de decisiones y la resolución de problemas. La corteza parietal, que se encuentra en la parte superior y posterior del cerebro, está involucrada en la percepción espacial y la atención. La corteza temporal, que se encuentra en la parte inferior y lateral del cerebro, está involucrada en el procesamiento auditivo y la memoria.

Por esta razón, y para evitar una respuesta instintiva o un estado de terror o pánico que nos paralice, tenemos que adiestrarnos en cómo debemos actuar ante las amenazas, porque la actividad de reclutamiento neuronal emocional impide o disminuye la capacidad de pensar y de actuar adecuadamente.

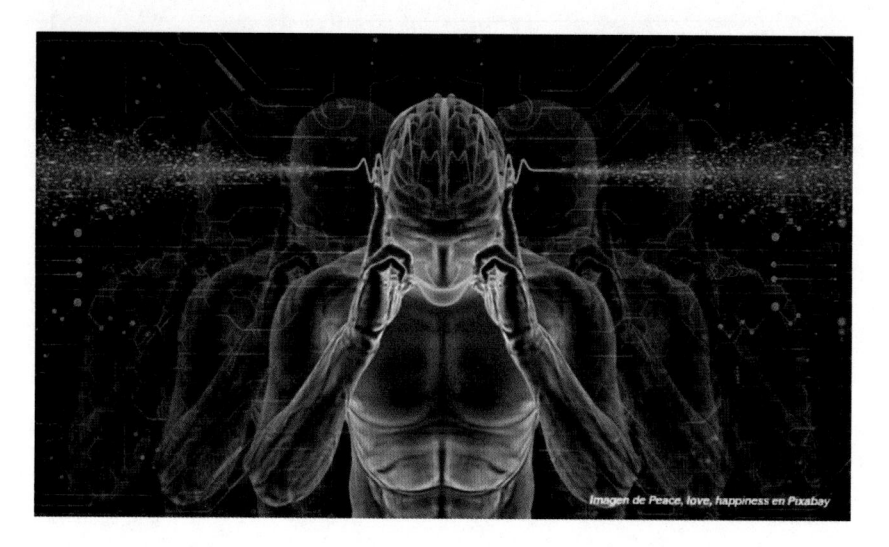

Imagen de Peace, love, happiness en Pixabay

Qué hacer para afrontar los peligros con inteligencia

Ante cualquier amenaza debemos estar conscientes de que lo emocional o instintivo nos prepara para estar físicamente óptimos para dar respuesta a esta situación. Lo primero que debemos saber y pensar es esto. Los cambios del organismo nos ayudan. No debemos temer por los síntomas que sentimos.

Recordemos la bicicleta, cuando nos dieron el empujón y comenzamos a pedalear y a rodar es posible que temiéramos caernos o a la velocidad, pero pronto nos acostumbramos usando el pensamiento y la coordinación.

Si llegara a existir alguna actividad de reclutamiento cerebral que nos pudiera sacar del control del miedo, lo primero que debemos hacer es contar en voz alta y respirar lentamente. Tal como probablemente alguien nos lo dijo en alguna oportunidad de emoción intensa: "¡Cuenta hasta diez!" o "¡Respira profundo!".

Contar en voz alta activa el razonamiento; al hacerlo en voz alta el área auditiva del cerebro se concentra en esta actividad y al hablar estimulamos el área motora que dirige esta actividad. Respirar profundo, aspirando lentamente y soltando el aire luego de igual forma, a la vez que contamos las respiraciones, no solo acciona áreas motoras sino que nos da un control de distintas áreas del cerebro. En conocimiento de la causa de los cambios fisiológicos que sentimos y con otras áreas del cerebro cognitivo actuando, recuperamos el control y aunque la emoción siga activa no nos impedirá actuar ahora racionalmente, en realidad biopsicosocialmente.

El área que maneja lo emocional en el cerebro seguirá reclutando solo lo que le compete y el área cognitiva también reclutará las áreas necesarias para funcionar racionalmente. Estaremos en mejor capacidad de dar respuesta a la amenaza.

Aprendamos y enseñemos a nuestros hijos desde pequeños a controlar la emoción del miedo para evitar que ante el peligro lleguen al terror o el pánico.

Los simulacros:

¿Qué hace que un bombero no salga corriendo ante el fuego? ¿O qué pensar o actuar para salvar la vida de alguna víctima en medio de un incendio donde también arriesga su vida? La respuesta es que para ser bombero tuvo que estudiar, prepararse y ejercitarse para hacerlo. Aprendió habilidades de afrontamiento. A menudo, la educación sobre los síntomas de pánico y las habilidades para afrontarlos pueden ser útiles para ayudar a las personas a reducir su ansiedad y controlar sus síntomas. Lo mismo hacen los policías, o los integrantes de las Fuerzas Armadas.

En el caso de una amenaza real, es importante actuar de manera rápida y segura para protegerse a sí mismo y a otros. Para ello cada persona debe prepararse. Lo primero es reconocer que el miedo y el pánico son respuestas normales a una situación de amenaza real y saber cómo controlarlos.

Es esencial practicar el simulacro de peligro. Si una familia hace una vez al año un simulacro de incendio o practica qué hacer en caso de un terremoto, en un asalto, un ataque terrorista o una inundación, cada miembro de esa familia estará consciente de cómo debe comportarse. Cuando enfrente la situación en la realidad, el mecanismo del miedo hará lo que tenga que hacer de forma automática, pero la persona también sabrá a dónde dirigirse, cómo ponerse en resguardo y cómo comportarse superando el miedo profundo que la pueda paralizar.

Los psicólogos tienen un arsenal de posibilidades que suelen suministrar a las personas. Entre ellas, pueden ayudar a identificar técnicas de visualización, de relajación y exposición gradual a los estímulos que provocan pánico. La terapia de exposición implica enfrentar gradualmente los estímulos que provocan pánico. Esto enseña a las personas a controlar su respuesta emocional y reducir la intensidad de sus síntomas. Las técnicas de relajación, como la respiración profunda, la meditación y la relajación muscular progresiva, pueden ayudar a reducir la ansiedad y el estrés, algo que puede ser muy útil para controlar los síntomas de pánico. El desarrollo de planes de afrontamiento para evitar el terror ante una amenaza real puede ayudar a las personas a sentirse más seguras y preparadas ante situaciones difíciles.

Obtener información de fuentes confiables, como los servicios de emergencia o las autoridades sanitarias, puede ayudar a reducir la incertidumbre y la ansiedad. También es importante mantenerse informado regularmente para estar al día con cualquier cambio en la situación. Identificar las posibles amenazas específicas puede ayudar a las personas a prepararse mejor para ellas. Por ejemplo, si vive en una zona propensa a los terremotos, es importante conocer las medidas de seguridad y los planes de evacuación en caso de una eventualidad de esta naturaleza. Igualmente si vive cerca de una planta de energía nuclear. Una vez que se han identificado las posibles amenazas, es importante desarrollar un plan de acción para hacer frente a ellas. Esto puede incluir medidas de seguridad, como la creación de un *kit* de emergencia o la identificación de un lugar seguro para reunirse con la familia. Es importante practicarlo y revisarlo para asegurarse de que sigue siendo efectivo y relevante. La práctica puede ayudar a las personas a sentirse más seguras y preparadas, lo que puede reducir la ansiedad y el miedo.

Duelo a garrotazos de Francisco de Goya, Public domain, via Wikimedia Commons

La rabia, la ira y la cólera

La rabia es una emoción primaria y básica que se experimenta en respuesta a una percepción de injusticia, frustración o provocación. Se caracteriza por sentimientos de irritabilidad, enojo y furia que se manifiestan en una variedad de formas, desde una leve irritación hasta una ira intensa y descontrolada. La rabia es provocada por eventos amenazantes, humillantes o injustos, por sentimientos de impotencia o frustración o por sufrir lo que se considera alguna traición. Tiene efectos negativos tanto en el bienestar emocional como en la salud física de una persona, si se experimenta de forma excesiva o se maneja inadecuadamente. Debemos aprender a reconocerla y manejarla de una manera saludable y constructiva. Estar iracundo es estar en un estado emocional de ira o enfado intenso, donde la persona experimenta una fuerte sensación de rabia extrema profunda. Cuando alguien lo está, es común que se sienta en un estado de tensión física y mental, con una alta frecuencia cardíaca, sudoración y respiración agitada. También puede manifestarse a través de una actitud agresiva, palabras ofensivas, gritos, golpes o destrucción de objetos, entre otras conductas impulsivas.

Entrar en cólera es similar a estar iracundo, pero se refiere a un estado emocional aún más intenso y descontrolado de enojo o ira.

Cuando alguien entra en cólera, experimenta una fuerte explosión emocional que se manifiesta de diversas formas. En este estado, la persona pierde el control de sus emociones y su capacidad para razonar y tomar decisiones de manera adecuada, lo cual llega a causarle daño a alguna propiedad o cometer una agresión a otra persona e incluso quitarle la vida.

Es importante señalar que la ira en sí misma no es necesariamente mala, ya que es una emoción útil para enfrentar situaciones peligrosas. Sin embargo, cuando se convierte en una emoción constante o desproporcionada, provoca daños a la salud física y mental de la persona, así como en sus relaciones interpersonales, y traiga consecuencias legales y penales.

Cuando una persona siente rabia	Se da una Respuesta orgánica automática	Estado adrenalínico y otros corticoides
Sufrir las consecuencias de las acciones y daños provocados	No se miden las consecuencias de las acciones y se acude a la violencia para dirimir las diferencias	Comienza la pérdida del control racional
		Recuperar el control como con el Miedo
	Actuar siempre en + positivo	Establecer una conducta constante hacia la no violencia

Qué hacer para controlar la ira:

Para evitar que un estado de rabia nos controle o nos haga tomar decisiones erradas, existen diferentes estrategias y técnicas que coadyuvan a controlar la ira y manejarla de forma más efectiva. En primer lugar debemos reconocer las situaciones o eventos que provocan la ira e identificar cómo se manifiesta en nuestro cuerpo y en nuestra conciencia. Al igual que el estado de miedo, es conveniente aprender y practicar técnicas de relajación como la respiración profunda, la meditación, el yoga o la relajación muscular progresiva, entre otras, que logran reducir la tensión física y mental que se experimenta durante un episodio de ira.

Aprender a expresar las emociones de manera asertiva, es decir, de manera clara y directa, pero sin agresividad, conduce a prevenir contingencias que generen ira o a resolver conflictos. Una opción es cambiar el enfoque y buscar formas positivas de visualizar el problema o el evento que está provocando la ira, enfocándose en encontrar soluciones o ver el lado positivo de la situación y, superado el incidente, aprender de la experiencia. Hacer ejercicio con regularidad permite reducir la tensión física y mental, y ayuda a mejorar el estado de ánimo en general. Igual que para el control del miedo, las visualizaciones y los simulacros de contextos o escenarios que le provoquen disgusto serán de provecho para controlar la rabia en exceso.

Si lo considera la persona, se recomienda apoyarse con familiares o amigos o de un profesional de la conducta para conocer técnicas de manejo de las emociones, si fuera el caso.

Control emocional para lograr la felicidad

La importancia del control emocional en la búsqueda de la felicidad es esencial. La felicidad es un estado anhelado por la gran mayoría de las personas. Sin embargo, alcanzarla no depende solamente de las emociones, ya que está influenciada por diversos factores, incluido el control de ellas y el hacer uso de nuestra racionalidad. El control emocional juega un papel crucial en el camino hacia la felicidad, ya que nos permite manejar nuestras emociones, haciéndonos más eficientes para lograr mayores momentos de bienestar.

La revisión de las emociones comienza con el autoconocimiento, es decir, la capacidad de reconocer, comprender y etiquetar nuestras emociones. Al tener esta comprensión y hacer inventario de ellas, podemos identificar los desencadenantes y los patrones que las influyen. Esto nos faculta para evitar reacciones impulsivas que podrían afectarnos negativamente y crear estados de desdicha y de aflicción.

El control de las emociones involucra la capacidad de regularlas adecuadamente. Debemos gestionar las negativas, como la tristeza, la ira o el miedo, así como cultivar las positivas, como la alegría, la gratitud o la serenidad. Al normalizar nuestras emociones, podemos evitar caer en estados emocionales destructivos y, en su lugar, fomentar un equilibrio emocional que favorezca nuestra felicidad a largo plazo.

Ajustar las emociones nos permite tomar decisiones conscientes y racionales en lugar de dejar que solamente nuestros instintos dominen nuestros pensamientos y acciones. Las decisiones impulsivas y basadas únicamente en emociones pueden llevar a resultados no deseados y socavar nuestra felicidad en el momento y en el largo plazo. Al aprender a controlar nuestras emociones, podemos alinearlas con nuestros valores y metas personales y en el contexto social y cultural en donde nos desenvolvemos, así como evaluar de manera más objetiva las situaciones y contingencias, considerar las consecuencias y ser más acertados en nuestros comportamientos.

Por otra parte, el estrés es una realidad inevitable en la vida, pero el control emocional nos brinda las herramientas para conducirlo, atenuarlo y usarlo a nuestro favor. Al estar en control de nuestras emociones, podemos reducir la intensidad de la respuesta de estrés, mantener la calma en situaciones desafiantes y buscar estrategias saludables de afrontamiento. Esto nos ayuda a mantener un equilibrio emocional y proteger nuestra felicidad, incluso en tiempos difíciles.

Nuestras emociones influyen en la forma en que nos relacionamos con los demás. El control emocional nos permite comunicarnos de manera efectiva, expresar nuestras necesidades y deseos de manera asertiva y manejar los conflictos de manera constructiva. Al evitar reacciones emocionales exageradas o inapropiadas, fortalecemos nuestros vínculos con los demás y fomentamos relaciones interpersonales más positivas y satisfactorias, lo cual es fundamental para nuestra felicidad.

Definitivamente las emociones desempeñan un papel fundamental en nuestra vía hacia la felicidad. Al aprender a reconocerlas, regularlas y manejarlas, podemos cultivar el bienestar y alcanzar un mayor grado de satisfacción en nuestras vidas. Así, nos acercamos cada vez más a un estado de felicidad duradera y auténtica.

La felicidad se considera como un estado "biopsicosocial" debido a su naturaleza multidimensional. Se ve influenciada por factores biológicos, psicológicos y sociales, y también tiene una conexión con los aspectos cognitivos. Hay evidencia científica que respalda la idea de que aspectos biológicos, como la genética y los neurotransmisores en el cerebro, influyen en nuestra capacidad para experimentar la felicidad (Weiss, A., Bates, T. C., & Luciano, M. 2012. "Happiness is a personal thing: The genetics of personality and well-being in a representative sample". Psychological Science, 23-3, 205-210). Estudios en gemelos han encontrado que la felicidad tiende a tener un componente hereditario. En el estudio se examinó la relación entre los niveles de felicidad en gemelos idénticos y fraternos, y encontró que los gemelos idénticos, que comparten una mayor cantidad de material genético, tenían niveles de felicidad más similares que los gemelos fraternos. Algunas personas pueden tener una tendencia innata hacia una disposición más positiva o negativa debido a factores biológicos. Además, ciertos desequilibrios químicos pueden afectar nuestro estado de ánimo y bienestar emocional.

También se ha investigado la influencia de los neurotransmisores en el cerebro en la experiencia de la felicidad (Richard J. Davidson, Universidad Wisconsin-Madison, 2000. "Emotion, Plasticity, Context, and Regulation: Perspectives from Affective Neuroscience". Science Review, 2000). La serotonina, un neurotransmisor relacionado con el estado de ánimo, se ha asociado con la regulación emocional y se ha vinculado a la felicidad. Estudios han demostrado que niveles más altos de serotonina están relacionados con una mayor sensación de bienestar y felicidad.

Otra investigación utilizando técnicas de neuroimagen ha revelado patrones de actividad cerebral asociados con la felicidad. Encuentra que la actividad en regiones cerebrales como la corteza prefrontal y el sistema de recompensa está relacionada con la experiencia de emociones positivas y la sensación de felicidad. Estos hallazgos respaldan la idea de que hay correlatos neurobiológicos de la felicidad.

Los aspectos psicológicos de la felicidad incluyen nuestros patrones de pensamiento, nuestras creencias, nuestras expectativas y nuestra percepción de la realidad. La forma en que interpretamos los eventos y las situaciones de la vida puede tener un impacto significativo en nuestra felicidad. La resiliencia, la autoestima, la autocompasión y la capacidad de manejar el estrés también son factores psicológicos importantes que contribuyen a nuestro bienestar emocional.

La felicidad igualmente se ve influenciada por el entorno social en el que vivimos. Las relaciones interpersonales, el apoyo social, el sentido de pertenencia y la calidad de nuestras conexiones sociales juegan un papel crucial en nuestra felicidad. El amor, la amistad y la conexión con los demás son elementos esenciales para nuestro bienestar emocional.

Los aspectos cognitivos, como el conocimiento, el pensamiento y la comprensión, también desempeñan un papel importante en la felicidad. Nuestras percepciones y nuestros procesos de pensamiento intervienen en cómo interpretamos los eventos y cómo nos sentimos al respecto. La facultad de recapacitar sobre nuestras experiencias, adoptar una mentalidad positiva, practicar la gratitud y promover pensamientos optimistas puede aumentar nuestro nivel de felicidad.

Como lo hemos definido, es cada vez más notorio y evidente que la felicidad es un estado "biopsicosocial" que involucra aspectos biológicos, psicológicos, sociales y cognitivos. Todos estos elementos interactúan entre sí y contribuyen a incrementar nuestra experiencia de felicidad.

Capítulo 2: ¿Cómo me programo para ser feliz?

Los bebés no nacen felices. No fue en balde que el psicoanalista Otto Rank impresionó a Sigmund Freud, a inicios del siglo 20, cuando le planteó lo que denominó "el trauma de nacimiento" que, según sus supuestos, deberíamos sufrir todos al nacer. Hasta el día de hoy una parte de los psicoanalistas insisten en que debemos superarlo.

Las ciencias contemporáneas del comportamiento van más hacia el estudio del ser humano como un ente biopsicosocial. Así, la psicología estudia la conducta partiendo de una base genética, biológica, física, médica, para conocer el organismo, así como el "*hardware*" —el sistema nervioso central— donde se asientan la razón, el pensamiento, la conciencia y nuestra forma de ser, además de investigar la influencia del medio ambiente y de la sociedad donde vivimos, en cada uno de nosotros, a través del aprendizaje, la formación y la educación e instrucción.

Así, este enfoque abarca la dimensión biológica que incluye factores genéticos y fisiológicos que actúan en nuestra forma de ser. La dimensión psicológica refiere a los pensamientos, emociones y procesos mentales, y la dimensión social concierne a cómo las interacciones sociales, la cultura y el ambiente modifican nuestra conducta, lo que otorga una visión más completa y matizada del comportamiento humano.

Imagen de Ferhat Kazanci en Pixabay

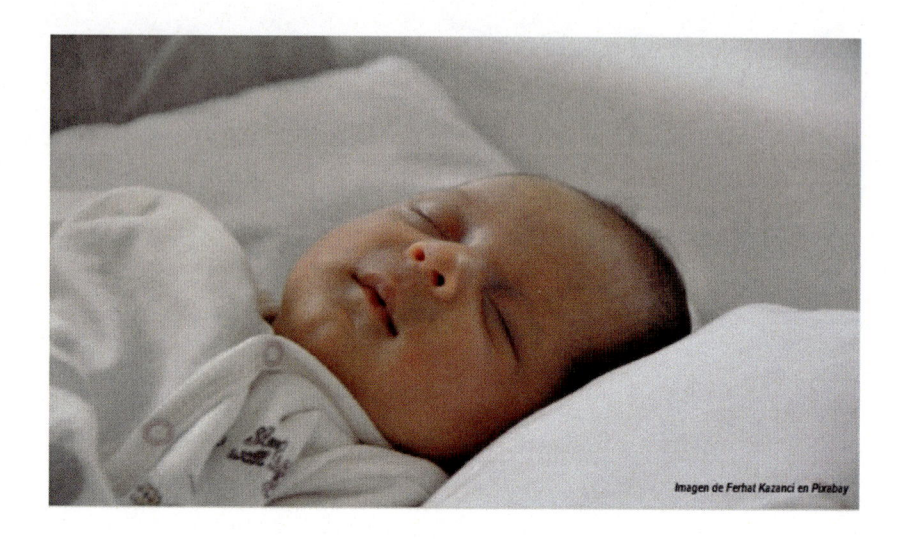

Lo cierto es que el nacimiento es un proceso traumático y eventualmente doloroso para la madre, sin la presencia de algún anestésico o calmante, y en donde el recién nacido —por lo general— nos da una respuesta de lo que siente en su primera comunicación: irrumpir en llanto... Una clara demostración de su inconformidad con lo que le acaba de suceder y expresión de que ese momento no fue nada feliz para su inicial existencia.

No obstante, muy pronto comenzarán sus momentos de felicidad: seguido de la primera sensación de hambre y de la infelicidad que le provoca, vendrá el instante de saciarla en los brazos de su madre, quien además le brindará su amor y cariño, el cual de alguna manera le hará sentir seguro, tranquilo, amado, iniciando sus momentos de confort y de plenitud.

No se nace feliz, pero tampoco infeliz. Desde el primer momento nos damos cuenta de que la felicidad es un estado del ser humano, pero no es permanente. Tampoco lo es la infelicidad. A lo largo de nuestras vidas viviremos momentos felices e infelices. Lo que nos definirá como personas felices o infelices será la suma de los momentos de cada uno de ellos. De forma que cuando alguien señala ser muy feliz es que evidentemente los momentos de bienestar, de satisfacción, son más numerosos que los de infortunio y desdicha.

Si el fracaso en alguna gestión te produce infelicidad, el éxito en otra oportunidad te hará sentir feliz. Pero no se nace fracasado ni exitoso. No existe un destino que nos haga ser infelices o felices. El problema es que podemos aprender a ser infelices y repetir esta conducta hasta que la suma de estos momentos nos defina como infortunados o, por el contrario, aprender a ser bienaventurados.

"Se hace camino al andar"

Un poeta, Antonio Machado (1875-1939), escribió: "Caminante, no hay camino, se hace camino al andar". En el presente las neurociencias y la psicología lo confirman. Para alcanzar el mayor tiempo de felicidad posible debemos encontrar cuál es nuestra vía para lograrlo. Cada persona tendrá su forma de ser feliz. Dependerá de su carga genética, de sus patrones de conducta establecidos por sus padres, maestros, seres queridos, amigos, los medios de comunicación, las redes sociales, las creencias e ideologías aprendidas, y por la decisión que cada uno tome sobre sí mismo.

¿Quién desea ser feliz?

La eudaimonía era un concepto central en la filosofía griega y se refería a la felicidad y el bienestar humano. Aunque a menudo se traduce como "felicidad", su significado es más profundo que simplemente sentirse bien en un momento dado. Para los griegos, la eudaimonía era un estado de bienestar duradero y general que se alcanzaba a través de la realización de uno mismo y el logro de una vida plena y virtuosa. Se asociaba con la virtud y la excelencia moral, y los filósofos griegos argumentaron que solo se podía alcanzar a través de la práctica de distintos valores como la integridad, la moralidad, honestidad, la justicia, la sabiduría, la valentía y la moderación, entre otras virtudes. Para los griegos, la eudaimonía no se lograba a través de la riqueza, el poder o la fama, sino a través de la excelencia moral y la realización personal.

La idea de eudaimonía se desarrolló a lo largo de la historia de la filosofía griega, y diferentes filósofos tenían distintas ideas sobre cómo se podía alcanzar. Así, la concepción de la felicidad en la antigua Grecia no se entendía simplemente como la ausencia de problemas o preocupaciones, sino que se manejaba como un estado más profundo de satisfacción y realización personal.

Los filósofos griegos, como Platón junto a Aristóteles, discutieron extensamente sobre la eudaimonía. Aristóteles, en particular, creía que se alcanzaba a través del cultivo de virtudes y, para él, no se trataba de una emoción momentánea de felicidad, sino de una forma de vida plena y satisfactoria.

¿Qué es la felicidad?, nunca ha sido fácil definirlo, y quizás por ello cada día menos personas se lo preguntan.

Annika Gessen, profesional de la psicología, nos comenta: "Cuando estaba en el colegio teníamos una clase semanal que era dedicada a practicar y mejorar nuestras habilidades gramáticas, de compresión lectora y análisis literario. En una de esas clases se leyó un cuento que hablaba de la felicidad y por primera vez comencé a pensar en ella como un fin de vida, y me hizo reflexionar sobre lo importante que es hacer conscientes los momentos en que uno es feliz, y buscar sacarles provecho a todas las oportunidades que se tengan para crear pequeños momentos de felicidad, que posteriormente podrán sumarse todos y dar como resultado un gran tiempo total en el que se es feliz. Una forma periódica de conseguir estos momentos de felicidad es a través de metas completadas. Tras alcanzar una meta uno tiende a sentirse satisfecho con uno mismo y orgulloso de haber pasado a través de obstáculos con éxito y obteniendo —en el camino— nuevos conocimientos y talentos que podrán ser aplicados en el futuro. Pero sin duda hay que descubrir los secretos para lograr el control y la inteligencia emocional para ser feliz. A lo largo de la historia, ha habido diferentes personas que han buscado responder las preguntas '¿De dónde viene la felicidad?' o '¿Cómo puedo ser feliz?'. Para mí, he aprendido en la familia que no lo podremos ser sin transmitir su sentido a todos, a la humanidad. En otras palabras, para conseguir felicidad uno debe mejorar la vida de los demás. Entonces, al estar contentos y ver a otros en alegría, nos retroalimentamos. Eso puede mejorar el humor de uno mismo y de los demás, por lo que es importante saber interactuar con nuestro entorno, y con las personas con las que lo compartimos. Es probablemente más difícil ser feliz en soledad, aunque algunos lo logran".

La mayoría de las religiones, de una forma u otra, asocian el comportamiento humano a la felicidad. La cual se puede —o no—

obtener en nuestra vida. Podríamos ser infelices en "esta vida" pero alcanzar la buenaventura en la "otra vida". Distintas religiones han asociado el comportamiento humano con la felicidad, y algunas de ellas creen y predican sobre una vida después de la muerte en la que se puede obtener la felicidad eterna. La idea de que la felicidad se puede dar en otra vida ha sido una creencia común en muchas culturas a lo largo de la historia.

Independientemente de lo expresado por estas creencias, debemos señalar que la idea de que la felicidad se puede expresar en otra vida ha sido y es una fuente de consuelo y motivación para muchas personas a lo largo de la historia, ya que les ha dado esperanza y les ha permitido encontrar significado y propósito en su vida. No obstante, y al mismo tiempo, pensamos que centrarse demasiado en la idea de la felicidad en otra vida puede llevar a descuidar el encontrar la felicidad y la realización en esta. La vida es impredecible, y podemos tener la felicidad aquí y ahora, y trabajar para construir una vida satisfactoria para nosotros mismos y para los demás. Estamos convencidos de que existimos para ser felices, y lograrlo en esta vida no es incompatible con que lo seamos en otro espacio-tiempo.

NO EXISTE UN DESTINO ESCRITO QUE NOS HAGA SER INFELICES... O QUE NOS HAGA SER FELICES...

Foto de Klartsy en Pexels

El karma y la felicidad

El karma es un concepto que se origina en las religiones dhármicas, término que se utiliza para describir las religiones y filosofías que nacieron en el subcontinente indio, como el hinduismo, el budismo, el jainismo y el sijismo. La palabra "dharma" proviene del sánscrito y se refiere a la ley universal de causa y efecto, que establece que cada acción que realizamos tiene una consecuencia en nuestra vida presente o "futura", e incluye los conceptos del deber, la verdad o las virtudes.

Según la creencia del karma, nuestras acciones, pensamientos y emociones tienen un impacto en nuestro destino. Si realizamos acciones positivas y virtuosas, recibiremos consecuencias más favorables en el futuro, mientras que si realizamos acciones negativas y dañinas recibiremos consecuencias en el mismo sentido.

El karma se relaciona con la idea de reencarnación, en la que se cree que el alma viaja a través de múltiples vidas, y el destino de cada vida está determinado por el karma acumulado en vidas anteriores. En este sentido, se piensa que las acciones que realizamos en una vida pueden tener un impacto en nuestra próxima reencarnación.

En la psicología, el concepto de karma se ha utilizado para enfatizar la importancia de nuestras acciones y decisiones en la vida, y cómo estas pueden influir en nuestro bienestar y felicidad a largo plazo. El karma establece que nuestras acciones, pensamientos y emociones tienen consecuencias en nuestra vida presente y —si cree en la reencarnación— en la futura.

Desde esta perspectiva, el karma psicológico se asocia con el concepto de responsabilidad personal y la idea de que nuestras acciones tienen consecuencias en nuestra vida emocional, social y personal, así como en nuestra familia y en el entorno social donde nos desenvolvemos. El karma psicológico de igual forma sugiere que nuestras elecciones y comportamientos pueden influir en la manera en que nos sentimos, cómo nos relacionamos con los demás y en la calidad de nuestra vida en general.

El concepto de karma puede ser útil para fomentar una mayor conciencia de nuestras acciones y elecciones, y para tomar responsabilidad por el impacto que tienen en nuestra vida y en la de los demás. Al hacerlo, podemos sentirnos más conectados con nuestras decisiones y experiencias, lo que puede contribuir a una mayor sensación de propósito y satisfacción en la vida. Al tomar decisiones conscientes y responsables, podemos crear una armonía que nos llevará a una mayor felicidad y satisfacción en la vida.

La cohesión social

Se refiere a la medida en que las personas de una comunidad o sociedad se sienten unidas y comprometidas con sus congéneres. Es decir, se trata de la capacidad de los miembros de una sociedad para trabajar juntos, compartir valores y metas comunes, y apoyarse mutuamente. La cohesión social es importante para el bienestar de una sociedad, ya que puede influir en la calidad de vida, la salud mental y la felicidad de las personas que la componen.

En cuanto a la relación entre la cohesión social y la felicidad, una investigación ha encontrado que existe una asociación positiva entre ambas. En un estudio ("Social Cohesion, Religious Beliefs, and the Happiness of Nations", de Ruut Veenhoven y Floris Vergunst, Journal of Happiness Studies, 2014) se examina la relación entre la cohesión social, las creencias religiosas y la felicidad en diferentes países. Los autores encontraron que la cohesión social se asocia positivamente con la felicidad, y que este efecto es mayor en los países donde la religión juega un papel importante en la vida de las personas.

También otra investigación ("Social Capital and Happiness in the United States", de Edward L. Glaeser, David Laibson y Bruce Sacerdote, Journal of Applied Social Psychology, 2002) analiza la relación entre el capital social, que se refiere a las redes sociales y las normas de confianza que se desarrollan en una comunidad, y la felicidad en Estados Unidos. Los autores encontraron que el capital y la cohesión social se mezclan positivamente con la felicidad, y que este efecto es mayor en las comunidades con elevados niveles de capital social.

Otro estudio examina la relación entre el capital social y el bienestar subjetivo en diferentes culturas. Los autores encontraron que el capital social se asocia positivamente con el bienestar subjetivo ("Social Capital and Subjective Well-Being", de Shigehiro Oishi, Minkyung Koo y Ulrich Schimmack, Journal of Research in Personality, 2012).

Las personas que se sienten más conectadas y comprometidas con su comunidad o sociedad tienden a reportar mayores niveles de bienestar emocional y satisfacción con la vida en general. Esto puede ser debido a que la cohesión social proporciona un sentido de pertenencia y apoyo social, lo que puede mejorar la resiliencia y el bienestar emocional de las personas.

Por el contrario, la falta de cohesión social contribuye a la exclusión, al aislamiento, la marginación y la discriminación, lo que impacta negativamente en la salud mental y la felicidad de las personas. Fomentar la cohesión es una estrategia importante para mejorar la calidad de vida y la felicidad de una comunidad. Esto se puede lograr a través de políticas y programas que fomenten la inclusión, la igualdad, la justicia y el respeto mutuo entre los miembros de una sociedad.

Acorde con la psicología, podemos entender la relación entre el karma y la cohesión social de manera similar. Si tomamos decisiones conscientes y responsables, y actuamos con compasión y empatía hacia los demás, podemos crear un ciclo virtuoso de consecuencias positivas que nos llevará a experimentar una mayor felicidad y bienestar.

El sufrimiento y la felicidad

Aprendemos a caminar cayéndonos: desde un punto de vista psicológico, el sufrimiento y la felicidad están estrechamente relacionados, y ambos son importantes para el bienestar emocional y psicológico de las personas. En primer lugar, aceptemos que el sufrimiento puede ser un catalizador para el crecimiento personal y el desarrollo psicológico. Las experiencias dolorosas pueden llevarnos a la reflexión, la introspección y el aprendizaje, lo que nos ayuda a desarrollar una mayor comprensión de nosotros mismos y del entorno que nos rodea. Este proceso puede conducir a un mayor sentido de propósito y significado en la vida, lo que a su vez abre la puerta para sentirnos más felices. Un niño así lo entiende en sus primeros pasos cuando se cae: su instinto de superación le hace intentarlo nuevamente hasta que lo logra, a pesar del refuerzo negativo que representa la caída.

Otra clave es que la felicidad coadyuva a las personas a hacer frente al sufrimiento. Las emociones positivas, como la alegría y la satisfacción, pueden actuar como un amortiguador contra el dolor emocional, y así logramos mantener una visión positiva incluso en tiempos difíciles.

El sufrimiento y la felicidad son dos aspectos opuestos de la experiencia humana, pero se los considera como dos caras de la misma moneda. Si bien la felicidad se asocia con sentimientos de bienestar, satisfacción y alegría, y el sufrimiento se relaciona con el dolor, el malestar y la angustia emocional, en realidad están interconectados de varias maneras. Debemos recordar que la vida está llena de altibajos, y que tanto el sufrimiento como la felicidad son aspectos normales y necesarios de la experiencia humana. Lo que debemos aprender es a superar cada sufrimiento, verlo como un problema por resolver, y convertirlo en una fuente de objetivos y metas por lograr. Al hacerlo estaremos sumando momentos de felicidad.

Superar las dificultades

La perspectiva sobre los problemas y su impacto en nuestra felicidad puede variar de una persona a otra, pero cada vez más personas encuentran satisfacción y alegría al resolver problemas, ya que pueden experimentar una sensación de logro y superación personal. De esta forma, las trabas y los obstáculos pueden considerarse una oportunidad para crecer y aprender, lo que contribuye a una sensación de felicidad. Sin embargo, los problemas pueden ser estresantes y emocionalmente agotadores y se presentan incluso causando dolor, tristeza o frustración. Obviamente no salimos a buscar problemas para encontrar la felicidad, aunque sí podemos construir una mentalidad de resiliencia y aprendizaje frente a ellos con una actitud positiva y constructiva. Así, al resolverlos encontraremos satisfacción y crecimiento personal, lo que en lugar de provocar tristeza y desagrado contribuye a nuestra felicidad en general.

Abordar los problemas con este comportamiento marca la diferencia en cómo nos sentimos y cómo resolvemos las contingencias que enfrentamos. Debemos comenzar por cambiar la perspectiva de verlos como barreras insuperables, y tratarlos como oportunidades de alcanzar logros, concentrándonos en las soluciones en lugar de sus aspectos desagradables y estresantes. Es normal sentirse frustrado ante las situaciones difíciles, pero tenemos que mantener la calma y evitar reacciones impulsivas. Respirar profundamente y tomarse el tiempo para serenarse, y luego trabajar en la solución con una mente clara.

Los problemas a menudo parecen abrumadores cuando los vemos en su totalidad. Lo mejor es descomponerlos en partes más pequeñas e ir paso por paso. Esto nos permitirá enfocarnos en solucionar cada parte por separado, lo que puede ser menos intimidante y más manejable. En toda nuestra vida estamos solucionando inconvenientes, desde caminar hasta nuestros últimos días, pasando por distintas etapas. Ser un trabajador exitoso o un profesional universitario requiere estudios. La primaria y la secundaria no son logros instantáneos, se pasa por cada grado; igual en las escuelas técnicas o las universidades. Alcanzar una meta puede requerir esfuerzos. Toda barrera se puede resolver entendiendo dos puntos: toma tiempo y debemos hacerlo paso a paso.

Otro aspecto es que para enfrentar estas situaciones no debemos limitarnos a las soluciones convencionales. Podemos hacerlo de manera creativa y buscar diferentes enfoques para resolverlos. A veces, las soluciones más efectivas provienen de ideas innovadoras las cuales nos pueden aportar dos logros, superar el asunto y promover una idea o herramientas de cómo resolverlo, lo que eventualmente nos dé otras razones para sumar felicidad.

Por supuesto que los problemas a menudo implican cometer errores o enfrentar fracasos temporales. Es lo normal, pero en lugar de desanimarte tómalo como una oportunidad de aprendizaje. Analiza lo que salió mal y utiliza ese conocimiento para mejorar tus enfoques futuros. Siempre se puede pedir ayuda o conocimiento a otras personas. A veces, obtener una perspectiva externa puede ayudarte a encontrar soluciones o estrategias que no habías considerado. El apoyo emocional también puede ser valioso para mantener una actitud positiva.

Algo que debemos practicar es que a medida que se superen estas situaciones celebremos nuestros logros, incluso los más pequeños. Reconocer estas conquistas refuerza una actitud positiva y motiva a seguir enfrentando problemas con confianza. Recuerda que cultivar una actitud positiva y constructiva frente a los problemas lleva tiempo y práctica. Es un proceso continuo de crecimiento personal y desarrollo de habilidades de afrontamiento. Llegará el momento en que cada mañana de forma natural nos preguntaremos: "Déjame ver qué tengo que resolver hoy".

Sufrir no es la vía del ser humano pero algunos piensan que sí

Algunos credos pregonan el sufrimiento como una virtud que nos conduce a la felicidad. En efecto, hay algunas creencias, religiones y filosofías que ven el sufrimiento como una virtud que nos lleva a la felicidad o la "liberación".

En el budismo, se considera que el sufrimiento es una parte natural de la existencia humana, y la búsqueda de la felicidad se logra a través de la eliminación del deseo y la aceptación del sufrimiento.

En el cristianismo algunas tendencias predican que el sufrimiento puede ser una prueba de fe y una forma de purificación. En el islam, el sufrimiento se ve igualmente como un estado de purificación y una oportunidad para acercarse a Dios. Los musulmanes también creen en el concepto de "sabr", que se traduce como la paciencia, la perseverancia y la resistencia en tiempos de dificultad. En el Corán se anima a los creyentes a tener "sabr" en momentos de adversidad, como enfermedades, pérdidas o dificultades en general. Tanto en el cristianismo como en el islam se cree que aquellos que sufren serán recompensados en una vida después de la muerte.

El estoicismo es una filosofía que promueve la aceptación del sufrimiento como una parte natural de la vida y aboga por la virtud de la fortaleza en tiempos difíciles.

El sufrimiento y la psicología

Ante el sufrimiento, existen diversas metodologías psicológicas que pueden ayudar a afrontarlo de manera saludable.

La autoconciencia emocional reconoce y acepta las emociones relacionadas con el sufrimiento. Permite sentir y expresar estas emociones de manera saludable, sin juzgarte a ti mismo. Este método ayuda a comprender cómo te afecta el sufrimiento y te permite tomar decisiones conscientes sobre cómo manejarlo. La reflexión emocional nos da tiempo a pensar sobre nuestras emociones. Preguntándose a uno mismo cómo nos sentimos en diferentes situaciones, sobre qué desencadena nuestras emociones y cómo se manifiestan en el cuerpo y en nuestros pensamientos. Esta "autoindagación" explora las raíces más profundas de nuestras emociones e intenta comprender las creencias, los valores o las experiencias pasadas que puedan estar influyendo en ellas.

También se puede buscar el apoyo de personas de confianza, como amigos, familiares o profesionales de la salud mental. Compartir las sentimientos y experiencias con otros suele brindar consuelo, perspectiva y apoyo emocional. Aprender y practicar estrategias de afrontamiento saludables como la meditación, la respiración profunda, la relajación muscular, el ejercicio físico o la escritura terapéutica, siempre es afirmativo. Estas técnicas ayudan a reducir el estrés, promover la calma y fortalecer la resiliencia emocional. La escritura terapéutica, también conocida como escritura expresiva o escritura de sanación, es una herramienta utilizada en el ámbito de la psicoterapia y el autocuidado para promover el bienestar emocional y mental. Consiste en escribir de forma libre y sin censura sobre los pensamientos, las emociones y las experiencias personales. Se basa en la premisa de que expresar por escrito los pensamientos y las emociones puede tener beneficios terapéuticos. Al escribir, se da voz a los sentimientos y se les da espacio para ser procesados y comprendidos.

Asimismo la reestructuración cognitiva examina tus pensamientos y creencias relacionados con el sufrimiento. Cuestiona las ideas negativas y distorsionadas, y reemplázalas con pensamientos más realistas y positivos. La reestructuración cognitiva te ayuda a cambiar tu perspectiva y a encontrar nuevas formas de interpretar y enfrentar la situación. Es una técnica terapéutica utilizada para identificar, desafiar y cambiar pensamientos inadecuados para resolver problemas en razonamientos efectivos.

Prestemos atención a las necesidades físicas, emocionales y mentales. Mantengamos un estilo de vida saludable; comer bien, dormir lo suficiente, hacer ejercicio regularmente y practicar actividades que brinden alegría y satisfacción es lo apropiado. El autocuidado te ayuda a fortalecerte y a estar mejor equipado para enfrentar problemas y el sufrimiento. La psicología positiva es una rama que se enfoca en el estudio de los aspectos positivos de la experiencia humana, como el optimismo, las fortalezas personales, las relaciones positivas y el estado de absorción y gratificación o de flujo.

El estado de absorción y gratificación en una actividad se refiere a una experiencia en la cual una persona se encuentra completamente inmersa y concentrada en una tarea o actividad, sintiendo un alto grado de satisfacción y disfrute en el proceso. Este estado se conoce también como "estado de flujo" o "flujo". El concepto fue desarrollado por el psicólogo Mihály Csíkszentmihályi. Según su teoría, el flujo ocurre cuando hay un equilibrio entre el nivel de habilidad de una persona y el nivel de desafío de la actividad que está realizando. El flujo se experimenta cuando una persona se enfrenta a una tarea que es lo suficientemente desafiante como para requerir su atención y habilidades, pero que no es tan difícil como para generar frustración o aburrimiento.

Cuando una persona experimenta este estado de flujo, puede sentir una profunda inmersión en la actividad, una pérdida de la noción del tiempo y una sensación de estar completamente absorto en lo que está haciendo. En este estado, la persona se siente plenamente comprometida y disfruta de un sentido de control sobre la actividad, lo cual a su vez genera un sentimiento de satisfacción y gratificación.

Este estado puede ocurrir en una amplia gama de actividades, como el arte, la música, el deporte, los juegos, la lectura, el trabajo creativo o cualquier otra tarea que despierte un alto grado de interés y compromiso. Experimentarlo contiene numerosos beneficios, incluyendo un mayor rendimiento, una mayor concentración, una sensación de bienestar y una mayor motivación intrínseca hacia la actividad. No es algo que suceda automáticamente en todas las actividades, y puede variar de una persona a otra, aunque todos pueden buscar actividades que sean desafiantes pero alcanzables, y que proporcionen retroalimentación clara y que se ajusten a las habilidades y gustos individuales. La felicidad se considera como el resultado de cultivar y aplicar estas fortalezas y aspectos positivos en la vida diaria.

El flujo de los ríos

Si hacemos un paralelismo psicológico entre la vida de un río y la experiencia humana, podemos considerar que el río nace y fluirá desde su inicio hasta sumarse al mar. La naturaleza ha sido una fuente inagotable de metáforas y analogías que nos permiten comprender y reflexionar sobre nuestra propia existencia. En este contexto, comparar un río con nuestra vida ofrece interesantes perspectivas.

Tanto el río como los humanos atravesamos diversas etapas, enfrentamos desafíos y, en última instancia, llegamos al destino final, destacando aspectos relacionados con el nacimiento, el crecimiento, los cambios constantes, la interacción con el entorno y, finalmente, el desenlace. Ambos tenemos un origen, un punto de partida en el que comienza nuestro recorrido. El río surge de una fuente, ya sea de un manantial o del deshielo de las montañas, mientras que el ser humano inicia su existencia con el nacimiento. En los dos casos, se inicia un proceso de crecimiento y desarrollo y de constantes cambios.

A medida que el río fluye, emprenderá transformaciones constantes en su cauce y su entorno. Encontrará obstáculos como rocas o barreras naturales, pero también podrá adaptarse o cambiar su curso para superarlos. De manera similar, los seres humanos también enfrentamos cambios y desafíos a lo largo de nuestra existencia. Desde la infancia hasta la adultez, nos desarrollamos física, cognitiva y emocionalmente, y debemos aprender a amoldarnos a las dificultades y los desafíos que salvaremos en nuestro camino.

En otro aspecto, el río y el ser humano interactúan constantemente con su entorno. El río alimenta a la flora y fauna que lo rodea, proporcionando sustento y hábitat. Del mismo modo, los seres humanos nos relacionamos con el mundo que nos rodea, estableciendo vínculos sociales, afectivos y culturales. Río y ser humano son parte integral de un ecosistema más amplio y desempeñan un papel en su sostenibilidad y equilibrio.

Al avanzar en su trayectoria, el río busca su destino final: el mar. Del mismo modo, los seres humanos buscamos un sentido y un propósito en nuestras vidas. Nos preguntamos acerca del significado de nuestras existencias, nuestras contribuciones al mundo y nuestra conexión con algo más grande que nosotros. Ambos, río y ser humano, anhelamos encontrar un lugar en el mundo y descubrir nuestro propósito.

Finalmente, tanto el río como el ser humano llegan a un límite. Para el río, este es el mar, donde se fusiona con el vasto océano. Para el ser humano, el final puede ser interpretado de diversas maneras según las creencias y perspectivas individuales. Nosotros lo concebimos como una transformación o una continuidad de vida en otra forma de existencia, siendo quizás nuestro destino un mar cósmico.

La vida de un río y la experiencia humana encuentran un desenlace, ya sea fusionándose con el océano o enfrentando el misterio del más allá. Al reflexionar sobre estas similitudes, podemos obtener una mayor comprensión de nuestra propia existencia y de nuestra relación con el mundo natural que nos rodea. Los seres humanos, al igual que un río, siempre estamos en movimiento, fluimos y no volvemos atrás, cada segundo avanzamos, transitamos por nuevos lugares tanto física como emocionalmente, y conscientes de nuestro pasado, pero esperando cuál será el siguiente paso. Entender esto nos hará fluir como el agua, como el río, desde el principio hasta un nuevo amanecer universal.

Otras técnicas psicológicas que pueden asistir a que las personas aumenten su felicidad y tranquilidad emocional son la terapia cognitivo-conductual, la de aceptación y compromiso, la meditación (*mindfulness*), el ejercicio físico, la práctica de la gratitud, la conexión social y el perdón como conducta primaria ante el rencor o el odio y la venganza. Las ciencias del comportamiento permiten desarrollar habilidades y estrategias para fomentar y aumentar sus probabilidades de experimentar felicidad.

Estos ejercicios se centran en ayudar a las personas a aceptar los pensamientos y emociones negativas en lugar de intentar suprimirlos o evitarlos, y en lugar de ello, comprometerse con sus valores personales y tomar acciones hacia ellos. Por el otro lado, las personas deben aceptarse y encontrar sus propios valores a fin de que puedan comprometerse con acciones que estén alineadas con sus creencias y conceptos personales, y que son útiles para tratar los problemas emocionales y estados que afectan la felicidad, como la ansiedad, la depresión o el estrés crónico. También se orienta en enseñar a los pacientes habilidades para desarrollar la conciencia y aceptación plena, definiendo los valores personales y comprometiéndose en acciones que se alineen con esos valores. Los resultados generalmente logran una mejora en la calidad de vida y en las relaciones interpersonales, así como un mayor sentido de propósito y significado en la vida.

La práctica de gratitud implica cultivar una actitud de agradecimiento por las cosas positivas en la vida. Las personas, a través de ejercicios prácticos, se informan de cómo reconocer y apreciar las cosas positivas en su vida y cómo cambiar el hábito de vivir para agobiarse con los problemas por el de alegrarse al enfrentarlos y resolverlos. La práctica de gratitud se ha demostrado efectiva para aumentar la felicidad y reducir los síntomas de insatisfacción. Se refiere asimismo a cómo agradecer a las personas que nos rodean por su apoyo y ayuda. Esta práctica impulsa a mejorar la resiliencia emocional, reducir el estrés y la ansiedad, y aumentar los niveles de bienestar subjetivo.

La conexión social es otra práctica para considerar. Se refiere a la capacidad de establecer y mantener relaciones significativas con los demás. Las relaciones sociales pueden proporcionar apoyo emocional, fomentar la autoestima y la autoconfianza, y mejorar la capacidad de afrontar situaciones difíciles. Estar conectados socialmente también puede mejorar el estado de ánimo, reducir los sentimientos de soledad y aislamiento social, y mejorar la calidad de vida. La falta de esta conexión social, en la mayoría de los casos, provoca lo contrario.

El perdón

Investigaciones y estudios sugieren que el perdón puede tener un efecto positivo en la felicidad y el bienestar psicológico. El perdón es un proceso emocional y cognitivo que implica renunciar al resentimiento y la ira hacia alguien que nos ha herido. Algunas investigaciones han encontrado que el perdón está relacionado con niveles más altos de bienestar psicológico, como la felicidad, la satisfacción con la vida y la autoestima (Toussaint, L. L., & Webb, J. R. 2005. "Gender differences in the relationship between forgiveness and psychological adjustment. Personality and Individual Differences", 39-1, 35-46; Worthington, E. L. 2005. Handbook of Forgiveness. Routledge).

Otros estudios han encontrado que las personas que perdonan tienen menos síntomas de depresión, ansiedad y estrés. El perdón también tiene beneficios físicos, como reducir la presión arterial y disminuir los niveles de cortisol, hormona relacionada con el estrés (Akhtar, S., Dolan, R. J., & Bird, G. 2019. "Forgiveness and the brain: A review". Social Cognitive and Affective Neuroscience, 14-11, 1.147-1.157). (Lin, W. F., Mack, D., Enright, R. D., Krahn, D., & Baskin, T. W. 2004. "Effects of forgiveness therapy on anger, mood, and vulnerability to substance use among inpatient substance-dependent clients". Journal of Consulting and Clinical Psychology, 72-6, 1.114-1.121).

El perdón no siempre es fácil y lleva tiempo y trabajo emocional. Además, hay situaciones en las que el perdón puede no ser la mejor opción para una persona. No obstante, y en general, la investigación sugiere que el perdón puede ser un camino hacia la felicidad y el bienestar psicológico, pero es importante abordarlo con cuidado y comprensión de las circunstancias y las necesidades individuales.

(Maltby, J., Day, L., & Barber, L., 2005. "Forgiveness and happiness. The differing contexts of forgiveness using the distinction between hedonic and eudaimonic happiness". Journal of Happiness Studies, 6-1, 1-13). (Worthington Jr., E. L., Witvliet, C. V., Pietrini, P., & Miller, A. J., 2007. "Forgiveness, health, and well-being: A review of evidence for emotional versus decisional forgiveness, dispositional forgivingness, and reduced unforgiveness". Journal of Behavior Medicine, 30-4, 291-302).

En el libro "*¿Quién es el Universo?*", (FB Libros, 2021) los esposos y psicólogos Gessen escriben:

"Quienes odian son débiles y pagan caro su malevolencia. Decimos que odiar a otros es odiarse a sí mismo porque es autodestructivo, y la primera víctima del rencor es quien lo siente. Veamos algunos casos de seres humanos que intuyeron una Conciencia Universal y expresaron uno de sus principios, el "perdón universal": Para Agnes Gonxha Bojaxhiu, más conocida como Madre Teresa de Calcuta, el perdón es una decisión, no un sentimiento, porque cuando se perdona no sentimos más la ofensa, no sentimos más rencor. "Perdona, que perdonando tendrás en paz tu alma y la tendrá el que te ofendió". Repitió constantemente: "Perdonad, perdonad, perdonad". Teresa de Calcuta fue Premio Nobel de la Paz en 1979 y recibió el Bharat Ratna, el más alto galardón de la India, por su labor humanitaria. Nelson Mandela tenía todas las razones para el resentimiento social, pero a diferencia de otros no usó "el odio como motor de una revolución". Mandela en lugar del odio recurrió al perdón como motor de la historia. Primero se perdonó a sí mismo, y luego a sus captores. Su país cambió y el odio interracial pasó a segundo plano. Estuvo 27 años en prisión, con trabajos forzados y maltratos físicos y psicológicos. No obstante, al salir de la cárcel ¡perdonó a sus opresores!, y dijo que era "tiempo de curar las heridas... Tiempo de superar los abismos que nos separan. Tiempo de construir".

Los resultados fueron positivos. Martin Luther King también pensaba igual y predicaba diciendo que un ser vil no perdona nunca porque no está en su naturaleza: "El que es incapaz de perdonar es incapaz de amar", concluía. Mahatma Gandhi igualmente pregonaba que "perdonar es el valor de los valientes... Solamente aquel que es bastante fuerte para perdonar una ofensa, sabe amar". Jesús de Nazaret sufrió lo inconcebible y no odió a sus verdugos, simplemente expresó: "Padre, perdónalos, porque no saben lo que hacen". Cuando enseñaba a sus discípulos les recomendó que siempre perdonaran: "Setenta veces siete", indicó.

Estos cinco seres humanos gigantes son y serán recordados por la humanidad por siempre. Quienes los lastimaron no... Debemos reconocer que los sentimientos de odio y rencor dejan un efecto duradero en nosotros. Debemos promover el perdón para sanar. Todos debemos perdonar a quienes nos hacen daño, porque juntos componemos un ser viviente superior del cual formamos parte. Odiar a otro nos provoca más deterioro que el que hemos recibido del ofensor. Teresa de Calcuta, Nelson Mandela, Martin Luther King, Mahatma Gandhi y Jesús de Nazaret por intuición lo sabían y practicaban. El Creador es un ser conformado por todo lo que existe en el Universo, con su propia suprema conciencia. Todos los seres vivientes y todas las cosas del Universo infinito forman parte del Universo. Asimismo, la Tierra es un ser constituido por la suma de todos los seres vivientes y todos los átomos y moléculas que contiene. Cuando destruimos parte de la Tierra o del Universo destruimos algo de lo cual formamos parte. Cuando Jesús de Nazaret decía "ama a tu prójimo como a ti mismo", estamos convencidos de que intuía y nos dio el mensaje que se desprende de este principio de la Conciencia Universal: ama a tu prójimo porque eres tú mismo.

Dos principios

¿Nacemos para ser felices?

Lo que no es admisible —en nuestra opinión— es suponer que nacimos para ser infelices o para ser desdichados. ¡No!... Podemos ser felices y alcanzarlo. Habrá, sí, instantes de tristeza, desconsuelo, angustia, de sufrimiento, duelo, de desesperación y tormento; de infelicidad, pues. Por ello tenemos que buscar los momentos contrapuestos y multiplicarlos, e ir al encuentro de la alegría, el consuelo, la tranquilidad, el deleite, la satisfacción, la esperanza y la ventura.

No se puede ser feliz si no buscamos la felicidad

De esto sí estamos seguros, así de simple. La felicidad no está esperando por nosotros, tenemos que encontrarla. Es una decisión que en algún momento tendremos que tomar: para ser felices tenemos que desearlo, quererlo, decidirlo y actuar para alcanzarlo en esta vida, para que resuene en este espacio-tiempo, porque del mismo modo es la mejor manera de ser felices en otro plano universal.

¿Cuáles son las claves para una neuro programación positiva para encontrar e incrementar la felicidad?

Foto de Karsten Madsen

¿Me puedo programar para ser feliz?

Definitivamente las ciencias de la conducta y de la informática están en capacidad cada vez más de ofrecernos o dotarnos de herramientas muy útiles para lograr mayor felicidad. Como hemos apreciado, la felicidad es un concepto subjetivo y complejo; sin embargo, estos procedimientos psicológicos y tecnológicos pueden auxiliar a las personas para identificar y cambiar algunos de sus patrones de pensamiento y comportamiento que contribuyen a su infelicidad y permiten desarrollar habilidades y estrategias para fomentar mayor bienestar emocional y racional.

Marcus Gessen nos explica: Aunque el dicho señala que "el hábito no hace al monje", la verdad es que la conducta humana es influenciada por hábitos, patrones de comportamiento adquiridos a través de la repetición y que pueden ser ejecutados automáticamente con poco o ningún pensamiento consciente. Si hacemos una similitud entre los hábitos humanos y los programas de software en las computadoras, es relevante que los primeros se conforman en nuestro cerebro influenciados por una amplia variedad de factores, como las creencias, la motivación, la emoción y el contexto social en que se vive, mientras que los programas de software son diseñados para ejecutar tareas específicas de manera repetitiva y predecible. Los hábitos humanos pueden ser más flexibles y adaptables a diferentes situaciones y entornos. Los hábitos también pueden ser más difíciles de instalar y de cambiar que los programas de *software* en un ordenador, ya que están arraigados en la estructura y función del cerebro humano. Si vemos el cerebro como un *hardware* de una computadora, podemos decir que los hábitos pueden ser considerados como programas o software de comportamiento automático que se activan ante ciertos estímulos y se ejecutan sin necesidad de una atención consciente.

La analogía con la computadora puede ser útil para comprender el funcionamiento de los hábitos, ya que, al igual que un software, los hábitos son una forma de automatizar ciertas acciones y procesos mentales. Los procedimientos informáticos son una serie de pasos secuenciales y organizados que se llevan a cabo con el fin de cumplir con una tarea específica. En primer lugar, se instala el programa y su configuración en el dispositivo. Luego se aplican las actualizaciones y el mantenimiento al programa en cuestión para mejorar su funcionamiento y corregir errores. Permanentemente se identifican y se solucionan los problemas en los programas informáticos. Muchos de estos procedimientos también pueden ser automatizados con el uso de programas y herramientas de *software* especializadas.

La primera clave es usar el cerebro

Si observamos algún organismo cibernético, una inteligencia artificial o una computadora —nos expone Marcus—, tendríamos dos componentes primarios: uno sería el ingenioso artilugio que observamos, su pantalla en el caso de un ordenador, su teclado, y si vamos adentro encontraríamos un sinnúmero de dispositivos, módulos y elementos electrónicos que lo integran. Podríamos encontrar además brazos o distintos mecanismos que le permitan realizar alguna función para la cual fue creado. Al mismo tiempo en algún sitio estará una unidad central, emisora, receptora y procesadora de datos que comandará y coordinará todas las piezas, dirigiendo su accionar a fin de alcanzar algún objetivo fijado por esta misma unidad central de procesamiento.

USAR BIEN EL CEREBRO

Imagen de Peace,love,happiness en Pixabay

Esta unidad de comandos, más todos los componentes, que se denominan *hardware*, sin embargo, no podrán funcionar sin recibir las instrucciones de sus creadores sobre cómo hacerlo. A este conjunto de órdenes se le llama el sistema operativo de funcionamiento. Esto es lo que le permite al computador reconocer e integrar a cada uno de los dispositivos para poder recibir las indicaciones de cuál es el objetivo que se persigue, cómo operar todos juntos para alcanzarlo, y cómo y cuándo ejecutar la participación de cada mecanismo.

También requerirá para cada acción instrucciones específicas, como escribir, tomar fotos o ejecutar alguna función. A estos elementos se les llama "programas" o *software* —el segundo componente primario—, que son el conjunto de instrucciones y de reglas informáticas para funcionar, de cualquier organismo cibernético, sea una computadora, un *smartphone* o un androide. Así, todo organismo cibernético tiene un *hardware* y un software.

Hasta hace muy poco el *hardware* y su sistema operativo, así como el software, lo desarrollaban únicamente los seres humanos, ingenieros de sistema y especialistas, hasta que apareció la inteligencia artificial, la cual ya da sus pasos para desarrollar o mejorar el software propio o de terceros cibernéticos. Recordando que la cibernética es la ciencia que estudia los sistemas y la comunicación con los seres humanos y los de las computadoras y entre ellas mismas.

Estos son los componentes esenciales en el mundo cibernético: *hardware*, sistema operativo, software e inteligencia artificial.

El cerebro humano es la unidad de comando y de procesamiento de datos de la persona. El sistema operativo viene instalado al nacer cada ser. En cuanto respiramos por primera vez el cerebro está listo para recibir los programas o *software* que le permitirán realizar todos los procesos de la vida.

Igualmente, el cerebro contiene —como lo que sería una inteligencia artificial en un organismo cibernético— una conciencia propia, única, individual. Tenemos conciencia de nosotros mismos. Cada uno de los seres humanos.

El software *humano:*

Así como las computadoras —prosigue Marcus— funcionan con programas, el cerebro también. Al igual que un programa mal diseñado o errado llevará a equivocaciones o a resultados no deseados, si instalamos programas, que en el caso humano se llamarían conductas o comportamientos aprendidos, o hábitos inadecuados en nuestro cerebro, el resultado será igualmente desacertado.

Foto de George Becker en Pexels

Vladimir nos da un ejemplo: "En una ocasión un niño, Iván, estaba en clase mientras su maestra comenzaba a explicar cómo sumar. Mientras decía que 2 más 2 son 4, el infante prestaba su atención a un bosquejo que hacía de una casa. La maestra al final de su exposición tanteó a los alumnos sobre el resultado, y le preguntó a este niño: "¿Cuánto es 2 más 2?". Y él no le supo contestar, y la maestra, que no se percató de que el niño estaba distraído en su dibujo, lo evaluó como errado… Luego, a la salida de clases, cuando la mamá fue a buscarlo, indagó con la maestra sobre qué opinaba de su hijo, quien estaba a su lado. La educadora pensó lo que primero le vino a la mente —que fue que el hijo no había aprendido a sumar— y le reveló que "su hijo es un niño muy aplicado, tiene una caligrafía excelente, se porta muy bien… peeero, él no es muy bueno en aritmética". Lo cual el niño escuchó de su maestra y observó la aquiescencia de su mamá".

La cuestión no quedó allí. Al llegar a casa, en tanto que cenaban, la mamá le contó al esposo —también delante del niño— lo ocurrido. El padre, un buen abogado, por su parte dijo: "Bueno, yo tampoco fui un genio de la aritmética, pero era muy bueno en gramática, y me ha ido muy bien en mi profesión. Nunca quise ser ingeniero. Por eso estudié leyes". El niño, presente en los tres momentos, los escuchó decir a sus patrones de conducta más importantes, padre, madre y maestra, que él no era bueno para esa materia, y su cerebro y su sistema operativo aprendió y fijó en su memoria un programa de comportamiento: "¡No soy bueno para las matemáticas!".

El niño durante toda su primaria y buena parte del bachillerato no tuvo un buen desempeño en esta materia. Hasta que un profesor al escucharle decir que él no servía para las matemáticas le explicó que lo que hacía era ponerse una barrera en su mente y le enseñó a quitarse ese bloqueo. En los dos últimos años de bachillerato mejoró considerablemente y contra todo pronóstico se graduó años después de ingeniero electrónico, profesión en la que se debe poseer amplios conocimientos de ciencias básicas como la física y las matemáticas...

Esto lo traigo a colación porque existen un sinnúmero de programas negativos en nuestro entorno que, si entran en nuestra forma de ser y de vivir, nos pueden inducir a que grabemos en nuestro comportamiento que "no somos buenos para ser felices", o peor aún, que existimos para ser infelices.

Imagen de Bobtheskater en Pixabay

La vida automática: normalmente actuamos sin pensar

Como todo organismo cibernético, nuestro cerebro funciona automáticamente siguiendo los programas (*software*) que se le han instalado. Cuando compras una computadora que viene con su sistema operativo (*hardware*), se requieren los programas para escribir, tomar fotos, manejar imágenes, hacer cálculos, presentaciones, búsquedas, o cualquier otra que se desee hacer.

Igual ocurre con nuestro cerebro. Al nacer, nuestro "sistema operativo" está preparado para aprender. Pero necesita programas: en este caso, hábitos de comportamiento, hábitos de respuestas ante los mismos estímulos, hábitos de cómo hacer las cosas, hábitos de procedimientos, hábitos que formarán la mayoría de nuestras conductas, en todos los sentidos.

María Mercedes especifica: Hacemos las cosas sin pensar en buena parte de nuestras vidas. Las personas somos seres pensantes, con conciencia de nosotros mismos, y actuamos bajo la razón con nuestro libre albedrío, fundamentalmente. En el reino animal es distinto: la supervivencia depende de los instintos animales exclusivamente. En el caso de los humanos, sabemos que no es así. Sin embargo, nuestra conducta se rige por los hábitos, más que con la razón. Cuántas veces quienes manejamos un vehículo, y nos dirigimos a algún sitio no acostumbrado, nos hemos dado cuenta de que vamos por el camino habitual, y hasta llegamos a la localidad de siempre, en lugar de adonde ese día íbamos. Desde la forma en que nos levantamos, pasando por el uso del cepillo de dientes, el asearnos, peinarnos, la forma de caminar, comer, jugar, escribir, trabajar rutinariamente, hasta la manera como pensamos y actuamos. Todos conforman un patrón de comportamiento usual, acostumbrado, periódico, automático y reincidente. Patrones que las grandes empresas tecnológicas han detectado y por ello ahora la publicidad la recibimos acorde a nuestra forma de ser.

Imagen de Blende12 en Pixabay

Esta es la realidad: actuamos instintivamente como todo animal usando los hábitos —o los programas de software aprendidos— y sin usar la razón, el pensamiento, en un alto porcentaje de nuestros comportamientos. Esta conducta automática la usamos en nuestras emociones, en la forma de ser, en nuestras decisiones, en la manera de interrelacionarnos, de comprar bienes y servicios, en el modo de comer, reír, hablar, o cuando pensamos, estudiamos o trabajamos. Todo se trata de los hábitos que hayamos aprendido y establecido como el *software* de programas que están de una forma u otra ya instalados en nuestro cerebro.

Esta vida automática, habitual, es maravillosa, asegura Marcus:

Nos ayuda —como lo hacen en las computadoras los programas— a ser más rápidos y eficaces en nuestra vida. Pero también, igual que a cualquier ordenador u organismo cibernético, si el programa es errado, el resultado será equivocado. En las personas con hábitos incorrectos el desenlace será erróneo, o en el mejor de los casos inexacto.

Si los programas o hábitos que tenemos en nuestra mente nos llevan a ser fracasados o infelices, lo seremos automáticamente. Sin embargo, si logramos tener hábitos o un software adecuado para buscar el éxito o una mayor felicidad, nuestro cerebro buscará automáticamente para que lo alcancemos. Todo dependerá de lo que sea para cada uno ser feliz o exitoso y de cuáles programas de comportamiento automático instalemos en nuestro cerebro, para que, junto a nuestro pensamiento, razonamiento y toma de decisiones, nos conduzca a lo que todo ser humano debe aspirar: a vivir feliz o, en el peor de los casos, a no ser infeliz, porque no nacemos para serlo.

¿Cuáles programas nos conducen a ser o no ser felices?

Lo primero es prestar atención al trípode donde descansa nuestra forma de ser, compuesto por la autoestima, la autopercepción y la autoimagen. Si no tenemos claro quiénes somos, estaremos, por una parte, limitados en nuestras posibilidades y logros por no poder dar todo nuestro potencial, dado que no lo conocemos, o por el otro lado, creyendo que tenemos alcances infinitos —al sobrestimarnos— podemos afrontar riesgos y contingencias que nos lleven a estados no deseados.

La autoestima es una evaluación subjetiva y valorativa que una persona tiene sobre sí misma. Es la percepción general y global que tenemos de nuestra valía, de nuestra competencia como individuos. Se basa en la evaluación de nuestras habilidades, logros, virtudes, características físicas, emocionales y sociales, así como en la aceptación de nuestras limitaciones y fracasos.

Tiene un componente afectivo-emocional, ya que implica la valoración emocional que tenemos de nosotros mismos. Asimismo contiene un componente cognitivo, que se refiere a los pensamientos, creencias y percepciones que tenemos acerca de nuestras capacidades y valía. Ambos componentes interactúan entre sí y se influencian mutuamente.

Una autoestima saludable implica tener una valoración positiva —y realista— de uno mismo, reconociendo tanto nuestras fortalezas como nuestras debilidades. Se caracteriza por la confianza en nuestras capacidades, la aceptación de nuestros errores y la capacidad de enfrentar los desafíos y dificultades de la vida de manera adaptativa.

Por el otro lado, una baja autoestima se caracteriza por una valoración negativa y desvalorización de uno mismo. Las personas con baja autoestima tienden a dudar de sus habilidades, a sentirse inseguras, a compararse negativamente con otros y a experimentar sentimientos de inferioridad y autocrítica constante.

La autoestima no es estática y puede cambiar a lo largo de la vida. Puede ser influenciada por diferentes factores, como las experiencias tempranas, el entorno social, los logros y fracasos, y la forma en que interpretamos y procesamos la información. Una autoestima saludable es fundamental para el bienestar psicológico y emocional.

La autoestima, junto a la autoimagen y la autopercepción, son conceptos relacionados pero distintos en psicología. La autoimagen se refiere a la representación mental y visual que tenemos de nosotros mismos. Es cómo nos vemos a nivel físico, emocional y social. Es la imagen mental que construimos sobre cómo somos y cómo nos percibimos en relación con los demás. Influye en nuestra autoestima, ya que afecta la forma en que nos valoramos.

En el caso de la autopercepción se refiere a cómo nos percibimos y nos interpretamos a nosotros mismos en diferentes aspectos. Incluye la forma en que interpretamos nuestras emociones, pensamientos, comportamientos y experiencias. La autopercepción es subjetiva y está influenciada por nuestras creencias, valores y experiencias individuales. Puede afectar tanto nuestra autoestima como nuestra autoimagen, ya que nuestras percepciones y la interpretación de nuestras experiencias pueden moldear cómo nos valoramos y cómo nos vemos a nosotros mismos.

La autoestima se refiere a la evaluación global que tenemos de nosotros mismos, la autoimagen se relaciona con la representación mental de cómo nos vemos y la autopercepción se refiere a cómo nos interpretamos y percibimos en diferentes aspectos. Estos conceptos están interrelacionados y actúan en la forma en que nos valoramos y nos vemos a nosotros mismos psicológicamente.

¿Cómo evaluar la autoestima, la autoimagen y la autopercepción?

Lo primero que debemos hacer es conocernos plenamente. Debes saber quién eres, cuánto te estimas y cuál es la percepción que tienes de ti mismo. Para ello te invitamos a dar respuesta a las siguientes preguntas con toda sinceridad, porque solamente tú lo leerás:

Ejercicio: ¿Quién soy?

Atributos de identificación:

Nací en (país)_____ y los nacidos en este país somos así: _____
_____
_____

Mi género es:
Muy masculino__ Masculino__ Distinto__ Femenino__ Muy femenino__

En relación con mi género quiero decir que:_____
_____
_____

Atributos físicos:

(Marca con una "X" una sola respuesta en cada punto)

Las personas como yo somos:

1. Muy altas__ Altas__ Medianas__ Bajas__ Muy bajas__
2. Muy gordas__ Gordas__ Normales__ Delgadas__ Más bien flacas__
3. Muy atractivas__ Atractivas __ Término medio__ No muy atractivas__ Feas__
4. Muy Fuertes__ Atléticas__ Normales__ Pasivas__ Flojas __

También las personas como yo somos: _____
_____

_____

_____

Atributos morales:

(Marca con una "X" una sola respuesta en cada punto)

Las personas como yo somos:

1. Muy buenas__ Buenas__ Ni buenas ni malas__ Malas__ Muy malas__

2. Muy humanitarias __ Humanitarias__ Normal__ Indiferentes__ Inhumanas__

3. Muy honesta__ Honesta__ Normal __ Deshonesta__ Muy deshonesta__

4. Muy generosa__ Generosa__ No muy generosa__ Egoísta__ Muy egoísta__

Además, las personas como yo tenemos otros valores morales, también somos: _____

_____

_____

_____

…y hablando de los defectos morales de las personas como yo, debo decir que somos: _____

_____

_____

Atributos socioafectivos:

Las personas como yo somos:

1. Muy alegres__ Alegres__ Normales__ Tristes__ Melancólicas__

2. Muy positivas__ Optimistas__ Promedio__ Pesimistas__ Muy pesimistas__

3. El alma de las fiestas__ Simpáticas__ Neutras__ Retraídas__ Antipáticas__

4. Muy amorosas__ Amorosas__ Normal__ Poco amorosas__ No amorosas__

5. Muy sentimentales__ Sentimentales__ Normal__ Poco__ No sentimental__

6. Muy apasionadas__ Apasionadas__ Normal__ Más bien frías__ Apáticas__

7. Muy agresivas__ Agresivas__ Neutras__ Pacíficas__ Totalmente pacíficas__

8. Buen amigo__ Amigas__ Normales__ Poco amigas__ Ningún amigo__

9. Muy felices__ Felices__ A veces felices__ Poco felices__ Infelices__

Además, las personas como yo somos muy positivas en: _____

_____

_____

_____

y somos muy negativas en: _____

_____

_____

Atributos instrumentales:

(Se refieren a las cualidades y defectos que tienen que ver con sus aptitudes y sus capacidades)

Las personas como yo somos:

1. Muy inteligentes__ Inteligentes__ Promedio__ Menos que promedio__ Poco__

Maestría de la felicidad

2. Muy capaces__ Capaces__ Normales__ Incapaces__ Muy incapaces__

3. Muy creativas__ Creativas__ Normales__ Poco creativas__ Sin creatividad__

4. Muy trabajadoras__ Trabajadoras__ Normales__ Flojas__ Perezosas__

5. Muy cultas__ Cultas__ Normales__ Incultas__ Ignorantes__

6. Muy responsables__ Responsables__ Medio__ Irresponsables__ Muy irresponsables__

7. Muy constantes__ Constantes__ Normales__ Inconstantes__ Muy inconstantes__

8. Muy ordenadas__ Ordenadas__ Normal__ Desordenadas__ Muy desordenadas__

9. Muy ahorrativas__ Ahorrativas__ Normal__ Poco ahorrativas__ Derrochadoras__

10. Muy valientes__ Valientes__ Normales__ Más bien precavidas__ Cobardes__

(Piense ahora en si las personas como usted son confiadas o desconfiadas, soñadoras, idealistas o pragmáticas, dinámicas o no, con iniciativa o sin ella, y todo lo que se le ocurra en relación con sus capacidades... y escríbalo)

Las personas como yo tenemos estas virtudes: _____
_____
_____
_____

Las personas como yo tenemos estos defectos: _____
_____
_____

Atributos culturales:

(Piense ahora de qué religión es usted. Si le gusta la música y de qué tipo. ¿Lee? ¿Escribe? ¿Cuáles son sus gustos? ¿Teatro? ¿Cine? ¿Meditar?... Y en todo cuanto se le venga a la mente. Escríbalo.)

A las personas como yo nos gusta mucho: _____

_____

_____

_____

Otros atributos:

Además de lo expresado, nosotros también somos: _____

_____

_____

_____

Las cinco cosas que más disfruto en la vida son:

1._____

_____

_____

2._____

_____

_____

3._____

_____

_____

4._____

_____

_____

5._____

_____

_____

Los mejores amigos son: _____

_____
_____
_____
_____
_____
_____
_____

Las personas que más amo son: _____

_____
_____
_____
_____
_____
_____

Vida sexual:

En cuanto a la sexualidad, las personas como yo somos:

1. Todo sexo__ Muy sexuales__ Normal__ No muy sexuales__ Lo indispensable__

Intereses:

Mis mayores éxitos han sido: _____

_____
_____
_____
_____

Estoy orgulloso(a) de: _____

_____
_____
_____
_____

_____

Lo que más me gusta de mí mismo(a) es: _____

_____
_____
_____
_____
_____

En resumen, mis virtudes son: _____

_____
_____
_____
_____
_____

_____

... y mis defectos son: _____

_____
_____
_____
_____

_____

Lo que yo cambiaría de mí mismo es: _____

_____
_____
_____
_____
_____

Por último, quiero agregar que: _____
_____
_____
_____
_____
_____
_____
_____
_____

Al terminar este ejercicio, seguramente te conocerás más y estarás en la posibilidad de cambiar lo que desees. Puedes volverlo a realizar, pero en lugar de señalar quién eres —como ya hiciste—, lo repites ahora pensando en quién querrías ser. Decide si quieres algún cambio, si deseas mejorar alguna virtud o eliminar algún defecto y, de ser así, delinea paso a paso quién te gustaría ser. Este es el primer escalón para cambiar, porque ya sabes hacia dónde quieres ir.

Esto te permitirá saber cómo está tu autoestima y qué parte de ti quieres sustituir si fuera el caso. Conocer quiénes somos, cuáles son nuestros mejores atributos y en qué fallamos, nos da la posibilidad de emplear nuestros recursos en situaciones ventajosas y hacia qué objetivos debemos enfocarnos para lograr nuestras metas.

¿Cómo subir la autoestima?:

Es indiscutible la utilidad de un psicólogo o un terapeuta en el tratamiento de problemas de autoestima. Sin embargo, existen varias estrategias y técnicas que las personas pueden emplear de manera autónoma para mejorar la percepción que tienen de sí mismas. Exploremos dichas estrategias para fortalecer la autoestima, autoimagen y autopercepción: primero, veamos el papel de la autocompasión en el fortalecimiento de la autoestima. Esto implica tratarse a uno mismo con la misma amabilidad, respeto y comprensión que se ofrecería a un amigo cercano en tiempos de dificultad. La autocompasión permite reconocer nuestras propias fallas como parte de la condición humana, lo que a su vez nos ayuda a ser más tolerantes con nosotros mismos.

En segundo lugar, la práctica de la atención plena, conocida por su nombre en inglés *mindfulness*, y la meditación, puede ser una herramienta esencial para mejorar la autoestima. Al concentrarse en el momento presente, la atención plena nos permite evitar quedar atrapados en pensamientos negativos sobre el pasado o preocupaciones sobre el futuro. Este enfoque ayuda a minimizar el ciclo de pensamientos negativos y autocríticos que a menudo acompañan a la baja autoestima. Es una técnica de meditación y un estado de conciencia que implica enfocar la atención en el presente de manera activa e intencional.

Consiste en observar nuestras experiencias —pensamientos, sensaciones físicas, emociones— tal como son, sin juzgarlas o intentar cambiarlas. Uno se esfuerza por estar completamente en el aquí y ahora, prestando atención a lo que está sucediendo en cada momento sin quedar atrapado en pensamientos sobre el pasado o preocupaciones sobre el futuro. En lugar de reaccionar de forma automática o habitual a nuestras experiencias, la atención plena nos permite responder a ellas de manera más reflexiva y consciente. Esto nos ayuda a reducir el estrés, mejorar el bienestar emocional, aumentar la concentración y la memoria, y mejorar las relaciones.

La práctica de la atención es tan simple como prestar atención a la respiración, notar las sensaciones del cuerpo o tomar conciencia de los pensamientos y emociones a medida que surgen y se desvanecen. También puede ser incorporada en actividades cotidianas, como comer, caminar o realizar alguna labor rutinaria o automática, prestando plena atención a la experiencia sensorial de estas actividades. La atención plena tiene sus raíces en las tradiciones budistas, pero ha sido adaptada y popularizada en el mundo occidental en las últimas décadas, particularmente en el contexto de la psicología y la medicina de la salud mental.

La identificación y el desafío de pensamientos negativos también son fundamentales en la construcción de una autoestima saludable. Cuando se reconoce y se desafían activamente los pensamientos autocríticos, se crea la posibilidad de reemplazarlos por afirmaciones más positivas y realistas sobre uno mismo. Este cambio en la narrativa interna tiene un impacto profundo en la forma en que nos percibimos.

La fijación de metas pequeñas y alcanzables es otra estrategia útil. Lograr objetivos da una sensación de logro y refuerza la confianza en nuestras propias habilidades. Sin embargo, es importante que estas metas sean realistas para evitar la frustración y el sentimiento de fracaso.

El autocuidado, que incluye el de la salud física a través de la dieta y el ejercicio, y el aseguramiento de un descanso adecuado, es otro elemento crucial para fomentar la autoestima. También es importante dedicar tiempo a las actividades que proporcionan placer y relajación, ya que estas mejorarán el bienestar general y la percepción positiva de uno mismo.

El papel de las afirmaciones positivas y la autoafirmación no debe subestimarse. Crear una lista de fortalezas, logros y cualidades positivas puede servir como un recordatorio tangible de la valía personal. Revisar esta lista con regularidad puede ayudar a reforzar una visión más positiva de uno mismo.

Igualmente, contar con una red de apoyo sólida puede proporcionar un refuerzo positivo y aliento durante el proceso de mejora de la autoestima. Los amigos y familiares pueden ofrecer perspectivas favorables y realistas sobre nosotros mismos que podemos pasar por alto. El desarrollo de nuevas habilidades o aficiones también puede ser beneficioso, ya que aprender y dominar algo nuevo puede incrementar la confianza en nuestras propias habilidades y fomentar un sentido de logro.

Es esencial recordar que el cambio lleva tiempo y la paciencia es clave. Si los esfuerzos autónomos para mejorar la autoestima no producen los resultados deseados, puede ser beneficioso buscar la ayuda de un profesional de la salud mental.

Las motivaciones son esenciales

Reconocer nuestras necesidades y cómo satisfacerlas, y lo que nos motiva a actuar, es vital. Sin ellas no podríamos alcanzar un mayor grado de felicidad. La motivación se refiere a los procesos psicológicos que dirigen y sostienen el comportamiento hacia la consecución de metas. Se trata de las fuerzas internas y externas que influyen en las elecciones que hacemos, cómo nos esforzamos, y cuánto tiempo y energía invertimos en nuestras actividades. La motivación intrínseca proviene de dentro del individuo, quien hará algo porque es personalmente gratificante o satisfactorio. Tocará un instrumento musical porque lo disfruta, o leerá un libro por placer. La Motivación extrínseca se relaciona con realizar una actividad para obtener alguna recompensa externa o evitar un castigo. Un estudiante aprende por lograr buenas calificaciones o evitar repetir el año, un empleado trabaja duro para recibir un ascenso o salvar un despido.

La teoría de la autodeterminación fue desarrollada por los psicólogos Edward L. Deci y Richard M. Ryan ("Intrinsic Motivation and Self-Determination in Human Behavior", 1985; "Self-determination theory and the facilitation of intrinsic motivation, social development, and well-being". American Psychologist, 55, 68-78, 2000) y expone que las personas tienen tres necesidades psicológicas básicas que deben ser satisfechas para lograr el bienestar: la competencia (necesidad de sentirse eficaz y capaz), la autonomía (necesidad de sentirse en control de la propia vida) y la relación social (necesidad de sentirse conectado con los demás).

Anteriormente, la teoría clásica de la motivación humana, según Abraham Maslow, indica que las personas están motivadas por una jerarquía de necesidades que va desde las más básicas, como la alimentación y la seguridad, hasta las necesidades superiores como la autoestima y la autorrealización. Solo cuando las necesidades más básicas están satisfechas, las personas se motivan para satisfacer las necesidades de nivel superior.

Por otra parte, la teoría de la expectativa, también conocida como la teoría de la motivación del psicólogo Víctor Vroom, sobre la motivación en el lugar de trabajo y que fue propuesta en 1964, apunta a que la motivación de un individuo para el desempeño laboral está determinada por la creencia de que el esfuerzo dará lugar a un rendimiento efectivo (expectativa), que este rendimiento efectivo dará lugar a un resultado específico (instrumentalidad) y que este resultado será valioso para el individuo (valencia).

Creer en ti y en tus valores y creencias

Nada es mejor para cada persona que ser consecuente con sus convicciones y principios. Todos los tenemos. Pueden ser ciertos la mayoría de ellos, pero algunos pueden ser errados. No nacimos con creencias, ideologías ni valores. Los adquirimos a través de nuestro contacto con la humanidad y entorno. Provienen de nuestros padres, nuestra familia, nuestros seres queridos y amados, nuestros maestros, profesores, amigos, conocidos, los medios de comunicación, las redes sociales, los líderes sociales, religiosos, políticos de tu ciudad, tu nación. Todas las personas que aprecias y estimas en alto grado.

Sería difícil no creer en todos los valores que has compartido desde prácticamente tu nacimiento.

No obstante, la historia nos demuestra que, así como existen creencias mediante las cuales los seres humanos crecimos y progresamos, también coexisten con ellas credos que han sido torcidos y mortales para la humanidad. Afortunadamente, han prevalecido en el tiempo las formas de pensar y de ser más positivas que las negativas.

Cuando nos analizamos a nosotros mismos debemos tomar en cuenta que, dentro de los valores y creencias aprendidas, algunos pueden ser cambiados, por una parte porque posiblemente estén errados o por la otra, porque alejan de los estados de felicidad.

Así, existen convicciones positivas y negativas. Como en el caso del niño que "no servía para las matemáticas", podríamos tener la creencia de que no somos buenos para eso, aunque sí lo seamos. De esta manera, en lugar de valores, serían programas nocivos que afectan negativamente nuestra vida.

Las falsas creencias:

Las falsas creencias son afirmaciones o ideas que algunos mantienen como verdaderas a pesar de que no están respaldadas por pruebas o evidencias sólidas. Llegan a ser creencias que se sostienen incluso cuando hay evidencia en contra de ellas. Surgen por varias razones o por ser el resultado de información errónea o desinformación. También existen creencias que una persona ha desarrollado debido a experiencias personales o prejuicios, aunque no todas las que no se puedan demostrar son necesariamente falsas. Algunas, como muchas creencias religiosas o filosóficas, a pesar de que no son demostrables, no se consideran "falsas". En estos casos se acepta que estas creencias caen en el ámbito de la fe religiosa.

A lo largo de la historia, ha habido una serie de falsas creencias o mitos ampliamente sostenidos que más tarde se evidenció que eran incorrectos a medida que avanzaba el conocimiento humano. Durante mucho tiempo, se creyó que la Tierra era plana y que uno podría caerse del borde si navegaba demasiado lejos. Esta supuesta verdad fue prevalente en muchas culturas antiguas. Sin embargo, ya en el siglo VI a.C. los filósofos presocráticos griegos comenzaron a sugerir que la Tierra podría ser una esfera. Esta idea se confirmó aún más durante la era de los descubrimientos geográficos, donde los viajes alrededor del mundo demostraron la redondez de la Tierra. El problema es que hasta el día de hoy existen aún millones de personas que aseguran que la Tierra es plana. Algunas encuestas como la de YouGov, realizada en febrero de 2019 a más de 8.000 adultos estadounidenses, sugirió que uno de cada seis estadounidenses no está completamente seguro de que el mundo es redondo, y que 2% de los estadounidenses creían para esa fecha que la Tierra era plana. Este porcentaje de la población de Estados Unidos son más de 7 millones de personas, y si proyectamos ese mismo porcentaje a la población mundial estaríamos hablando de que más de 160 millones de seres humanos creen que el mundo es plano.

El negacionismo es la postura que adopta una persona o un grupo de personas que rechazan o niegan la realidad de un hecho o evento a pesar de tener pruebas claras y evidentes que demuestran que ese hecho o evento es verdadero. Abarca una variedad de temas, desde la historia hasta la ciencia y la medicina, y a menudo se utiliza para promover ciertas agendas políticas, ideológicas o culturales.

Uno de los casos de negacionismo en la actualidad es el del Holocausto, en el que algunas personas niegan o minimizan la magnitud de este genocidio durante la Segunda Guerra Mundial, que resultó en la muerte de seis millones de judíos. Otro caso es el negacionismo del cambio climático, donde se niega que el cambio climático esté ocurriendo o que sea causado por la actividad humana, a pesar del amplio consenso científico que demuestra lo contrario.

Veamos algunos casos —nos dice Vladimir— en el mundo hispano, donde existen frases, conceptos que se transmiten boca a boca; por ejemplo, cuando se nos dice "como vaya viniendo vamos viendo", o en el caso de las personas que requieren confiar en el horóscopo, o en la suerte. Comportamientos que se dan cuando nos planteamos que nuestra conducta es esperar que algo suceda o que alguien tome alguna acción para ver qué hacemos, y que provocan que nuestro destino deje de depender de nosotros mismos. Debes confiar en ti mismo. En los valores que decidiste tú mismo aceptar y mantener.

Las autobarreras:

También poseemos programas automáticos que hemos aprendido que no nos ayudan; por el contrario, nos frenan. Son las llamadas barreras que nos imponemos por programas que tenemos, en ocasiones, instalados en nuestro cerebro.

Ese *software* te frena, te retrasa y a veces hasta te impide ser feliz. Los invitamos a reflexionar: ¿alguna vez te has dicho ante alguna tarea una de estas cuatro frases?: "No, eso no lo puedo hacer", "No sirvo para eso", "Eso es muy difícil" o "Eso es imposible". Estos son programas que llamamos "autobarreras" que nos limitan, nos frenan y nos impiden alcanzar logros, los que a su vez nos brindarían momentos de felicidad. Si ni siquiera lo intentamos, de entrada quedamos frustrados y nos sentimos mal, fracasados, infelices, pues. Si aceptamos el reto es probable que lo logremos. Pero si no, habremos ganado una experiencia y un aprendizaje. Lo más factible es que nos digamos a nosotros mismos que en la siguiente oportunidad sí lo podremos alcanzar porque ahora sabremos más acerca de lo que se debe hacer para ello. Una cosa sí es segura, estaremos contentos de haberlo intentado, de haber superado el miedo, y no se sentirán tan frustrados como al no hacerlo.

Recordemos que si hemos instalado en nuestra mente programas negativos tenderemos a no alcanzar objetivos y a fracasar. Se puede nacer inteligente y no alcanzar las metas y vivir mayormente infeliz. Por el contrario, una persona no tan inteligente logra triunfar y alcanzar más felicidad si el *software* en su cerebro es adecuadamente positivo.

¿Qué hacer?

Revisar los comportamientos inconscientes:

Lo primero es revisar los hábitos automáticos y eliminar o modificar los programas cerebrales que nos limitan. Luego "instalar" y hacer uso de nuevos programas que sustituyan a los anteriores hábitos que decidamos "borrar". Crear nuestras propias necesidades y objetivos y buscar los programas mentales que nos los permitan o faciliten, y por último, hacer las cosas pensando la mayoría del tiempo.

Cambiar un hábito o *software* automático en nuestro cerebro es difícil. Los hábitos se forman a través de la repetición. Cuando realizamos una acción muchas veces o cotidianamente, se forma una conexión neural en nuestro cerebro. Cuanto más realizamos la acción, más fuerte se vuelve ese enlace. Esto facilita la ejecución de la acción en el futuro, hasta el punto de que puede volverse automática. Entonces, cambiar hábitos implica debilitar estos lazos existentes y construir nuevos, lo cual lleva tiempo y esfuerzo.

Muchos hábitos negativos tienen una recompensa inmediata como pasa con la comida chatarra, que sabe bien en el momento, pero nos daña la salud en el tiempo, mientras que los beneficios de cambiar este hábito por comida sana son observables a largo plazo. Esto puede hacer que sea difícil resistir la tentación de caer en el hábito antiguo.

Igualmente existen desencadenantes ambientales y emocionales, ya que algunos hábitos están asociados con nuestro entorno o nuestro modo de comportarnos. Podrías tener el hábito de comer bocadillos, tomar café o fumar cuando estás estresado. A menos que encuentres una manera de manejar el estrés de una manera más saludable, es probable que sigas recurriendo a estas conductas automáticas.

Hablamos de cambio de hábitos en lugar de eliminarlos porque sustituir un hábito negativo por uno positivo es más efectivo, especialmente si hay un desencadenante específico que conduce al hábito. Esto se debe a que simplemente tratar de evitar el hábito podría dejarte pensando en él aún más, lo que en última instancia podría aumentar las posibilidades de recaer, porque no tienes una alternativa.

Si tienes algún hábito negativo cuando estás estresado, en lugar de simplemente tratar de evitarlo podrías intentar tomar unas cuantas respiraciones profundas, dar un breve paseo o practicar alguna otra estrategia de manejo del estrés cuando te sientas estresado. Esto no solo te da algo que hacer en lugar del hábito, sino que también te ayuda a manejar el estrés de una manera más saludable. Si tomas café, en su lugar puedes tomar agua normal con algún sabor; por ejemplo, agregándole un par de gotas de limón.

Reemplazar un hábito negativo por uno positivo no quiere decir que sea imposible cambiar un hábito sin sustituirlo, pero podría ser más difícil. En ambos casos será un proceso desafiante, pero es totalmente posible con una estrategia efectiva.

Para cambiarlo, primero debes identificarlo usando la autoconciencia. Observa tus rutinas diarias y toma nota de cualquier comportamiento que parezca problemático o que te haga sentir mal contigo mismo. Trata de entender por qué tienes el hábito. Pregúntate: ¿estás evitando alguna emoción difícil o estás buscando una recompensa inmediata?, ¿hay desencadenantes específicos que te hacen caer en el hábito?, ¿por qué quieres cambiar este hábito? Tener una razón poderosa y personal significativa para quitarlo te ayudará a mantenerte motivado a lo largo del tiempo. Comprender la raíz del problema contribuirá a encontrar la mejor solución.

Otro paso es establecer objetivos realistas y específicos. Lo primero es que sean realizables, aunque difíciles. No imposibles. Por otro lado, que sean concretos: decidir "ser una mejor persona" es demasiado vago. En cambio, trata de definir lo que eso significa en términos de comportamientos específicos. Si quieres dejar de postergar tareas, tu objetivo podría ser: "Voy a empezar a trabajar en mis tareas tan pronto como las reciba, en lugar de esperar hasta el último minuto".

Es conveniente planificar y diseñar un plan de acción. Si deseas romper un hábito, planea qué vas a hacer en lugar de ese comportamiento cuando te encuentres con la causa que lo dispara. Si intentas formar un nuevo hábito, planea cuándo y cómo lo incorporarás a tu rutina. También coadyuva cambiar tu entorno para que sea más fácil seguir con el nuevo comportamiento y más difícil caer en el antiguo hábito. Si quieres comer más saludable, podrías deshacerte de la comida no sana en tu casa y mantener frutas y verduras a la vista.

Habla sobre tus objetivos con familiares o amigos, o si lo prefieres con un terapeuta. Ellos pueden ofrecerte apoyo emocional y consejos, y ayudarte a mantener el control sobre tu progreso. Recuerda que no debes castigarte si te desvías del camino. Los contratiempos son una parte normal del cambio. Aprende de esta experiencia y piensa cómo puedes hacerlo mejor la próxima vez. Cada vez que te mantengas en tu nuevo comportamiento, date una pequeña recompensa. Esto podría ser algo tan simple como tomarte un momento para reconocer y sentirte orgulloso de tu logro.

El cambio de hábitos lleva tiempo. Algunas investigaciones sugieren que puede tomar un mínimo de 18 días o más para formar un nuevo hábito. Así que ten paciencia contigo mismo y mantén el rumbo; sin embargo, cada persona tiene su propio ritmo. Si sientes que necesitas ayuda, no dudes en buscar a un profesional de la salud mental.

La segunda clave: construir la buena suerte

Generalmente la suerte se considera como una serie de eventos fortuitos y aleatorios que no pueden ser controlados. No obstante, si tomamos la "buena suerte" en un sentido más amplio, podríamos decir que hay maneras de maximizar nuestras oportunidades y aumentar la probabilidad de que sucedan cosas positivas en nuestra vida. Desde hace miles de años ya se consideraba que no toda la suerte era al azar. El filósofo romano Lucio Anneo Séneca fue un destacado escritor, filósofo estoico y político romano y escribió extensamente sobre la fortuna, la preparación y la oportunidad. En sus cartas a Lucilio, conocidas como las *Cartas morales a Lucilio*, Séneca discute sobre la suerte y el destino y enfatiza la importancia de la preparación y la virtud.

Para lograr "mejorar" la suerte debemos estar preparados. La idea esencial es que la "buena suerte" no es simplemente un producto del azar, sino más bien el resultado de estar preparado para aprovechar las oportunidades cuando se presentan. Esto está en línea con el pensamiento estoico, que Séneca promovió, de enfocarnos en lo que podemos controlar como nuestra preparación, acciones y reacciones, en lugar de preocuparnos por lo que no podemos dirigir, como el azar y la suerte.

Mantener esta actitud ayudará a atraer experiencias positivas. La actitud positiva puede aumentar la resiliencia, la capacidad para adaptarte a diferentes situaciones, y permitirá ver oportunidades donde otros podrían ven problemas.

Tener una idea y objetivos claros nos ayuda a reconocer y aprovechar las oportunidades que nos acerquen a esas metas. Asimismo, mantener y ampliar las redes de contactos con relaciones saludables, porque nunca se sabe cuándo alguien podría ofrecerte una oportunidad o tener una información valiosa para mejorar tu estándar de vida.

En ocasiones, para obtener algo que valoramos, debemos estar dispuestos a asumir algunos riesgos calculados. Si una persona ha participado en simulacros de terremotos o tsunamis tendrá "mejor suerte" en un evento de esa naturaleza que quienes no lo hayan hecho.

Saber adaptarnos ayuda. La vida está llena de cambios y lo que nos llevó al éxito en el pasado no necesariamente lo hará en el futuro. Ser adaptables nos permite movernos con los cambios y encontrar nuevas oportunidades. Conocer nuestras habilidades, talentos y limitaciones puede ayudarnos a orientar nuestras decisiones de la mejor manera posible y aumentar nuestras posibilidades de éxito y de tener mejor suerte.

Todos enfrentamos desafíos y obstáculos en la vida y podemos tener éxito o no, pero incluso la "mala suerte" puede ser una oportunidad para aprender, crecer y fortalecernos. Aunque no siempre podamos controlar lo que nos sucede, siempre podemos manejar cómo reaccionamos ante ello.

La distribución gaussiana

La vida está llena de patrones matemáticos y naturales que a veces se pasan por alto en la rutina diaria. Uno de estos patrones es la distribución gaussiana, una fórmula matemática que describe cómo se distribuyen ciertas variables en el comportamiento humano.

La campana de Gauss es conocida como distribución normal, y se llama así debido al matemático alemán Carl Friedrich Gauss. En su forma gráfica, se asemeja a una campana, con el punto más alto en el medio y los extremos disminuyendo simétricamente. Esta distribución se utiliza para describir cualquier conjunto de datos que tiende a agruparse alrededor de un valor promedio.

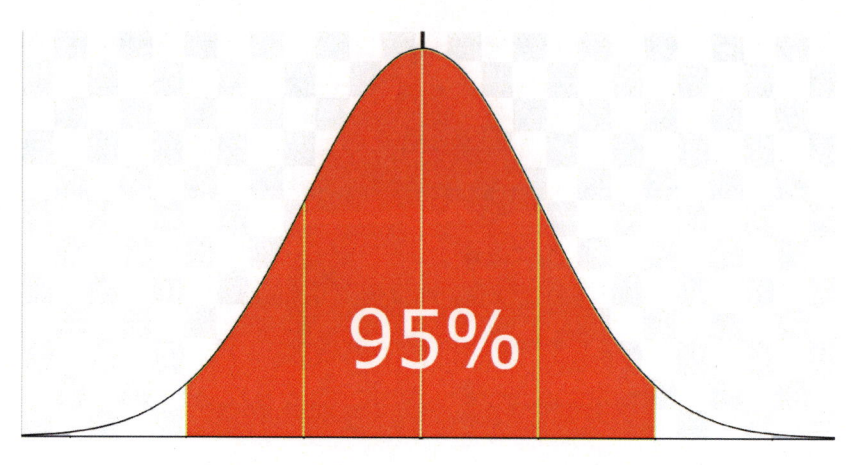

La conducta humana se distribuye en forma de campana

La aplicación de la campana de Gauss a la población humana es bastante directa. Podemos considerar un sinnúmero de características humanas y, con suficientes datos, se formará esta distribución gaussiana. Se incluyen variables como la altura, el peso, la presión arterial y muchas otras.

Consideremos, por ejemplo, la altura. En cualquier población dada, la mayoría de las personas tendrán una altura cerca del promedio, con menos personas en los extremos de la distribución, es decir, muy pocas personas serán extremadamente altas o bajas. Este patrón se ajusta a la forma de la campana.

La inteligencia igualmente suele medirse mediante pruebas de coeficiente intelectual (CI), que están diseñadas específicamente para producir resultados similares. En este contexto, en una prueba de CI una puntuación de 100 es la media y la mayoría de las personas obtienen puntuaciones que se agrupan alrededor de este valor. Las puntuaciones más arriba o por debajo del promedio son menos comunes, y solo una pequeña fracción de la población obtiene estas puntuaciones.

Nos preguntamos si la distribución de las personas con buena suerte y mala suerte debe ajustarse a la campana. Uno de los elementos más fascinantes de la estadística es su aplicación a la vida diaria. Nos encontramos constantemente con distribuciones de datos, incluso en los lugares más inesperados. Probablemente las compañías de seguros utilizan la estadística para evaluar la propensión de una persona a sufrir accidentes, porque la "buena suerte" y la "mala suerte" son conceptos que la mayoría de las personas comprenden intuitivamente, pero que son extremadamente difíciles de definir en términos cuantitativos.

Si definimos la "suerte" como la ocurrencia de eventos aleatorios positivos, podríamos tratar de mapear la suerte en una distribución normal. Sin embargo, existen varias complicaciones. Primero, los eventos aleatorios positivos no son uniformemente distribuidos. Además, la percepción de qué constituye un evento "positivo" puede variar enormemente entre las personas. Lo que una persona considera "buena suerte" puede no serlo para otra. Sin embargo, si pudiéramos llegar a una definición estándar y medible de "suerte", podríamos teóricamente trazar una distribución normal, donde la mayoría de las personas experimentan una cantidad "promedio" de suerte, y menos personas experimentan extremos de buena o mala suerte.

Las compañías de seguros se enfrentan a un problema similar, aunque con datos mucho más concretos. En lugar de tratar de cuantificar algo tan etéreo como la "suerte", las aseguradoras se preocupan por algo más mensurable: el riesgo de accidentes. Las compañías de seguros se basan en enormes cantidades de datos y sofisticados modelos estadísticos para calcular la probabilidad de que ocurra un evento asegurado, como un accidente con un vehículo. Estos cálculos son fundamentales para establecer las primas de los seguros. Aunque los detalles precisos de estos modelos son secretos comerciales, es razonable suponer que la distribución de las personas propensas a accidentes seguirá algún tipo de distribución normal, con la mayoría de las personas presentando un riesgo medio y menos personas en los extremos de alto y bajo riesgo.

Las compañías de seguros también consideran una serie de factores para evaluar el riesgo de un individuo, incluyendo la edad, el sexo, la profesión, la salud y los hábitos de vida. Todos estos factores se combinan para calcular un "perfil de riesgo" para cada individuo, que luego se utiliza para determinar el costo de las pólizas. Así, los individuos pueden ser clasificados de acuerdo con su perfil de riesgo, lo que es una herramienta para gestionar el riesgo en grandes poblaciones.

La propensión a los accidentes teóricamente puede ser reseñada en una distribución normal. En el caso de la suerte, aunque es extremadamente difícil definirla como variable o comportamiento humano, podemos suponer que se distribuirá como una campana.

La "mala suerte":

En el estudio de la psicología humana, a menudo nos encontramos con términos y conceptos que se entienden comúnmente pero que se resisten a la definición y cuantificación. Un concepto con estas características es la "mala suerte", que presenta dificultad cuando intentamos definirla y analizarla con precisión. Para nosotros, una interpretación psicológica apunta a que esta puede ser una manifestación de la falta de objetivos, la ausencia de planificación y una carencia de previsión, más que una fuerza arbitraria e incontrolable. Es dejarlo todo precisamente al azar, a "como vaya viniendo vamos viendo".

Al considerar la "mala suerte" en un contexto psicológico, podemos revaluarla como un producto de nuestras acciones, elecciones y actitudes, en lugar de ser un fenómeno externo a nosotros. La falta de objetivos puede interpretarse como una forma de "mala suerte". Los objetivos proporcionan dirección, motivación y un marco de referencia para la toma de decisiones. Sin objetivos claros, es difícil tener un sentido de propósito, y lo más probable es que nos encontremos a la deriva, sin un camino claramente definido hacia donde queramos dirigirnos. En este estado, es fácil atribuir las dificultades y contratiempos a la "mala suerte" cuando, de hecho, pueden ser el resultado de no tener una dirección y acción clara.

La ausencia de planificación da a lugar a lo que se percibe como "mala suerte". La planificación efectiva nos permite anticipar obstáculos, tomar medidas preventivas y estar preparados para adaptarnos a situaciones cambiantes. Cuando no se planifica, se incrementa la posibilidad de encuentros inesperados y dificultades, que pueden interpretarse como "mala suerte".

La falta de previsión, o la incapacidad para anticipar las posibles consecuencias de nuestras acciones, también puede percibirse como "mala suerte". La previsión nos permite evaluar las posibilidades futuras y tomar decisiones informadas. Sin ella, podemos encontrarnos repetidamente en situaciones desfavorables y atribuir estos resultados a la "mala suerte", cuando podrían haberse evitado con una consideración más cuidadosa del futuro.

Desde este punto de vista, la "mala suerte" en alguna medida es por falta de control sobre nuestras propias vidas. Al delegar nuestros resultados a la "suerte", renunciamos a la responsabilidad de nuestras decisiones y acciones. Al establecer objetivos claros, planificar de manera efectiva y ser previsivos, podemos tomar control y moldear nuestro destino. En lugar de considerarla como una fuerza externa, podemos reinterpretar la "mala suerte" como un reflejo de nuestras propias acciones y decisiones. Al hacerlo, podemos reclamar la autoridad sobre nuestras vidas y trabajar proactivamente para mejorar nuestros resultados.

La mala suerte es no fijar objetivos, no planificar y no ser previsivos; es dejarlo todo precisamente al azar, a la suerte. Seguramente no será la buena. Y si además le agregamos andar en conducta automática, sin usar el cerebro en actitudes como no pensar, no decidir, ignorar nuestra voluntad, carecer de estrategia y no creer en nosotros mismos y nuestros valores, estaremos garantizando nuestro fracaso de forma continua.

Si fumas o vapeas porque supones que todos o muchos lo hacen, o por un mal hábito o programa mental, y no piensas, ni buscas las investigaciones sobre su daño a la salud, si presumes que no puedes dejarlo, lo cual implica no creer en ti, y no tomas la decisión de dejar esta insana práctica, habrá consecuencias, pero no porque tengas "mala suerte".

Según el Centro para el Control y la Prevención de Enfermedades (CDC) de Estados Unidos, los fumadores tienen un mayor riesgo de desarrollar padecimientos del corazón, accidentes cerebrovasculares y cáncer de pulmón. El riesgo de desarrollar eventos del corazón es 2 a 4 veces mayor en fumadores que en no fumadores. El riesgo de tener un accidente cerebrovascular es 2 a 4 veces mayor en fumadores que en no fumadores. El riesgo de desarrollar cáncer de pulmón es alrededor de 25 veces mayor en fumadores que en no fumadores. En cuanto a la mortalidad, el CDC informa que la esperanza de vida de los fumadores es al menos 10 años más corta que la de los no fumadores, y que aproximadamente la mitad de los fumadores que continúan haciéndolo morirán debido a enfermedades relacionadas con el tabaco.

Estos números proporcionan una imagen clara del riesgo elevado que los fumadores enfrentan en comparación con los no fumadores. Obviamente, no fumar significa vivir con mayor "suerte" que quienes lo hacen. Además, dejar de fumar reduce significativamente estos riesgos, independientemente de cuánto tiempo o cuánto haya fumado una persona en el pasado. Si un fumador quiere tener mejor "suerte" definitivamente debe dejar de fumar.

Cómo manejar con mayor acierto nuestras vidas

Establecer un destino:

Es común preguntarnos: ¿hacia dónde nos dirigimos?, ¿cómo podemos mantener el control y navegar hacia el destino deseado? Garantizar un puerto seguro de llegada y tener una visión clara de nuestras metas son aspectos fundamentales para vivir una vida plena y satisfactoria.

Consideremos el significado de tener un destino en la vida. La psicología del desarrollo ha enfatizado la importancia de tener metas, ambiciones y un sentido de dirección en nuestra existencia. Este "destino" no es necesariamente un punto físico o un logro concreto, sino más bien un estado de vida que deseamos alcanzar. Este estado podría ser la serenidad, la plenitud, el éxito profesional o la estabilidad emocional, entre otros objetivos.

Establecer un destino deseado nos ofrece una serie de ventajas. En primer lugar, provee un sentido de propósito, que es vital para nuestra salud mental y nuestro bienestar. Investigaciones han demostrado que las personas que tienen un propósito en la vida tienen menos probabilidades de sufrir de depresión y ansiedad, y más probabilidades de sentirse satisfechas y felices.

Steger, M. F., Frazier, P., Oishi, S. y Kaler, M. (2006), demostraron en un estudio ("The Meaning in Life Questionnaire: Assessing the Presence of and Search for Meaning in Life". Journal of Counseling Psychology, 53-1, 80–93) que tener un sentido de propósito en la vida se correlaciona con mejor bienestar psicológico y menor angustia mental. Ryff, C. D. (1989), en "Happiness is everything, or is it? Explorations on the meaning of psychological well-being" (Journal of Personality and Social Psychology, 57(6), 1.069-1.081), encontró que la autotrascendencia, que incluye tener un propósito en la vida, está fuertemente vinculada a la felicidad y satisfacción con la vida.

Kim, E. S., Sun, J. K., Park, N. y Peterson, C. (2013), en "Purpose in life and reduced risk of myocardial infarction among older U.S. adults with coronary heart disease: a two-year follow-up" (Journal of Behavioral Medicine, 36-2, 124–133), concluyeron que tener un propósito en la vida se correlaciona con un menor riesgo de infarto de miocardio y, en general, de enfermedad cardiovascular, lo que sugiere que también tiene beneficios para la salud física. Igualmente, Lampinen, P., Heikkinen, R. L., Kauppinen, M., & Heikkinen, E. (2006), en "Activity as a Predictor of Mental Well-being Among Older Adults" ("Aging & Mental Health", 10-5, 454–466), determinaron que mantener una vida activa y con propósito se asocia con una mejor salud mental en la vejez.

Además, tener un destino nos proporciona un marco para tomar decisiones, ya que podemos evaluar nuestras opciones en función de si nos acercan o alejan de nuestras metas. Pero ¿cómo podemos asegurarnos de tener un puerto seguro de llegada?

Este concepto se refiere a la seguridad y confianza de que, independientemente de los desafíos y tempestades que enfrentemos en nuestra travesía, siempre tendremos un lugar seguro y estable al cual regresar. En términos psicológicos, este puerto seguro puede ser un estado mental de equilibrio y paz, una red sólida de apoyo social, o un conjunto de habilidades y recursos internos que nos permiten manejar el estrés y la adversidad.

Para lograr nuestro puerto seguro, debemos invertir en nuestra salud mental y emocional, fomentar relaciones sanas y positivas, y desarrollar resiliencia. Las estrategias de afrontamiento efectivas, como la meditación, la terapia cognitivo-conductual y el autocuidado, pueden ayudarnos a construir este puerto seguro. Además, el apoyo social es vital para nuestra salud mental, por lo que es importante mantener relaciones sólidas y saludables con amigos, familiares y seres queridos.

Tener un destino claro y asegurarnos de tener un puerto seguro de llegada son claves para mantener el control de nuestras vidas. Para esto es preciso definir nuestras metas y desarrollar las habilidades y recursos necesarios para enfrentar los desafíos, entendiendo que estamos dirigiéndonos hacia un futuro mejor y aunque tengamos un lugar seguro al cual regresar.

Fijar objetivos:

El establecimiento de objetivos y la organización para lograrlos juegan roles fundamentales en el control de nuestras vidas, permitiéndonos dar dirección y sentido a nuestra existencia. Este es un proceso clave. Los objetivos, además de proporcionarnos un destino a alcanzar, establecen un camino claro para llegar allí. La definición de metas ayuda a la toma de decisiones, ya que nos permite evaluar nuestras opciones en función de si nos acercan o alejan de ellas. Además, los objetivos promueven la motivación para lograrlo. Este es un proceso clave.

Los objetivos deben ser específicos, medibles, alcanzables, relevantes y programados con un tiempo determinado para ser efectivos. Este concepto de objetivos es una idea que ha evolucionado con el tiempo y que se ha utilizado en diversos campos, desde la psicología hasta la gestión de empresas. La idea de objetivos comenzó a aparecer por primera vez en la literatura de gestión en los años 50 y 60. En 1981 George T. Doran publicó un artículo titulado "There's a S.M.A.R.T. way to write management's goals and objectives" en la revista Management Review (Doran, G. T. 1981., 70-11, 35-36), donde definió un conjunto de criterios para establecer objetivos efectivos. En el artículo original de Doran, S.M.A.R.T. se definió como Específico, Medible, Asignable, Realista y con un Tiempo-límite.

Establecer metas que sean demasiado vagas, inalcanzables o irrelevantes, y sin prever el tiempo para cumplirlas, puede llevar a la frustración y a la pérdida de motivación.

Organizar y planificar nuestras vidas nos ayuda a administrar mejor nuestro tiempo y recursos, lo que a su vez puede reducir el estrés y aumentar nuestra productividad. La planificación nos permite anticipar los desafíos, prepararnos para ellos y tener una mayor dirección sobre nuestras vidas. Además, al planificar las actividades en función de las metas podemos asegurarnos de estar invirtiendo nuestro tiempo y energía de manera efectiva para avanzar hacia nuestros objetivos.

Una vida organizada y bien planificada también contribuye a nuestro bienestar mental, ya que reduce la sensación de caos y nos permite tener un mayor control sobre nuestro entorno. Asimismo, una buena organización puede facilitar el equilibrio entre el trabajo y la vida personal, lo que puede contribuir a una mayor satisfacción en la vida.

Fijar objetivos y la planificación de nuestra existencia son herramientas poderosas para tomar el control de nuestras vidas y navegar hacia el puerto seguro que deseamos alcanzar. Proporcionan la dirección, el enfoque y la estructura necesarios para vivir una vida plena y satisfactoria.

Tercera clave: ¿Problemas?... ¡Bienvenidos!

Debemos ver los imprevistos como metas a lograr, y oportunidades. La vida humana está definida por una multiplicidad de experiencias, algunas marcadas por la felicidad y la realización, mientras que otras están teñidas por incidentes, tropiezos y problemas. A lo largo de nuestra existencia, trabajamos por planificar y establecer metas para forjar un camino que consideramos ideal. Sin embargo, en esta búsqueda de perfección no podemos ignorar los problemas e imprevistos que se interponen en nuestro camino. Pero, lejos de ser obstáculos insuperables, pueden ser vistos como oportunidades y objetivos a vencer, y cuya resolución nos proporcione momentos de verdadera felicidad.

El problema con la planificación es que, a pesar de ser una herramienta útil para guiarnos en la vida, puede engendrar una falsa sensación de control sobre el futuro. Desde la perspectiva de la psicología cognitiva, el individuo que busca anticipar y controlar todos los aspectos de su vida puede caer en una trampa de autoengaño, ignorando la incertidumbre inherente a la existencia humana. En este sentido, las dificultades y contratiempos representan recordatorios palpables de nuestra vulnerabilidad, pero también son circunstancias para el crecimiento personal.

La resiliencia es un constructo psicológico que ilustra cómo los problemas pueden ser vistos de forma distinta. Al enfrentarlos y superarlos, fortalecemos nuestra capacidad de afrontar las dificultades y desarrollar habilidades y estrategias que nos permitan manejar mejor las situaciones en el futuro. En este sentido, los problemas se convierten en metas a alcanzar, no solo para resolver la contingencia inmediata, sino también para crecer y evolucionar como individuos. Recordemos que caerse ayuda al niño a aprender a caminar.

Imaginemos, ¿qué sucedería si vivimos en un mundo sin problemas? A primera vista, podría parecer el escenario ideal. Sin embargo, una vida sin desafíos sería inadecuada para el aprendizaje y el crecimiento personal. Nos debemos preguntar si de esa forma hubiera evolucionado la humanidad sin problemas.

La ausencia de problemas puede llevar a la complacencia, la estagnación o estancamiento y la falta de motivación. De hecho, la psicología positiva nos enseña que el bienestar no proviene de la ausencia de problemas, sino de la capacidad de lidiar con ellos de manera efectiva. Es en el proceso de enfrentar y superar los percances donde encontramos sentido y propósito, elementos esenciales para nuestra felicidad y satisfacción.

La estagnación se refiere a un estado de inmovilidad, inactividad o falta de progreso y crecimiento. En el contexto de la psicología, este estado implica un período durante el cual una persona se siente atrapada o estancada en su vida personal o profesional, sin avanzar ni desarrollarse. Puede ser el resultado de una variedad de factores, como la falta de motivación, la insatisfacción laboral, el miedo al cambio o la falta de oportunidades, entre otros. De hecho tiene efectos negativos en el bienestar mental y emocional de una persona, ya que en algunos casos genera sentimientos de insatisfacción, frustración, ansiedad y hasta depresión. Por lo tanto, superar la estagnación a menudo implica tomar medidas activas para promover el cambio y el crecimiento personal o profesional.

¿Cómo podemos enfrentar los problemas de manera efectiva? La psicología nos ofrece varias estrategias. En primer lugar, la reevaluación cognitiva, que consiste en cambiar nuestra perspectiva sobre los problemas, viéndolos no como amenazas sino como oportunidades. En segundo lugar, buscar y procurar la solución de problemas, lo que significa identificar y aplicar planes prácticos para resolverlos de manera eficiente. Y finalmente, el apoyo social, ya que compartir nuestros problemas con otros puede ayudarnos a verlos desde diferentes visiones o ángulos y a encontrar soluciones creativas.

Una vida sin problemas —que para algunos sería insípida— nos privaría de oportunidades para aprender, crecer y encontrar un sentido profundo en nuestras vidas. Al cambiar nuestra perspectiva y ver los problemas como bienvenidos, podemos convertir los momentos de adversidad en tiempos de felicidad.

¿Qué hacer ante los problemas?

Debemos comenzar con un inventario de los problemas: sí, el primer paso para resolverlos es identificarlos. Para ello, hagamos una lista de los problemas que enfrentas. Es útil incluir datos sobre ellos, tales como cuándo y dónde ocurren, quiénes están involucrados y cualquier otro elemento relevante. Una vez que has identificado tus problemas, el siguiente paso es priorizarlos. No todos los problemas tienen la misma importancia o urgencia. Una técnica usada comúnmente, y hasta el presente, es la matriz de Eisenhower, que divide los problemas en cuatro categorías basándose en su urgencia e importancia. Esto te ayuda a decidir qué problemas abordar primero.

La matriz de Eisenhower:

Es una herramienta de trabajo que fue popularizada por el general de cinco estrellas Dwight D. Eisenhower, quien fue el 34º presidente de Estados Unidos y antes comandante supremo de las fuerzas aliadas en la segunda guerra mundial. El instrumento se basa en una expresión que se le atribuye: "Lo que es importante rara vez es urgente, y lo que es urgente rara vez es importante".

Maestría de la felicidad

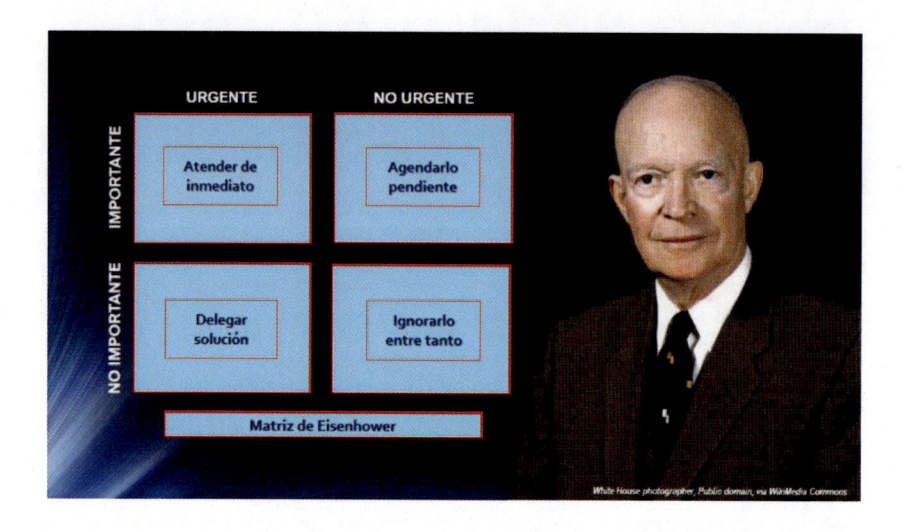

La matriz de Eisenhower se representa como una cuadrícula de dos por dos, lo que resulta en cuatro cuadrantes.

Aunque lo que se considera "importante" y "urgente" puede variar de persona a persona, veamos algunas situaciones que encajan en este cuadrante uno (importante y urgente), que representa los problemas o tareas que deben ser atendidos de inmediato. Por ejemplo, una emergencia médica o de un ser querido, un informe o proyecto que debe ser entregado hoy y es crucial para tu rendimiento laboral, o si tu computadora, que es esencial para tu trabajo, se descompone, en cuyo caso arreglarla es tanto urgente como importante —ya que necesitas la computadora para trabajar, y la imposibilidad de trabajar afectaría tus resultados laborales o personales.

El cuadrante dos en la matriz de Eisenhower (importante pero no urgente) se refiere a tareas que son significativas para alcanzar tus metas a largo plazo, pero que no requieren una acción inmediata aunque sí permanente, como comunicarse y mantener relaciones sanas con los seres queridos; mantenerse bien físicamente y hacer ejercicio porque es importante para la salud a largo plazo, pero no es necesariamente algo urgente que debas hacer de inmediato y se puede reprogramar sin mayores problemas. La planificación de tu futuro ya sea la elaboración de un plan de negocio o la creación de metas personales, es también importante pero no urgente. No hay una fecha límite inmediata, pero realizar estas tareas día a día en cuanto tengas tiempo te ayudará a alcanzar tus metas a largo plazo. Esto podría incluir el estudio, la asistencia a cursos o talleres, o el aprendizaje de nuevas habilidades. Son tareas importantes para tu crecimiento personal, pero no son urgentes en el sentido de que necesitan ser completadas en un plazo determinado, y aunque no sean urgentes, son cruciales para el éxito y la felicidad. Es por ello por lo que es indispensable priorizar el tiempo para estas tareas en tu horario diario o semanal. En este cuadrante estarán los problemas o tareas que contribuyen a tus metas a largo plazo o el tiempo que debes invertir en tus relaciones personales.

En el cuadrante tres (no importante pero urgente) se colocan los problemas o tareas que demandan tu atención ahora mismo pero no contribuyen a tus metas a largo plazo. Algunas llamadas telefónicas, correos electrónicos o interrupciones no programadas, o mensajes de texto que no requieren una respuesta inmediata o correos electrónicos no esenciales, son parte de este cuadrante. Aunque pueden parecer urgentes porque requieren tu atención en el momento, no son necesariamente importantes. A veces, las reuniones parecen urgentes porque están programadas para un momento específico, pero si la reunión no contribuye a tus metas puede ser considerada no importante. En este cuadrante entra en juego el delegar en otro la atención al problema, sea un familiar en asuntos del hogar, o en otra persona en el trabajo. Son tareas que deben ser minimizadas o delegadas cuando sea posible.

En el cuadrante cuatro (no importante y no urgente) estarán las tareas que no contribuyen a las metas familiares o empresariales a largo plazo y no necesitan ser atendidas de inmediato, como actividades recreativas excesivas, mirar televisión más de lo convencional, o perder mayor tiempo que lo necesario en redes sociales. Son a menudo actividades de tiempo libre que, aunque pueden ser disfrutables, no deben ocupar una porción desproporcionada de tu tiempo si tienes otros objetivos importantes para alcanzar. La navegación excesiva en Internet, viendo videos divertidos o leyendo artículos aleatorios, puede ser entretenido, pero generalmente no es ni urgente ni importante para tus metas a largo plazo. Ver varios episodios de tu serie favorita puede ser una forma de relajarse, pero hacerlo en exceso podría convertirse en una actividad no importante y no urgente que consume mucho tiempo. Igual pasar tiempo con videojuegos, o juegos de teléfono móvil, si llega a ser una actividad que consuma un tiempo excesivo podría comprometer las relaciones familiares y las tareas esenciales más productivas.

La idea con esta matriz es maximizar el tiempo que pasas en actividades importantes (cuadrante 2) y minimizar o eliminar el tiempo que pasas en actividades no importantes (cuadrantes 3 y 4). Las tareas del cuadrante 1 son inevitables pero, en un mundo perfecto, deberías intentar prever y planificar para evitar las crisis y así reducir las tareas en este cuadrante.

El siguiente paso es el análisis de los problemas. Una vez que hayas decidido qué problema abordar primero, el siguiente paso es analizar ese problema en profundidad. ¿Cuáles son las causas subyacentes? ¿Qué factores podrían ser abordados para entenderlo? Y ¿cómo solucionarlo? La idea es generar posibles soluciones. Podría implicar una lluvia de ideas (*brainstorming*) con otras personas involucradas, investigación en línea o consulta con expertos. Es útil generar una variedad de soluciones y luego evaluar cada una en términos de su viabilidad y el impacto potencial. Podemos utilizar distintos métodos para el análisis como el de la causa raíz, los 5 porqués o el diagrama de Ishikawa.

El análisis de causa raíz (ACR):

Es un método para determinar la "raíz" o causa fundamental de un problema o incidencia. El objetivo es descubrir la causa más profunda de un problema, para no caer en tratar los síntomas o las causas superficiales. Es una metodología que se ha desarrollado y utilizado en varias disciplinas durante muchos años, por lo que puede ser difícil atribuirlo a un único autor o fuente. Sin embargo, su uso es ampliamente reconocido en campos como la ingeniería, la seguridad del trabajo, la gestión de la calidad, la atención de la salud, la aviación y muchas otras industrias, para la resolución de problemas y la prevención de incidentes.

Dentro del marco de la gestión de la calidad, el ACR se menciona y se utiliza con frecuencia como una herramienta esencial en varios sistemas de gestión de la calidad, incluyendo los descritos por la Organización Internacional de Normalización (ISO). Uno de los primeros libros dedicados exclusivamente a este método es "Root Cause Analysis: Simplified Tools and Techniques", de Bjørn Andersen y Tom Fagerhaug, publicado por primera vez en 2000 (Milwaukee, WI: ASQ Quality Press).

Aplicar el análisis de causa raíz (ACR) a un problema personal como una separación o un divorcio puede ser una manera útil de entender las raíces más profundas del problema. Aunque este método se utiliza con frecuencia en un contexto empresarial o de gestión, también puede ser útil en situaciones personales.

Caso: problema de separación o de divorcio

Una persona o la pareja podría plantearse: "Nos estamos separando y quiero entender por qué o si es algo reversible". En este momento es donde se comienza a recabar toda la información relevante sobre el problema. Esto requiere recordar y anotar momentos clave en la relación, discusiones importantes, desacuerdos, cambios en las circunstancias personales o de la pareja y cualquier hecho pertinente o consecuencia de la posible ruptura.

Basándote en los datos que se han recopilado, se empieza a reconocer posibles causas del problema. Se podrían identificar la falta de comunicación, diferencias irreconciliables en términos de metas y valores, conflictos financieros, infidelidad u otros elementos pertinentes. Luego aparecen las preguntas "¿por qué?" para cada una de las causas identificadas. Si la falta de comunicación es una posible causa, podrías preguntar: "¿Por qué no estábamos comunicándonos eficazmente?". Así se hará con cada una de las probables causas. Finalmente, una vez que ya se han detallado las causas-raíz, se comienza a desarrollar un plan de acción para abordarlas. Esto tal vez conlleve la mejora de las habilidades de comunicación y la definición de metas y valores compartidos.

Debemos tener en cuenta que este proceso es emocionalmente difícil, y es útil igualmente tener el apoyo de un terapeuta o consejero durante este proceso. Además, es posible que en algunos casos las causas-raíz estén fuera de control, y parte del proceso envuelva aceptar esas circunstancias y aprender a manejarlas de la mejor manera posible.

Existe una amplia variedad de libros, artículos y guías de entrenamiento dedicados al análisis de causa-raíz en varias industrias. La Administración de Alimentos y Medicamentos de Estados Unidos (FDA) ha publicado una guía para la realización de ACR en el contexto de la industria de alimentos.

Más información de ACR puede ubicarse en el libro ya mencionado de Andersen y Fagerhaug, "Root Cause Analysis: Simplified Tools and Techniques".

Otro método es el de los "cinco porqués". Este es un método de análisis de causa y efecto que involucra hacer la pregunta "¿por qué?"

repetidamente hasta que se llegue a la causa raíz de un problema. La idea es que al preguntar "¿por qué?" cinco veces, puedes profundizar suficientemente para llegar al núcleo y centro del problema.

Caso: el aire acondicionado no funciona
¿Cuál es la causa? Apliquemos los 5 porqués...
¿Por qué? No enfría bien y mucho polvo en el ambiente.
¿Por qué? El filtro está totalmente tapado.
¿Por qué? Será porque lleva largo tiempo sin cambiarlo.
¿Por qué? Nadie lo hizo.
¿Por qué? No sabía que había que hacerlo.

Cuál es la verdadera causa: el desconocimiento de cómo mantener el equipo de aire acondicionado.

El método de los "cinco porqués" fue desarrollado por Sakichi Toyoda, el fundador de Toyota Industries, y se ha utilizado dentro de la metodología de producción Lean de Toyota como una forma de determinar la causa raíz de un problema. El método se ha difundido en muchos sectores industriales y de gestión gracias a su simplicidad y efectividad.

Fue adoptado en el Toyota Production System (TPS) en la década de 1950 por el ingeniero Taiichi Ohno. El TPS es la base para lo que ahora se conoce como "lean Manufacturing", que tiene una gran influencia en la producción y gestión a nivel global. El método de los "5 porqués" se describe y utiliza en muchas publicaciones y recursos sobre la gestión de la calidad y resolución de problemas. Un libro que proporciona una visión más profunda sobre la metodología Lean, incluyendo el método de los "5 porqués", es "The Toyota Way: 14 Management Principles from the World's Greatest Manufacturer", por Jeffrey K. Liker (2004. New York: McGraw-Hill).

Diagrama de Ishikawa:

También conocido como diagrama de causa y efecto o diagrama de espina de pescado, es una herramienta visual que se usa para clasificar las posibles causas de un problema con el fin de identificar sus causas-raíces. El problema (o efecto) se titula en un gráfico, y luego las principales categorías de causas se dibujan como "espinas" que llevan a la "columna vertebral" que conduce al problema. Estas categorías en las empresas a menudo incluyen "personas", "procesos", "lugar", "equipos", "materiales" o "entorno", aunque puede incluirse cualquier cosa relevante para el problema específico. Cada "espina" se subdivide en causas más específicas hasta llegar a las posibles causas-raíces.

Este diagrama de espina de pescado fue desarrollado por Kaoru Ishikawa en 1960. Fue un químico industrial japonés y experto en gestión de calidad que es ampliamente reconocido por su trabajo en el desarrollo de estrategias y técnicas de control de calidad. Fue uno de los muchos avances que hizo en este campo. Su objetivo con el diagrama era proporcionar una herramienta sencilla pero efectiva para la resolución de problemas y el análisis de procesos en el entorno industrial.

Ishikawa lo presentó por primera vez en su libro. Sin embargo, su uso y aplicación se ha expandido más allá de la calidad industrial y el control de procesos, y ahora se utiliza en una variedad de campos, incluyendo la gestión de proyectos, el análisis de riesgos y la resolución general de problemas. (Ishikawa, K., 1990. "Introduction to Quality Control". Tokyo: Japan Quality Control Association).

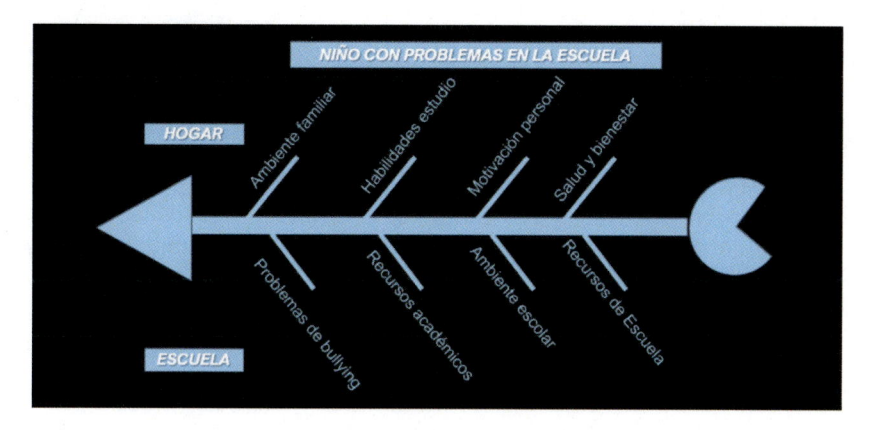

[Diagrama de espina de pescado: NIÑO CON PROBLEMAS EN LA ESCUELA. HOGAR (cabeza), ESCUELA (cola). Espinas superiores: Ambiente familiar, Habilidades estudio, Motivación personal, Salud y bienestar. Espinas inferiores: Problemas de bullying, Recursos académicos, Ambiente escolar, Recursos de Escuela.]

Caso: niño con problemas en la escuela:

¿Cómo se trataría un problema con el diagrama de espina?

Como se observa en el ejemplo, de la columna central del "pez" salen las "espinas" principales que señalan posibles causas que conducen al problema, en este caso el bajo rendimiento académico de un estudiante. En la parte superior examinaremos las causas generadas en el hogar y en la parte de abajo las originadas en la escuela. En la primera espina superior se encuentra el ambiente familiar que debemos revisar, como el nivel de ruido en el hogar, la cantidad de espacio que tiene el estudiante para estudiar, o incluso si hay problemas familiares más grandes que podrían estar causando estrés en el estudiante, como un divorcio conflictivo, o maltrato del estudiante. Luego en las otras espinas inferiores tenemos otras tres variables y posibles causas del problema.

Habilidades de estudio: esto incluye las aptitudes del estudiante en cuanto a la toma de notas, la gestión del tiempo, la organización y su evaluación biopsicosocial.

Motivación personal: se trata de la actitud del estudiante hacia el aprendizaje, las metas personales, los intereses y el tiempo dedicado a los pasatiempos.

Salud y bienestar: debemos examinar elementos como la nutrición, el sueño, el ejercicio y la salud mental, entre otras razones del problema.

Motivación personal: esto podría incluir la actitud del estudiante hacia el aprendizaje, las metas personales, los intereses y pasatiempos.

En la parte de abajo de la espina encontramos lo concerniente a las causas que se originan en el centro de estudios, como los problemas de *bullying*. Es indispensable conocer si el estudiante se encuentra abusado de alguna manera en su colegio.

Recursos académicos: se analiza desde la calidad de los libros de texto, la disponibilidad de tutores o apoyo adicional hasta el acceso a tecnología.

Ambiente escolar: esto podría incluir el nivel de apoyo del profesorado y su nivel académico, las relaciones con los compañeros o la calidad de la enseñanza.

Recursos de la escuela: debemos preguntarnos si existe biblioteca, instalaciones deportivas o transporte, y si las vías de acceso al centro de enseñanza suscitan dificultades al estudiante.

Cada una de estas espinas principales podría tener a su vez "subespinas" que desglosen el problema en causas más específicas. Por ejemplo, bajo "Habilidades de estudio", podrías tener "subespinas" como "Gestión del tiempo", "Habilidades de toma de notas" o "Concentración".

Este tipo de análisis ayuda a identificar problemas potenciales que se pueden abordar para ayudar a mejorar el rendimiento académico del estudiante. Todo diagrama variará y se hará más específico dependiendo de la situación individual de cada estudiante.

En una empresa el diagrama de espina llega a ser muy complejo. Buscando competitividad se evaluará el talento humano, la calidad de los productos o los bienes o servicios que produce, el equipamiento, la maquinaria y las tecnologías necesarias, los insumos industriales, los métodos, el medio ambiente, el control de calidad, entre hasta cientos o miles de variables. Baste imaginar el diagrama de un viaje a la Luna por parte de la NASA.

¿No perder el foco?

El estar enfocado en la vida diaria tiene implicaciones psicológicas en nuestras vidas. También si somos dispersos. La mente humana es una herramienta formidable, pero sin un enfoque claro puede volverse difusa e ineficaz. En un mundo lleno de distracciones y responsabilidades múltiples, lograr mantener una concentración continua y consciente en nuestras actividades es crucial para nuestro bienestar emocional, mental y hasta físico. Por ello examinamos, en el enfoque en diversas áreas de nuestras vidas como el trabajo, la familia y las relaciones, las ventajas que esto trae consigo, así como las desventajas de la dispersión mental. También veremos las situaciones en las que podría ser beneficioso estar desenfocado, o perjudicial estar demasiado atentos.

La importancia del enfoque en nuestras vidas

La capacidad de mantener el enfoque en nuestras actividades cotidianas se involucra directamente con nuestro rendimiento y productividad. En el trabajo, una concentración suficiente puede llevar a una mayor productividad y eficiencia, minimizando errores y maximizando el rendimiento. Las investigaciones han demostrado que los individuos que pueden mantenerse enfocados en una tarea a lo largo del tiempo suelen tener un mejor rendimiento laboral y una mayor satisfacción laboral. La teoría del flujo de Mihaly Csikszentmihalyi (Csikszentmihalyi, M., 1990. "Flow: The psychology of optimal experience". Harper & Row) es un concepto que sugiere que cuando las personas están completamente inmersas y concentradas en una actividad y/o que están en un estado de "flujo", experimentan niveles más altos de rendimiento y satisfacción.

En el plano familiar y con los seres queridos, el enfoque tiene un papel igualmente importante. Estar mentalmente presentes en nuestras interacciones con los demás nos permite forjar relaciones más profundas y significativas. El enfoque nos permite escuchar de verdad, comprender y conectar con nuestros seres queridos en un nivel emocional más profundo. También nos ayuda a resolver conflictos de una manera más efectiva, ya que podemos concentrarnos en la problemática en lugar de distraernos con problemas periféricos.

Desventajas de la dispersión

La dispersión, o la falta de enfoque, puede ser perjudicial en muchas situaciones. En el trabajo puede llevar a errores, disminución del rendimiento y estrés. En nuestras relaciones personales, la dispersión puede interpretarse como desinterés o falta de respeto, dañando la calidad de nuestras interacciones y la profundidad de nuestras relaciones. Además, la dispersión suele generar un sentimiento de agobio y estrés, ya que al intentar abarcar demasiado, a menudo no logramos completar las tareas específicas de manera satisfactoria. Este ciclo puede resultar en una disminución de la autoestima y la confianza en nuestras propias habilidades.

Sin embargo, la dispersión y el exceso de enfoque en ocasiones pueden ser beneficiosos. Aunque en la mayoría de los casos la concentración es deseable, hay situaciones en que la dispersión puede ser beneficiosa. Durante el proceso creativo, la dispersión puede permitir la generación de ideas novedosas y originales, permitiendo el "pensamiento fuera de la caja" (*thinking outside the box*). La creatividad a menudo prospera en la libertad y la apertura mental, y demasiado enfoque puede limitar este proceso.

Por otro lado, un exceso de enfoque también puede tener sus desventajas porque eventualmente puede convertirse en una obsesión poco saludable, la cual resulta en agotamiento o *"burnout"*, especialmente en el trabajo. También en las relaciones personales, demasiado enfoque en una persona puede llevar a la codependencia y a la negligencia de otras áreas importantes de la vida.

Debemos mantener un enfoque adecuado ya que es crucial en muchas áreas de nuestras vidas, desde el trabajo hasta nuestras relaciones personales. Pero es esencial mantener un equilibrio. La dispersión, cuando se usa correctamente, puede fomentar la creatividad y la innovación, y demasiado enfoque puede ser tan perjudicial como la falta de él. En última instancia, el balance es la clave para navegar efectivamente la dimensión entre el enfoque y la dispersión.

La cuarta clave: búsqueda de la felicidad como propósito de vida

La búsqueda de la felicidad ha sido una constante desde los inicios de la civilización. Desde filósofos griegos como Aristóteles, hasta psicólogos modernos como Martin Seligman, la felicidad se ha convertido en un tema central en las reflexiones sobre el sentido y propósito de la vida. Sin embargo, surgen preguntas: ¿debemos explorar la felicidad como propósito de vida? Y si es así, ¿cómo encontrarla?

Lo primero es vislumbrar el significado de la felicidad en términos operacionales. La podemos señalar como un estado emocional de satisfacción y plenitud, que surge de la percepción de que la vida es positiva, significativa y valiosa. No obstante, la felicidad no es una constante, sino que se caracteriza por la fluctuación, dependiendo de circunstancias internas y externas, y está íntimamente ligada a nuestra interpretación subjetiva de la vida.

La psicología positiva, liderada por Seligman, sostiene que el enfoque en la felicidad y el bienestar conlleva a una vida más satisfactoria. La felicidad no es solo un estado emocional agradable, sino que es un potente motivador para el crecimiento personal, la superación de obstáculos y la búsqueda de metas personales.

Creemos que en lugar de ver la felicidad como un destino final, sería más útil concebirla como un camino, un proceso continuo. Las ciencias de la conducta humana nos ofrecen alternativas. Una es fomentar relaciones saludables y significativas, ya que son una fuente crucial de satisfacción y apoyo emocional. Otra es cultivar la gratitud, lo cual nos permite apreciar lo bueno de nuestra vida y aumenta nuestro sentido de bienestar. Adicionalmente, practicar la resiliencia y la adaptabilidad nos ayuda a lidiar con los desafíos y los momentos difíciles que son parte de la vida.

Igualmente, la búsqueda de la felicidad puede ser potenciada al perseguir metas que sean personalmente significativas, y no simplemente aquellas que la sociedad nos dice que deberían hacernos felices. El autoconocimiento y la autenticidad son piezas clave en esta búsqueda y debemos comprender que la felicidad no es una aspiración egoísta. Contribuir al bienestar de los demás, ayudar y tener un impacto positivo en nuestra comunidad, también puede aumentar nuestro propio sentido de felicidad y satisfacción.

Procurar la felicidad como propósito de vida es una empresa valiosa y enriquecedora, siempre y cuando entendamos que la felicidad es un proceso, no un destino. Debemos hacerlo abiertos a la adaptabilidad, centrados en relaciones significativas y con una actitud de contribución hacia los demás. Con este enfoque, la búsqueda de la felicidad puede convertirse en un camino gratificante de crecimiento personal y conexión con otros.

La psicología positiva fue popularizada por el psicólogo Martin E. P. Seligman, un respetado psicólogo y profesor en la Universidad de Pensilvania, conocido por su trabajo en teorías de la psicología como la teoría del aprendizaje por desesperanza aprendida y, más recientemente, la psicología positiva.

La psicología positiva, según Seligman y Csíkszentmihályi (2000), es "el estudio científico de lo que hace que la vida valga la pena". Esta rama se enfoca en las fortalezas y virtudes humanas que permiten a los individuos y comunidades prosperar (Seligman, M. E. P., y Csíkszentmihályi, M. 2000. "Positive psychology: An introduction". American Psychologist, 55-1, 5-14). (Seligman, M. E. P. 2011. Flourish: A visionary new understanding of happiness and well-being. Nueva York, NY, Estados Unidos: Free Press).

Psicología positiva:

A continuación hablaremos de las principales bases y parámetros de la psicología positiva en la actualidad. Su primer elemento es el *enfoque en lo positivo*. A diferencia de las corrientes psicológicas más tradicionales, que se centran en tratar enfermedades y disfunciones, la psicología positiva enfatiza las características y experiencias positivas, como la alegría, la gratitud, el amor, el coraje, el sentido de la vida y la autoeficacia.

La psicología positiva se interesa por el estudio del **bienestar subjetivo**, que incluye la felicidad, la satisfacción con la vida y un equilibrio de emociones positivas sobre las negativas.

Seligman propone la teoría PERMA como un marco para entender el bienestar humano. Según este modelo, hay cinco componentes esenciales para una vida plena y satisfactoria: positividad (positive emotions), compromiso (engagement), relaciones (relationships), significado (meaning) y logro (achievement).

La psicología positiva también se centra en identificar y cultivar fortalezas y virtudes personales. Seligman y Christopher Peterson, quien es coautor del libro "Character Strengths and Virtues: A Handbook and Classification" (Fortalezas del carácter y virtudes: un manual y clasificación), identificaron 24 fortalezas de carácter universal que se agrupan en seis virtudes: sabiduría, coraje, humanidad, justicia, templanza y trascendencia.

La psicología positiva reconoce la resiliencia y crecimiento postraumático para afrontar la adversidad y el sufrimiento como parte de la vida y se interesa en cómo las personas pueden recuperarse y crecer a partir de estas experiencias. Se considera que estas son capacidades para recobrarse de las dificultades, y que es una habilidad que puede ser aprendida y desarrollada. Igualmente, ha encontrado *aplicaciones* en una variedad de contextos, incluyendo la educación, el trabajo, la salud y la psicoterapia. A través de intervenciones positivas, como la práctica de la gratitud y el uso de fortalezas personales, se busca mejorar el bienestar individual y colectivo.

La psicología positiva ha experimentado un crecimiento significativo en las últimas décadas y continúa evolucionando. A medida que se realizan más investigaciones, es probable que se amplíe nuestra comprensión de cómo promover el bienestar humano y la prosperidad.

Aspirar a la felicidad:

Los seres humanos hemos buscado siempre respuestas a preguntas existenciales profundas. Una de las ideas que han prevalecido en algunas creencias y sistemas filosóficos es la noción de que los seres humanos nacen castigados, condenados a sufrir, y que el sufrimiento es una virtud. Esta perspectiva, aunque puede tener su lugar en el entendimiento de la condición humana, tiende a eclipsar otra aspiración fundamental de la vida: la búsqueda de la felicidad.

Cuando se pregunta a las personas qué desean ser o hacer en la vida, las respuestas a menudo se orientan hacia ocupaciones o posesiones materiales: "quiero ser médico", "quiero comprar una casa", o "quiero ser rico". Rara vez la respuesta es "quiero ser feliz". Este fenómeno nos lleva a reflexionar sobre la importancia de aspirar a la felicidad como propósito de vida.

La lógica sugiere que, para alcanzar algo, primero debemos desearlo. Este principio es igualmente aplicable a la felicidad. Si no aspiramos a la felicidad, si no la consideramos como un objetivo válido, es menos probable que realicemos las acciones necesarias para alcanzarla. Por tanto, plantearse ser feliz es un paso fundamental para lograr una vida plena y satisfactoria.

La felicidad no es solo un estado emocional efímero, es una actitud hacia la vida. Es un camino que requiere la reflexión personal, la autoconciencia y el compromiso con nuestras propias necesidades y deseos. No es un destino final, sino un viaje continuo que implica cultivar relaciones significativas, encontrar propósito en nuestras actividades, aprender a afrontar los retos con fortaleza, así como desarrollar una actitud de gratitud y apreciación por las experiencias que conforman nuestra existencia.

Es crucial que desafiemos la noción de que el sufrimiento es inherente a la vida y que nos damos permiso para aspirar a la felicidad. Esto no significa negar la realidad del sufrimiento y los desafíos que enfrentamos. Al contrario, es reconocer que, a pesar de las dificultades, también tenemos el derecho y la capacidad de buscar la felicidad y la satisfacción, es la vida misma.

Al incorporar la aspiración de ser felices en nuestra concepción del "buen vivir", nos abrimos a un mundo de posibilidades y cambios positivos. Aumentamos nuestras oportunidades de experimentar alegría, contento y satisfacción, y nos capacitamos para hacer frente a los desafíos con mayor fortaleza y resiliencia. Aspirar a la felicidad, y considerarla como un propósito válido y valioso en nuestras vidas, es fundamental. Si nos permitimos desear ser felices y tomamos medidas para perseguir esa felicidad, podemos abrir la puerta a una vida más plena y satisfactoria. Para ser felices, debemos desearlo y trabajar hacia ello, rechazando la noción de que estamos condenados a sufrir y reconociendo nuestro potencial para crear vidas llenas de significado, propósito y, sí, de felicidad.

Los "tiempos" de la felicidad:

La felicidad se concibe como un estado afectivo positivo, caracterizado por emociones que varían desde el contento y la satisfacción hasta la euforia y el júbilo. Pensamos que no se trata únicamente de un placer momentáneo, sino de un bienestar sostenido a lo largo del tiempo.

Si bien la felicidad es una experiencia subjetiva y lo que puede traer felicidad a una persona puede no ser lo mismo para otra, hay ciertos momentos universales que tienden a generar felicidad en los seres humanos: la obtención de metas y objetivos, ya sea a nivel académico, profesional o personal, genera una sensación de logro y de complacencia y deleite.

Igualmente, los tiempos compartidos con los seres queridos, amigos o familia, fortalecen el sentido de pertenencia y el aprecio mutuo. Las experiencias novedosas como viajar, aprender algo nuevo o vivir una práctica inesperada también suman sentimientos de alegría y de flujo. Expresar gratitud, ya sea por un acto bondadoso o simplemente reconocer lo que se tiene, amplifica la felicidad.

Aunque estos momentos específicos pueden actuar como detonantes, las causas subyacentes de la felicidad son más complejas. Los factores biológicos, entre ellos la liberación de neurotransmisores como la serotonina, la dopamina y las endorfinas, juegan un papel fundamental en la experiencia del bienestar.

Los elementos cognitivos tales como la percepción que una persona tiene de su vida, su autoestima, optimismo y capacidad de resiliencia, pueden influir en su nivel general de felicidad, y componentes externos del entorno en el que se desenvuelve una persona, incluyendo su situación económica, laboral y social, también intervienen.

La educación y los valores culturales determinan qué es lo que se valora y, por lo tanto, lo que se busca para alcanzar el bienestar. Los momentos de felicidad en la vida de los seres humanos son tan variados como las mismas personas, aunque existen momentos universales de felicidad, como los compartidos con seres queridos o la realización de metas. Las causas que la provocan son una combinación de factores biológicos, cognitivos, externos y culturales.

El buen humor y la felicidad:

El buen humor, a menudo representado por una sonrisa, una risa o una actitud jovial, es una manifestación externa de un estado emocional interno positivo. Mientras que la felicidad es un concepto más amplio relacionado con el bienestar general y la satisfacción con la vida, el buen humor puede ser visto como uno de sus síntomas o manifestaciones.

Desde un punto de vista psicológico, el buen humor se refiere a un estado emocional temporal de alegría, diversión y positividad. Es una respuesta a estímulos específicos, como un chiste, una situación cómica o incluso recuerdos felices. Además, puede influir en la forma en que percibimos y reaccionamos ante diferentes situaciones, permitiéndonos enfrentar desafíos con una visión más ligera y optimista.

Aunque estar de buen humor no necesariamente equivale a estar feliz, hay una correlación entre ambos estados. Pensamos que las personas que suelen estar de buen humor también reportan niveles más altos de felicidad y satisfacción con la vida. Algunas razones para esta conexión comprenden que quienes suelen estar de buen humor tienen una mayor capacidad para manejar el estrés, y recuperarse de situaciones adversas, lo que puede contribuir a un mayor bienestar general. Además las relaciones sociales positivas, el estar joviales, optimistas o contentos, a menudo facilita la interacción social, lo que conlleva a conexiones más extendidas con los demás.

Mantener un enfoque cognitivo positivo trae por consecuencia que las personas de buen humor tienden a tener un sesgo positivo en su pensamiento, lo que les permite ver el lado bueno de las situaciones y esperar resultados positivos. Es como el optimista que ve el vaso medio lleno, en contraposición al pesimista, que lo ve medio vacío.

La causalidad en ambas vías entre el buen humor y la felicidad es evidente, porque si bien la felicidad causa buen humor, este último es un indicador de felicidad y la fomenta. Las personas que están satisfechas con sus vidas y que tienen un alto nivel de bienestar emocional tienden a experimentar buen humor con mayor frecuencia. El buen humor es una manifestación externa de un estado emocional interno positivo, y aunque no es sinónimo de felicidad, está intrínsecamente relacionado con ella. La capacidad de experimentar y expresar buen humor no solo indica un posible estado de felicidad, sino que también puede mejorar nuestra calidad de vida, resiliencia y relaciones con los demás. En un mundo lleno de desafíos y adversidades, el valor del buen humor como herramienta para mejorar nuestro bienestar no debe ser subestimado.

¿Siempre de buen humor?

El concepto de estar "permanentemente" de buen humor es un ideal atractivo pero debemos abordarlo con una perspectiva matizada. Es posible cultivar una disposición más positiva y alegre a lo largo del tiempo, aunque la idea de mantener un estado constante de buen humor puede no ser realista. Lo que sí podemos hacer es cultivar un estado de ánimo positivo.

Las emociones, ya sean positivas o negativas, tienen una función adaptativa. Sentimientos como la tristeza, el miedo, la ira —o la angustia por algo—, actúan como señales que nos informan sobre el entorno y nos ayudan a responder adecuadamente a las situaciones. Suprimirlas o evitarlas es contraproducente y potencialmente perjudicial para nuestro bienestar. No obstante, nada nos impide responder a estos contextos con optimismo en lugar de estar pesimistas.

El estado de ánimo de una persona puede verse influenciado tanto por factores externos —circunstancias vitales, relaciones, ambiente laboral— como por factores internos —biología, personalidad, salud mental—, y si bien podemos aprender a manejar y responder a estos factores de manera más positiva, no siempre tenemos el control total sobre ellos.

María Mercedes Gessen nos comenta: "Como psicóloga me tocó estudiar y experimentar el tratamiento y la atención a pacientes críticos en terapia intensiva. Aprendí que el conocimiento y la aceptación de su enfermedad por parte de los pacientes les proporcionaba menos estrés y tener una actitud más positiva a su padecimiento. En el hospital de niños de Ottawa, Canadá, aprecié cómo bajo un ambiente optimista, cálido, lleno de amor y de buen humor, los niños afrontaban enfermedades comprometidas con mejores resultados clínicos. Incluso, hubo chiquillos optimistas que estuvieron más propensos a la remisión de su dolencia".

El Hospital de Investigación de Cáncer Infantil St. Jude, en Estados Unidos, se ha destacado por enfocarse no solo en el tratamiento médico de los niños sino también en su bienestar emocional y psicológico. El personal del hospital, que incluye médicos, enfermeras y otros profesionales de la salud, trabaja en colaboración con especialistas en bienestar emocional y terapeutas para asegurarse de que los niños y sus familias reciban apoyo en todos los aspectos de su atención. Esto incluye mantener a los niños optimistas, positivos y de buen humor, lo cual puede tener un impacto positivo en su capacidad para lidiar con enfermedades graves.

El hospital también ofrece una variedad de programas y servicios que están diseñados para mejorar la calidad de vida de los niños y sus familias durante el tratamiento. Esto puede incluir terapia artística y musical, áreas de juego y recreación, y oportunidades para que los niños interactúen con otros que estén enfrentando desafíos similares.

La misión del hospital de tratar a niños con enfermedades críticas sin importar la capacidad de pago de la familia también contribuye a aliviar el estrés y permitir un enfoque más holístico en el tratamiento y la recuperación. Los cuidados integrales que brinda St. Jude reflejan un entendimiento de que la salud y el bienestar de un niño son multifacéticos y requieren una atención cuidadosa y compasiva.

Para lograr estar la mayoría del tiempo de buen humor, es conveniente fomentar un estado de ánimo más positivo mediante la adopción de determinados prácticas y hábitos. Estos nos ayudan a estar presentes, a reconocer y aceptar nuestras emociones sin juzgarlas. Establecer y mantener relaciones significativas ofrece apoyo emocional y momentos de alegría. Tampoco olvidemos nuestro estado físico. El ejercicio, una dieta equilibrada y dormir lo suficiente pueden influir positivamente en nuestro estado de ánimo.

La variedad emocional es esencial porque comprender que todas las emociones, tanto positivas como negativas, enriquecen la experiencia humana, nos permite vivir de manera auténtica adaptándonos a los desafíos que enfrentamos. Lo saludable es cultivar el buen humor, una disposición generalmente positiva, y aprender a manejar las emociones desafiantes cuando surjan procurando un equilibrio emocional saludable.

El mal humor:

Estar enfadados o de mal humor —aunque es algo común en la vida cotidiana— es un fenómeno complejo y multifacético afectado por una interacción de factores psicológicos, sociales y ambientales. Existen numerosas causas que contribuyen a estados de ánimo negativos, desde el estrés cotidiano hasta los desastres naturales y los estados de guerra. Muchas circunstancias y situaciones tienen que ver con el mal humor. El medio ambiente, tanto el frío como el calor, generan perturbaciones en el comportamiento.

El estrés y la ansiedad conforman una notable conexión con el mal humor, ya que se vinculan con la capacidad para manejar las emociones. La falta de sueño conlleva a irritabilidad y frustración.

Condiciones como la depresión y la ansiedad causan descontento. Las enfermedades crónicas o el dolor físico continuo también tienen un efecto perjudicial.

La decepción sobre expectativas no cumplidas conduce al mal humor. Los conflictos y tensiones en las relaciones interpersonales crean disgusto. Asimismo, un entorno de trabajo tóxico o una carga laboral excesiva y la inseguridad financiera.

La falta de ejercicio y tiempo de recreación para uno mismo y los familiares afectan el equilibrio emocional e incrementan el estrés. Todo esto se encuentra encadenado. Una nutrición inadecuada afecta el equilibrio químico del cerebro, y provoca trastornos de comportamientos.

Causas sociales del mal humor:

La percepción de ser discriminado trae como consecuencia la frustración y el enfado. El deseo de dominar o controlar a otros crea tensiones y conflictos. El temor a los demás, el miedo o la desconfianza hacia terceros genera grados de ansiedad y desagrado. La presión social, y la comparación con otras personas en relación con cumplir con ciertas expectativas sociales, pueden ser causas para sentirse malhumorados.

De la misma forma, la falta de conexión y apoyo social en ocasiones resulta en sentimientos de soledad y resentimiento, e igual la percepción de injusticia o trato desigual, colaborará con la amargura.

Los desastres naturales y las pérdidas importantes causadas llevan usualmente a la desesperación y el mal humor. A la par, los estados de guerra. Vivir en medio de una situación bélica crea un ambiente de miedo e inseguridad, llevando a la frustración, el enojo y la rabia.

Las creencias y el mal humor:

La mayoría de las religiones y creencias abogan por la paz y la armonía. Sin embargo otras creencias no. A lo largo de la historia muchas conflagraciones fueron provocadas por las creencias, siendo religiosas o no, y fomentaron el odio como consecuencia de las guerras. Algunas creencias y religiones juegan un papel vital en la formación del mal humor y otros estados emocionales. La relación entre la religión y el estado de ánimo llega a ser tanto positiva como negativa.

Las creencias espirituales tienen una profunda influencia en la vida de las personas y afectan su bienestar emocional de manera tanto constructiva como destructiva. La interacción entre la religión, las creencias y el mal humor es multifacética.

Para la mayoría de la humanidad la religión es una fuente de consuelo, propósito y comunidad. La mayor parte de las tradiciones religiosas abogan por valores como la paz, la armonía, la compasión y el amor al prójimo, lo cual acarrea el bienestar emocional y contrarresta el mal humor. Sin embargo, no todos los aspectos de las creencias están asociados con estos efectos positivos. Algunos problemas pueden surgir.

El dogmatismo y extremismo, e interpretaciones sectarias o intransigentes, avivan la intolerancia y la exclusión, y por consecuencia la animosidad y aversión entre los grupos opuestos. Es común que, en educaciones confesionales, su creencia o doctrina sea usada para infundir culpa o miedo, especialmente en relación con normas y prohibiciones estrictas, lo cual tiene un impacto negativo en los sentimientos de una persona.

La educación confesional se refiere a un enfoque formativo que está vinculado a un credo específico. En una escuela o institución confesional, los principios y enseñanzas se integran en la hoja de vida cotidiana de la escuela y en los códigos de comportamiento en sus alumnos. En casos políticos, el adoctrinamiento de la Alemania nazi es un ejemplo, al igual que en dictaduras o regímenes totalitarios como el de Corea del Norte.

Desde las ciencias de la conducta, la educación confesional tiene varias dimensiones. Esta juega un papel en la formación de la identidad de un individuo, integrando creencias religiosas y valores en su autoconcepto. Este enfoque educativo interviene en el desarrollo moral de los estudiantes al promover ciertos valores y éticas asociados con la creencia en cuestión. La educación confesional promueve una fuerte sensación de comunidad y pertenencia, lo cual tiene —sin duda— un impacto positivo en el bienestar emocional de los estudiantes. Sin embargo, también suele llevar a la exclusión o el rechazo de aquellos que no comparten las creencias.

Dependiendo de cómo se implemente, la educación confesional amplifica o inhibe el pensamiento crítico. Algunas instituciones promueven una apertura a diferentes puntos de vista, mientras otras se enfocan más en la doctrina que se quiera inculcar. La conexión con una comunidad y una fe compartida ofrece apoyo emocional y sentido de propósito, pero en algunos casos también crea tensiones y conflictos relacionados con la convivencia social. Todo dependerá del sectarismo, la tolerancia y la libertad de pensamiento, expresión y acción.

De la misma manera, las creencias religiosas pueden llevar a la discriminación de terceros, o a ser segregados por su propio credo por parte de otros, creando divisiones y conflictos que contribuyen con el mal humor. El reconocimiento de esta complejidad y la promoción del diálogo interreligioso e intercreencia, así como la comprensión mutua, pueden ser pasos clave para mitigar los impactos negativos en las personas y fomentar una sociedad más inclusiva y compasiva.

En todo sistema de formación es determinante promover la tolerancia y el respeto hacia los demás, trabajar por la paz y la resolución de conflictos, y desarrollar una comunidad fuerte con conexiones sociales sólidas.

Una alternativa para considerar: pensar con libertad

Estudiar los escritos de todas las religiones, buscar encontrarse con los demás, tratar de entender las múltiples creencias, credos, formas de ser, religiones, libremente, no es fácil desde una posición dogmática.

En ocasiones —nos cuenta Vladimir Gessen— "tocaron la puerta de nuestra casa personas que querían predicar su religión. Les dijimos que con mucho gusto los recibiríamos durante una hora. Que en la primera media hora oiríamos lo que nos presentaran, y que en la segunda les hablaríamos de nuestras creencias. Lamentablemente no aceptaron, explicando que ellos solamente seguían lo que decía su libro sagrado y no podían leer otro libro religioso distinto al de ellos. En nuestro caso este hecho nos ocurrió con religiosos de tres credos diferentes.

La ciencia nos indica que estemos abiertos a investigar todas las posibilidades, y para poder hacerlo decidimos ser librepensadores. Podemos coincidir con distintas creencias. Cada una de ellas tiene aportes importantes en toda cultura de la humanidad. Sus libros cuentan hechos, muy probablemente todos ciertos, pero narrados desde la perspectiva del conocimiento y las creencias que se tenían en la época en que fueron escritos. Ahora los releemos con las sapiencias y discernimientos de la ciencia contemporánea.

Muchos padres se plantean en cuál creencia educar a sus hijos. Y se preguntan de qué manera pueden lograr que sus pequeños piensen y razonen —en libertad— sobre quiénes son, o por qué estamos en este planeta, o quién creó a los seres humanos. Otros indagan: si existe un Dios, ¿cómo comunicarse con esta Conciencia Universal? ¿Qué hacer para evitar el pensamiento único y el adoctrinamiento que cercena la libertad de ideas, de creación y de cuestionamiento de los hijos? ¿Cómo librarse de una educación confesional? O simplemente se preguntan si deben enseñarles la religión que practican sus padres...

En la actualidad, no es posible para las generaciones contemporáneas vivir sin las libertades de pensar, de opinar, de expresarse y de elegir valores y derechos humanos imprescindibles. Si la Divina Providencia —acorde a la mayoría de las creencias— nos dio su libre albedrío, requerimos de la libertad para poder ejercerlo. El Creador, la Conciencia Universal, o Dios, fue quien instauró la libertad, y el libre pensamiento. Para adquirir conocimientos e investigar en la búsqueda de alguna verdad relativa, es fundamental cuestionar las distintas opciones. No existen verdades absolutas, todo puede variar, y todo debe ser revisado permanentemente, en la medida de que la ciencia amplia el conocimiento universal.

Por ello, desde muy pequeñitos hay que enseñarles a los hijos a buscar sus propias verdades, sus propias creencias y formas de pensar, y lo más importante, enseñarles que son ellos quienes deben elegir su propio credo, y su manera de comunicarse con Dios, si llegan a la conclusión de que existe una entidad divina, cuando tengan la suficiente sabiduría, y conocimientos para elaborar su propia teoría o aceptar alguna creencia.

¿Cuál religión o creencia deben seguir los hijos?:

Si consideran que sus hijos deben transitar las creencias y/o religiones de sus padres, eso es válido. Así ha funcionado la humanidad durante su historia. Si deciden que el libre pensamiento es una opción también válida y desean profundizar esta opción, lo primero que hay que decirles a los hijos es que existen miles de religiones en la actualidad y que se ha adorado a miles de dioses y diosas a través del tiempo.

Del mismo modo, revelarles que algunas de estas creencias son más conocidas y que la humanidad sigue en su mayoría a diez de ellas, además de quienes creen que Dios no existe. Las familias de libres pensadores siguen un sistema de educación sobre las creencias que resumimos en dos pasos.

En el primer paso se orienta a los hijos desde muy pequeños para que estén al tanto e informados de que existen múltiples creencias y religiones. Se les dice, acorde a su entendimiento y edad, que la mayoría de la humanidad cree en uno o más dioses y practican alguna religión. Y se les señala que algunos creen que Dios o los dioses no existen. También explicarles cuál es la religión o el libre pensamiento de sus padres y señalarles que es una opción que ellos igualmente deben explorar.

En el segundo paso se les informa a los hijos, cuando pregunten o planteen el tema, o cuando lo consideren sus padres, que las principales creencias, en orden de seguidores, son la religión católica, el islam o religión musulmana, las religiones cristianas, el hinduismo, las creencias agnósticas, la religión budista y otras religiones con algún número significativo de seguidores. Igualmente, que existe un menor porcentaje de personas que son ateas.

En este punto, se les debe aclarar a los pequeños que cuando sean mayores de edad decidirán cuáles serán sus creencias, que pueden elegir alguna creencia o una religión existente o no, decidir si existe algún dios o no, y que estas creencias que construyen para sí mismos pueden mantenerlas en el tiempo, o cambiar de ideas o de pensamientos, cuando tengan más información que les haga revisar lo que creen".

Algunos focos para tomar en cuenta:
Durante la niñez y adolescencia se les debe dar acceso a toda la información que ellos demandan sobre las religiones y estimular que investiguen y estudien acerca de todas las creencias. Esto debe formar parte de su vida de estudiante como cualquier otro tema.

La libertad de pensamiento conlleva que se les debe explicar a los hijos cuáles son sus creencias como padres, pero dejándoles claro que ellos pueden elegir en absoluta libertad ser miembros de cualquier creencia o religión, u otra forma de pensar.

Si en algún momento desean rezar, hablar con Dios, pedir su protección, por imitación de lo que observan y aprenden en la vida cotidiana, se les debe permitir, diciéndoles que mientras escogen cuál va a ser su creencia a su mayoría de edad, pueden hacerlo si les hace sentir bien.

Nosotros —señalan Vladimir y María Mercedes Gessen— les explicamos a nuestros hijos que pensábamos que existía un Creador, una Conciencia Suprema, o Dios, si preferían nombrarlo así, con la cual podían comunicarse.

Si conviven en sociedades de mayoría religiosa y en algún momento preguntan si han sido bautizados o bendecidos en alguna religión, se les plantea que eso lo van a decidir ellos mismos cuando quieran, a partir de que alcancen su mayoría de edad o la adultez.

Igualmente, si preguntan sobre participar en otro acto religioso como, por ejemplo, en las sociedades de predominio católico, el sacramento de la comunión, se les indica lo mismo, que ellos no pertenecen a ninguna religión hasta que elijan cuáles van a ser sus creencias cuando cumplan su mayoría de edad, normalmente a los 18 años.

Esta forma de educación exige de los padres un mayor compromiso que la de seguir una religión o imponerles una enseñanza religiosa. Los padres tendrán que instruir y guiar a sus hijos en materias primordiales como la escogencia entre el bien y el mal, basándose en su propia conciencia y en las leyes, doctrinas y principios que se practican en la sociedad en donde se desenvuelvan. De la misma manera, ante las preguntas de los hijos, se les debe inducir para que ellos busquen las respuestas a sus propias preguntas, ayudándoles a hacerlo. Ante cualquier interrogante, se les debe repreguntar: ¿y tú qué crees? Luego de escucharlos, responderles los diferentes puntos de vista que pueden existir sobre el tema, si los conocen, o conjuntamente indagar en la materia objeto de la pregunta.

Al final, conversar con ellos cuál de los puntos les pareció más acorde a su criterio, y si es diferente a la opinión de sus padres, respetar su manera de pensar, recordándoles que después de que lleguen a su mayoría de edad podrán escoger cuál será su creencia por el tiempo que consideren conveniente. Los pequeños se libran así de la educación confesional, y aprenden que sus verdaderos interlocutores, sus padres, son los más aptos para aconsejarles y responder a sus inquietudes y problemas cotidianos. Ellos algún día les agradecerán a sus padres que los hayan educado para decidir y elegir su forma de vida en total libertad. Los padres, a su vez, se sentirán orgullosos de haberles dado a sus hijos este tipo de educación.

Ciencia e intuición:

María Mercedes Gessen agrega: "Si Dios es la totalidad del conocimiento, es a su vez la suma de toda la ciencia, y su lenguaje natural por consiguiente sería la ciencia. Albert Einstein, entre muchos otros científicos, habló de la importancia de la intuición. Muchas ideas se le presentaban y él mismo explicaba que no sabía, cómo, ni por qué, se le ocurrían. De manera que el segundo lenguaje de una Conciencia Universal o de Dios sería la intuición. Entonces, guíese por su conciencia, por los conocimientos de la ciencia y por su intuición para llegar a su propia verdad. Ya la humanidad está preparada para entender que la religión o las creencias no son cuestión de fe, es un asunto de ciencia e intuición y de una directa comunicación con el Universo, o Dios.

En el caso de nosotros —prosigue María Mercedes—, criamos a nuestros hijos educándoles en el libre pensamiento, no los bautizamos en ninguna religión, pero les enseñamos los basamentos de las más importantes creencias en la historia de la humanidad. Les explicamos nuestros pensamientos al respecto y siempre les insistimos en que ellos decidirían cuáles serían sus propias convicciones a partir de su mayoría de edad. Los libramos de una enseñanza confesional. Hoy podemos decir que todos son universitarios, todos casados, todos felices, todos exitosos, y todos han tomado sus decisiones sobre sus verdades. Entre ellos varían en su forma de pensar; sin embargo, todos creen en una Presencia o Conciencia Universal… Y hoy educan, a su vez, a sus hijos, en absoluta libertad, sin el adoctrinamiento al que se obliga a los niños en los regímenes totalitarios ni enseñanzas de credos o doctrinas de carácter obligatorio. Entre los ocho nietos ya van —en 2023— tres graduados universitarios y cinco en el mismo camino".

Debemos entender que —aunque parezcamos diferentes— todos los seres humanos somos iguales. Las claves de esta aceptación se fundamentan en la tolerancia de las heterogéneas culturas y creencias, en las múltiples formas de ser y de comportarse, y en que todas las divergencias y discrepancias deben solucionarse dentro de la convivencia y en paz.

La convivencia

La convivencia es un fenómeno intrínsecamente humano que se manifiesta en múltiples ámbitos de nuestra vida, desde las relaciones interpersonales hasta las dinámicas colectivas a nivel social y cultural. A través de la convivencia, los seres humanos buscamos construir significados compartidos, identidad y pertenencia. La convivencia presenta retos que requieren algunas estrategias para lograr que sea armoniosa.

Desde un punto de vista evolutivo, la capacidad de convivir y trabajar de forma cooperativa ha sido esencial para la supervivencia y prosperidad de nuestra especie. Los seres humanos somos seres sociales por naturaleza, lo que significa que buscamos conectar, relacionarnos y formar parte de grupos, antes llamadas tribus. Estas conexiones no solo proporcionan seguridad física, sino que también satisfacen nuestras necesidades emocionales y psicológicas de pertenencia, amor y reconocimiento.

Retos de la convivencia:

Las diferencias individuales nos indican que cada persona posee su propio conjunto de creencias, valores, expectativas y temperamentos que pueden entrar en conflicto con los de otros. Una comunicación ineficaz por la falta de habilidades adecuadas de enlaces suele llevar a malentendidos, conflictos y resentimientos. Los factores externos estresores, como el trabajo, las preocupaciones económicas o las crisis y conflictos sociales, a menudo tensan las relaciones y la convivencia.

Una fórmula para lograr una relación sana y productiva entre dos personas o dos grupos disímiles es la capacidad de ponerse en el lugar del otro, entendiendo sus comportamientos. Esto es esencial para minimizar los conflictos y construir relaciones basadas en el respeto mutuo.

La comunicación efectiva, expresando sentimientos, necesidades y preocupaciones de manera clara, asertiva y respetuosa, permite crear un espacio de entendimiento y colaboración. Igualmente proponiendo acuerdos claros entre las partes. Establecer límites y reglas claras en cualquier relación o contexto de convivencia evita malentendidos e instaura un marco de entendimiento mutuo.

Tener la flexibilidad de aceptar que las personas cambian y que las circunstancias pueden variar, permite adaptarse a nuevas situaciones, promoviendo una coexistencia permanente. Al final, la calidad de nuestra convivencia determina en gran medida la calidad de nuestras vidas, haciendo esencial la reflexión y acción consciente en este ámbito.

El ánimo: "¡Buenos días con alegría!"

Dentro de los aspectos esenciales de la convivencia, el estado de ánimo de los individuos juega un papel crucial. Levantarse de buen humor no solo mejora la percepción personal del día que está por comenzar, sino que también influye positivamente en las interacciones con los demás.

Para despertar con una actitud positiva, lo primero es decirse a uno mismo "¡Buenos días con alegría!", y sonreír. El optimismo es contagioso, promoviendo un ambiente más amigable y cooperativo. Pero debemos comenzar por nosotros mismos. Por el contrario, un estado de ánimo negativo puede generar tensiones y desencuentros. Rápidamente el cerebro aprende este nuevo hábito, y evita comenzar el día de forma malhumorada.

Estar contentos facilita la resolución de conflictos. Abordar desafíos o malentendidos con una actitud abierta y positiva puede llevar a soluciones más constructivas y a menos confrontaciones. Además promueve la autorregulación, ya que una actitud optimista al despertar ayuda a manejar mejor el estrés, la frustración y otras emociones negativas.

Estrategias para despertar con buen humor:

Un descanso adecuado es fundamental. Establecer una rutina de sueño que garantice entre 7 y 9 horas de descanso para la mayoría de los adultos puede marcar una diferencia significativa en el estado de ánimo al despertar. Dedicar unos minutos por la mañana para meditar o practicar ejercicios de atención plena favorece un tono positivo para el día. La atención plena o hacer las cosas pensando lo que hacemos la mayor parte del tiempo promueve la remoción de hábitos negativos que queremos cambiar por prácticas y conductas positivas.

Realizar algún ejercicio, incluso algo tan simple como estiramientos matutinos, libera endorfinas, que son químicos naturales que promueven sensaciones de alegría y bienestar. Comenzar el día enumerando mentalmente o en una agenda tres cosas por las cuales sentirse agradecido, asimismo ayuda a sentirse bien y entusiasmado.

Definitivamente levantarse de buen humor es una herramienta poderosa para mejorar la convivencia. Si bien hay factores externos que pueden influir en nuestro estado de ánimo, la implementación de conductas y rutinas positivas es un paso esencial hacia una coexistencia más armoniosa y feliz. Al cuidar nuestro bienestar emocional desde el comienzo del día, no solo nos beneficiamos individualmente, sino que también contribuimos a un entorno más amable y cooperativo para todos.

La paz como base de la convivencia:

La Carta de las Naciones Unidas (1945), después de la Segunda Guerra Mundial, se estableció con el propósito principal de mantener la paz y la seguridad internacional. La creencia en la paz es esencial para una convivencia grata y productiva.

También en la específica Declaración sobre el Derecho de los Pueblos a la Paz, adoptada por la Asamblea General de las Naciones Unidas el 12 de noviembre de 1984 (resolución 39/11), las naciones del mundo votaron a favor de que la preservación de la paz es vital para la promoción y protección de todos los derechos humanos. Esta declaración sostiene que la paz no es simplemente la ausencia de conflictos, sino un conjunto de acciones y políticas que deben promover la justicia, la equidad, el bienestar y la felicidad de la humanidad.

Si bien puede haber desafíos y obstáculos en el camino hacia ella, creer en su posibilidad y trabajar activamente para su realización transforma no solo nuestras relaciones interpersonales sino también nuestras comunidades y a la sociedad en su conjunto. Al priorizar y cultivar la paz, estamos eligiendo un camino de entendimiento, respeto y colaboración, esenciales para la coexistencia humana en su máxima expresión.

Otra de las bases para una convivencia exitosa es la creencia en la paz como un valor y un objetivo alcanzable. La paz no se refiere simplemente a la ausencia de conflictos, sino a una actitud activa de promoción del entendimiento mutuo, el respeto y la colaboración, porque al creer en la paz se priorizan el diálogo y la comunicación como medios para resolver diferencias, en lugar de recurrir a confrontaciones. La paz conlleva a una actitud más optimista y abierta hacia los demás, lo que reduce prejuicios y malentendidos. Por ello estar informado sobre los beneficios de la paz y las estrategias para alcanzarla fortalece la fe en su viabilidad.

Las expectativas y la convivencia:

La gestión de nuestras expectativas en relación con los demás es un factor determinante en la calidad de la convivencia. A menudo depositamos esperanzas, deseos y exigencias en otros que, aunque pueden surgir de intenciones genuinas, a veces no se alinean con la realidad de esas personas. Sobre todo, en las expectativas que mantenemos sobre figuras claves y queridas en nuestras vidas.

Las expectativas que determinamos sobre otros surgen de nuestras experiencias pasadas, valores, creencias y, en ocasiones, de normas sociales y culturales. De los padres a menudo esperamos guía, apoyo y amor incondicional, y dependiendo de las diferentes culturas deseamos que acepten nuestras propias decisiones y formas de comportarnos. De los hijos puede que busquemos cariño y respeto, y que sigan ciertos caminos que consideramos adecuados. De la persona amada esperamos amor, comprensión, apoyo y compromiso. De los amigos aspiramos lealtad, diversión compartida y confianza, y de la comunidad donde nos desenvolvemos queremos respeto, cooperación y un sentido de pertenencia.

Es natural tener expectativas, pero cuando son inflexibles o demasiado altas, nos conducen a desilusiones, resentimientos y conflictos. Es imprescindible reconocer que cada individuo tiene su propia trayectoria y que, a veces, lo que esperamos no coincide con lo que esa persona puede o desea ser u ofrecer.

Redirigir las perspectivas con otros hacia el deseo de felicidad:

Cada persona tiene su propio camino hacia la felicidad. Aceptar esto nos permite liberarnos de expectativas rígidas. La convivencia armoniosa se nutre de expectativas alineadas con el deseo fundamental de que cada individuo sea feliz. Al reorientar nuestras esperanzas y deseos hacia este objetivo, no solo mejoramos nuestras relaciones, sino que también enriquecemos nuestra propia experiencia de vida. Es un viaje de comprensión, empatía y amor incondicional. Esto nos permite pensar y actuar en función de que lo que esperamos de los padres, los hijos, los hermanos, los amigos, los vecinos y los miembros de nuestra cultura, es que sean felices. Si esa es nuestra expectativa, los conflictos se reducen a su mínima expresión, porque al interactuar con ellos nuestro objetivo será que sean felices y —por definición— se atenúa el conflicto.

¿Quién debe ceder?

Ante las diferencias, la idea de que el "más fuerte", "más sabio" o "más inteligente" debe ceder es un concepto que ha sido discutido en contextos éticos, filosóficos y psicológicos. No es una verdad absoluta, pero es una perspectiva que se adopta a menudo en la búsqueda de la equidad, la justicia y la paz. La idea de que el más fuerte o sabio debe ceder proviene de la responsabilidad ética. Aquellos con mayor poder, conocimiento o habilidades a menudo se consideran en una posición de mayor responsabilidad para promover el bienestar y la armonía. Como un líder o mentor tiene una responsabilidad hacia aquellos que lidera o guía.

En disputas o desacuerdos, la persona con más recursos —sean intelectuales, emocionales o de otro tipo— está mejor equipada para ceder y, al mismo tiempo, encontrar soluciones alternativas o compensaciones. En situaciones en las que ceder coadyuva a nivelar el campo de juego o promover la justicia social, se espera que aquellos en posiciones de poder o privilegio tomen la iniciativa. Sin embargo, la resistencia, el desafío y la adaptación son aspectos cruciales del crecimiento personal. Si siempre se espera que una parte ceda, se puede negar a la otra parte la oportunidad de aprender y crecer. Suponer que una persona "más fuerte" o "más sabia" siempre debe tomar decisiones puede llevar a relaciones desequilibradas y minimizar las de aquellos que se perciben como "menos fuertes". También la definición de "fuerza" o de "inteligencia" es subjetiva y varía según el contexto. En algunas situaciones, la inteligencia emocional podría ser más relevante que la inteligencia cognitiva.

Una perspectiva equilibrada nos dirige a que, en lugar de basar las decisiones en que quién debe ceder es el de más "fuerza" o "inteligencia", es primordial considerar factores como qué es lo que está en juego o cuáles son las consecuencias de ceder. En lugar de asumir automáticamente que una parte debe ceder, es beneficioso discutir y entender las necesidades y deseos de todos los involucrados. La idea de que solo una parte debe ceder siempre, puede ser insostenible a largo plazo. Una relación o comunidad saludable se basa en la reciprocidad y la cooperación mutua.

La idea de que el "más fuerte" o "más sabio" debe ceder es un principio que es útil en ciertos contextos para promover la armonía y la equidad. No obstante, su aplicación debería ser considerada y reflexionada, teniendo en cuenta el contexto, las necesidades de todas las partes y el valor de la reciprocidad. La convivencia se beneficia de un enfoque equilibrado y de la comunicación abierta.

La quinta clave: seamos productivos

Productividad genuina es el único camino hacia la prosperidad. La búsqueda de la felicidad ha sido una constante en la historia de la humanidad. Pero, en una sociedad en donde la rapidez y las soluciones inmediatas parecen ser la norma, es vital recalcar la importancia de la productividad genuina, basada en la dedicación, el estudio y el trabajo constante.

No hay atajos reales hacia la verdadera prosperidad. La vía hacia la realización personal y el éxito sostenido se encuentra en nuestros estudios y labor, entregándonos a nuestra vocación con pasión y dedicación. A través del estudio, adquirimos conocimientos y habilidades esenciales que nos permiten innovar y aportar de manera significativa a la sociedad. A su vez, el trabajo persistente refuerza nuestro carácter y determinación, preparándonos para enfrentar y superar los desafíos que la vida nos presenta.

Falsas expectativas:

Existen atajos peligrosos. La seducción de soluciones rápidas como robar, estafar, involucrarse sentimentalmente con superiores con el fin de obtener beneficios, o caer en la corrupción, son rutas tentadoras que, en última instancia, llevan al fracaso o incluso a la cárcel. Estas alternativas no solo erosionan nuestra integridad y autoestima, sino que nos privan de la verdadera satisfacción que proviene de los logros obtenidos por méritos propios.

Trabajar allende de lo convencional es una fórmula acertada. Más allá de nuestras obligaciones regulares, es esencial involucrarnos en actividades que amamos y por las que podamos obtener ingresos. Ya sea arte, escritura, música o cualquier otra labor, estos esfuerzos adicionales, aunque pueden parecer pequeños al principio, a menudo suman significativamente en el mediano y largo plazo a nuestro bienestar y finanzas.

El ahorro:

Buscar las oportunidades es parte del camino. La prosperidad no solo radica en ganar, sino también en conservar y multiplicar. El ahorro consciente y la inversión inteligente son esenciales para la seguridad financiera. Además, debemos mantenernos alertas y proactivos, buscando siempre nuevas oportunidades de estudio y de crecimiento para adaptarnos y prosperar en un mundo en constante cambio.

Por otra parte, no debemos olvidar el principio karmático de "dar para recibir". El universo funciona con un delicado equilibrio. Dar generosamente, ya sea en tiempo, recursos o conocimientos, inevitablemente crea un flujo positivo que regresa a nosotros. Al ayudar a otros, no solo contribuimos al bienestar colectivo, sino que también establecemos una valiosa red de contactos y colaboradores que nos abrirán caminos inesperados en el futuro. Siempre debemos estar atentos y tocar las puertas que se nos presenten.

Tocar puertas trae mayor felicidad:

"Siempre debemos estar atentos y tocar las puertas que se nos presenten. Tocar la puerta no es entrar pero algunas nos abrirán nuevas opciones para ser felices". Esta frase encapsula una filosofía de vida que se basa en la proactividad, la curiosidad y la resiliencia. En el contexto de la psicología positiva y el desarrollo personal, esta mentalidad es esencial para enfrentar la complejidad y la incertidumbre de la vida contemporánea.

Estar en atención continua, en un estado de alerta positiva, y estar atentos, implica desarrollar una sensibilidad hacia las oportunidades y posibilidades que la vida nos ofrece. Más allá de una simple vigilancia, es un estado ampliado de conciencia que nos permite percibir oportunidades donde otros solo ven obstáculos. La atención activa nos hace estar en sintonía con nuestro entorno, reconociendo las señales, los patrones y los momentos propicios para actuar.

Una valiente actitud de explorar nuevas oportunidades nos representa una actitud proactiva hacia la vida. En lugar de esperar pasivamente que estas situaciones nos encuentren, buscamos activamente nuevas experiencias, conocimientos y conexiones. Tocar una puerta no garantiza que se abra, pero indica la disposición de enfrentar lo desconocido y el rechazo. Es un acto de valentía y curiosidad.

La diferencia entre "tocar y entrar" recalca una distinción básica. Aquí se manifiesta la sabiduría de discernir. Si bien es elemental explorar activamente las oportunidades, también es crucial reconocer cuándo una opción no es la mejor para nosotros, permitiéndonos retirarnos y continuar la búsqueda sin remordimientos.

Toda puerta tocada alberga el potencial de revelar nuevos caminos hacia la felicidad y el bienestar. Ya sea una nueva relación, una vocación desconocida o una experiencia transformadora, cada oportunidad explorada nos acerca a una comprensión más profunda de nosotros mismos y de lo que realmente valoramos.

La vida es una serie interminable de puertas, algunas visibles y otras ocultas a simple vista. Al adoptar una actitud proactiva, nos damos la oportunidad de descubrir nuevos horizontes y posibilidades. Aunque no todas las puertas llevarán a donde deseamos, explorar nos enriquece y nos acerca a nuestra búsqueda de felicidad. En esta odisea, es fundamental recordar que cada puerta es un paso adelante en nuestro viaje de autodescubrimiento y crecimiento.

La auténtica felicidad y prosperidad requieren dedicación, integridad y esfuerzo sostenido. En lugar de buscar atajos efímeros, enfocarnos en nuestras pasiones, aprender constantemente y ser generosos en nuestras acciones nos conducirá a una vida plena y significativa. En esta travesía, recordemos siempre que las verdaderas recompensas provienen de un compromiso genuino con el crecimiento y el bienestar colectivo. Es en este espíritu de generosidad y autenticidad donde encontramos la verdadera esencia de la prosperidad y de la felicidad.

La sexta clave: cuidemos el cuerpo

La psicología positiva y la armonía entre la mente y lo físico nos enseña que tenemos que cultivar y prestar atención a la salud de nuestro cuerpo. Dentro de la vida humana, la felicidad emerge como una constante aspiración. La psicología positiva, que se centra en promover aspectos constructivos del comportamiento humano, nos recuerda que esta anhelada felicidad es una interacción entre mente, emociones y cuerpo. "Cuidemos el cuerpo" es, por lo tanto —más que una simple recomendación— una llamada a la cohesión entre lo físico y lo psicológico, donde cada acción tiene una resonancia en nuestra salud y bienestar general.

Mente sana en cuerpo sano:

El aforismo "mens sana in corpore sano" es una frase que ha perdurado a lo largo de los siglos y que nos invita a reflexionar sobre la intrínseca relación entre la salud mental y la salud física. Originaria de las Sátiras del poeta romano Juvenal, la frase fue utilizada como parte de un contexto más amplio en el que el autor aboga por orar, no por riquezas o poder, sino por una mente sana en un cuerpo sano.

Esta expresión, que ha sido citada en múltiples ocasiones a lo largo de la historia, destaca la importancia de mantener un equilibrio entre el bienestar mental y físico. Es una llamada a reconocer que una mente clara, equilibrada y saludable se ve reflejada en un cuerpo igualmente sano y viceversa. En el contexto de la salud, significa que el cuidado físico y el cuidado mental no deben separarse, ya que están profundamente interconectados y dependen el uno del otro.

Desde un punto de vista psicológico, es indiscutible que el estado mental puede afectar nuestro bienestar físico y viceversa. De hecho, el estrés crónico, una condición mental, puede llevar a problemas de salud como hipertensión, enfermedades cardíacas y trastornos del sueño. Por otro lado, enfermedades físicas crónicas pueden llevar a trastornos mentales como la depresión.

La psicología contemporánea ha adoptado un enfoque biopsicosocial para comprender el bienestar humano, reconociendo que la biología, nuestro cuerpo, nuestra psicología, nuestra mente y emociones, y nuestro entorno social, están intrínsecamente relacionados y se influencian mutuamente.

A medida que la ciencia avanza, se hace más evidente que la salud no puede fragmentarse en compartimentos estancos. El enfoque tradicional de tratar la mente y el cuerpo por separado dio paso a una orientación más integradora, donde se reconoce que uno depende del otro, como lo muestra el ejercicio físico, que no solo es beneficioso para el cuerpo, sino que también tiene efectos positivos en la salud mental, ayudando a reducir síntomas de ansiedad.

La salud mental y física están profundamente interconectadas, y una no puede prosperar plenamente sin la otra. En la actualidad, cuando enfrentamos desafíos tanto físicos como mentales, es fundamental recordar y practicar esta sabiduría ancestral. Es un llamado a cultivar el equilibrio, a reconocer la complejidad del ser humano y a tratar la salud como un todo integrado.

La prevención es prioridad:

La salud, al igual que una planta, requiere atención y cuidado continuo para florecer. Los exámenes preventivos actúan como detectores tempranos de posibles problemas y ofrecen la posibilidad de atenderlos antes de que se conviertan en amenazas mayores. Así como cultivamos una mente positiva, es esencial mantener un cuerpo en armonía mediante chequeos regulares.

Un caso de sanación y resiliencia:

"Cuando tenía 41 años —nos cuenta Vladimir Gessen— ejercía una responsabilidad de Estado donde corría riesgos importantes por el peligro que implica el combate a la mafia, al crimen organizado y al narcotráfico. Luego de 15 años en estas condiciones estresantes, fui diagnosticado de cáncer en un examen general anual, con un hipernefroma en mi riñón izquierdo. Fui operado y se me extrajo el riñón, la glándula suprarrenal izquierda y parte del peritoneo, además de dos costillas para hacer el procedimiento por la espalda, según me explicó el doctor Rolinson, quien me operó. Cuando hizo el diagnostico me dijo: 'Tienes un cáncer muy peligroso, tu tío fue mi paciente del mismo tipo de dolencia de adenocarcinoma renal y lamentablemente no pude salvarlo, pero en tu caso creo que sí lo haremos porque lo hemos detectado a tiempo'. Pocas semanas después del procedimiento, me trasladé a Ottawa, Canadá, donde viví junto a mi familia por dos años. Una de las cosas que hice al llegar fue verme con un médico que le hiciera seguimiento a mi dolencia. En la primera consulta en 1991, lo primero que me preguntó el doctor Salcedo fue: '¿Qué hace usted?'. Y la segunda: '¿Qué come usted?'. Le respondí a ambas. Entonces me analizó las probabilidades de metástasis, y los porcentajes de supervivencia, e inmediatamente afirmó: 'Su trabajo y lo que come le produjeron el cáncer, si se quiere curar y sobrevivir y no tener metástasis tiene que cambiar de empleo y su menú. Somos lo que comemos y lo que hacemos'. Así, renuncié a mi carrera política y diplomática y retorné al ejercicio de la psicología y del periodismo. También asumí la dieta sin proteínas rojas, y rica en vegetales, verduras, aves y pescados. Entre sus recomendaciones me prescribió exámenes preventivos cada seis meses durante los siguientes 5 años y después un examen anual, una serie de vitaminas y de minerales y de algo que no se hablaba tanto como hoy en 2023 como son los antioxidantes. Ya llevo siguiendo esta indicación 32 años. He tenido hace 10 años un segundo incidente, también detectado a tiempo y sanado, y en 2018 el tercero, el cual fue atendido y al cerrar el 2023 cumple 5 años de su sanación. Las claves de haber superado tres veces estas incidencias han sido haber detectado a tiempo las enfermedades y lo que para mí es lo más importante, haber contado con la permanente compañía de la Divina Providencia, y de mis seres queridos. En estas más de tres décadas, mis hijos —todos varones— se casaron, y conocí a las 4 nuevas hijas adoptivas que ellos trajeron a la familia, y a los ocho nietos que llegaron. Todavía espero conocer a los bisnietos que lleguen".

Nutrición consciente:

La alimentación trasciende el simple acto de consumir, es una declaración de intenciones hacia nuestro cuerpo. Al elegir alimentos nutritivos y balanceados, estamos manifestando respeto y amor hacia nosotros mismos, recordando que cada alimento consumido tiene un impacto en nuestra salud y energía.

Una dieta como la prescrita por los médicos o nutricionistas tiene como objetivo promover una buena salud y fortalecer el sistema inmunológico, reduciendo al mismo tiempo el riesgo de desarrollar enfermedades. Entre los alimentos recomendados para una dieta que exceptúa las proteínas rojas pero que contiene aves, pescados, vegetales y verduras, pueden ser los siguientes:

1. Aves y pescados: pollo y pavo, preferiblemente de corral u orgánico. Los pescados seleccionados son el salmón, la sardina, la caballa y el arenque, todos ricos en omega-3. También mencionamos el bacalao, el lenguado y la tilapia.

2. Vegetales y verduras: todas las crucíferas: brócoli, coliflor, col de Bruselas y col rizada. Por otro lado ajo, cebolla, puerro y cebollín. Igualmente, espinaca, acelga y mostaza verde. Pimientos, zanahorias, remolachas, calabacines y champiñones.

3. Legumbres y granos: lentejas, garbanzos, frijoles negros y frijoles blancos. Quinoa, cebada, avena y arroz integral.

4. Frutas: bayas (fresas, moras, arándanos, frambuesas). Cítricos (naranjas, limones, pomelos o melones). Manzanas, peras, uvas, kiwis, plátanos y más.

5. Semillas: almendras, nueces, semillas de chía, semillas de lino, semillas de calabaza y semillas de girasol.

6. Aceites saludables como el aceite de oliva extra virgen, aceite de coco y aceite de aguacate.

7. Hierbas y especias: cúrcuma, jengibre, albahaca, romero, cilantro, tomillo, menta, manzanilla, moringa y más.

8. Lácteos y sustitutos: yogur natural (preferiblemente bajo en grasa). Leches vegetales como la leche de almendra, soya o avena.

9. Bebidas: té verde, té blanco y té negro. Agua, agua de coco y jugos naturales sin azúcar añadido. Además se debe minimizar la ingesta de azúcares y sales ya que consumirlas en exceso es perjudicial para la salud.

Por otra parte, es bueno optar por métodos de cocción saludables como cocinar al vapor, hervir o asar, porque conservan la mayoría de los nutrientes en los alimentos. Evitar los alimentos procesados y aquellos con conservantes, colorantes y otros aditivos químicos.

Debemos estar conscientes de que la dieta es solo una parte de un enfoque integral para la prevención de enfermedades. Es fundamental combinar una alimentación adecuada con otras prácticas saludables, como el ejercicio regular, evitar el tabaquismo y reducir el consumo de alcohol. Además, siempre es una buena idea consultar con un médico o nutricionista antes de hacer cambios significativos en tu dieta.

El estrés: más allá de la mente

El estrés no solo ataca nuestra paz mental, sino que tiene repercusiones tangibles en el cuerpo. Neurotransmisores como la adrenalina y los adrenocorticoides, liberados en exceso ante situaciones estresantes, pueden comprometer el sistema inmunológico. Aquí radica la importancia de adoptar prácticas y rutinas que modulen nuestra respuesta al estrés, garantizando un sistema inmunológico robusto y un cuerpo resiliente.

El estrés, desde una perspectiva psicológica, es una respuesta del cuerpo y la mente a las demandas y a los desafíos del entorno. Estas demandas pueden ser positivas (eustrés) o negativas (distrés), pero en ambos casos activan una serie de reacciones físicas y psicológicas en el individuo.

El eustrés, a menudo denominado "estrés positivo", se considera beneficioso o estimulante para el individuo. Es motivador y enriquecedor. La palabra "eustrés" proviene del prefijo griego "eu", que significa "bueno", por lo que se traduce literalmente como "buen estrés".

El eustrés inspira a una persona a enfrentar un desafío o superar un obstáculo y suele ser de corta duración. Las personas sienten que controlan la situación que lo causa. En las dosis adecuadas, el eustrés mejora el rendimiento y la función, como ocurre con los atletas en una competencia o con los estudiantes durante un examen, o al participar en un deporte o actividad física desafiante, estudiar para un examen importante, hablar en público o realizar una presentación, comenzar un nuevo trabajo, emprender un proyecto apasionante, casarse o tener un hijo.

Al enfrentar desafíos y superarlos, las personas desarrollan resiliencia y confianza. El eustrés permite a las personas aprender y dominar nuevas habilidades, porque superar situaciones estresantes puede proporcionar una sensación de logro y satisfacción además de mantener la mente alerta y activa.

Es vital reconocer que, aunque el eustrés se considera beneficioso, demasiado estrés —incluso del tipo "bueno"— termina siendo perjudicial. Encontrar un equilibrio entre ambos y aprender a gestionarlos es primordial para el bienestar general.

El estrés surge cuando una persona percibe una situación como una amenaza o desafío que excede sus recursos o capacidades para enfrentarla. Esta percepción no siempre está basada en amenazas reales; en muchas ocasiones, se origina a partir de interpretaciones subjetivas o anticipación de futuros problemas. Si una persona siente que las demandas de una situación superan sus habilidades, conocimientos o recursos para manejarla, es probable que experimente estrés.

Las situaciones en las que las personas sienten que no tienen control o no pueden predecir lo que sucederá a continuación suelen ser estresantes. El sentimiento de incertidumbre y falta de autonomía es un factor clave en la generación de estrés. Circunstancias que amenazan la autoestima, la identidad o el sentido de pertenencia son estresantes. Esto comprende escenarios de rechazo, discriminación o fracaso.

Las personas se sienten estresadas cuando enfrentan demandas contradictorias en diferentes roles de su vida, como ser padre o madre, empleado y cuidador al mismo tiempo. Asimismo ante eventos traumáticos como accidentes, asaltos o desastres naturales que causan estrés agudo o incluso trastorno de estrés postraumático.

El cerebro y el cuerpo están interconectados. La liberación de hormonas como el cortisol en respuesta a situaciones percibidas como amenazantes prepara al cuerpo para la lucha o para la huida. Pero si esta respuesta es crónica o permanente, puede resultar perjudicial. Las normas y expectativas sociales, así como las presiones culturales, pueden influir en cómo las personas perciben y responden al estrés. También las experiencias pasadas pueden influir en la percepción y reacción al estrés. Cuando alguien ha sido víctima de un robo, podría sentirse estresado en situaciones que recuerden ese evento.

En pequeñas dosis y en situaciones específicas, es una respuesta adaptativa que motiva y prepara al cuerpo para enfrentar desafíos. Sin embargo, cuando es constante, provoca efectos negativos en la salud física y mental. Aprender a manejarlo, a no temerlo, entender sus causas y minimizarlo, es fundamental para el bienestar general y una mayor felicidad.

El equilibrio vital de las ocho horas

En el frenético ritmo de vida contemporáneo, a menudo olvidamos la sabiduría inherente a la estructura natural del día. Una estructura natural para el bienestar es la división del día en tercios, de ocho horas cada uno, para descanso, trabajo y esparcimiento. No es una simple coincidencia, sino un patrón que, si se respeta, aporta equilibrio y felicidad a nuestra existencia. Estos bloques temporales, cuando se viven conscientemente, son el camino hacia una vida plena y equilibrada.

Rejuvenecer de la mente y el cuerpo

La importancia de un sueño reparador ha sido respaldada tanto por la sabiduría popular como por la investigación científica. Durante el sueño, el cuerpo lleva a cabo funciones vitales de restauración y reparación. Nuestro cerebro procesa y almacena recuerdos, mientras que nuestros músculos y órganos se regeneran. Ignorar la necesidad de un descanso adecuado, tanto en cantidad como en calidad, tiene graves repercusiones para la salud mental y física. El cansancio crónico, la disminución del rendimiento cognitivo y las alteraciones emocionales son solo algunos de los efectos adversos de la privación del sueño.

El propósito y la pasión del trabajo:

El trabajo, cuando se vive con pasión y propósito, trasciende la mera supervivencia y se convierte en una vía de expresión y realización personal. En términos psicológicos, tener un propósito claro en la vida, algo que nos motive a levantarnos cada día, es fundamental para nuestra salud mental. El trabajo no solo nos proporciona medios materiales, sino que también puede ser una fuente de identidad, pertenencia y desarrollo personal. Sin embargo, es crucial recordar que, como con todo en la vida, el exceso puede ser perjudicial. El trabajo excesivo, o la obsesión con este, puede llevar al agotamiento y desconectar a la persona de otras áreas vitales de su vida.

El esparcimiento:

El esparcimiento y el descanso activo son esenciales para mantener un equilibrio mental y emocional. A través de actividades recreativas o hobbies, o simplemente pasando tiempo de calidad con seres queridos, nos permitimos desconectar de las presiones diarias. Estos momentos de esparcimiento refuerzan nuestra conexión con nosotros mismos y con el entorno, recargan nuestra energía y potencian nuestra creatividad. Estudios en psicología positiva han demostrado que los momentos de alegría, diversión e interacción social impulsan nuestra resiliencia y bienestar general.

La estructura natural de 24 horas del día, dividida en tercios, es una invitación al equilibrio y al bienestar. El respeto por estos bloques de tiempo —descanso, trabajo y esparcimiento— es la llave para una vida más saludable, significativa y plena. En un mundo donde la desconexión entre estos elementos se vuelve cada vez más común, es esencial recordar y reivindicar la sabiduría que reside en esta simple, pero poderosa, estructura.

Activando la "interfarmacia" del cuerpo humano

El poder sanador del deporte y el ejercicio desde tiempos inmemoriales ha sido una parte integral de la existencia humana. Ya sea huyendo de depredadores, cazando para subsistir o danzando en ceremonias sagradas, mover el cuerpo ha estado intrínsecamente ligado a nuestra supervivencia y sentimientos. En la sociedad moderna, con sus comodidades y sedentarismo, es fácil olvidar el poder terapéutico del movimiento. Sin embargo, el deporte y el ejercicio son mucho más que simples actividades recreativas porque son la llave para activar nuestra "interfarmacia", esa fuente innata de sanación y equilibrio que reside en cada uno de nosotros.

El cuerpo en movimiento: un laboratorio bioquímico:

Cuando nos movemos, ya sea corriendo, nadando, bailando o practicando yoga, nuestro cuerpo responde liberando una serie de sustancias químicas que impactan nuestro estado mental y emocional. Las endorfinas, a menudo referidas como las "hormonas de la felicidad", son quizás las más conocidas de estas sustancias. Actúan como analgésicos naturales, reduciendo el dolor y promoviendo sensaciones de euforia y bienestar. Pero las endorfinas son solo la punta del iceberg. El ejercicio también estimula la liberación de otros neurotransmisores, como la serotonina y la dopamina, que juegan roles cruciales en la regulación del ánimo, la motivación y la sensación de placer.

Más allá de la química: beneficios psicológicos de movernos:

Mientras que la "interfarmacia" interna se refiere predominantemente a los cambios bioquímicos inducidos por el ejercicio, no podemos subestimar los beneficios psicológicos de movernos. El deporte y el ejercicio proporcionan una sensación de logro, fortalecen nuestra autoeficacia y nos conectan con un sentido de propósito. Además, la disciplina y constancia requeridas para mantener una rutina de ejercicio pueden trasladarse a otras áreas de la vida, fortaleciendo nuestro carácter y resiliencia.

Conexión cuerpo-mente: un ciclo virtuoso:

El deporte y el ejercicio no solo activan nuestra farmacia interna, sino que también refuerzan la conexión entre cuerpo y mente. Al centrarnos en el movimiento, en la respiración o en la técnica, nos anclamos al presente, cultivando un estado de *mindfulness* o atención plena. Esta conexión cuerpo-mente crea un ciclo virtuoso: a medida que nuestra mente se beneficia de las sustancias liberadas durante el ejercicio, también aprende a valorar y priorizar el movimiento, llevándonos a buscar más oportunidades para activar nuestra "interfarmacia".

Hacer el amor y no la guerra

Otro aspecto del cuidado del cuerpo tiene que ver con el amor, en todas sus formas, porque este supremo sentimiento es una fuente de alegría y no de dolor. Con nuestra pareja, familia y amigos, es fundamental "hacer el amor y no la guerra". Las relaciones enriquecedoras y positivas actúan como bálsamos para el alma y el cuerpo, reforzando la idea de que el amor genuino es un pilar de la salud integral. El ser humano, en su esencia, es un ser social. Desde el momento en que nacemos hasta el final de nuestros días, buscamos conexión, entendimiento y, sobre todo, amor en todas sus manifestaciones —ya sea romántico, fraternal o filial—, porque tiene el potencial de ser la fuente más grande de alegría y satisfacción en nuestra vida. Sin embargo, así como puede ser un manantial de felicidad, también puede convertirse en un pozo de dolor si no se vive de forma fidedigna y saludable.

Más allá de un sentimiento:
El amor auténtico es un compromiso, una elección y una acción. Cuando decimos "hacer el amor y no la guerra", no nos referimos solo al acto físico del amor, sino a la actitud de acercarnos a nuestras relaciones desde un lugar de comprensión, empatía, intimidad, confianza y respeto mutuo. Es buscar construir puentes en lugar de muros, elegir la comprensión en lugar del juicio y el apoyo en lugar de la crítica. Las relaciones que se basan en estos principios no solo son enriquecedoras, sino que también actúan como bálsamos para el alma y el cuerpo. El sentimiento de ser amado, valorado

y comprendido tiene efectos positivos tangibles en nuestra salud mental y emocional, y un pilar de la salud integral.

El desamor: las heridas del corazón

Por el lado contrario, tenemos el desamor, que puede definirse como la ausencia, pérdida o distorsión del amor. Es una experiencia universal que todos, en algún momento de nuestras vidas, hemos enfrentado. El desamor puede manifestarse de diversas maneras. Desde una ruptura amorosa hasta la traición de un amigo cercano o el distanciamiento de un ser querido. Esta experiencia a menudo lleva consigo sentimientos de tristeza, rechazo, soledad y, en ocasiones, traición. A nivel psicológico, el desamor genera estrés, ansiedad y depresión, afectando nuestra capacidad de encontrar alegría y propósito en la vida.

Mientras que el amor verdadero es una fuente inagotable de alegría, el desamor puede dejarnos con cicatrices profundas. Sin embargo, ambos son partes intrínsecas de la experiencia humana y nos ofrecen lecciones valiosas. Al final del día, es nuestra responsabilidad elegir el amor, no solo hacia los demás, sino también hacia nosotros mismos, como el pilar fundamental de una vida plena y saludable.

El cuerpo, ese maravilloso vehículo que nos acompaña en el viaje de la vida, merece ser cuidado y honrado. A través de prácticas preventivas, manejo del estrés, del equilibrio y de la moderación, ejercicio, nutrición adecuada y relaciones sanas, nos encaminamos hacia una vida plena, donde la felicidad será el resultado natural de un cuerpo y mente en armonía.

Conclusiones

1. No se puede ser feliz si no buscamos la felicidad: una vez que decidimos ser felices y que sufrir no debe ser el propósito del

ser humano, nos planteamos dos preguntas: ¿nacemos para ser felices? y ¿me puedo programar para ser feliz? La respuesta a ambas es simplemente sí. Así conseguimos un propósito primordial de vida y seguimos, como el flujo de los ríos hasta su destino, el mar, y en nosotros la mayor felicidad posible.

2. Entonces nos hacemos una segunda pregunta: ¿qué debo hacer para ser feliz? La respuesta es que la psicología, la informática y la ciencia nos ofrecen mecanismos biopsicosociales muy útiles para alcanzar ese objetivo. Estos procedimientos científicos, psicológicos y tecnológicos nos dotan para identificar y cambiar algunos de los patrones de pensamiento, conductas y comportamientos que contribuyen a nuestra infelicidad y nos permiten desarrollar habilidades y estrategias para fomentar el mayor bienestar emocional y racional.

3. La primera clave es usar el cerebro, así como implementar un *software* humano para sustituir programas o hábitos de conducta automática que nos induzcan a estados de infelicidad, porque en un sinnúmero de ocasiones actuamos sin pensar. Para ello haremos un inventario de nuestras conductas y evaluaremos la autoestima, la autoimagen y la autopercepción para aumentarlas o mejorarlas, e instalando conductas adecuadas a nuestro propósito de vida. Buscaremos las motivaciones requeridas e incrementaremos nuestra creencia en nosotros mismos y en nuestros valores, eliminando las falsas creencias y superando las barreras.

4. Lo segundo es revisar los hábitos automáticos negativos que conducen a lo que algunos denominan "mala suerte", disminuyéndolos y construyendo una "buena suerte" con conductas proclives a un estado de satisfacción, estableciendo metas y objetivos.

5. Lo tercero es qué hacer ante los problemas para darles el mejor y más conveniente tratamiento bajo el lema "¡problemas, bienvenidos!". Usaremos sistemas como la matriz de Eisenhower, el

análisis de causa raíz y el método de los 5 porqués, y el diagrama de Ishikawa o "de pescado". También apelaremos a la importancia del enfoque en nuestras vidas y las desventajas de la dispersión.

6. Lo cuarto es analizar cómo, dónde y cuándo buscar y encontrar la felicidad como un propósito de vida, e igualmente aspirar a la felicidad, y los "tiempos" de esta felicidad. Analizamos el buen y mal humor y su relación con el bienestar personal. A la par, examinamos alternativas a considerar en cuanto a las creencias y formas de pensar, y su interacción con el tema de la satisfacción, la alegría y la ventura. Consideramos algunos temas y focos para tomar en cuenta y cómo utilizar la ciencia y la intuición en nuestro propósitos.

7. En relación con la convivencia, observamos los retos que representa, el estado de ánimo bajo la premisa de "¡buenos días con alegría!", como una estrategia para despertar y pasar el día con buen humor. Del mismo modo, prestamos atención a la paz y otras expectativas como bases de la convivencia y herramientas para manejar los conflictos.

8. La quinta clave es reconsiderar el ser productivos. Productividad real es el camino más seguro hacia la prosperidad. Pero la rapidez y las soluciones inmediatas parecen ser la norma en el presente, y es perentorio que la productividad esté basada en la dedicación, el estudio y el trabajo constante. Comprender que no hay atajos para lograrla, solo estudiando y trabajando con ahínco tendremos los conocimientos y habilidades que nos harán innovar y sumar puntos a favor de nuestros propósitos. Las falsas expectativas y la seducción de soluciones como delinquir, estafar o involucrarse sentimentalmente con superiores, con el fin de obtener beneficios, o caer en el crimen y la corrupción, son rutas tentadoras aunque irremediablemente llevan al fracaso o a prisión y nos privan de la verdadera satisfacción que proviene de los logros obtenidos por méritos propios.

9. Tocar puertas de oportunidad: hacerlo simboliza la actitud proactiva y curiosa ante la vida, esencial en la psicología positiva y el desarrollo personal para enfrentar la vida moderna. Estar en alerta nos permite percibir oportunidades donde otros ven barreras, estando sintonizados con el entorno. Es vital ser valientes y explorar activamente, pero también discernir cuándo una opción no nos conviene. No todas las puertas conducen a la felicidad deseada, pero cada una nos enriquece y avanza en nuestra autocomprensión. "Siempre debemos estar atentos y tocar las puertas que se nos presenten. Tocar la puerta no es entrar, pero algunas nos abrirán nuevas opciones para ser felices". Esta frase encapsula una filosofía de vida que se basa en la proactividad, la curiosidad y la resiliencia.

10. La sexta clave se da en tres palabras: cuidemos el cuerpo. Mantener la "mente sana en un cuerpo sano" no es un aforismo, es una verdad científica. La prevención es prioridad. La mayoría de las enfermedades —y probablemente todas si observamos los adelantos en el campo del ADN—, al ser tratadas en sus inicios, resultan en mayores éxitos de curación más temprana o en su sanación total. Examinamos cómo lograr una nutrición consciente, el tratamiento adecuado del estrés, el equilibrio vital de las ocho horas de trabajo, las ocho de descanso y las ocho de esparcimiento. Lo que debemos hacer para el rejuvenecer de la mente y el cuerpo. También revisamos el mecanismo de activar nuestra "interfarmacia" y las ventajas del deporte y el movimiento para impulsar nuestro laboratorio bioquímico interno, creando una conexión cuerpo-mente, un ciclo virtuoso.

11. Por último, exploramos la famosa frase de "hacer el amor y no la guerra" porque, más allá de un sentimiento, el amor es un fuerte estímulo y propulsor de la felicidad, mientras que el desamor, simbolizado por la guerra, nos genera infelicidad.

Desde tiempos inmemoriales, el ser humano ha buscado comprender la naturaleza del amor y su impacto en la psique. La famosa frase sobre el amor y la guerra encapsula una idea profunda sobre la naturaleza humana y la búsqueda de la felicidad. Desde una perspectiva psicológica, esta frase se puede interpretar no solo como una llamada al amor romántico, sino como una exhortación a abrazar la positividad, la cooperación y el entendimiento mutuo en lugar de conflictos, desamor y hostilidad.

El amor, en todas sus manifestaciones, actúa como un potente estímulo para el bienestar emocional y mental. Se ha demostrado que las emociones positivas, como el amor, no solo amplifican nuestra capacidad para ser felices, sino que también potencian nuestras habilidades cognitivas, nuestra resiliencia y nuestra conexión con los demás. En contraste, el desamor, representado simbólicamente por la guerra, trae consigo estrés, angustia y división, elementos que obstaculizan el camino hacia la felicidad y el desarrollo personal.

Las heridas del alma, causadas por conflictos interpersonales, prejuicios y malentendidos, pueden tardar años en sanar. Por otro lado, el acto de amar, de comprender y de establecer lazos reales, proporciona un refugio seguro para el crecimiento personal y colectivo.

Ahora bien, si relacionamos esto con el acto de buscar activamente la felicidad, nos damos cuenta de que el amor es una de esas puertas que debemos atrevernos a golpear. Es una invitación a derribar muros y a construir puentes. Una vez que decidimos que nuestra meta es la felicidad, es imperativo entender que, para alcanzarla, debemos priorizar el amor y la cooperación sobre el conflicto y la división.

Es válido preguntarse si realmente nacemos para ser felices y entender que sí podemos reprogramarnos para alcanzar ese estado. Cada ser humano tiene la capacidad inherente de buscar y alcanzar el bienestar y la buenaventura. Al optar por ello y vivir en armonía, nos encaminamos hacia la plenitud y el bienestar, culminando la realización de nuestro propósito más íntimo y profundo: alcanzar la mayor felicidad posible.

Capítulo 3. ¿Tengo que aprender a tomar decisiones para encontrar la Felicidad?

Para vivir en estos tiempos es indispensable tomar decisiones conscientes y bien fundamentadas como un medio para lograr la realización personal y, en última instancia, la felicidad. Por ello se hace cada vez más necesario aprender a tomar decisiones. Todo apunta hacia una correlación entre la habilidad para decidir y la percepción de ser feliz.

Foto de Engin Akyurt en Pexels

Las decisiones en la vida

Cotidianamente, las personas se enfrentan a una serie de decisiones, desde las más triviales, como qué ropa ponerse, hasta las más trascendentales, como elegir una carrera o formar una familia. Cada una de ellas, por pequeña que sea, tiene la potencia de influir en el curso de nuestra vida. Aprender a tomar decisiones permite a las personas tener un mayor control sobre sus vidas, reduciendo la sensación de incertidumbre y ansiedad.

La relación entre autonomía y felicidad:

La autonomía personal, entendida como la capacidad de tomar decisiones basadas en nuestras propias convicciones y deseos, es uno de los componentes esenciales del bienestar psicológico. La teoría de la autodeterminación (TAD), propuesta por Edward L. Deci y Richard M. Ryan, es una aproximación macro al estudio de la motivación humana y de la personalidad que se refiere a las elecciones autónomas y controladas que las personas hacen acerca de sus propias vidas. Sugiere que sentirse autónomo y competente en las decisiones cotidianas está fuertemente vinculado con niveles más altos de motivación personal y, por ende, con una mayor percepción de felicidad. Por lo tanto, aprender a tomar decisiones es esencial para ejercer esta autonomía y, en consecuencia, para incrementar nuestra sensación de bienestar (Deci, E. L., y Ryan, R. M. 1985. "Intrinsic motivation and self-determination in human behavior". New York: Plenum).

La paradoja de la elección:

Debemos considerar que no siempre tener más opciones conlleva una mayor felicidad. El libro *"The Paradox of Choice: Why More Is Less"*, de Barry Schwartz, aborda cómo la abundancia de opciones en la sociedad contemporánea puede no ser tan beneficiosa como se podría pensar, argumentando que genera grados de ansiedad y parálisis por el análisis de escenarios y variables a tomar en cuenta. Por eso, tomar decisiones no solo implica sopesar alternativas, sino además aprender a filtrarlas y a estar satisfecho con nuestras elecciones.

El aprendizaje constante:

Tomar decisiones es una habilidad que se debe cultivar. Esto no significa que siempre vayamos a tomar la decisión "correcta". De hecho, es a través de los errores y las experiencias vividas que se obtienen lecciones valiosas. Aceptar que el error es parte del proceso y aprender de él, en lugar de autocriticarse, es fundamental para la salud mental y la percepción de felicidad. Aunque esta no depende únicamente de nuestra capacidad para tomar decisiones, sí existe una relación entre la forma en que decidimos y cómo percibimos nuestra vida. Adiestrarnos en cómo tomar decisiones conscientes, basadas en nuestros valores y deseos auténticos, es una herramienta poderosa para encontrar un camino hacia el bienestar y la realización personal. No está de más considerar que la perfección no es el objetivo, sino el aprendizaje y el crecimiento constante.

Lo que no se puede hacer es no hacer algo

El precio de no tomar decisiones:

La vida humana está marcada por una serie continua de decisiones. Desde el momento en que nacemos, cada experiencia, acción e inacción es, en sí misma, el resultado de una elección ya sea consciente o inconsciente. Estas decisiones, a su vez, dan forma a nuestra identidad, determinan la trayectoria de nuestra vida y tienen un impacto profundo en nuestro desarrollo y bienestar. La mayoría de los psicólogos coinciden en que, aunque se puede vivir sin tomar decisiones activas, el precio a pagar es que otros decidirán nuestro destino.

Tomar decisiones para el crecimiento personal:

Desde la infancia, enfrentamos desafíos que requieren toma de decisiones. Elegir entre caminar aunque te puedas caer, compartir o no un juguete, enfrentar o evitar un problema en la escuela, decidir sobre una carrera o una relación, son todas situaciones que requieren que ponderemos qué hacer y decidamos. Cada elección, grande o pequeña, contribuye a nuestro crecimiento personal y nos ayuda a adquirir habilidades, aprender de nuestros errores y fortalecer nuestro carácter. El proceso de hacerlo está vinculado con el desarrollo humano. A través de ello, no solo definimos quiénes somos, sino que también establecemos metas, enfrentamos desafíos y superamos obstáculos. Esta autonomía y capacidad de elección es esencial para alcanzar la plenitud, ya que nos permite vivir vidas auténticas, en relación con quienes somos.

El costo de la indecisión:

Quienes razonan que es posible vivir sin tomar decisiones activas, en cierto sentido tienen razón. Podemos dejarnos llevar por la corriente, evitar enfrentar situaciones difíciles, no superar el miedo a equivocarnos, o simplemente adaptarnos a las circunstancias. Pero este enfoque pasivo tiene un costo alto: al no decidir, dejamos que otros, ya sean individuos, la sociedad o las circunstancias, decidan por nosotros. Esta abdicación de nuestra capacidad de elección puede conducir a la insatisfacción, la frustración y la sensación de no tener control sobre nuestra propia vida.

Además, al evitar la toma de decisiones nos privamos de oportunidades de aprendizaje y crecimiento. Los errores y fracasos, aunque dolorosos, son esenciales para nuestro desarrollo. Es a través de estos desafíos que adquirimos resiliencia, empatía y sabiduría. La vida es un viaje en el que cada decisión nos lleva por un camino particular. Aunque es tentador evitar la responsabilidad que viene con la toma de decisiones, hacerlo nos roba la oportunidad de vivir una vida plena y significativa. Al elegir, tomamos el control de nuestro destino y nos damos la oportunidad de alcanzar nuestro máximo potencial. La plenitud se encuentra en abrazar nuestra libertad, asumiendo responsabilidad por nuestras decisiones y siendo protagonistas activos de nuestras propias historias.

La distinción entre decisiones humanas e instintos animales:

El acto de decidir es una manifestación compleja del pensamiento y, en muchos sentidos, es visto como una cualidad inherente al ser humano. Sin embargo, ¿en qué se diferencia realmente el proceso de toma de decisiones en los humanos de las acciones que realizan los animales? Mientras que los humanos tomamos decisiones basadas en un razonamiento complejo y a menudo abstracto, los animales actúan predominantemente por instinto, guiados por mecanismos evolutivos destinados a su supervivencia.

Instinto y supervivencia: la guía animal:

La mayoría de las acciones de los animales están moldeadas por el instinto. Estos comportamientos instintivos son patrones innatos que se han desarrollado a lo largo de millones de años para responder de manera efectiva a ciertos estímulos o situaciones. Un ave que migra miles de kilómetros, un pez que nada río arriba para desovar o una hembra que protege ferozmente a su cría son ejemplos de comportamientos instintivos de supervivencia.

Estos instintos, a menudo vistos como respuestas automáticas ante un estímulo, tienen un propósito claro: asegurar la supervivencia y reproducción del individuo y, por extensión, de la especie. Los animales no "deciden" en el sentido humano de sopesar opciones basadas en lo cognitivo o la razón. En cambio, reaccionan según patrones de conducta instintiva que han demostrado ser efectivos a lo largo de generaciones.

El ser humano y la capacidad de decidir:

En contraste con los animales, los seres humanos poseen una capacidad consciente avanzada que les permite ir más allá del instinto. Aunque nosotros también poseemos instintos básicos relacionados con la supervivencia, como el miedo o el deseo, la toma de decisiones es realmente complicada. Los humanos ponderamos múltiples opciones, anticipamos consecuencias futuras, consideramos implicaciones morales y éticas y actuamos basados en objetivos a largo plazo. Además, la capacidad humana para comunicarse a través del lenguaje permite un intercambio de ideas y experiencias que enriquece aún más el proceso de toma de decisiones. Podemos aprender de las experiencias de otros, debatir opciones y construir argumentos lógicos.

Aunque es crucial no subestimar ciertos comportamientos animales, y reconocer que muchos de ellos muestran signos de alguna "inteligencia", la toma de decisiones basada en la reflexión parece ser una característica distintivamente humana.

En varios animales se observan niveles de cognición que desafían la noción tradicional de que solo los seres humanos tienen capacidades de razonamiento avanzado. Los cuervos son especialmente conocidos por su capacidad para resolver problemas. Han demostrado la habilidad de usar herramientas, como palos, para obtener alimentos de lugares inaccesibles. Además, son capaces de planificar para el futuro, como guardar comida para más tarde (Emery, N. J., y Clayton, N. S., 2004. "The mentality of crows: convergent evolution of intelligence in corvids and apes". Science, 306-5.703, 1.903-1.907).

Los delfines son distinguidos por su inteligencia social y habilidades de comunicación, aparte de reconocerse en el espejo. Tienen un lenguaje sofisticado y los veteranos practican el enseñar a otros delfines técnicas, como la forma de usar esponjas marinas para proteger sus hocicos mientras buscan comida en el fondo del mar (Reiss, D., y Marino, L. 2001. "Mirror self-recognition in the bottlenose dolphin: A case of cognitive convergence". Proceedings of the National Academy of Sciences, 98-10, 5.937-5.942). (Mann, J., Connor, R. C., Tyack, P. L., y Whitehead, H. Eds., 2000. "Cetacean societies: Field studies of dolphins and whales". University of Chicago Press).

En el caso de los chimpancés, estos primates comparten 98% de ADN con los humanos y han demostrado una amplia gama de comportamientos inteligentes. Suelen usar herramientas, tienen estructuras sociales complejas y muestran signos de autoconciencia. También son capaces de aprender lenguaje de señas y comunicar conceptos diversos a los humanos (Tomasello, M., y Call, J., 1997. "Primate cognition. Oxford University Press"). (Goodall, J., 1986. The chimpanzees of Gombe: Patterns of behavior. Harvard University Press).

También los pulpos, a pesar de ser invertebrados, muestran una notable capacidad para resolver problemas. Son maestros del camuflaje y pueden cambiar rápidamente la textura y el color de su piel para mezclarse con su entorno. También han demostrado habilidades para abrir frascos y jugar con juguetes (Mather, J. A., y Anderson, R. C.,1993. "Personalities of octopus rubescens". Journal of Comparative Psychology, 107-3, 336). (Hanlon, R. T., y Messenger, J. B., 2018. "Cephalopod behavior". Cambridge University Press).

Los elefantes son señalados por su memoria y habilidades cognitivas. Tienen estructuras sociales sólidas y exponen signos de empatía hacia otros miembros de su grupo. También son capaces de usar herramientas y se les ha observado enterrando a sus muertos, lo que sugiere una forma de ritual. (McComb, K., Moss, C., Durant, S. M., Baker, L., y Sayialel, S., 2001. "Matriarchs as repositories of social knowledge in African elephants". Science, 292-5516, 491-494). (Plotnik, J. M., De Waal, F. B., y Reiss, D., 2006. "Self-recognition in an Asian elephant". Proceedings of the National Academy of Sciences, 103-45, 17.053-17.057).

Las abejas, aunque pueden parecer criaturas simples, han demostrado una impresionante capacidad para la comunicación y navegación. Utilizan una "danza" especial para comunicar a otras abejas la ubicación de fuentes de alimento y recuerdan rutas específicas de largas distancias. (Von Frisch, K., 1967. "The dance language and orientation of bees". Harvard University Press). (Menzel, R., y Giurfa, M., 2001. "Cognitive architecture of a mini-brain: the honeybee". Trends in Cognitive Sciences, 5-2, 62-71).

A pesar de esto, pensamos que los animales actúan predominantemente según sus instintos y mecanismos evolutivos para garantizar su supervivencia, mientras que los humanos tenemos la capacidad de tomar decisiones cognitivas que trascienden el tiempo. Esta habilidad no solo diferencia al hombre del resto del reino animal, sino que también lleva consigo una gran responsabilidad en cuanto a cómo elegimos actuar.

Los animales, a diferencia de los seres humanos, se rigen en gran medida por un conjunto de comportamientos innatos que representan las guías de las acciones de un animal desde el momento en que nace hasta el día en que muere. La vida de un animal es una lucha constante para satisfacer sus necesidades más fundamentales: oxígeno, agua, alimento y reproducción.

La necesidad de oxígeno es primordial. Sin él, la vida tal como la conocemos no podría existir. El reino animal ha desarrollado diversos mecanismos respiratorios, desde branquias hasta pulmones, para extraer oxígeno del ambiente y mantener sus sistemas biológicos en funcionamiento. El agua, al igual que el oxígeno, es esencial para la vida. La mayoría de los animales necesitan consumir agua regularmente para mantener el equilibrio de sus fluidos corporales y permitir las reacciones químicas que ocurren dentro de sus células. El alimento, ya sea en forma de plantas, otros animales o ambos, proporciona la energía necesaria para llevar a cabo todas las funciones vitales. Los animales tienen diversas estrategias de alimentación, desde la herbívora hasta la depredación, pero todas tienen el mismo objetivo: obtener la energía y los nutrientes necesarios para sobrevivir.

Asegurando la continuación de la especie:

Más allá de las necesidades individuales, está el imperativo biológico de reproducirse. Los animales emplean una variedad de estrategias reproductivas, desde la puesta de huevos hasta el cuidado parental, pero todas tienen el objetivo común de asegurar la supervivencia de la próxima generación.

La ley de la supervivencia del más fuerte:

La naturaleza es a menudo un lugar despiadado, donde solo los más aptos sobreviven. Esta "ley" no es tanto una regla literal como una descripción de cómo funciona la selección natural. Aquellos animales que son más aptos para su ambiente, ya sea por fuerza, velocidad, camuflaje o cualquier otra adaptación, tienen más probabilidades de sobrevivir y reproducirse. La vida de un animal puede parecer una serie de acciones automáticas, pero detrás de cada comportamiento hay un propósito claro: sobrevivir. Aunque no toman decisiones de la misma manera que los humanos, los animales están constantemente "decidiendo" —probablemente de forma automática— cómo responder a su entorno basándose en sus instintos.

Aunque es crucial no subestimar la complejidad de ciertas conductas animales, y reconocer que muchos de ellos muestran signos de inteligencia y cognición, la toma de decisiones basada en la reflexión abstracta parece ser una característica distintivamente humana. Esta habilidad no solo diferencia al hombre del resto del reino animal.

Vida instintiva del humano al nacer:

Al comenzar la vida el neonato está altamente influenciado por sus instintos. Los bebés tienen respuestas automáticas e innatas a ciertos estímulos, diseñadas para ayudarlos a sobrevivir. Una de ellas es el reflejo de succión, que permite al recién nacido alimentarse, o el "reflejo de Moro", también conocido como reflejo de sobresalto, que se provoca cuando el bebé escucha un ruido fuerte o siente que está cayendo, extiende sus brazos y piernas hacia afuera y abre los dedos. Luego, junta rápidamente sus extremidades hacia el centro del cuerpo, como si estuviera abrazando a alguien. Este reflejo se piensa que es un vestigio evolutivo de los tiempos en que nuestros ancestros primitivos tenían que aferrarse a sus madres para evitar caerse.

Estos comportamientos instintivos son esenciales porque, en esta etapa temprana, el cerebro aún no ha desarrollado plenamente las capacidades cognitivas y emocionales que permiten la toma de decisiones más complejas. En resumen, estos instintos actúan como salvaguardas que aseguran que las necesidades básicas del bebé, como el hambre y la seguridad, se satisfagan.

Desarrollo de la toma de decisiones:

A medida que los niños crecen, su cerebro también se desarrolla rápidamente. Alrededor de los dos años, los niños comienzan a mostrar signos evidentes de toma de decisiones conscientes. Esta es la edad en que comienza a emerger un sentido de autonomía. Un claro indicativo de esto es la famosa etapa del "no", donde los niños empiezan a afirmar su independencia rechazando instrucciones o eligiendo hacer las cosas a su manera.

Este comportamiento es una manifestación temprana de la toma de decisiones, ya que el niño comienza a reconocer que tiene opciones y puede ejercer cierto control sobre su entorno. Aunque estas decisiones parecen simples e incluso caprichosas —como elegir un juguete en particular o rechazar ciertos alimentos—, son los primeros pasos hacia la autonomía y la autodeterminación.

Con el tiempo, a medida que el cerebro sigue madurando y los niños adquieren más experiencias y conocimientos, su capacidad para tomar decisiones se vuelve más sofisticada. Se tornan más capaces de considerar las consecuencias, examinar diferentes opciones y elegir acciones que estén en línea con sus objetivos y valores. Así, la transición de la vida instintiva a la toma de decisiones es una parte crucial del desarrollo. Es un testimonio del increíble potencial y adaptabilidad del cerebro humano. A lo largo de la vida, las decisiones que tomamos, tanto grandes como pequeñas, dan forma a nuestras experiencias, relaciones y, en última instancia, a quiénes somos como individuos.

La dualidad instintiva y racional del ser humano:

Como observamos, el reino animal es un vasto espectro de comportamientos y respuestas instintivas, diseñadas por la evolución para garantizar la supervivencia de las especies. Estos instintos, que van desde encontrar alimento hasta defender el territorio y procrear, son fundamentales para su vida y persistencia. A diferencia de ellos, nosotros tenemos el poder de pensar, razonar y decidir. Sin embargo, esta ventaja evolutiva también trae consigo la responsabilidad de nuestras decisiones y las consecuencias que estas tienen en nuestra salud y bienestar, para bien o para mal.

Los animales, en su mayoría, actúan según sus instintos. Un león no caza por deporte, sino por hambre. Una mariposa no visita flores por su belleza, sino para alimentarse del néctar. Sus acciones están motivadas por necesidades básicas: comer, beber, reproducirse. No hay un deseo consciente de "disfrutar" de la comida o de "experimentar" nuevas sensaciones, sino una simple necesidad de sustento y supervivencia.

En contraste, los seres humanos, dotados de un cerebro altamente desarrollado y una conciencia de sí mismos, tienen la capacidad de tomar decisiones que trascienden las necesidades básicas. Podemos comer no solo cuando tenemos hambre, sino también cuando estamos aburridos, tristes, o simplemente porque algo luce apetitoso. Podemos beber no solo para saciar nuestra sed, sino también para socializar o escapar de la realidad. Es aquí donde la capacidad de elección puede convertirse en una espada de doble filo.

Al tener la libertad de elegir, los humanos también enfrentamos las consecuencias de nuestras decisiones. A menudo, nuestras elecciones pueden ir en detrimento de nuestra salud o bienestar. Un animal nunca consumiría una sustancia tóxica; los humanos, a pesar de conocer los riesgos, a menudo eligen consumir alcohol en exceso o probar drogas recreativas. Estas decisiones, impulsadas por la curiosidad, el deseo de pertenecer o la necesidad de escape, pueden llevar a la adicción, la enfermedad y, en casos extremos, la muerte.

Es paradójico que, mientras los animales luchan cada día por la supervivencia, algunos humanos eligen caminos que pueden llevar a su autodestrucción. Aunque nuestra capacidad de razonar debería proporcionarnos las herramientas para tomar decisiones informadas y saludables, a veces no lo hacemos. La dualidad del ser humano radica en su capacidad para actuar tanto instintiva como racionalmente. Es esencial reconocer esta dualidad y trabajar conscientemente hacia decisiones que promuevan nuestro bienestar a largo plazo.

La primera decisión: ser y actuar como humano

Desde el comienzo de la humanidad nos hemos preguntado qué nos hace diferentes de otras especies. Si bien, biológicamente, pertenecemos al reino animal, y por ende compartimos características fundamentales, además poseemos —y no los animales— nuestra capacidad de pensamiento racional y una relevante conciencia de nosotros mismos. Sin embargo, este hecho no nos exime de responder a impulsos instintivos y emocionales.

El ser humano tiene una estructura dual en su funcionamiento psicobiológico. Por un lado, existe un sistema nervioso intuitivo que nos proporciona respuestas rápidas y/o automáticas ante situaciones de peligro o estímulos de atención inmediata. Por otro lado, está el cerebro racional o cognitivo que nos otorga la capacidad de analizar, reflexionar y tomar decisiones pensadas y estructuradas.

El sistema nervioso instintivo:

Nuestro sistema nervioso está diseñado para salvaguardar nuestra integridad. Partes como el sistema límbico, y en especial la amígdala, son esenciales para nuestra respuesta instintiva. La amígdala, por ejemplo, es responsable de detectar amenazas y generar las respuestas rápidas del miedo. Asimismo, otros componentes como el hipotálamo regulan funciones básicas relacionadas con la alimentación, la sed y la reproducción. Estas estructuras nos permiten sobrevivir y adaptarnos rápidamente a nuestro entorno, activando mecanismos como la respuesta de "lucha o huida" ante posibles amenazas.

El cerebro racional y cognitivo:

Por otro lado, el lóbulo frontal, especialmente la corteza prefrontal, es la sede de nuestras capacidades cognitivas superiores. Aquí se llevan a cabo el pensamiento lógico, la toma de decisiones, la planificación y la autorreflexión. Esta parte del cerebro nos dota de la destreza de analizar situaciones desde una perspectiva más amplia, anticipar consecuencias y actuar de manera deliberada.

Pensar y reflexionar sobre nuestros actos y el mundo que nos rodea es lo que nos diferencia de otras especies. A través de la corteza prefrontal podemos ejercer un control sobre nuestras respuestas instintivas, y nos hace posible actuar de forma más adaptativa y acorde a normas sociales y personales. La conciencia de uno mismo, la espiritualidad y la noción de moralidad son tres temas profundamente interconectados, que nos diferencian del comportamiento animal.

Conciencia propia. Una distinción humana:

La conciencia propia se refiere a la habilidad de reconocerse a uno mismo como un ente individual y separado del entorno. En los humanos es evidente que la usamos a través de actos de introspección y autorreflexión, y al proyectar nuestro ser en el futuro o revivir el pasado. Aunque animales como los delfines, los simios y algunos pájaros tienen un grado de autorreconocimiento en un espejo, y son capaces de usar algunas herramientas o de determinados niveles de comunicarse entre ellos, pensamos que su vida es predominantemente intuitiva y sus comportamientos guiados por el instinto de supervivencia.

Espiritualidad y animales:

Mientras que la espiritualidad en los humanos es una experiencia íntima, que a menudo involucra la conexión con una entidad superior, la creencia en la vida después de la muerte y la búsqueda de propósito, en el concepto de espiritualidad en los animales no hay evidencia científica de que recen o se comuniquen con una divinidad de la forma en que lo hacen los humanos. Mucho menos pueden pensar si existe un creador o no, como lo harían quienes no creen en la existencia de una entidad divina. Es probable que algunos animales experimenten asombro, conexión o momentos excepcionales a su manera, pero la espiritualidad, como la entendemos, podría ser una experiencia única de los seres humanos debido a nuestra avanzada capacidad cognitiva y cultural.

Foto de Nicholas Sardesier en Pexels

Moralidad en los animales

La moralidad se refiere a la distinción entre lo que está bien y lo que está mal, basada en un conjunto de normas y valores. Mientras que los humanos tienen códigos morales complejos, influenciados por la cultura, las leyes, la religión, la filosofía y las creencias, la noción de moralidad en los animales es diferente.

Algunos estudios han mostrado que ciertos animales, como primates, muestran comportamientos que podrían considerarse "éticos", como compartir comida o consolar a un compañero afligido. El primatólogo Frans de Waal señala numerosos casos de comportamientos en primates que refieren una especie de moralidad o sentido de justicia. De Waal explora el concepto de altruismo en animales y cómo sus comportamientos podrían ser vistos como manifestaciones de empatía (De Waal, F. B. M., 1996. "Good Natured: The Origins of Right and Wrong in Humans and Other Animals". Cambridge, MA: Harvard University Press). (De Waal, F. B. M., 2008. "Putting the Altruism Back into Altruism: The Evolution of Empathy". Annual Review of Psychology, 59, 279-300).

En otro estudio clásico, los monos Rhesus prefirieron pasar hambre en lugar de causar dolor a otro mono, lo que sugiere un sentido de consideración hacia otros (Masserman, J. H., Wechkin, S., y Terris, W., 1964. "'Altruistic' behavior in rhesus monkeys". American Journal of Psychiatry, 121, 584-585).

Consideramos que, aunque estas conductas animales pueden parecerse a la moralidad o la ética, su interpretación y su similitud directa con la moralidad humana no es comparable. La "moralidad" o "ética" en los animales no se alinean con nuestros propios conceptos humanos. Creemos que esta "moralidad" animal está más bien ligada a instintos sociales y de supervivencia que a un sentido o evaluación —por parte del animal— de lo que está bien o mal.

Nosotros poseemos la capacidad para la autorreflexión, la espiritualidad y la actuación con la propia ética, usando predominantemente el cerebro racional, mientras que los animales, aunque tienen su propia forma de comportamiento social, experimentan el mundo de manera diferente, empleando sus instintos básicos.

En los humanos, si bien el sistema nervioso instintivo nos ayuda en momentos críticos a reaccionar defensivamente, es el cerebro racional el que nos proporciona una vida con seguridad, propósito y significado. Es esencial reconocer la interacción de estas dos dimensiones y aprender a utilizar nuestra capacidad cognitiva para tomar decisiones informadas y racionales. Por ello, antes de actuar impulsivamente, es prudente hacer una pausa, reflexionar y utilizar la potente herramienta de la razón que nos ha sido otorgada. La decisión de usar nuestro cerebro racional en lugar de simplemente reaccionar instintivamente puede ser la diferencia entre una vida impulsiva y una vida plena y consciente.

Por ello la primera decisión que debemos tomar es si nuestra vida transcurrirá como... seres humanos.

Tomar decisiones en la experiencia humana:

Tomar decisiones es una habilidad inherente al ser humano. Desde los momentos más intrascendentes de nuestro día a día hasta las decisiones que pueden alterar el curso de nuestra vida, estamos en constante proceso de decidir. Esta habilidad no es solo un mero acto, sino que es un reflejo de nuestra capacidad para pensar, razonar, reflexionar y actuar de acuerdo con nuestros valores y aprendizajes. De hecho, aprender a tomar decisiones adecuadas es esencial para nuestra evolución y bienestar.

La toma de decisiones es un proceso cognitivo esencial que forma parte de nuestra experiencia. Se define como el acto de elegir entre dos o más alternativas con el objetivo de resolver un problema o una situación específica. Aunque parece un proceso simple y cotidiano, la toma de decisiones tiene implicaciones profundas en el bienestar y la felicidad de las personas. Como psicólogos, es fundamental entender cómo la toma de decisiones impacta en la salud mental y emocional de los individuos.

Componentes de la toma de decisiones:

Existen diferentes fases involucradas en el proceso de toma de decisiones:

> *Fase de evaluación*: es necesario considerar y ponderar las diversas opciones disponibles, así como las posibles consecuencias de cada elección.
>
> *Fase de selección*: una vez evaluadas las opciones, el individuo debe elegir la que considere más adecuada.
>
> *Fase de la acción*: la persona actúa en base a la decisión tomada.
>
> *Fase de revisión*: es el proceso posterior de reflexión y análisis sobre la decisión y sus resultados.

La toma de decisiones y la felicidad:

La relación entre la toma de decisiones y la felicidad es multifacética. La elección que tomamos en cada caso afecta directamente, en menor o mayor grado, nuestra calidad de vida, nuestras relaciones y nuestro bienestar emocional. Tener la capacidad de tomarlas nos otorga un sentido de autonomía y control sobre nuestras vidas. Sentir que tenemos ese control y que podemos dirigir el curso de nuestra vida se correlaciona positivamente con mayores niveles de felicidad.

Las decisiones que hagamos tienen repercusiones y consecuencias a largo plazo. Una opción bien tomada puede conducir a beneficios duraderos, mientras que una alternativa mal considerada puede llevar a arrepentimientos y remordimientos.

La investigación ha demostrado que la cantidad excesiva de opciones puede llevar a lo que se denomina "parálisis por análisis", donde una persona se siente abrumada y, en última instancia, menos satisfecha con su elección final, incluso si es objetivamente buena. Este concepto de "parálisis" al tener demasiadas posibilidades conlleva a una disminución de la satisfacción, y se basa en investigaciones en el campo de la psicología y la toma de decisiones.

Una de las más citadas y conocidas investigaciones sobre este tema es el "experimento de la mermelada", conducido por la psicóloga Sheena Iyengar y su colega Mark Lepper (Iyengar, S. S., y Lepper, M. R., 2000. "When choice is demotivating: Can one desire too much of a good thing?". Journal of Personality and Social Psychology, 79-6, 995-1.006). En este estudio, los investigadores realizaron un experimento en una tienda gourmet en el que presentaron a los clientes mesas de degustación de mermeladas. En unos días, se ofrecían 24 variedades para probar, mientras que en otros, solo seis. Descubrieron que, aunque más clientes se detuvieron en la mesa con más variedades, muchos menos compraron mermelada en comparación con aquellos que se detuvieron en la mesa con menos alternativas.

También Sheena Iyengar, y sus colegas Barry Schwartz y R. E. Wells, encontraron que los graduados que buscaban empleo y tenían tendencias a maximizar —es decir, buscar la mejor opción posible en lugar de simplemente una opción "suficientemente buena"—, pasaron más tiempo deliberando sobre sus decisiones, y también estaban menos satisfechos con los resultados, a pesar de haberlos obtenido objetivamente mejores (Iyengar, S. S., Wells, R. E., y Schwartz, B., 2006. "Doing better but feeling worse: Looking for the 'best' job undermines satisfaction". Psychological Science, 17-2, 143-150).

Decisiones conscientes y felicidad:

Es fundamental enfatizar la importancia de tomar decisiones de manera cuidadosa y deliberada. Las decisiones impulsivas u obtenidas sin reflexión pueden conducir a resultados no deseados. Por otro lado, tomarse el tiempo para reflexionar sobre las opciones, considerar sus implicaciones y elegir de manera consciente aumenta la probabilidad de que la decisión conduzca a un acierto.

La esencia del proceso decisorio:

Decidir implica una determinación frente a opciones o circunstancias alternativas. No es un acto pasivo, sino una resolución activa que surge de la interacción de distintos componentes. Entre ellos la capacidad de pensar y analizar opciones. El uso de la razón y la lógica para prever las consecuencias de nuestras elecciones. La voluntad y el impulso que nos mueve a actuar conforme a nuestra decisión. Los valores y principios que guían nuestras selecciones y nos dan un sentido de propósito. Y, por último, el aprendizaje y las experiencias pasadas que nos informan y enriquecen nuestro proceso de toma de decisiones.

La decisión como ventaja evolutiva:

Entre los seres humanos, aquellos que han aprendido a tomar decisiones efectivas llevan una ventaja distintiva. Estas personas son capaces de manejar sus vidas de manera más efectiva, e igualmente son más resilientes ante los desafíos. Poseen una habilidad innata para adaptarse, superar y prosperar.

El puente hacia nuestros deseos y objetivos:

Tomar decisiones es esencial para ser feliz porque a menudo este estado es el resultado de decisiones bien consideradas que reflejan nuestros verdaderos objetivos y metas de vida acordes a nuestra forma de ser. El éxito no consideramos que sea un accidente fortuito, es más bien el resultado de decisiones pensadas y las acciones correspondientes. Las elecciones que hagamos nos dirigen a solucionar problemas, a enfrentar desafíos y a cumplir nuestra estrategia de vida.

Vivimos en alguna medida en medio de conflictos, y decidir qué y cómo afrontarlos es vital para su resolución y el entendimiento con los demás, lo cual contribuye a más felicidad personal y familiar y a favorecer un entorno de mayor bienestar.

El amar y ser amados requieren decisiones constantes, desde cómo convivir y comunicarnos hasta decidir cómo van a ser felices en pareja. Deben resolver si se van a casar, si tendrán hijos, cómo administrar juntos todo lo concerniente al hogar. Cada día, cada hora, estarán acordando qué comer, cómo divertirse, a quién o qué lugar van a visitar, hasta detalles como quién usa el baño primero. Cada una de estas decisiones al sumarse "decidirán" si siguen juntos o no, y "decidirán" a la larga si son felices o no, y si deben seguir compartiendo sus vidas.

Para liderar, bien sea en el trabajo o en los deportes, entre amigos o en la comunidad, igualmente es necesario tomar decisiones informadas y que sean lo más acertadas posibles, que atraigan a los demás por ello. También al enfrentar peligros, nuestras decisiones determinan nuestro camino hacia la seguridad. En fin, decidir es una parte integral de vivir. Es el medio por el cual navegamos la complejidad de nuestra existencia, buscando significado, propósito y satisfacción.

En la vida, nuestras decisiones actúan como el timón que guía nuestro barco. A través de un proceso de pensamiento, reflexión y acción, somos capaces de determinar nuestro destino. Aprender a tomar decisiones es, por lo tanto, es una habilidad vital y también un regalo, permitiéndonos vivir con propósito, amar con pasión y enfrentar cada desafío con determinación.

La segunda decisión es hacerlo estratégicamente

Vivir estratégicamente

La primera acepción de la palabra estrategia tiene que ver con el mundo militar, y se le define como el arte o el método para dirigir operaciones militares durante la guerra. La estrategia castrense se encarga de la dirección de las campañas militares. El autor de uno de los libros más leídos de la estrategia militar, el mayor general y director de la Academia Militar Prusiana en Berlín, Alemania, fue Carl von Clausewitz. Él entendía la estrategia como "el empleo de las batallas para conseguir el fin de la guerra". Su obra *De la guerra*, sobre estrategia y táctica militar, es la más estudiada además de ser un texto primigenio en todas las academias militares.

El tratado más antiguo que se ha escrito sobre estrategia es *El arte de la guerra*. Su autor, el general Sun Tzu, fue un filósofo y estratega militar del ejército chino que vivió entre el año 544 y el 496 a.C. A pesar del tiempo transcurrido, sigue siendo vigente. Ha sido utilizado como guía en programas de administración de empresas, psicología organizacional, toma de decisiones y formación de líderes.

Como su nombre lo indica, el concepto de "estrategia militar" no se concibe si no existe enemigo, y conlleva la destrucción del adversario o la ocupación de su espacio vital. Alcanzar la estrategia termina generalmente con muerte y devastación aun en la victoria. De hecho "estrategia" viene del latín *estrategía,* y este del griego στρατηγία, que traduce "oficio del general". Por ello, debemos preguntarnos si podemos hacer estrategias sin que exista enemigo.

La respuesta es que definitivamente sí. Podemos vivir estratégicamente si definimos operacionalmente estrategia como una serie de acciones encaminadas hacia un fin, si coordinamos las acciones y recursos para conseguir esa meta y si planificamos estratégicamente para desarrollar e implementar planes con la idea de tomar las mejores decisiones para llegar a cumplir nuestros propósitos y objetivos.

Estrategia en el ámbito psicológico:

En el campo de la psicología, la estrategia ha sido redefinida y ampliada para abordar una variedad de contextos que van más allá del campo de batalla. En lugar de enfocarse únicamente en la derrota de un enemigo, la psicología ve la estrategia como una herramienta que puede ser empleada para lograr objetivos personales y profesionales, lo cual implica tomar decisiones.

Desde este punto de vista, el "enemigo" no siempre es externo. Puede manifestarse como situaciones de dudas internas, miedos, ansiedades y creencias limitantes que impiden a las personas alcanzar su máximo potencial. Al igual que en la estrategia militar, donde se reconoce y se aborda al enemigo, en la psicología se identifican y enfrentan estos estados internos mediante estrategias de intervención, como la terapia cognitivo-conductual (Aaron Temkin Beck, 1979. "Cognitive Therapy of Depression". Nueva York: Guilford Press).

La resolución de problemas es un área donde la estrategia juega un papel fundamental. En su libro "Cómo resolverlo", George Pólya esboza estrategias para abordar y superar desafíos matemáticos, y sus principios también han sido una guía y pueden aplicarse a la vida cotidiana. Estas estrategias involucran tomar decisiones para identificar el problema, diseñar un plan de acción, ejecutar el plan y revisar la solución. Aunque no hay un enemigo en el sentido tradicional, la estrategia es crucial para superar los obstáculos y lograr objetivos (Polya, G., 1945. "How to Solve It". Princeton University Press).

Estrategia en la autorrealización:

La estrategia también es esencial para la autorrealización y el desarrollo personal. Abraham Harold Maslow (1943), en su teoría de la jerarquía de las necesidades, destacó la importancia de satisfacer necesidades básicas para eventualmente alcanzar la satisfacción. Establecer estrategias y tomar decisiones para alcanzar estos niveles de bienestar es fundamental para el bienestar psicológico (Maslow, A. H., 1943. "A Theory of Human Motivation". Psychological Review, 50-4, 370-396).

En el ámbito psicológico, se reconoce la importancia de la estrategia y el saber seleccionar la mejor opción para enfrentar los desafíos tanto internos como externos, lograr objetivos y promover el bienestar. Al adaptar y ampliar el concepto de estrategia más allá del ámbito militar, la psicología proporciona herramientas y enfoques para ayudar a las personas a encontrar la mejor ruta para vivir vidas más plenas y significativas.

Establecer objetivos y tomar decisiones:

Vivir sin decidir objetivos es como embarcarse en un viaje sin destino. Podemos disfrutar del viaje por un tiempo, pero eventualmente nos encontraremos errantes, preguntándonos hacia dónde nos dirigimos. En el campo de la psicología, hemos comprendido la importancia de establecer objetivos claros y significativos para mantener un sentido de propósito y dirección en la vida.

El primer paso para vivir con propósito es establecer objetivos claros y decidir hacia dónde vamos. Por ello es por lo que debemos seleccionarlos. Pueden ser a largo plazo, como "quiero ser un profesional exitoso en mi campo", o más inmediatos, como "deseo mejorar mi salud física este año". Una vez que determinemos sobre lo que queremos lograr, debemos resolver cuáles serán las metas específicas y elaborar planes detallados para alcanzarlas. La preparación de las operaciones o los planes implica decidir el objetivo en tareas más pequeñas y manejables, determinar los recursos necesarios y establecer plazos. Sin tomar decisiones no puede haber estrategia.

Analizar y evaluar:

Una vez trazados los planes, es vital considerar todos los escenarios posibles, incluyendo aquellos imponderables que seguramente surgirán en el camino. En la vida debemos estar preparados para enfrentar desafíos inesperados. Es igualmente crucial evaluar nuestros recursos tanto internos, como habilidades y conocimientos, como externos, como el apoyo social y los recursos financieros.

Con la información recopilada, podemos tomar decisiones bien informadas en cada etapa de nuestro viaje hacia el objetivo. Cada decisión, ya sea grande o pequeña, nos acercará o nos alejará de nuestro objetivo final. Es aquí donde la introspección y el autoconocimiento son cruciales.

Objetivos vitales:

Los objetivos de vida varían para cada persona. Pero los primeros que debemos tener claros son los trascendentales y los de largo plazo. Aquellos que pueden requerir años o décadas para alcanzarlos y los que buscan un propósito superior o un legado. Estos generalmente son personales, pero incorporan a los seres queridos existentes y a los que están relacionados con el bienestar. Todos estos parámetros requieren de objetivos instrumentales prácticos y centrados en las metas y tareas específicas para obtenerlos. Independientemente de los objetivos que uno elija, es primordial que estén alineados con los valores, principios y creencias propias. Estos actúan como una brújula, guiando nuestras decisiones y comportamientos. Los valores espirituales, en particular, pueden proporcionar un sentido de propósito más profundo y una conexión con algo más grande que uno mismo.

Ejercicio: descubriendo tu propósito y definiendo tus objetivos

1. **Reflexión inicial**:

    Tómate un momento para meditar y, antes de comenzar, practica hacer algunas respiraciones profundas. En este ejercicio te embarcarás en un viaje personal para descubrir lo que verdaderamente es importante para ti.

2. **Definición de propósito principal**:

    a. Piensa y anota en tu *smartphone* o en tu computadora tres momentos en tu vida en los que te hayas sentido extremadamente feliz y satisfecho.

    b. Describe qué estabas haciendo en cada uno de esos momentos y con quién estabas.

    c. Identifica los patrones comunes o temas que se repiten en esas experiencias.

d. Basándote en esos patrones, escribe una oración que defina el propósito principal de tu vida.

3. **Objetivos trascendentales**:

   Piensa en legados o impactos que te gustaría dejar después de tu tiempo en la Tierra. Puede ser en áreas como la educación, el medio ambiente, la familia u otros. Anota tres objetivos trascendentales que te gustaría alcanzar.

4. **Objetivos a largo plazo**:

   Piensa en metas que te gustaría lograr en un período de 5 a 10 años o en tu vida. Estas deben estar alineadas con tu propósito principal y tus objetivos trascendentales.

5. **Objetivos familiares**:

   Reflexiona sobre lo que deseas lograr o cómo te gustaría crecer con tu familia. ¿Hay tradiciones que quisieras comenzar? ¿Relaciones que quisieras fortalecer? ¿Cómo sería lo ideal para ti?

6. **Objetivos afectivos**:

   Piensa en tus relaciones personales, fuera del ámbito familiar. ¿Qué tipo de amistades o relaciones te gustaría cultivar? ¿Hay habilidades de comunicación o límites que quisieras establecer?

7. **Objetivos instrumentales**:

   Estos se refieren a las metas tangibles o habilidades que te gustaría adquirir para ayudarte a alcanzar tus otros objetivos, como aprender un nuevo idioma, adquirir una habilidad técnica u otros conocimientos requeridos.

8. **Otros objetivos**:

   Aquí puedes anotar cualquier otro objetivo que no se haya cubierto en las categorías anteriores pero que sientas que es vital para ti.

9. **Revisión y reflexión**:

Una vez que hayas anotado todos tus objetivos:

a. Revisa cada uno y pregúntate: ¿esto está alineado con mi propósito principal?

b. Si encuentras objetivos que no estén alineados, reflexiona sobre por qué los incluiste y si es necesario modificarlos o eliminarlos.

10. **Acción**:

Para cada objetivo, anota al menos un paso concreto que puedas tomar en el próximo mes para acercarte a él, y comienza a decidir cuáles serán las metas para alcanzar cada objetivo y cuál sería el plan de acción más adecuado que elegirías para lograrlo. Toma en cuenta que definir un propósito y objetivos es un proceso en evolución. Con el tiempo, es posible que una persona desee revisar y ajustar su propósito y objetivos a medida que crece y cambia. La clave es mantener la autenticidad y estar alineado con quien realmente eres.

Ahora, veamos cómo sería un caso de un hispanoamericano que vive en cualquier país de esta característica y su propósito de vida es ser feliz y su objetivo más importante profesional fuera ser astronauta.

Un caso hispano: "Del sueño a las estrellas"

1. **Reflexión inicial**:

Haz una pausa. Cierra los ojos y medita mientras respiras profundamente. Imagina por un momento cómo sería estar flotando en el espacio, mirando hacia nuestro planeta. Siente la emoción y la pasión de ese sueño.

2. **Definición de propósito principal**:

Mi propósito: ser feliz y encontrar alegría en cada paso del camino hacia mi sueño.

3. Objetivos trascendentales:

a. Impacto en la comunidad: convertirme en un modelo a seguir para los jóvenes hispanoamericanos, mostrándoles que los sueños más ambiciosos son posibles.

b. Educación: compartir mis experiencias y conocimientos, promoviendo la educación espacial y científica en mi país y en toda Hispanoamérica.

c. Colaboración internacional: establecer puentes de colaboración entre mi país y las principales agencias espaciales del mundo.

4. Objetivos a largo plazo:

a. Convertirme en astronauta luego de años de estudio y de trabajos especializados.

b. Mudarme a un país con un programa espacial activo y reconocido.

c. Integrarme en una agencia espacial y completar con éxito la formación y entrenamiento para astronautas.

d. Participar en al menos una misión espacial.

5. Objetivos familiares:

a. Mantener una comunicación abierta y honesta con mi familia sobre mis metas y aspiraciones.

b. Asegurarme de visitar a mi familia regularmente, a pesar de la distancia o las demandas de entrenamiento, para mantenerme unido a ella.

c. Involucrar a mi familia en mi proceso, compartiendo logros y desafíos.

6. Objetivos afectivos:

a. Rodearme de una red de apoyo de amigos y colegas que compartan mis aspiraciones.

b. Establecer límites saludables entre mi carrera y mi vida personal para mantener un equilibrio emocional.

c. Buscar mentoría y consejo de otros astronautas o profesionales del espacio.

7. Objetivos instrumentales:

a. Fortalecer mi formación en áreas relevantes: física, ingeniería, biología u otras.

b. Aprender idiomas claves en el sector espacial, como el inglés, u otro idioma a nivel avanzado.

c. Entrenar físicamente para cumplir con los rigurosos estándares de salud y condición física de un astronauta.

8. Otros objetivos:

a. Participar en conferencias, talleres y seminarios relacionados con la industria espacial.

b. Establecer conexiones y redes con profesionales y expertos en el campo.

c. Contribuir con artículos, blogs o charlas sobre mi experiencia y aprendizaje.

9. Revisión y reflexión:

a. Preguntarme cada año si cada objetivo se encuentra en sintonía con mi propósito principal de ser feliz.

b. Si hay algún objetivo que no se vincula con mi propósito, revisar por qué lo incluí, y si necesito adaptarlo o reconsiderarlo.

10. Acción:

Para cada objetivo, determinaré el primer paso concreto a realizar en el próximo mes para acercarme a él. Comenzaré por investigar becas o programas en el extranjero relacionados con ciencias espaciales y cuáles son las metas que tengo que establecer, y analizar los requisitos para ser astronauta.

Este ejercicio adaptado busca guiar a alguien con un sueño tan ambicioso como ser astronauta desde una perspectiva hispanoamericana. Es una combinación de pasión, preparación y perseverancia.

Hasta 2022, varios hispanoamericanos lograron ser astronautas, a través de la NASA. Franklin R. Chang Díaz, nacido en Costa Rica, se convirtió en astronauta y voló en siete misiones del transbordador espacial. Además, es conocido por su trabajo en el desarrollo de un propulsor de plasma para la propulsión espacial. Sidney M. Gutierrez nació en Estados Unidos, pero de raíces mexicanas. Fue piloto del transbordador espacial Columbia en la misión STS-40 y comandante del transbordador espacial Endeavour en la misión STS-59. Ellen Ochoa fue la primera mujer hispana en ir al espacio cuando voló a bordo del transbordador espacial Discovery en 1993. Realizó cuatro misiones espaciales y posteriormente se convirtió en la primera directora hispana del Centro Espacial Johnson de la NASA. Carlos I. Noriega, nacido en Perú, se convirtió en astronauta de la NASA y voló en dos misiones del transbordador espacial: STS-84 y STS-97. Joseph M. Acaba, de ascendencia puertorriqueña, ha participado en tres misiones espaciales, incluida una estadía en la Estación Espacial Internacional. John D. Olivas, de origen mexicano, voló en dos misiones del transbordador espacial y realizó varias caminatas espaciales. Estos astronautas han hecho contribuciones significativas al programa espacial y han servido como inspiración para muchos jóvenes hispanoamericanos interesados en la ciencia y la exploración espacial.

Recordar que el propósito de vida es la felicidad

Como señalamos en el capítulo dos, el propósito de vida está asociado inexorablemente a la felicidad. Desde las primeras reflexiones filosóficas hasta las investigaciones psicológicas actuales, la naturaleza del propósito de vida ha sido una pregunta central para la humanidad. ¿Cuál es el propósito de nuestra existencia? Si bien las respuestas pueden variar ampliamente según la cultura, la educación y las experiencias individuales, hay un denominador común entre las múltiples respuestas. Para nosotros debiera ser la búsqueda de la felicidad.

El propósito de vida puede entenderse como una orientación central que guía nuestras acciones, decisiones y aspiraciones. Es una bitácora interna que nos da dirección y significado. La psicología ha demostrado que tener un sentido de propósito está correlacionado con una serie de beneficios psicológicos, desde una mayor satisfacción en la vida hasta una mejor salud mental (Ryff, C. D., y Keyes, C. L. M., 1995. "The structure of psychological well-being revisited". Journal of Personality and Social Psychology, 69-4, 719-727).

A lo largo de la vida, las personas establecen una variedad de objetivos que reflejan sus valores, deseos y circunstancias. Entre ellos están presentes los objetivos familiares, como vivir o no en familia, pero también otros como lograr estatus en una carrera, desarrollar habilidades o contribuir en un campo específico; adquirir una vivienda, establecer un hogar propio o mudarse a una región o un país deseado; alcanzar estándares de vida cómodos, seguridad financiera o estabilidad; disfrutar el esparcimiento, recrearse con hobbies, pasatiempos o actividades entretenidas; viajar y conocer diferentes culturas o paisajes o tener nuevas experiencias; obtener el éxito o la fama, ser reconocido socialmente o en un campo específico, y conseguir notoriedad; ganarse el respeto y la admiración de los demás; igualmente, mantener un estado de salud óptimo, mayor longevidad o superar enfermedades y disfrutar una vida plena.

Si bien estos objetivos en ocasiones se perciben como propósitos de vida, en realidad, aunque puedan parecer distintos, son más bien objetivos y metas que a menudo convergen en lo que debe ser el propósito central, como es la búsqueda de la felicidad. Ya sea a través de la conexión con otros, el logro personal o la autorrealización, estos objetivos reflejan diferentes caminos hacia el mismo destino.

La supremacía de la felicidad:

A pesar de la diversidad de objetivos, ser feliz emerge como el propósito de vida primordial. La felicidad no solo es un estado emocional deseable, sino también una condición que potencia nuestra capacidad para lograr los objetivos. Cuando estamos felices, somos más creativos y resilientes y establecemos relaciones más sólidas (Lyubomirsky, S., King, L., y Diener, E., 2005. "The benefits of frequent positive affect: Does happiness lead to success?". Psychological Bulletin, 131-6, 803-855).

El propósito de vida, aunque multifacético, se centra en la búsqueda del mayor bienestar. A pesar de los diversos objetivos que las personas puedan establecer, la felicidad se mantiene para nosotros como el norte que guía nuestras acciones y decisiones. Reconocer esto nos permite priorizar y orientar nuestros esfuerzos de manera más efectiva hacia lo que realmente importa: ¡ser felices!

¿Cómo tomar decisiones?

La capacidad de tomar decisiones adecuadas es esencial en cualquier entorno, porque tienen ramificaciones que nos afectan no solo personalmente sino a todo el entorno. Una decisión eficiente y efectiva es clave. La psicología organizacional ha investigado ampliamente este proceso para proporcionar directrices y enfoques basados en evidencias. Lo recomendable es buscar toda la información disponible y relevante antes de tomar una decisión. Luego, evaluar la información recopilada de manera objetiva, evitando sesgos y prejuicios. Las decisiones tienden a ser más precisas y efectivas cuando nos hemos documentado previamente sobre lo concerniente y las hemos evaluado (Drucker, P. F., 1967. "The effective decision". Harvard Business Review, 45-1, 92-98).

R. Edward Freeman introduce el concepto y discute la importancia de considerar todos los grupos afectados en la estrategia de una organización. El involucramiento de stakeholders o "partes interesadas" se refiere a la participación activa de aquellos individuos, grupos o entidades que pueden ser afectados por una decisión o que tienen un interés en su resultado. Las decisiones que cuentan con el mayor respaldo de los stakeholders tienden a ser más acertadas, aunque no necesariamente.

Cada stakeholder tiene una perspectiva única. Al involucrar diversas partes, se pueden identificar y considerar múltiples aspectos de una situación. Entender y considerar las preocupaciones de los demás suele ayudar a anticipar posibles problemas o resistencias, y así la decisión será más efectiva. Al involucrar a más personas en una decisión, se fortalecen las relaciones humanas, se fomenta la confianza y se crea un sentido de pertenencia y compromiso. Sobre todo en el plano familiar, de amigos o en la comunidad.

Normalmente las decisiones que cuentan con el aporte de los involucrados o afectados por ella resultan en desenlaces más holísticos y bien adaptados a las necesidades y realidades del contexto (Freeman, R. E., 1984. "Strategic Management: A Stakeholder Approach. Pitman"; libro fundamental en la literatura sobre stakeholders).

El ejercicio de la NASA y las decisiones compartidas:

La toma de decisiones es un proceso fundamental en la vida diaria, y las metodologías para mejorar este proceso han sido objeto de estudio durante mucho tiempo. Uno de los ejercicios más famosos relacionados con la toma de decisiones es el "ejercicio de la NASA", utilizado frecuentemente en formaciones de equipo y capacitación en liderazgo. Este ejercicio ilustra el poder y la precisión de la toma de decisiones en grupo en comparación con las decisiones individuales.

Este ejercicio, también conocido como el "problema de supervivencia lunar", pide a los participantes que imaginen que están en una nave espacial que ha aterrizado de emergencia en la luna, pero a 200 millas del punto de encuentro previsto. Se les da una lista de 15 elementos, a saber: una caja de cerillas, una lata de alimento concentrado, cuerda de nylon, tela de paracaídas, unidad portátil de calefacción, dos pistolas del calibre 45, caja de leche en polvo, dos bombonas de oxígeno de 50 kilos, un mapa estelar de la constelación lunar, un bote neumático con botella de CO_2, una brújula magnética, litros de agua, bengala de señales, botiquín de primeros auxilios con jeringuillas y un receptor-transmisor FM accionado con energía solar, y se les pide que los clasifiquen en orden de importancia y qué llevar de primero para su supervivencia. Primero, los participantes deben hacerlo individualmente y luego en grupo.

Después de que los participantes hayan clasificado los artículos, sus decisiones personales y las tomadas en grupo se comparan entre sí y con los resultados de los expertos de la NASA. Lo interesante es que, en una significativa mayoría de los casos, las decisiones tomadas en grupo son mucho más cercanas a las recomendaciones de los expertos que las decisiones individuales.

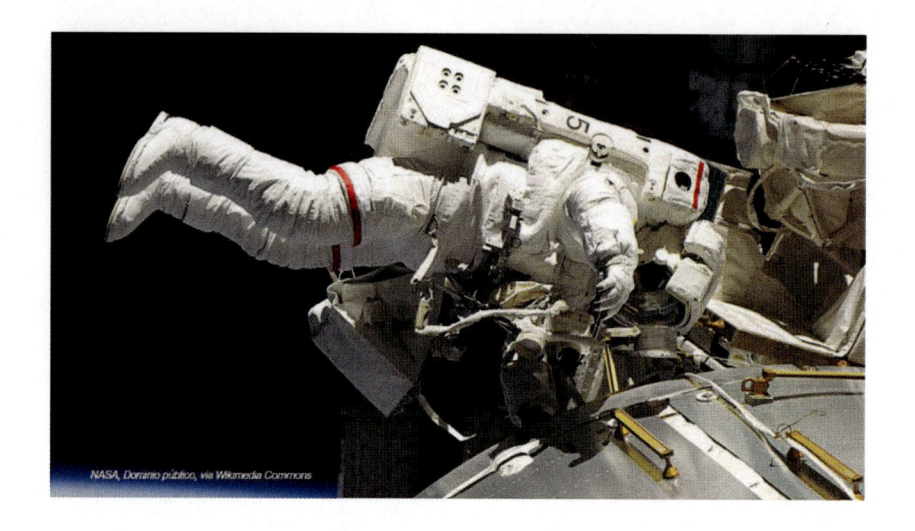

Implicaciones psicológicas:

Este ejercicio ilustra varios conceptos psicológicos importantes. La sabiduría de grupo, a menudo, agrega más información para la toma de decisiones, lo que resulta en mayores aciertos que las asumidas por una persona. El aporte de un grupo es que los miembros dan diferentes perspectivas y conocimientos que no se consideran en la decisión individual. Las decisiones grupales identifican en la mayoría de los casos errores o juicios individuales inexactos. La colaboración puede ser vista como un proceso en el que la información se comparte, se discute y se sintetiza, lo que a menudo resulta en decisiones más equilibradas.

Debemos señalar que lo planteado no significa que las decisiones grupales sean siempre superiores. Sobre todo en materias especializadas. Un grupo de personas ajenas a la profesión de la salud no pueden tomar una mejor decisión específica de cómo hacer una intervención quirúrgica que un médico cirujano. Pero una junta médica reunida puede ser más acertada en sus decisiones sobre este tema que un galeno solo. El ejercicio de la NASA es una herramienta poderosa que ilustra la eficacia de la toma de decisiones en grupo.

Es una lección sobre el valor de la colaboración y la diversidad de perspectivas. En un mundo cada vez más complejo y entrelazado, la capacidad de tomar decisiones colectivamente y aprender de las múltiples perspectivas se torna en una muy buena opción.

La intimidad en las decisiones personales:

En un mundo interconectado y con la continua valoración del trabajo en equipo, existe una tendencia creciente en el poder de la toma de decisiones colectivas. Sin embargo, no todas las decisiones son apropiadas para la deliberación colectiva. Existen algunas definitivamente personales que requieren un hondo autoconocimiento, introspección y responsabilidad individual. Hay decisiones que se arraigan profundamente en la experiencia y la identidad personal. Estas incluyen las decisiones sobre la salud. Si bien podemos buscar opiniones y consejos médicos, decisiones como someterse a una cirugía o elegir un tratamiento médico particular son inherentemente personales y deben alinearse con nuestros propios valores, creencias y tolerancia al riesgo.

En el caso de las relaciones interpersonales, elegir con quién comprometerse o cuándo terminar una relación son decisiones que, en última instancia, deben ser tomadas por el individuo involucrado. Las opiniones de amigos y familiares pueden influir, pero cada uno es el que vive con las consecuencias de estas decisiones.

También en el desarrollo personal y profesional, la elección de una carrera, la decisión de regresar a la escuela o cambiar de trabajo son opciones que deben reflejar las aspiraciones, pasiones y circunstancias individuales. La introspección juega un papel crucial en estas decisiones. A través de la reflexión, podemos entender nuestras motivaciones, deseos y miedos. La psicología ha subrayado la importancia de esta introspección para la toma de decisiones auténticas y alineadas con nuestro verdadero ser (Rogers, C. R. 1961. "On becoming a person: A therapist's view of psychotherapy". London: Constable).

Los límites de la colectividad:

La toma de decisiones colectivas es generalmente valiosa, pero tiene sus límites. En el núcleo de nuestras vidas, hay decisiones que nadie más puede tomar por nosotros. Estas requieren coraje y autoconciencia. De hecho, someter estas decisiones personales a la deliberación colectiva puede diluir nuestra autenticidad y conducir a decisiones que no reflejan verdaderamente quiénes somos o lo que queremos. Aunque vivimos en una sociedad que valora la colaboración y la deliberación colectiva, es esencial reconocer que hay decisiones que podemos, y debemos, tomar nosotros mismos. Estas son cruciales para nuestra identidad, bienestar y felicidad. La psicología nos enseña a valorar el autoconocimiento, recordándonos que, al final del día, somos los verdaderos arquitectos de nuestras vidas.

Decisiones en las creencias:

La decisión sobre las creencias es fundamentalmente individual para la identidad de las personas. Las creencias religiosas, espirituales e ideológicas ocupan un lugar especial en el espectro de decisiones propias e íntimas. La decisión de creer en un creador o no, profesar o no una religión en particular, entender el Universo como una Entidad o Conciencia Suprema, adoptar una ideología o seguir un camino espiritual, son elecciones profundamente personales que afectan nuestra percepción del mundo, nuestro lugar en él y, en muchos casos, nuestro propósito y destino.

Forma de ser y filosofía de vida:

La elección de creer en un principio superior es una decisión personal que a menudo está influenciada por experiencias vitales, reflexiones profundas y búsquedas internas. Mientras que algunas personas encuentran consuelo y dirección en la fe religiosa, otras pueden hacerlo en la espiritualidad sin religión o incluso en el secularismo. Al igual que la religión, las ideologías políticas, sociales y filosóficas también proporcionan estructuras de significado que pueden influir en cómo interpretamos e interactuamos con el mundo. Optar por el socialismo, el liberalismo, el existencialismo, o cualquier creencia, debe ser el resultado de una introspección profunda y de la experiencia de cada uno.

Es cierto que nuestras creencias e ideologías están influenciadas por nuestro entorno cultural, familiar y social. Sin embargo, en definitiva, la decisión de adoptar, rechazar o modificar estas creencias debe ser personal. La autonomía en este ámbito es esencial para la autenticidad y el bienestar psicológico (Deci, E. L., y Ryan, R. M., 1985. "Intrinsic motivation and self-determination in human behavior". Nueva York: Plenum).

Estas escogencias son evidentemente un asunto personal. Aunque los demás pueden ofrecer perspectivas y experiencias, la elección final reside en cada uno de nosotros. Reconocer y respetar esta autonomía es crucial tanto para la integridad personal como para la cohesión social y tolerancia en una sociedad diversa.

Evaluación de alternativas. Herramientas y estrategias:

Debemos considerar siempre que existan las diversas opciones, ponderar sus pros y contras y tomarnos el tiempo para pensar antes de actuar, lo cual es fundamental para evitar decisiones precipitadas y probablemente fallidas, por no considerar todos los aspectos y variables en juego. Las matrices de decisión coadyuvan a visualizar y ponderar diferentes opciones según los criterios establecidos. El brainstorming o tormenta de ideas facilita su generación y la consideración de múltiples perspectivas.

El análisis SWOT evalúa las fortalezas, debilidades, oportunidades y amenazas relacionadas con una decisión. Esta técnica, también conocida como FODA (por sus siglas en español: Fortalezas, Oportunidades, Debilidades y Amenazas), es una herramienta estratégica utilizada para evaluar una probable decisión. Ayuda a identificar factores clave que pueden influir en el éxito o fracaso de una iniciativa.

Las fortalezas son las características internas que le dan ventaja a una decisión sobre otras. Esto incluye las posibles consecuencias y los recursos necesarios. Las debilidades son aquellos aspectos inconvenientes que podrían obstaculizar el logro de los objetivos a lograr. Las oportunidades son las situaciones o tendencias externas o el momento adecuado para tomar una elección. Las amenazas representan factores externos que podrían poner en peligro el éxito de la decisión.

El análisis de costo-beneficio es también otra herramienta para tomar en cuenta antes de cualquier decisión. Se refiere a los costos asociados a la elección de cada alternativa, frente a los beneficios esperados.

Caso de Enrique y Leonor:

Esta pareja de jóvenes acude a un consejero y psicólogo y piden ayuda para tomar una decisión. Esta fue la síntesis de la entrevista:

"Bienvenidos, Enrique y Leonor. Entiendo que desean ayuda para decidir cuál sería el mejor momento para tener un hijo, ¿es correcto?

Leonor: Sí, exactamente. Ambos queremos un hijo, pero no estamos seguros sobre cuándo sería el mejor momento.

Enrique: Así es. Con nuestros trabajos y responsabilidades actuales, no queremos apresurarnos y lamentar no haberlo pensado mejor.

Psicólogo: Perfecto. Realizaremos un análisis que puede ser una excelente herramienta para considerar todos los factores relevantes. Comencemos con las fortalezas internas. ¿Qué consideran que son las principales ventajas que tienen en este momento para tener un hijo?

Leonor: Bueno, ambos tenemos trabajos estables. Además, disponemos de un sistema de apoyo sólido con nuestras familias cercanas.

Enrique: Y hemos logrado ahorrar algo de dinero, lo que podría ser útil para los gastos iniciales.

Psicólogo: Estupendo. Ahora, hablemos de las debilidades internas. ¿Hay aspectos que sienten que podrían dificultar la llegada de un hijo en este momento?

Leonor: A veces creo que el apartamento donde vivimos es un poco pequeño para una familia en crecimiento. Y, aunque tenemos ahorros, no estamos seguros de si serán suficientes para mudarnos por mayor espacio y cubrir todas las necesidades.

Enrique: Además, estamos considerando la posibilidad de que uno de nosotros quiera tomarse un tiempo fuera del trabajo, lo que podría afectar nuestros ingresos.

Psicólogo: Bien, consideremos el entorno externo. ¿Ven oportunidades que podrían aprovechar si deciden tener un hijo pronto?

Enrique: Bueno, la empresa en la que trabajo tiene una excelente política de licencia paternal. Sería una gran ventaja aprovecharla.

Leonor: Y mis padres están cerca y se han ofrecido para ayudar con el cuidado del bebé.

Psicólogo: Finalmente, ¿qué amenazas externas anticipan?

Leonor: Una preocupación es la situación económica. No sabemos cómo será el futuro, y tener un hijo es una responsabilidad financiera.

Enrique: Estoy de acuerdo. Además, aunque tenemos buenos trabajos, la estabilidad laboral es algo que siempre está en el aire, especialmente en estos tiempos.

Psicólogo: Basándonos en lo que hemos discutido, parece que tienen claras ventajas y desafíos. Una sugerencia podría ser que tal vez quieran considerar abordar algunas de las debilidades antes de tomar una decisión, como revisar su situación de vivienda o crear un fondo de ahorro específico para el bebé. La idea es que se sientan seguros y preparados. No hay una respuesta única para todos, pero al considerar todos estos factores, pueden llegar a una decisión más informada.

Leonor: Gracias. Este ejercicio realmente nos ayudó a ver la situación desde diferentes ángulos.

Enrique: Estoy de acuerdo. Nos ayudará a planificar y prepararnos mejor para el futuro".

Leonor y Enrique decidieron tener el hijo un año después. Para entonces estaban en mejor situación económica. El análisis FODA es una herramienta que puede ser adaptada a diferentes contextos y situaciones. En el caso de Enrique y Leonor, les ayudó a considerar tanto sus circunstancias personales como factores externos para tomar una decisión informada sobre un tema tan importante en sus vidas.

Vivir estratégicamente es definir objetivos y tomar decisiones:
La vida avanza en medio de un conjunto de decisiones. Desde las pequeñas elecciones diarias hasta las más cruciales que dan forma a nuestro destino, cada paso que tomamos está impregnado de intención y propósito. Por esto, debemos subrayar que no solo las acciones, sino también la inacción, tienen consecuencias. En algún momento de nuestras vidas, entendemos que se requiere más que la

mera existencia para lograr un cambio inteligente, uno que transforme nuestra realidad y determine un destino más relevante. Este es el punto de inflexión donde comprendemos la necesidad de vivir estratégicamente, con objetivos claros y decisiones bien pensadas.

Reprogramar nuestra visión de la vida:

Para transitar desde una vida de reactividad a una de proactividad es necesario un cambio fundamental en nuestra mentalidad. Esto implica asimilar un conjunto de principios, creencias y metodologías que potencien nuestro bienestar y el de nuestros seres queridos. La estrategia no es solo un concepto reservado para los negocios o la guerra, sino una filosofía de vida que guía nuestras acciones y decisiones hacia un futuro más fructífero.

La consecuencia de la indecisión:

Sin metas u objetivos claros, nos encontramos a menudo en un "limbo decisional". Y cuando nos enfrentamos a situaciones que requieren una elección, pero carecemos de un norte definido, emergen la incertidumbre y la inseguridad. La indecisión no es un estado benigno, más bien es insidiosa. Es prolongada, y llega a convertirse en un trastorno que erosiona nuestra autoconfianza, fomenta la ansiedad y nos paraliza. Esta parálisis decisional nos impide alcanzar objetivos, resolver problemas y, en última instancia, experimentar la felicidad y el éxito.

De problemas a metas:

La estrategia implica una perspectiva diferente sobre los obstáculos. En lugar de verlos simplemente como problemas, podemos transformarlos en metas, como explicamos anteriormente. Cada desafío se convierte en una oportunidad, una meta a alcanzar. Lograr objetivos es una fuente de felicidad y realización. Cada objetivo alcanzado es una afirmación de nuestra capacidad y nos fortalece para enfrentar el siguiente problema.

El caso de Juan y María:

María y Juan tienen dos hijos adolescentes, y sintieron que la comunicación en su hogar había disminuido. Las cenas solían ser momentos de compartir y hablar sobre el día, pero fueron marcadas por el silencio, la distracción de los dispositivos móviles y la aparente indiferencia de sus hijos. María y Juan pensaron que estaban perdiendo la conexión con sus hijos y no sabían cómo restablecer ese vínculo. En lugar de quedarse en el malestar y ver esto como un problema insuperable, decidieron adoptar una perspectiva estratégica. Transformaron el problema en una meta clara: "restablecer la comunicación efectiva y el vínculo familiar durante las cenas en un período de tres meses".

Acciones estratégicas que tomaron:

Diseñaron cenas temáticas. Así, una vez a la semana, la familia realizaría cenas donde cada miembro tenía que compartir algo relacionado con el tema seleccionado. De esta manera, en la primera ocasión se hizo una "cena de recuerdos", donde cada uno podría compartir un recuerdo especial de su vida.

Se declaró una zona libre de tecnología, y se instauró una regla de no usar dispositivos móviles durante las comidas, promoviendo la conversación cara a cara. También se introdujeron juegos de comunicación como "dos verdades y una mentira", donde cada miembro dice tres afirmaciones sobre sí mismo y los demás tienen que adivinar cuál es la falsa. Otra opción fue compartir logros y problemas donde cada miembro de la familia hablaría sobre un logro obtenido o de algún problema en la semana, promoviendo el apoyo mutuo. Al final de cada mes, la familia se reunió para discutir cómo se sentían con los cambios y qué se podía mejorar.

Al cabo de los tres meses, el resultado no solo fue que se había restablecido la comunicación durante las cenas, sino que María, Juan y sus hijos, Alberto y José, aprecian que han fortalecido su vínculo familiar. El problema inicial, visto ahora como una oportunidad, les abrió un camino para seguir creciendo juntos y reafirmar la importancia de la familia en sus vidas. Han logrado su objetivo y están listos para enfrentar nuevos desafíos con una mentalidad positiva.

Escoger vivir estratégicamente es hacerlo con propósito y objetivos. Es reconocer que cada decisión, grande o pequeña, moldea nuestra trayectoria. Al definir metas claras y alinear nuestras decisiones con ellas, navegamos la vida con mayor confianza y claridad, y así mismo transformamos los desafíos en oportunidades y creamos un camino hacia una vida más feliz. Es una elección que, una vez hecha, redefine nuestra relación con nosotros mismos, con los demás y con el mundo en general.

Elementos constitutivos de la estrategia

Estrategia y decisiones. Una perspectiva psicológica:

La estrategia es una herramienta poderosa que nos permite planificar, anticipar y alcanzar nuestros objetivos de manera eficaz. Desde la psicología, podemos entender la estrategia como una serie de pasos lógicos, así como un proceso vinculado a nuestra cognición, motivación y emociones. Al considerar los elementos constitutivos de la estrategia, es esencial abordar las decisiones asociadas con cada uno de ellos.

Objetivos por lograr en toda estrategia:

La claridad de los objetivos es primordial. Desde una perspectiva psicológica, un objetivo claro y bien definido puede servir como una fuente significativa de motivación. Como hemos señalado, la teoría de la autodeterminación sugiere que cuando las personas sienten que tienen un propósito, están más motivadas y comprometidas. Por lo tanto, las decisiones sobre los objetivos deben ser específicas, medibles, alcanzables, relevantes y limitadas en el tiempo.

Espacio geográfico o campo de acción de la estrategia:

La ubicación o el campo en el que se implementa una estrategia influye en nuestra percepción y adaptabilidad. Un individuo que lanza un negocio en un país extranjero puede enfrentarse a un "choque cultural". Aquí, la decisión implica investigar y comprender el contexto cultural, social y económico del espacio geográfico o sectorial elegido.

El escenario de una estrategia:

El entorno inmediato en el que se lleva a cabo la estrategia es crucial. Los psicólogos a menudo se refieren a esto como "contexto". Las variadas y complejas decisiones por tomar aquí involucran anticipar desafíos, elegir en cuál país, en qué sitio, a cuál *target* nos dirigiremos, en cuáles circunstancias, cuáles obstáculos se pueden presentar, si es realizable el objetivo, comprender la dinámica del entorno y adaptar la estrategia para que se ajuste a este escenario específico.

Momento o "timing" de la estrategia:

Decidir el "cuándo" es tan importante como el "qué" o el "cómo". La psicología temporal estudia cómo percibimos el tiempo y cómo nuestras decisiones pueden ser influenciadas por este factor. Decidir sobre el *timing* adecuado puede requerir considerar ciclos económicos, estados emocionales o incluso factores biológicos, como los ritmos circadianos, ya que nuestro cuerpo tiene estos ritmos que afectan nuestra percepción del tiempo, energía. Las decisiones pueden ser influenciadas por estos ritmos, como la fatiga al final del día (Foster, R. G., y Wulff, K., 2005. "The rhythm of rest and excess". Nature Reviews Neuroscience", 6-5, 407-414).

La psicología temporal es un campo de estudio que se adentra en cómo los individuos perciben, experimentan y actúan en relación con la percepción del tiempo que varía según el individuo y el contexto. El tiempo puede "volar" cuando nos divertimos y "enlentecerse" cuando estamos aburridos. (Zakay, D., & Block, R. A., 1996). "The role of attention in time estimation processes". In M. A. Pastor & J. Artieda Eds., Time, internal clocks and movement, pp. 143–164. North-Holland/Elsevier Science Publishers). También la prospectiva temporal, que se refiere a cómo las personas se relacionan con el pasado, el presente y el futuro, suele influir en las decisiones al priorizar alguno de ellos (Zimbardo, P. G., y Boyd, J. N., 1999. "Putting time in perspective: A valid, reliable individual-differences metric". Journal of Personality and Social Psychology", 77-6, 1.271).

Demora de la gratificación:

La capacidad de retrasar la gratificación, es decir, resistir una recompensa inmediata para recibir una recompensa más grande en el futuro, está relacionada con la psicología temporal. Este concepto se hizo famoso con el "test del malvavisco" de Walter Mischel, también conocido como el "experimento de la gratificación demorada", uno de los estudios más famosos en la psicología del desarrollo, que fue concebido por este psicólogo en la década de 1960. El estudio examinó la capacidad de los niños para demorar la gratificación y cómo esta capacidad podría estar relacionada con el éxito posterior en la vida.

En este experimento, a un niño se le llevaba a una habitación vacía donde se encontraba sentado frente a una mesa. Sobre la mesa se ponía un malvavisco o golosina. Se le decía al niño que tenía una elección: podía comerse el malvavisco ahora o podía esperar —generalmente unos 15 minutos— hasta que el experimentador regresara y, si no se había comido el malvavisco, recibiría otro, lo que significa que podría tener dos malvaviscos en lugar de uno. La experiencia comenzaba cuando el investigador salía de la habitación. A través de una ventana observaban y registraban el comportamiento del niño. Algunos se comían inmediatamente el malvavisco, mientras que otros empleaban diferentes estrategias para distraerse y resistir la tentación.

El aspecto más revelador no fue simplemente quién esperó y quién no, sino más bien los seguimientos longitudinales que Mischel y su equipo realizaron con los participantes a lo largo de los años. Descubrieron que los niños que habían sido capaces de demorar la gratificación, o sea, esperar para obtener el segundo malvavisco, tendían a obtener mejores resultados en diversas áreas de la vida en comparación con aquellos que no pudieron esperar. Tenían puntuaciones más altas en pruebas estandarizadas, mejor rendimiento académico, mejor salud y menores índices de problemas de comportamiento. Estudios posteriores también han explorado las bases neuronales y cognitivas detrás de la capacidad de demorar la gratificación, sugiriendo que las áreas prefrontales del cerebro juegan un papel crucial en este tipo de autocontrol. (Mischel, W., Shoda, Y., y Rodriguez, M. L., 1989. "Delay of gratification in children". Science, 244-4.907, 933-938). Obviamente, este test no determina de manera definitiva el destino de un individuo, ya que múltiples factores contribuyen al desarrollo y al éxito en la vida.

Clase e intensidad de los esfuerzos en una estrategia:

Cuando hablamos de la "clase" de esfuerzos, nos referimos al tipo o naturaleza del que se necesita. Esto podría incluir esfuerzos físicos, mentales, emocionales, financieros o temporales, entre otros. La intensidad, por otro lado, se refiere a cuán duro o fuertemente se está dispuesto a trabajar o luchar por alcanzar un objetivo. Esta dimensión tiene que ver con la cantidad de energía, tiempo o recursos que se invierte. Se requiere persistencia o la capacidad de continuar trabajando hacia un objetivo a pesar de los obstáculos, desafíos o desánimo. Es mantenerse firme en el camino hacia la meta, incluso cuando se enfrentan dificultades.

La resistencia es la capacidad de soportar situaciones difíciles o estresantes sin ceder. En el contexto de una estrategia, se refiere a la habilidad de mantenerse en pie frente a presiones externas o internas que podrían hacer que uno se desvíe o abandone su objetivo. Asimismo, aunque ser persistente y resistente al perseguir objetivos es crucial, el equilibrio con el bienestar personal es vital. Trabajar demasiado duro o durante periodos prolongados sin descanso puede conducir al agotamiento, el cual no solo es perjudicial para la salud, sino que también puede impedir el progreso hacia el propósito de vida como es la felicidad. Se debe decidir cuál es ese punto de equilibrio.

Igual tenemos que plantearnos y decidir algunas interrogantes esenciales que las personas o equipos deben hacerse al planificar y ejecutar una estrategia: ¿qué tipo de esfuerzos son necesarios para este objetivo? ¿Mentales, físicos, financieros? ¿Qué nivel de intensidad es apropiado? ¿Es una maratón donde se necesita un esfuerzo sostenido pero moderado, o es donde se necesita un esfuerzo intenso pero de corta duración? ¿Cómo puedo asegurarme de no agotarme en el proceso? Esto incluye la planificación de descansos, la asignación de recursos de manera eficiente o la búsqueda de apoyo.

Resiliencia:

Es la capacidad de recuperarse rápidamente de dificultades. Una forma de elasticidad emocional y mental. Es crucial para aquellos momentos en que los esfuerzos no producen resultados inmediatos o cuando surgen obstáculos inesperados. Ser resiliente significa tener la capacidad de adaptarse, aprender de los contratiempos y continuar hacia adelante. La efectividad de cualquier estrategia depende en gran medida de la clase e intensidad de los esfuerzos invertidos. Sin embargo, es fundamental que estas decisiones y acciones se tomen considerando no solo la meta final sino también el bienestar y la sostenibilidad a lo largo del camino.

Recursos indispensables en toda estrategia:

Finalmente, cualquier estrategia requiere recursos, ya sean financieros, humanos o temporales. La toma de decisiones en este ámbito implica evaluaciones y elecciones realistas de lo que está disponible y lo que se necesita. La estrategia es más que una planificación lógica, es un proceso que involucra múltiples facetas de la psicología humana. Al considerar y tomar decisiones sobre los elementos constitutivos de una estrategia, no solo optimizamos nuestra capacidad para alcanzar objetivos sino que también fomentamos el bienestar y la autorrealización. Están involucrados la lógica y la emoción, la toma de decisiones, la planificación y la adaptabilidad.

El dilema entre poseer y la felicidad

La cuestión sobre qué constituye una "buena vida" ha intrigado a pensadores y filósofos durante milenios y, más recientemente, a psicólogos. ¿Es la acumulación de riquezas materiales la clave para una vida plena, o es la búsqueda de la felicidad, a menudo desvinculada de la posesión material, el verdadero propósito de la existencia humana? Y, en el ámbito de nuestras interacciones, ¿deberíamos buscar la soledad introspectiva o involucrarnos profundamente en el tejido social que nos rodea?

Ser ricos vs. ser felices:

Desde la perspectiva filosófica, muchos pensadores han argumentado que la verdadera riqueza no reside en la posesión de bienes, sino en la calidad de nuestra vida interior y nuestras relaciones. Epicuro, el filósofo griego, sostenía que la verdadera felicidad se encuentra en placeres simples, como la amistad y la reflexión, y no en la búsqueda interminable de riquezas.

Desde una perspectiva psicológica, la relación entre el dinero y la felicidad ha sido objeto de estudio durante décadas en la psicología del bienestar. Se ha demostrado que, aunque el dinero y la riqueza puede mejorar el bienestar hasta cierto punto —específicamente aliviando la pobreza y la precariedad—, no garantiza la felicidad en sí misma. Después de alcanzar un cierto nivel de ingresos, incrementos adicionales tienen poco impacto en el bienestar subjetivo. El premio Nobel Daniel Kahneman y el economista Angus Deaton encontraron que el bienestar emocional se eleva con el ingreso, pero solo hasta un cierto punto, un ingreso de clase media para el momento. Más allá de esa cantidad, los ingresos adicionales no parecieron mejorar el bienestar emocional. (Kahneman, D., y Deaton, A., 2010. "High income improves evaluation of life but not emotional well-being". Proceedings of the National Academy of Sciences, 107-38, 16.489-16.493).

Ed Diener, uno de los principales investigadores en el campo de la psicología de la felicidad, analiza la literatura sobre dinero y bienestar. El estudio sugiere que, aunque el dinero tiene un impacto en el bienestar, otros factores, como las relaciones y el sentido de propósito, lo son tanto o más. (Diener, E., y Biswas-Diener, R., 2002. "Will money increase subjective well-being? A literature review and guide to needed research". Social Indicators Research, 57-2, 119-169).

Richard A. Easterlin se ha referido en sus hallazgos a la relación entre bienestar y crecimiento económico. En uno de sus primeros estudios en el campo presentó la "paradoja de Easterlin", que sugiere que, aunque los países ricos tienden a ser más felices que los países pobres, el crecimiento económico no se traduce necesariamente en un aumento del bienestar a largo plazo. (Easterlin, R. A., 1974. "Does Economic Growth Improve the Human Lot? Some Empirical Evidence". En P. A. David y M. W. Reder Eds., Nations and Households in Economic Growth, pp. 89-125. Academic Press).

Los economistas Betsey Stevenson y Justin Wolfers son conocidos por sus investigaciones en el campo del bienestar y la economía de la felicidad, y a diferencia de la paradoja de Easterlin, plantean que el bienestar sigue aumentando con el ingreso, pero a tasas decrecientes. Es decir, cada dólar adicional tiene un impacto menor en el bienestar que el dólar anterior. (Stevenson, B., y Wolfers, J., 2013. "Subjective well-being and income: Is there any evidence of satiation?". American Economic Review, 103-3, 598-604).

Tener de todo vs. lo indispensable:

El minimalismo, una filosofía y movimiento moderno, argumenta a favor de tener solo lo esencial, sugiriendo que la acumulación excesiva llega a ser una distracción de lo que realmente importa. Desde la perspectiva budista, el desapego de los bienes materiales es visto como un camino hacia la iluminación y la liberación del sufrimiento.

Psicológicamente, la teoría de la adaptación hedónica sugiere que las personas presentan un nivel estable de felicidad, independientemente de las ganancias o pérdidas materiales. Este "efecto de adaptación" significa que, aunque los bienes materiales pueden ofrecer un aumento temporal en la felicidad, este efecto es efímero. En esencia, explica que aunque las circunstancias de la vida pueden provocar aumentos o disminuciones temporales en la felicidad, las personas tienden a adaptarse a estos cambios y regresar a un punto de referencia personal de bienestar. Cada persona tiene un nivel base o punto de referencia de felicidad al que tiende a regresar con el tiempo. Cuando ocurren eventos positivos, como ganar la lotería o recibir un ascenso, las personas experimentan un aumento en su felicidad. Sin embargo, con el tiempo, tienden a adaptarse a esta nueva circunstancia y su nivel de felicidad regresa al punto de referencia. De manera similar, cuando las personas enfrentan adversidades o eventos desafortunados, su felicidad puede disminuir temporalmente, pero eventualmente tienden a adaptarse y regresar a su nivel base de felicidad (Brickman, P., y Campbell, D. T., 1971. "Hedonic relativism and planning the good society". En M. H. Appley, Ed., Adaptation-level theory, pp. 287-302. Academic Press).

Joshua Fields Millburn y Ryan Nicodemus, autores de Minimalism: Live a Meaningful Life, y también conocidos como "Los Minimalistas", están entre los defensores más populares del minimalismo contemporáneo. Su libro ofrece una perspectiva sobre cómo vivir una vida con significado centrada en lo que realmente importa. Para Francine Jay, el minimalismo es una herramienta que puede ayudar a encontrar la libertad: libertad del miedo, libertad del estrés, libertad de abrumarte y libertad del consumismo. Su libro, "The Joy of Less: A Minimalist Guide to Declutter, Organize, and Simplify", es una guía práctica sobre cómo adoptar un enfoque minimalista en la vida diaria.

Fumio Sasaki, autor de "Goodbye, Things: The New Japanese Minimalism", relata su propia experiencia personal al adoptar el minimalismo y cómo le cambió la vida. Explica que "al tener menos, nos damos más espacio para crecer, respirar y ser, y nos damos permiso para vivir más conscientemente".

En el Dhammapada, una colección de dichos en verso del Buda, se enfatiza la naturaleza efímera de la existencia y la relevancia del desapego: "No es tan importante el hecho de reducir tus pertenencias o de poseer nada; más bien, es cuestionar el verdadero valor de poseer cosas".

En el libro *"The Heart of the Buddha's Teaching: Transforming Suffering into Peace, Joy, and Liberation"*, de Thich Nhat Hanh, el renombrado monje zen y maestro proporciona interpretaciones de las enseñanzas centrales del Buda, incluida la naturaleza del desapego: "Dejar ir nos da libertad, y la libertad es la única condición para la felicidad. Si, en nuestro corazón, todavía nos aferramos a algo —ira, ansiedad, posesiones—, no podemos ser libres".

Ser sociales vs. ermitaños:

Aristóteles argumentaba que somos, por naturaleza, animales sociales, y que nuestras vidas están enriquecidas por nuestras interacciones con otros. Sin embargo, también valoraba la contemplación solitaria como un camino hacia la verdad y el autoconocimiento. La psicología contemporánea respalda la idea de que somos criaturas sustancialmente sociales. Las relaciones y las conexiones sociales son indicadores robustos de bienestar y salud mental. Sin embargo, la introspección y el tiempo a solas también tienen un valor, permitiendo la reflexión y el crecimiento personal.

Hacia un equilibrio: la decisión más equitativa

Quizás el verdadero dilema no sea una elección binaria entre riqueza y felicidad, o entre sociabilidad y soledad, sino más bien cómo equilibrar estas dimensiones en una vida plena. La moderación, como sugería el filósofo griego Platón, podría ser la clave. Una vida enriquecida podría incluir la posesión de recursos suficientes para garantizar la seguridad y el confort, pero no a expensas de las relaciones o la integridad personal. Del mismo modo, aunque las conexiones sociales enriquecen nuestras vidas, también es esencial el tiempo a solas para la reflexión y la introspección. En última instancia, la búsqueda de un equilibrio entre estos extremos es un viaje personal y profundamente individual, moldeado por nuestra historia, valores y circunstancias. Lo que es esencial es que esta búsqueda esté muy bien informada y analizada, y que determinemos cuál será nuestra decisión sobre lo que realmente creamos, elijamos ser y que nos dé valor, significado y felicidad a nuestras vidas.

Capítulo 4: Barriga llena... Corazón contento: las claves de la felicidad en la mesa

Neurogastronomía: más allá del sabor, una travesía cerebral

Merlín Gessen es neurogastrónomo, periodista y conferencista. Se dedica a la comunicación enfocada al área gastronómica en los medios de comunicación y redes sociales. Nos explica: "La neurogastronomía, como su nombre sugiere, se encuentra en la encrucijada de la neurociencia y la gastronomía, explorando el complejo entramado entre nuestros cerebros y la experiencia de degustar alimentos. No se trata simplemente de un bocado o de una explosión de sabores en la boca, sino de un viaje que involucra todo el sistema nervioso y los vastos recovecos de la memoria y la cognición. Imaginemos por un momento que le damos un bocado a una tarta de manzana recién horneada. Más allá del sabor dulce y acaramelado de las manzanas o de la textura crujiente de la masa, ¿qué sucede en nuestro cerebro? La respuesta a esta pregunta es la esencia de la neurogastronomía".

Desde el momento en que percibimos el aroma que se desprendía del horno hasta el instante en que la tarta toca nuestra lengua, el cerebro ya está en acción. Las neuronas se disparan, transmitiendo señales a través de complejas redes que evocan recuerdos, emociones y contextos. Quizás recordemos a nuestra abuela o a mamá preparando una tarta similar cuando éramos niños, o un cumpleaños pasado en el que la tarta de manzana era el postre estrella. Estos recuerdos, que en un principio pueden parecer triviales, tienen un impacto significativo en nuestra experiencia de saborear esa tarta.

La neurogastronomía nos muestra que comer es mucho más que una simple función biológica. Es una experiencia multisensorial que no solo satisface nuestra hambre física, sino también nuestro apetito emocional, y activa y nos hace conscientes de nuestros momentos de felicidad. Al degustar alimentos que evocan recuerdos felices, se produce una doble recompensa: el placer del sabor y el regocijo de la nostalgia. Esto explica por qué ciertos platos pueden parecer reconfortantes o por qué determinadas comidas nos hacen sentir "como en casa". No es solo el sabor de la comida en sí, sino todo lo que ella conlleva: los recuerdos, las tradiciones, las historias y las emociones. De hecho, podría argumentarse que se involucran el contexto emocional y tu propia identidad, y el bienestar que se siente es tan importante como el propio alimento —si no más. Además, esta interacción entre comida y cerebro tiene implicaciones prácticas. Los chefs y restauradores pueden emplear los principios de la neurogastronomía para crear experiencias culinarias más inmersivas y emotivas, así como algunos terapeutas utilizan alimentos evocadores para ayudar a pacientes con trastornos de memoria o emocionales.

La neurogastronomía —continúa Merlín Gessen— nos ofrece una ventana a la felicidad, revelando que cada bocado que tomamos es una invitación a un viaje a través del tiempo y el espacio, tocando las fibras más íntimas de nuestra memoria y emociones. En cada comida, no solo alimentamos nuestros cuerpos, sino también nuestras almas, reviviendo y ampliando en nuestra intimidad los momentos dichosos que están siempre presentes en cada uno de nosotros.

También esta disciplina se enfoca en investigar la percepción sensorial de los alimentos como el sabor, el aroma, la textura y la apariencia, y su influencia en nuestro cerebro y en nuestras emociones, y cómo logra afectar nuestras decisiones alimentarias y nuestra salud en general. La neurogastronomía se apoya en diversas áreas del conocimiento, como la neurociencia, la psicología, la nutrición y la gastronomía, y busca descubrir nuevas formas de mejorar la experiencia gastronómica y promover hábitos alimentarios saludables a partir de la comprensión de los mecanismos neuronales y cognitivos implicados en la alimentación.

Por estas razones es que considero —agrega Merlín Gessen— que la neurogastronomía es la ciencia de la felicidad en la mesa.

El poder de la neurogastronomía

Los temas relacionados con la alimentación y la cocina ocupan espacios relevantes en los medios de comunicación tradicionales y digitales y en las redes sociales. Estos tópicos forman parte de las discusiones en los ámbitos privado y público en las que todos tomamos parte de manera directa o indirecta. Cuando vemos en retrospectiva la historia de la humanidad, observamos que hasta hace poco se pensaba erróneamente que comer era solo un acto para satisfacer las necesidades de hambre y de sed, y que el mundo de la cocina estaba conformado por solo dos protagonistas: los comensales y los cocineros.

Desde finales del siglo 20 y los primeros años del 21, ha crecido el interés por la gastronomía gracias a los avances científicos y tecnológicos que permiten indagar en los procesos que desarrollan nuestro cerebro y nuestro cuerpo alrededor de la comida. La neurogastronomía toma para sí estos avances y nos enseña que, cuando entran en juego nuestros cinco sentidos y otros aspectos psicológicos, como las emociones, la expectativa y la memoria, la perspectiva cambia. Es por esto por lo que somos capaces de recordar nuestra infancia con tan solo probar un sabor particular o sentir un olor, y en consecuencia, podemos afirmar que también "comemos con el cerebro". Definitivamente alimentarse no es solo un acto de supervivencia. Desde el momento en que todos los sentidos intervienen en la experiencia del sabor y creamos nuestras propias interpretaciones de los estímulos externos, creamos una cultura como es la gastronomía.

Neurogastronomía y la confluencia de historias:

La gastronomía ha dejado de ser solo el arte de cocinar. Se ha transformado en una sinfonía orquestada por diversos actores, donde cada nota es una contribución única al paladar del mundo. Es más que el aroma que sale de una olla o el meticuloso arte de decorar un plato, es la vida misma entrelazada con sabor, aroma, recuerdo y emoción. Hoy en día, en el vasto escenario de la gastronomía, no solo el chef es protagonista. Agricultores, científicos, activistas, periodistas y consumidores, todos aportan al recetario de nuestra cultura culinaria. Cada uno con su voz, con su experiencia, con su historia. Este mosaico de voces ha enriquecido la esencia de lo que comemos, transformándolo en un acto profundamente humano y conectado.

En medio de esta sinfonía surge la neurogastronomía, como un puente entre la ciencia y el sabor, ayudándonos a entender no solo lo que comemos, sino cómo y por qué lo experimentamos de cierta manera. No es solo entender por qué el chocolate nos puede hacer sentir eufóricos o por qué el picante nos provoca esa sensación ardiente. Va más allá: es adentrarse en la razón por la que un simple guiso puede transportarnos a otras tierras, otras épocas, a tiempos pasados, a nuestra infancia, o cómo una taza de té puede evocar un paisaje montañoso de un país lejano.

Tomemos, por ejemplo, el ceviche, un plato emblemático de la costa peruana. Más allá de su sabor cítrico y su textura fresca, al degustarlo no estamos simplemente consumiendo pescado marinado en limón. Estamos saboreando la brisa del Pacífico, los gritos de los pescadores al amanecer, las historias de los antiguos pueblos que honraban al mar y sus regalos. Con cada bocado, degustamos también las discusiones de biólogos marinos sobre la sostenibilidad de la fauna marina utilizada y el eco de los activistas clamando por la preservación de las costas. En ese mismo bocado, la neurogastronomía nos dice que no es nada más el sabor lo que nos emociona, sino el recuerdo, la historia y las circunstancias que trae a colación.

La gastronomía moderna ha trascendido los límites de la cocina para convertirse en un acto de conexión y de celebración de nuestra humanidad compartida. Al entender esto, la neurogastronomía nos invita a comer con conciencia, a saborear no solo con el paladar, sino también con el corazón y la mente. Porque cuando comemos, además de alimentarnos, nos nutrimos de paisajes, amor, deseo, tradiciones y culturas. La comida es, después de todo, el lenguaje universal que narra nuestras historias más íntimas y conecta nuestras almas. La mayoría de los seres humanos nos sentimos motivados en gran medida por aquello que nos produce satisfacción y placer, y el hecho gastronómico es una fuente infinita que, al hacerla consciente, nos brinda acceso a un sinfín de beneficios que nos harán profundamente felices.

Neurogastronomía y psicología. Paladar de la memoria y el bienestar:

Como neurogastrónomo e hijo de dos psicólogos —añade Merlín Gessen—, he observado que el acto de comer, además de funcional, es una danza intrincada de procesos cerebrales, emociones, recuerdos y sentimientos que juntos configuran nuestra percepción del sabor y, en última instancia, nuestro sentido de felicidad. La neurogastronomía nos ayuda a desglosar este baile, observando cómo las distintas etapas de percepción, memoria y emoción se combinan en el acto de degustar.

Tomemos uno de los fenómenos más comunes y conmovedores relacionados con la comida: el sabor de la infancia, particularmente aquel que asociamos con la comida preparada por nuestra madre o algún ser querido. ¿Por qué, a pesar de probar innumerables versiones de un mismo plato a lo largo de los años, insistimos en que "el mejor es el que hacía mi mamá"? La neurogastronomía nos proporciona una respuesta. Cuando probamos esa pasta especial o esa forma única de hacer arroz, no estamos simplemente degustando ingredientes y técnicas culinarias. Estamos reviviendo momentos, recordando su cara, sus caricias, risas y consuelo. Estamos, en esencia, comiendo recuerdos.

Desde una perspectiva psicológica, la comida preparada por seres queridos a menudo viene acompañada de sentimientos de amor, seguridad y pertenencia. El cerebro, con su increíble capacidad para tejer conexiones, asocia estos sentimientos con los sabores específicos de esos platos. Por lo tanto, cuando probemos algo similar en el futuro, se desencadenará una cascada de remembranzas y emociones que nos hacen sentir bien, seguros y amados.

Al reconocer esta relación inherente entre comida, cerebro y emoción, tomamos conciencia de nuestra propia naturaleza como neurogastrónomos. Sin saberlo, hemos estado utilizando esta ciencia intuitiva para moldear nuestras experiencias y recuerdos. Este reconocimiento consciente nos brinda una herramienta poderosa: la capacidad de cultivar bienestar a través de nuestras elecciones alimenticias y experiencias culinarias.

Con esta comprensión, podemos crear momentos significativos, fortalecer vínculos y sanar heridas emocionales a través del simple acto de comer. Podemos redescubrir la alegría en los sabores y aromas de nuestra infancia, reconectar con seres queridos a través de recetas compartidas y encontrar consuelo en los platos que evocan momentos felices. Así, la neurogastronomía, entrelazada con la psicología, nos revela que somos seres emocionales y culinarios por naturaleza. Al abrazar esta verdad y al cultivar una relación consciente con la comida, no solo nutrimos nuestro cuerpo, sino también nuestro espíritu, encontrando bienestar en cada bocado.

La gastronomía contemporánea. Neurogastronomía aplicada:
Los restaurantes son excelentes laboratorios de pruebas para experimentar nuevas técnicas. Hoy en día se diseñan espacios en los que se considera —además del sabor y de la calidad de la comida y la bebida— cómo influyen la luz del lugar, la música, la vajilla, la mantelería, la atención al cliente, todo lo que rodea al plato, incluso quienes se sientan en la mesa, esto para garantizar un momento de plenitud, y que lo guardes en tu memoria. Así volverás e invitarás a otros familiares y amigos a ir al mismo restaurant, por los momentos de bienestar que disfrutaste la primera vez que fuiste a ese lugar.

Imagina lo que podrías hacer llevando este conocimiento a tu cotidianidad. El objetivo es pasar de la intuición a la razón, y es precisamente lo que te proponemos: que abras esta nueva puerta para adentrarnos en este maravilloso mundo y cambiar la manera de comer en la vida, agregándole un momento de felicidad. Estamos conscientes de que la neurogastronomía aplicada es una herramienta poderosa que nos permite vivir con más alegría y disfrute la experiencia gastronómica, por eso decidimos ir más allá de nuestras fronteras cotidianas y entregarte los ingredientes necesarios para preparar infinitas experiencias llenas de placer. Vamos a profundizar cómo vive el cerebro la experiencia gastronómica y cómo las emociones son determinantes en este proceso para ser felices.

La neurogastronomía aplicada y su influencia en la experiencia culinaria:

Para comprender mejor lo que aprenderemos juntos, debemos conocer dos términos: el primero, qué es la neurogastronomía, siendo esta la rama de la neurociencia que estudia el comportamiento del ser humano, partiendo del cerebro y su reacción ante los estímulos que recibe al comer. El segundo, qué es la neurogastronomía aplicada, definida como la rama de la gastronomía que estudia la aplicación del conocimiento derivado de las neurociencias y la psicología, con la intención de crear estrategias de valor para crear experiencias únicas, memorables y sostenibles que generen felicidad.

La comida es más que mera supervivencia, es una experiencia que ha definido nuestra historia evolutiva y social. Desde los primeros días de nuestra existencia, hemos sido inconscientemente neurogastrónomos, guiados por un deseo instintivo de placer y bienestar a través de la comida. Cada bocado, cada descubrimiento culinario, no solo ha influido en nuestra dieta, sino también en la estructura y función de nuestro cerebro.

Consideremos el momento crucial cuando nuestros antepasados, que se alimentaban de frutos verdes, descubrieron el dulzor de las frutas maduras. Este hallazgo no fue solo una preferencia por el sabor, sino que además también una elección beneficiosa desde el punto de vista evolutivo. Las frutas maduras, con su contenido más alto de azúcares, ofrecían una fuente de energía más concentrada, esencial para un cerebro en crecimiento y expansión. A medida que los humanos evolucionamos, también lo hizo nuestra relación con la comida. La introducción de la carne de animales en la dieta, especialmente cuando se cocinaba en las brasas, marcó otro hito en la neurogastronomía inconsciente. La carne cocida, más fácil de masticar y digerir, permitió una ingesta calórica más eficiente. Esto, a su vez, posibilitó que nuestro cerebro creciera en tamaño y complejidad, estableciendo las bases para el desarrollo de habilidades cognitivas avanzadas.

Este viaje culinario no solo modificó nuestra biología, sino que también influyó en nuestro comportamiento social. La búsqueda conjunta de alimentos, la preparación de comidas y el compartir alrededor de un fuego, fomentaron la cohesión de grupos, la formación de tribus y la creación de lazos sociales más fuertes. En esencia, el placer derivado de la comida fue un catalizador para nuestra evolución social y cultural.

El cerebro, con su capacidad innata para asociar placer con recuerdo, ha almacenado cada una de estas experiencias gastronómicas a lo largo del tiempo. Los sabores y aromas rememoran no solo recuerdos, sino también emociones, vinculándonos con nuestro pasado evolutivo y social. En la era moderna, aunque ya no buscamos alimentos en una planicie ni cocinamos sobre hogueras abiertas, la esencia de la neurogastronomía sigue viva en nosotros. Continuamos buscando el placer en la comida, ya sea a través de la recreación de recetas ancestrales o de la exploración de nuevas fusiones culinarias. Este deseo nos conecta no solo con nuestras raíces, sino también con la esencia misma de lo que significa ser humano: una criatura en constante búsqueda de experiencias que nutran tanto el cuerpo como el alma.

El caso de Federica: los alimentos y la forma de consumirlos:

En una oportunidad, Federica se dirigía a casa luego de un largo día de trabajo. Ella imaginaba llegar directo a darse una ducha de agua caliente, acostarse a ver una de sus series favoritas y quedarse dormida hasta el día siguiente. Al abrir la puerta, su hijo de 5 años la recibe con mucha energía: "¡Mamá!, ¡mamá, hola, mamaaaá!". Federica lo saluda con un beso en la frente, suspira y se percata de que Carlitos no se ha bañado ni ha cenado aún. Adiós a la ducha caliente, la faena debe continuar. En un acto de gestión del tiempo, manda a bañar al pequeño y ella decide ir a cocinar.

Hagamos una pausa en esta historia y vamos a preguntarte, a ti, querido lector: si estuvieses en este escenario, ¿qué le cocinarías a Carlitos? Responde con lo primero que te viene a la cabeza... ¿Listo? Bien, la mayoría de las personas que responden a esta pregunta suelen hacer referencia de platos ricos y fáciles de hacer como *nuggets* de pollo, pasta con leche y queso —*"Mac n' Cheese"*—, arepitas o unos pancitos con mantequilla, sándwich o, incluso, un *delivery* de pizza. ¿Tu plato sería de este estilo?

Ahora, viene una pregunta importante: ¿por qué elegiste ese plato? Uno podría pensar que es porque son rápidos y fáciles de hacer, ¿cierto? Sin embargo, cuando pensamos que se podría preparar un plato aún más fácil y rápido, en tan solo 4 minutos, en el microondas, con una porción de pechuga de pollo, con 50 gramos de papas y 50 gramos de brócoli, todo sancochado y saludable, seguramente la mayoría de las personas arrugarían la cara en señal de desagrado. Es más, muchos dicen que este es un plato que se debe servir cuando se tiene tiempo para sentarse en la mesa.

En el fondo, y esto es revelador, cuando escogemos un plato "rico", lo que estamos buscando es tratar de garantizar que el hijo se lo coma todo y lo haga rápido. Esto tiene sentido. Ahora bien, pensemos en lo siguiente: el niño poco a poco asocia que cuando mamá o papá vienen cansados le preparan la comida que más le gusta. Es un momento muy rico, lleno de sabor, pero de poco compartir en la mesa. Mientras que, cuando se tiene más tiempo, asocia que le sirven platos que no les gustan y pasan mucho tiempo en la mesa, escuchando frases como "cómetelo todo que te lo hice con cariño, ¿sabes cuántas personas no tienen nada que comer?", o la clásica, "de ahí no te paras hasta que te lo comas". Es impresionante, todo al revés.

Este caso nos presenta una oportunidad para reflexionar sobre cómo tenemos hábitos inconscientes que van en detrimento de la unión y la felicidad. Nos permite dimensionar lo importante que es cambiar nuestro enfoque y hacer de la mesa y el comer una de las claves más poderosas para la felicidad.

La trinidad del placer gastronómico:

Nuestro cerebro debe garantizar su funcionamiento, para eso necesita energía y, a través de un largo proceso de evolución, ha creado diversos mecanismos para que esto ocurra. Son tres principalmente y explicarían por qué comemos como lo hacemos.

Imaginemos un triángulo, cada uno de cuyos vértices representa uno de estos procesos. En uno de los vértices encontraremos la necesidad física. Nuestra mente debe trabajar para recibir la cantidad de nutrientes que garanticen su funcionamiento biológico y cognitivo, por lo que produce estímulos físicos que generan hambre, así como cambios emocionales para estimular el consumo.

En el segundo vértice tenemos el placer hedonista, el que nos hace preferir el sabor por encima de la nutrición y puede hacernos erizar la piel, incluso nos impulsa a comer sin control. Unas crocantes papas fritas, una jugosa hamburguesa con queso fundido, una torta húmeda de chocolate intenso —Mmmm... se hace agua la boca— y se pueden sentir las ganas de comer algo así. Los alimentos hipercalóricos son favorecidos de maneras muy intensas por nuestro cerebro. El simple deseo de comerlos activa hormonas de placer, y comerlos genera torrentes de dopamina y serotonina y nuestro comportamiento se vuelve muy emocional, lo cual tiene su razón. Debemos activar un protocolo de recompensas tan valioso que originen una asociación que garantice que sigamos consumiendo y busquemos en el futuro este tipo de productos, pues tienen las moléculas de energía más eficientes: la grasa y los azúcares.

El tercer vértice es maravilloso. Durante mucho tiempo, cuando se hablaba de por qué comíamos como lo hacíamos, este pasaba desapercibido. Nuestro cerebro, con el pasar de los años, hizo una asociación muy poderosa. Se dio cuenta de que cuando nos sentábamos en torno a la comida estábamos y nos sentíamos más seguros.

Si nos transportamos a una época remota, hace unos 40 mil años, en las frías montañas de los Pirineos, podemos vislumbrar a una tribu reuniéndose alrededor del fuego, compartiendo alimentos y protegiéndose mutuamente. Aquella imagen primitiva, cargada de simplicidad, nos revela complejidades profundas en la trama de nuestra evolución neurobiológica y cultural. En esta escena prehistórica, encontramos claves cruciales sobre la formación de lo que eventualmente definiría nuestra humanidad. A lo largo de milenios, nuestra mente ha evolucionado, desarrollando mecanismos sofisticados que nos permitieron construir las bases de nuestra civilización. El cerebro aprendió y creó mecanismos que ayudaron a establecer los fundamentos de lo que nos hace humanos.

Uno de estos mecanismos es el papel de la oxitocina, una hormona potente y esencial. A menudo denominada "hormona del amor", la oxitocina se libera en diversos contextos sociales, y especialmente cuando compartimos comida con otros. Mientras conversamos y degustamos, esta hormona no solo fortalece vínculos sociales, sino que también potencia nuestra capacidad de recordar. Estos momentos compartidos alrededor de un plato se graban en nuestra memoria con una intensidad particular, convirtiéndose en fragmentos constitutivos de nuestra identidad mediante los cuales se podría descifrar nuestra personalidad. Cada vez que compartimos una comida, continuamos el legado de aquellos ancestros en los Pirineos, tejiendo la historia de nuestra especie y reafirmando los vínculos que, en última instancia, nos hacen humanos. En pocas palabras, es la comida la que actúa como uno de los fijadores de recuerdos que responden a las preguntas sobre quién soy, de dónde vengo, a dónde voy y quién me acompaña en este camino.

Te propongo algo: recuerda un plato de tu infancia que te haga sentir feliz. ¿Lo tienes? Seguramente ese plato es muy rico. Pues bien, la razón de por qué lo recuerdas es muy interesante, lo primero que pensamos es por el sabor delicioso, pero no es así, es para que no olvides lo importante que era la persona que lo preparaba para ti, lo bien que la pasaste y lo mucho que ese tiempo influyó en tu vida. El cerebro usó el sabor de esa comida para fijar esa memoria en ti.

La comida como reforzador de conductas:

En el campo de la psicología, la relación entre la comida y la conducta ha sido objeto de fascinación y estudio profundo desde su origen, con los inicios del análisis experimental del comportamiento, hasta las técnicas contemporáneas de cambio conductual. La comida ha sido identificada como un poderoso reforzador de conductas. Al comprender la dinámica de este refuerzo, podemos apreciar cómo ciertas conductas pueden ser moldeadas, instigadas o extinguidas.

Comencemos con el legado de Iván Pavlov y su célebre experimento con perros. A través de la reflexología, Pavlov identificó el fenómeno del condicionamiento clásico, donde un estímulo neutral —una campana— llegó a provocar una respuesta condicionada, la salivación en los perros, tras ser asociado repetidamente con un estímulo incondicionado, la comida. Aunque el alimento no era el foco principal de este experimento, su papel como reforzador fue evidente. La comida, un estímulo poderosamente motivador, creó una asociación en la mente del perro que llevó a una respuesta anticipada a la comida.

No obstante, fue Burrhus Frederic Skinner quien realmente destacó la naturaleza instrumental de la comida como reforzador. A través de sus experimentos con cajas operantes, Skinner demostró cómo la comida podía ser utilizada como reforzador positivo para incrementar la probabilidad de que se repitiera una conducta. En este paradigma, un animal podría aprender a presionar una palanca si esta acción resultaba en la obtención de comida. El alimento, en este contexto, reforzaba la conducta de presionar la palanca, llevando a que el animal repitiera dicha acción con mayor frecuencia.

El valor de la comida como reforzador no se detiene en los experimentos de laboratorio. En la psicología contemporánea y en las técnicas de cambio de conducta, la comida continúa siendo un recurso valioso. Terapeutas y educadores a menudo emplean sistemas de recompensas basados en alimentos para moldear y reforzar conductas deseadas, especialmente en poblaciones con necesidades específicas, tomando en cuenta que el empleo indiscriminado de alimentos como recompensas puede tener consecuencias no deseadas. La clave radica en un enfoque equilibrado donde la comida, en su poderosa capacidad de reforzar, sea utilizada de manera ética y consciente.

La comida, más allá de su valor nutritivo, posee un profundo poder psicológico como reforzador de conductas. Este reforzador ha dejado una marca indeleble en nuestra comprensión del comportamiento humano y animal. Recae en nosotros, y en la sociedad, la responsabilidad de cómo y cuándo emplear este potente instrumento.

La comida y las emociones, un matrimonio inseparable:

La relación entre la comida y las emociones es compleja. Por un lado, las emociones pueden influir en nuestra alimentación, haciendo que comamos más cantidad, o menos, que elijamos ciertos alimentos o que tengamos problemas de alimentación. Por otro lado, la comida también puede influir en nuestras emociones, haciéndonos sentir diferentes, alegres, tristes, ansiosos o, incluso, estresados.

Analicemos lo siguiente, cuando nos sentimos estresados, ansiosos o tristes, la química de nuestro cerebro está en alerta; hormonas como el cortisol y la adrenalina están en alta. Como mecanismo de regulación, la mente podría generar el deseo de recurrir a la comida para calmarnos o para distraernos de nuestros sentimientos negativos. En estos casos, es probable que elijamos alimentos ricos en azúcar, grasas o sal, activando dosis de dopamina que generan una sensación de placer o satisfacción inmediata. Esta elección de alimentos puede proporcionar un alivio temporal del malestar emocional; sin embargo, puede transformarse en un ciclo peligroso que produzca obesidad.

Relación del estrés y el consumo de alimentos no saludables:

En las últimas décadas, ha crecido el interés en entender cómo nuestras elecciones alimentarias son influenciadas por factores psicológicos y emocionales. Un área de investigación particularmente relevante es la relación entre el estrés y el consumo de alimentos considerados no saludables —comida chatarra. Estudios han documentado cómo el estrés puede impulsar la preferencia por alimentos ricos en azúcares, grasas y sal.

En 2003, Mary F. Dallman y otros investigadores publicaron un estudio en la Academia Nacional de Ciencias de Estados Unidos que indicó cómo el estrés crónico podría conducir a una preferencia por alimentos altos en azúcar y grasa. Esta investigación sugiere que la liberación de ciertas hormonas en respuesta al estrés, como el cortisol, puede jugar un papel crucial en esta preferencia alimentaria. (Dallman, M. F., Pecoraro, N., Akana, S. F., La Fleur, S. E., Gomez, F., Houshyar, H., y Manalo, S., 2003. "Chronic stress and obesity: a new view of 'comfort food'". Proceedings of the National Academy of Sciences, 100-20, 11.696-11.701).

El sistema de recompensa del cerebro también está involucrado en esta dinámica. Adam y Epel analizaron en su investigación cómo el estrés puede influir en el sistema de recompensa llevando a una mayor ingesta de "comida reconfortante", e identificaron que el estrés puede afectar la dopamina y otros neurotransmisores relacionados con la sensación de placer, despertando un deseo de alimentos que proporcionan una gratificación inmediata. (Adam, T. C., y Epel, E. S., 2007. "Stress, eating and the reward system". Physiology & Behavior, 91-4, 449-458).

Adicionalmente, el estrés crónico y su relación con comida puede tener implicaciones en la respuesta fisiológica del cuerpo. Tryon, DeCant y Laugero exploraron cómo una dieta rica en alimentos podría estar vinculada a una menor respuesta del cortisol ante situaciones de estrés agudo. Su investigación plantea la posibilidad de que una dieta rica en estos alimentos pueda modificar la respuesta típica al estrés. (Tryon, M. S., DeCant, R., y Laugero, K. D., 2013. "Having your cake and eating it too: A habit of comfort food may link chronic social stress exposure and acute stress-induced cortisol hyporesponsiveness". Physiology & Behavior, 114, 32-37).

Por supuesto, la obesidad es una preocupación relacionada. Torres y Nowson, en un artículo en Nutrition, revisaron la compleja relación entre el estrés, el comportamiento alimentario y la obesidad. Su revisión destaca cómo el estrés puede llevar a un aumento del consumo calórico y cómo este patrón puede contribuir al desarrollo de la obesidad (Torres, S. J., y Nowson, C. A., 2007. "Relationship between stress, eating behavior, and obesity". Nutrition, 23,11-12, 887-894).

En resumen, la literatura científica ha proporcionado evidencia contundente de que el estrés puede influir en nuestras elecciones alimentarias, llevando a una preferencia por alimentos considerados no saludables. Esta relación no solo tiene implicaciones para la salud física, sino también para la salud mental, ya que el consumo de estos alimentos puede ser una forma de hacer frente a emociones y situaciones estresantes.

Por su parte, sin que exista la necesidad de superar un momento negativo, nos alimentamos sin estar plenamente conscientes de que la comida también puede influir en nuestras emociones de varias maneras. Algunos alimentos tienen propiedades que pueden aumentar la producción de serotonina. Los carbohidratos, como una galleta, un trozo de pan recién horneado, una arepa asada, son buen ejemplo de esto. Al ingerir una comida frita, se activa la misma parte del cerebro que cuando nos dan un abrazo.

El fenómeno Proust. Un viaje neurogastronómico por la memoria:

La neurogastronomía se adentra en el fascinante cruce entre cómo percibimos la comida y cómo esta afecta nuestro cerebro y, por extensión, nuestra percepción, memoria y emoción. Uno de los ejemplos más emblemáticos de esta intersección es el "fenómeno Proust" o "efecto Madeleine" (magdalena).

Este fenómeno lleva el nombre de Marcel Proust, el célebre autor francés que, en su obra "En busca del tiempo perdido", describe un momento en el que el protagonista se come madeleine, un tipo de galleta, sumergida en té. Al hacerlo, se ve inundado por recuerdos de su infancia. Lo que Proust artísticamente relata es una experiencia que muchos hemos vivido: un sabor, un aroma o una textura que, al ser experimentados, nos transportan a un momento y lugar de nuestro pasado.

Para la neurociencia, este fenómeno se relaciona con cómo se procesa en el cerebro la información sensorial, particularmente los olores y sabores. El sistema olfativo tiene conexiones directas con el hipocampo y la amígdala, estructuras cerebrales fundamentales para la memoria y la emoción, respectivamente. Así, un aroma o sabor particular puede actuar como un gatillo que activa un recuerdo específico, especialmente si ese recuerdo está cargado emocionalmente.

Pero una vez más: ¿por qué la comida tiene este poderoso efecto sobre la memoria? Desde una perspectiva evolutiva, la capacidad de recordar fuentes específicas de alimentos era esencial para la supervivencia. Nuestros antepasados necesitaban recordar dónde encontrar alimentos y, más importante aún, qué alimentos eran seguros para consumir y cuáles no.

Además, a lo largo de la historia humana, la comida ha estado íntimamente ligada a la socialización. Las comidas se han compartido en familia, con amigos, en celebraciones y ceremonias. Estos momentos compartidos, a menudo cargados de emoción, crean recuerdos vívidos que se anclan en los sabores y aromas de los alimentos consumidos.

La neurogastronomía, al estudiar fenómenos como el efecto Proust, no solo proporciona una ventana al funcionamiento de nuestro cerebro, sino también a nuestra cultura, historia y conexiones emocionales. Nos recuerda que la comida es más que simplemente combustible para el cuerpo; es una experiencia que conecta el pasado, el presente y, potencialmente, el futuro. Al comprender mejor esta conexión, podemos apreciar aún más la riqueza de nuestras experiencias culinarias y cómo estas moldean y reflejan nuestra identidad y memoria colectiva.

Es muy interesante saber que ciertos platos pueden activar recuerdos o emociones positivas o negativas, el fenómeno Proust. La mayoría de los platos preferidos que forman parte de nuestra identidad, como esas comidas tradicionales o recetas familiares, se hicieron camino en nuestra mente a lo largo de nuestra vida para garantizar memorias positivas.

La conexión de la comida chatarra y los estados psicológicos negativos:

En el epicentro de las investigaciones recientes está la asociación entre la ingesta de comida chatarra y el aumento en la prevalencia de trastornos psicológicos como la depresión y la ansiedad.

Una de ellas encontró que las mujeres que consumían una dieta más alta en alimentos procesados tenían más probabilidades de experimentar depresión o ansiedad. (Jacka, F. N., Pasco, J. A., Mykletun, A., Williams, L. J., Hodge, A. M., O'Reilly, S. L., y Berk, M., 2010. "Association of Western and traditional diets with depression and anxiety in women". American Journal of Psychiatry, 167-3, 305-311).

Otra investigación encontró que las dietas poco saludables estaban relacionadas con un inferior estado de salud mental en niños y adolescentes. (O'Neil, A., Quirk, S. E., Housden, S., Brennan, S. L., Williams, L. J., Pasco, J. A., y Jacka, F. N., 2014. "Relationship between diet and mental health in children and adolescents: A systematic review". American Journal of Public Health, 104-10, e31-e42).

También en un experimento demostraron que el consumo de comida rápida, incluyendo hamburguesas, pizzas y donas, estaba asociado con un mayor riesgo de depresión. (Sanchez-Villegas, A., Toledo, E., de Irala, J., Ruiz-Canela, M., Pla-Vidal, J., y Martínez-González, M. A., 2012. "Fast-food and commercial baked goods consumption and the risk of depression". Public Health Nutrition, 15-3, 424-432).

Cuando se examinó cómo la nutrición influye en la neurogénesis del hipocampo adulto se encontró que se reduce por la acción de las dietas ricas en grasas saturadas y azúcares, lo que podría estar vinculado con trastornos mentales. Esta "baja neurogénesis" significa que la producción o formación de nuevas neuronas está reducida o disminuida. Esta baja en áreas como el hipocampo se ha relacionado con trastornos como la depresión y problemas cognitivos. (Zainuddin, A. A., & Thuret, S., 2012. "Nutrition, adult hippocampal neurogenesis, and mental health". British Medical Bulletin, 103-1, 89-114).

A la par y al contrario, una revisión sistemática encontró que las dietas de alta calidad, que son bajas en comida chatarra, estaban asociadas con un menor riesgo de depresión. (Lai, J. S., Hiles, S., Bisquera, A., Hure, A. J., McEvoy, M., y Attia, J., 2014. "A systematic review and meta-analysis of dietary patterns and depression in community-dwelling adults". The American Journal of Clinical Nutrition, 99-1, 181-197).

El término "comida chatarra" se refiere generalmente a alimentos altamente procesados, ricos en azúcares, grasas saturadas y sal, pero deficientes en nutrientes esenciales. Estos alimentos, además de estar vinculados a problemas de salud física como la obesidad y las enfermedades cardíacas, también han demostrado tener un impacto en nuestra salud mental.

Desde una perspectiva neurobiológica, existen varias hipótesis que explican esta conexión. Una línea de investigación apunta al papel de la inflamación en el cerebro. Las dietas altas en grasas saturadas y azúcares pueden inducir respuestas inflamatorias en el cuerpo. Esta inflamación puede afectar la función cerebral y alterar la producción y liberación de neurotransmisores como la serotonina y la dopamina, que son fundamentales para regular el estado de ánimo.

Un estudio revisó la emergente y creciente comprensión de la interacción entre el microbioma intestinal y el cerebro. Proporciona una perspectiva sobre cómo la microbiota intestinal podría influir en el desarrollo cerebral y en el comportamiento posterior. Los autores discuten cómo este eje intestino-cerebro puede tener implicaciones en trastornos neuropsiquiátricos y en la modulación del riesgo para enfermedades neurodegenerativas. (Mayer, E. A., Knight, R., Mazmanian, S. K., Cryan, J. F., y Tillisch, K., 2014. "Gut microbes and the brain: Paradigm shift in neuroscience". The Journal of Neuroscience, 34-46, 15.490-15.496).

Otra investigación exploró cómo la microbiota intestinal puede influir en el cerebro y, por lo tanto, en el comportamiento. Los autores examinaron cómo la alteración de la microbiota puede afectar la fisiología y el comportamiento del huésped, sugiriendo que existe un vínculo entre los trastornos gastrointestinales y los trastornos del estado de ánimo y el comportamiento. (Cryan, J. F., y Dinan, T. G., 2012. "Mind-altering microorganisms: The impact of the gut microbiota on brain and behaviour". Nature Reviews Neuroscience, 13-10, 701-712).

En otro estudio examinaron cómo la microbiota intestinal puede influir en la ansiedad y la depresión. Discuten las pruebas existentes sobre cómo la microbiota intestinal puede comunicarse con el cerebro para influir en el comportamiento. Esta revisión también destaca las posibles vías a través de las cuales los microorganismos intestinales pueden tener efectos en el sistema nervioso central incluyendo, a través del sistema inmunológico, la producción de metabolitos y otros mecanismos (Foster, J. A., y Neufeld, K. A. M., 2013. "Gut-brain axis: How the microbiome influences anxiety and depression". Trends in Neurosciences, 36-5, 305-312).

En 2019 investigadores examinaron cómo la microbiota intestinal puede influir en la ansiedad y la depresión. Discuten las pruebas existentes sobre cómo la microbiota intestinal puede comunicarse con el cerebro para influir en el comportamiento. Esta revisión también destaca las posibles vías a través de las cuales los microorganismos intestinales pueden tener efectos en el sistema nervioso central incluyendo, a través del sistema inmunológico, la producción de metabolitos y otros mecanismos. (Valles-Colomer, M., Falony, G., Darzi, Y., Tigchelaar, E. F., Wang, J., Tito, R. Y., y Joossens, M., 2019. "The neuroactive potential of the human gut microbiota in quality of life and depression". Nature Microbiology, 4-4, 623-632).

Por otra parte, además, se debe considerar la dimensión psicosocial. El consumo de comida chatarra a menudo está asociado con otros comportamientos y estilos de vida, como el sedentarismo o el aislamiento social, que también pueden contribuir a estados psicológicos negativos.

Desde la perspectiva neurogastronómica, estas investigaciones sugieren una interconexión profunda entre nuestra dieta y nuestra mente. Si bien aún estamos en las primeras etapas de comprender completamente esta relación, la evidencia parece clara: lo que comemos no solo nutre nuestro cuerpo, sino que también moldea nuestra salud mental.

Debemos abordar la nutrición no solo desde un punto de vista físico sino también mental. Promover una dieta equilibrada y rica en nutrientes es más que una cuestión de salud física; es una inversión en el bienestar emocional y psicológico de la población. La neurogastronomía, al iluminar la intersección de la comida y la mente, ofrece una herramienta valiosa para comprender y abordar los desafíos de salud mental de nuestra era.

El poder de los alimentos naturales:

Existe un factor determinante que influye en nuestros niveles de energía, sueño y estado de ánimo. Nos referimos a los ingredientes de la naturaleza. Si comemos alimentos naturales y saludables, es probable que nos hagan sentir más felices y con mucha más energía. Esto se debe a que proporcionan nutrientes de mejor calidad que son utilizados de forma más eficiente por la mente y el cuerpo, mejorando sus funciones. Una dieta rica en alimentos saludables puede ayudar a mejorar el estado de ánimo.

Productos ricos en triptófano, como el chocolate, los huevos y los lácteos, en las cantidades correctas asisten al cuerpo en mejorar la producción de serotonina. Por otro lado, los alimentos procesados y ricos en azúcar y grasas pueden provocar un aumento de los niveles de cortisol, volviéndonos más sensibles al estrés, drenando la energía y nuestras emociones.

Relación positiva entre comida y emociones:

Veamos algunos consejos para mejorar la relación entre la comida y las emociones. Lo primero es que identifiques tus emociones: cuando te sientas con ganas de comer, intenta identificar la emoción que estás sintiendo. ¿Estás estresado, ansioso, triste o feliz? La comprensión de tus emociones y cómo influyen en tus decisiones alimenticias es esencial. Además, busca la calidad y no la cantidad: el cerebro, particularmente el hipocampo, que está vinculado a la memoria y las emociones, se beneficia de nutrientes específicos. Opta por alimentos ricos en omega-3, antioxidantes y vitaminas del complejo B, que son conocidos por apoyar la salud cerebral. También es fundamental mantener una rutina de comidas: comer a horas regulares y no saltarse las comidas tiende a estabilizar los niveles de azúcar en la sangre, lo que, a su vez, puede influir en el estado de ánimo y la capacidad de tomar decisiones. Recuerda que la comida es una fuente de nutrición y placer, no un mecanismo de afrontamiento. Si sientes que recurres a la comida como respuesta emocional, considera buscar estrategias alternativas como la meditación, el ejercicio o hablar con alguien de confianza.

Maneja tus emociones de manera saludable: si te sientes estresado, ansioso o triste, hay muchas maneras saludables de manejar esas emociones. Puedes hablar con un amigo o familiar, hacer ejercicio o practicar técnicas de relajación en lugar de atiborrarte de comida. Entender que nuestros antojos y la atracción hacia ciertos alimentos pueden ser impulsados por neurotransmisores cerebrales puede darte una perspectiva diferente. El deseo de chocolates o alimentos ricos en carbohidratos está vinculado a la liberación de serotonina, un neurotransmisor que nos hace sentir bien. En vez de negarte completamente estos antojos, busca opciones más saludables o consume porciones moderadas. Además, incorpora alimentos que naturalmente apoyen la función cerebral y equilibren el estado de ánimo, como aquellos ricos en triptófano, magnesio o ácidos grasos omega-3. Alimentar tu cerebro adecuadamente puede ayudarte a regular mejor tus emociones y reducir la dependencia emocional de la comida.

Desarrolla hábitos alimentarios saludables: come regularmente, elige alimentos saludables, evita los alimentos procesados y no consumas comida chatarra. Opta por alimentos que te hagan sentir bien, que te gusten y que contribuyan a una salud positiva. Un nutricionista puede ayudarte a desarrollar estrategias para mejorar tu relación con la comida. Debemos comprender que el cerebro y el sistema digestivo están intrínsecamente conectados, siendo el sistema digestivo a menudo denominado como el "segundo cerebro". La neurogénesis, el proceso de formación de nuevas neuronas, puede ser influenciada por la dieta. Alimentos ricos en flavonoides, ácidos grasos omega-3 y antioxidantes pueden potenciar la salud cerebral. Por otro lado, el consumo excesivo de azúcares y grasas saturadas puede afectar negativamente la neuroplasticidad y la función cognitiva. Al priorizar una dieta que favorezca la salud neuronal, no solo estarás cuidando tu salud física, sino también optimizando la salud y función de tu cerebro, lo que puede traducirse en un mejor equilibrio emocional y mental.

La mesa, espacio de reunión y conexión social

Cuando nos sentamos a la mesa, compartimos alimentos, pero también compartimos experiencias, emociones y conexiones. La mesa es mucho más que un simple lugar para satisfacer nuestra necesidad de nutrición. Es un espacio donde la magia de la neurogastronomía se manifiesta en todo su esplendor.

A medida que exploramos la importancia de la mesa como un punto de encuentro y conexión social, descubrimos cómo cada comida va más allá de alimentarnos: es una fuente de felicidad y una forma de fortalecer los vínculos entre las familias y los seres queridos, amigos, vecinos, compañeros de trabajo y otras personas. Por ello, la práctica de reunirse alrededor de una mesa para compartir una comida tiene profundas raíces históricas. Desde las antiguas civilizaciones hasta la actualidad, el acto de compartir alimentos ha sido un ritual que trasciende culturas y generaciones. Es el protocolo más extendido y común de la humanidad; en él encontramos un vínculo que nos conecta en la búsqueda de satisfacer necesidades básicas y anhelos emocionales.

Comer en compañía nutre nuestro cuerpo y también nuestra alma y conciencia. La comida se convierte en un lenguaje universal que trasciende las barreras de la comunicación. Al compartir una comida compartimos historias, risas, alegrías y, en ocasiones, incluso tristezas y consuelo. Este intercambio emocional fortalece los vínculos entre las personas y fomenta un sentido de comunidad y pertenencia. Como lo hemos mencionado antes, para nuestro cerebro es tan importante la mesa que de manera natural nuestra memoria a largo plazo se potencia, así como nuestra habilidad para narrar historias. Es como si tuviésemos un programa diseñado que funciona cuando nos sentamos y compartimos en la mesa, pues cuando estamos comiendo solos no entra en acción.

Cuando disfrutamos de una comida en compañía, nuestro cerebro libera la oxitocina, que fortalece los lazos emocionales y genera asociaciones entre los sabores y el momento que vivimos; la dopamina, que nos hace sentir bien de estar allí; la serotonina, que nos brinda placer, y las endorfinas, que potencian las sensaciones de lo que experimentamos. Gracias a estos factores, nuestra mente convierte la mesa en un símbolo de unión y convivencia. Ya sea en una cena familiar, una reunión de amigos o un evento comunitario, la mesa reafirma la importancia de compartir no solo alimentos, sino también experiencias. Esta conexión social no solo nos nutre, sino que también nos llena de un profundo sentimiento de alegría y pertenencia.

Lo que hemos visto hasta ahora nos da herramientas para comprender por qué compartir una comida puede aumentar la felicidad y fortalecer los vínculos entre las personas, lo que es un gran beneficio. Crear el espacio para disfrutar de la mesa se convierte en el epicentro de la felicidad, donde los cinco sentidos se unen para crear un momento de conexión profunda. Veamos ahora cómo podemos maximizar la experiencia para generar más bienestar.

Los sentidos y la experiencia gastronómica:

Cuando compartimos una comida, involucramos nuestros cinco sentidos en una experiencia multisensorial. La vista, el olfato, el gusto, el tacto y el oído se activan para crear una sinfonía de sensaciones que enriquecen nuestra percepción de la comida. Gracias a la ciencia entendemos que cada uno de estos sentidos contribuye a nuestra experiencia de sabor y, en última instancia, a nuestro bienestar emocional. Exploremos cómo nuestros sentidos influyen en nuestra percepción de la comida.

El sentido de la vista y la anticipación del sabor:
Cuando nos preparamos para disfrutar de una buena comida, el sentido de la vista está mucho más atento a lo que podemos imaginar. Nuestro cerebro comienza a recibir información del ambiente, la decoración del lugar, la forma en que la mesa está puesta, las expresiones de las personas que nos acompañan, incluso el color de la vajilla o del mantel. En la medida que más sentido tenga el entorno, más preparados estamos para saborear, al punto que la intensidad en la que percibimos el sabor puede ser mayor o menor.

El caso de Igor:
Se le pidió a Igor, de 55 años, que nos comentara cómo recordaba los almuerzos de los domingos en la casa de sus padres. Esto nos contó:

"Cada domingo, en mi infancia, era una especie de ceremonia sagrada en nuestra casa. Aunque han pasado muchos años desde entonces, aún puedo visualizar con claridad cómo mamá y papá se esmeraban en poner la mesa de una manera especial para esos almuerzos familiares. Mamá solía sacar ese mantel blanco de lino que guardaba solo para ocasiones especiales, con sus bordes delicadamente bordados que le daban un toque elegante y sofisticado. Papá, por su parte, se encargaba de alinear cuidadosamente la vajilla, asegurándose de que los platos, cubiertos y copas estuvieran perfectamente dispuestos. Siempre me llamaba la atención cómo la luz del mediodía hacía brillar las copas de cristal, reflejando destellos de arcoíris por toda la sala. La vajilla, de un azul suave con detalles dorados, se llenaba poco a poco con las delicias que mamá había preparado: carnes jugosas, guarniciones aromáticas y, por supuesto, ese postre especial que todos esperábamos con ansias. El aroma de la comida llenaba cada rincón de la casa, creando una sensación de calidez y hogar. Mi papá seleccionaba el mejor vino y realizaba su ritual de sacar el corcho para abrir la botella.

Lo que más me emocionaba era ver cómo, a pesar de la rutina y el ajetreo de la semana, mis padres encontraban el tiempo y el cariño para crear ese ambiente tan especial. Esos detalles, que a primera vista podrían parecer simples o incluso superfluos, eran los que me hacían sentir amado, valorado y parte de algo más grande. Y es verdad lo que dicen: el ambiente y la presentación afectan profundamente nuestra percepción del sabor. En esos domingos, con la mesa tan bellamente dispuesta y rodeado de mis seres queridos, cada bocado sabía a felicidad, amor y tradición. Era un momento en el que, sin importar qué, todos nos sentíamos conectados, y sin duda, esos recuerdos alimentaron no solo mi cuerpo, sino también mis más recónditos sentimientos".

Experiencias en catas de sabor:

En una de nuestras experiencias, refiere Merlín Gessen, se le pidió a un grupo de personas que valoraran la autenticidad y el sabor de un mismo menú italiano servido en un comedor en dos momentos diferentes. Al presentar los resultados, los platos servidos en la primera oportunidad resultaron con una evaluación notablemente menor que los ofrecidos en la segunda tanda. Interesante saber que en la segunda servida lo único que cambió fue la decoración del espacio, con los manteles típicos de cuadritos e imágenes en las paredes de lugares emblemáticos de Italia.

El sentido de la vista aporta contexto a la experiencia y esto les permite a los otros sentidos percibir más. Hoy podemos decir que un plato es más rico si se sirve en una mesa bien puesta, con sus manteles dispuestos, los cubiertos en su lugar y un pequeño adorno en el centro de la mesa.

El sentido del oído: el condimento sonoro:

¿Qué ocurre cuando visitamos a nuestros padres y mamá te dice: "Hijo, te preparé tu plato preferido"? En ese instante, al escuchar esas palabras, nuestro corazón se sobresalta y, por la anticipación, empieza a correr dopamina por nuestro cuerpo. Al momento de probar el plato, sabe a gloria.

El sonido tiene un impacto importante en cómo se traduce la información que percibimos. Puede ser la música, los sonidos de ambiente, las palabras al conversar, todo afecta. En otro experimento —prosigue Merlín Gessen— se les pidió a los participantes que probaran un plato que contenía picante, y mientras lo hacían sonaba en el fondo una melodía que cambiaba el ritmo cada 30 segundos. Los comensales manifestaron que la sensación de picor aumentaba o se reducía, siguiendo los ciclos del ritmo. Mientras más rápido el tempo más picante, mientras más lento, menos picante; es asombroso.

Pregúntate lo siguiente: ¿qué tan rico sería un plato típico mexicano, con sus tacos bien servidos, si de fondo sonaran a mucho volumen canciones de los Rolling Stones" No te lo esperarías, ¿cierto? Mientras más congruencia más sabor y, por lo tanto, más felicidad. Muy probablemente los mexicanos calificarían mucho mejor la experiencia si un mariachi tocara sus mundialmente reconocidas canciones.

El tacto, mucho más que sentir con los dedos:

El tacto es el sentido más extendido del cuerpo. Al tocar el plato, el peso de los cubiertos, la temperatura de la habitación, incluso la tela de la ropa que llevamos puesta, las sensaciones somáticas en los labios, la lengua, los dientes y las mucosas internas de la boca, mover los alimentos con la lengua y masticar, sentir las texturas, si está caliente o frío, todo es clave al comer.

Te proponemos que hagas la siguiente prueba. Sírvete una bebida con notas ácidas, como una limonada. Ten a la mano una superficie rugosa o áspera como una lija, también otra suave como la seda. Ahora, prueba la limonada mientras frotas con tus dedos la lija. ¿Qué sientes?... Ahora haz lo mismo tocando la seda. ¿Sabe diferente?

La mayoría de las personas que hacen esta actividad manifiestan que la bebida cambiaba la intensidad de la acidez dependiendo de la superficie que estaban tocando. A esto se le conoce como ventrilocuismo sensorial. Se refiere al fenómeno donde la percepción en un sentido como el gusto es influenciada por la información concurrente de otro sentido como el tacto. También es conocido como el "efecto ventrílocuo", donde un sonido parece provenir de una fuente visual, aunque en realidad no sea así. Un ejemplo clásico del efecto ventrílocuo es un ventrílocuo y su muñeco. Aunque el ventrílocuo está hablando, al mover la boca del muñeco simultáneamente el público percibe que el sonido proviene del muñeco y no del ventrílocuo. La información visual, el movimiento de la boca del muñeco, influye en la percepción auditiva de dónde parece que proviene el sonido. Este fenómeno demuestra la interacción y la integración de diferentes modalidades sensoriales en nuestra percepción del mundo. En situaciones donde hay conflictos entre las modalidades sensoriales, el cerebro a menudo se basa en la información más confiable o dominante para formar una percepción unificada. Con esto queremos mostrarte lo importante de tomarse el tiempo para escoger los elementos correctos a la hora de disfrutar una comida. Cada elemento tiene el potencial de mejorar la experiencia.

El sentido del gusto: más allá de lo básico

El gusto es el maestro en detectar lo dulce, salado, amargo, ácido y umami. Esta es su principal misión, decirnos la intensidad del producto que comemos. Solemos adjudicarle al gusto el sabor de lo que comemos. Pero decir "sabe a fresa" no es información que viene de nuestras papilas gustativas. Nuestro cerebro sabe cuán ácida o dulce está la fruta gracias al gusto. Pero el sentido del tacto nos indica si está fría, suave, firme o astringente. Aprendemos cómo los sabores se entrelazan en complejas conexiones y es el olfato el que nos revela eso de que sabe a fresa, gracias a las partículas aromáticas que la primera vez que la olieron alguien se lo identificó como fresa. La interacción entre el gusto y el olfato y el resto de los sentidos crea el sabor y solo así es una experiencia gastronómica completa y única.

El sentido del olfato: la esencia de la comida

¿Alguna vez has notado cómo un aroma puede traer emociones y recuerdos vivos o incluso hacerte salivar como ya vimos? El olfato es un sentido poderoso que despierta nuestra memoria y nuestras emociones de una forma automática. Hoy en día sabemos que los recuerdos más importantes, los más difíciles de olvidar, son aquellos que quedaron fijados gracias a este sentido. Esos condimentos claves que no pueden faltar en nuestras comidas se transforman en una combinación secreta capaz de abrir el baúl de los recuerdos.

En el mundo de la neurogastronomía, solemos decir que nuestros hijos nos recordarán por lo que comen. Veámoslo de esta manera: eso que llamamos *sazón* es la manera como la mente descubrió cómo inmortalizarnos en las mentes y corazones de aquellos que disfrutan de nuestra comida. La necesidad de querer preparar el plato tal y como lo hacía mamá, no es otra cosa que el deseo de volver a sentirnos amados y compartir esa emoción con quienes se sientan con nosotros.

Dato interesante: es tanta la información de este sentido que usa el cerebro que, si no existe la capacidad de percibir aromas, la comida no sabría a nada, tal y como ocurría cuando nuestras abuelas nos decían que nos tapáramos la nariz para tomarnos el remedio.

El amor entra por la comida, era lo que le decían antaño las abuelas a las mamás y éstas a sus hijas. Un dicho popular que ha perdido vigencia pero que tiene un trasfondo bastante interesante. Cuando se dice que "el amor entra por la comida", lo que quiere decir es que la mujer es quien preparaba la comida en casa. En el presente ya no es así; no obstante, la idea de que compartir alimentos puede ser una forma de expresar cariño, cuidado y afecto hacia los demás sigue vigente, sin importar quién los prepare. Esta expresión refleja la conexión emocional que muchas culturas tienen con la comida y cómo se utiliza como medio para fortalecer lazos, compartir momentos y crear recuerdos. Las abuelas, con su sabiduría tradicional, capturaron esta esencia al reconocer la comida como una herramienta poderosa para unir a las personas y expresar amor. Es una tradición que se ha pasado de generación en generación, y sigue siendo relevante en la sociedad contemporánea.

Estimulación sensorial: la clave del placer

El acto de comer debe ser verdaderamente multisensorial; ahora bien, al buscar crear una experiencia en la que intencionalmente tenemos los sentidos en mente y los estimulamos con colores, texturas, formas, sonidos o iluminación, podemos hacer que la percepción del sabor se intensifique, cambie, mejore, logrando crear recuerdos más duraderos en torno a la mesa.

Pensemos que la mayoría de las personas tienen una taza especial para disfrutar de su bebida preferida en la mañana, como un rico café. Suelen tener un diseño especial, una frase poderosa, un nombre; pues bien, aquí les hacemos la siguiente pregunta: ¿cómo se sentirían si, al despertarse e ir a servirse su taza, se encuentran con que otra persona la está usando?...

Para la mayoría de las personas, esto genera incomodidad, incluso molestia. "Epa, esa es mi taza", pensaríamos o expresaríamos. Alguien está interrumpiendo nuestro ritual matutino. Cuando lo vemos en perspectiva, nada de esto ocurre con los platos iguales que se usan para comer, ni los cubiertos o vasos. Nuestra mente le ha dado un valor subjetivo a la taza, haciéndola parte importante del momento.

Nuestra experiencia en múltiples catas —afirma Merlín Gessen— nos ha demostrado que nuestra mente puede ser persuadida de múltiples formas, dependiendo de cómo se estimule un sentido u otro. En el mundo de la neurogastronomía un cubierto pesado hace que la comida se sienta con mayor intensidad; comer yogurt con una cuchara pequeña hace que se sienta más dulce que con una grande; una taza de color azul hace que un café con leche se perciba menos fuerte y menos caliente que con una taza roja. Comer con una iluminación radiante, blanca, aumenta la ingesta de calorías y la velocidad en que lo hacemos; por el contrario, una luz cálida y tenue nos hace apreciar más la comida y lo hacemos más lento.

Son innumerables los ejemplos de cómo todo influye en la forma en que disfrutamos la comida, para bien o para mal. Lo anterior se explica porque un sentido puede transferir sensaciones a otro, lo que afecta y estimula nuestra percepción sobre los alimentos.

Con esto en mente, lo ideal es que trabajemos en conseguir la congruencia sensorial, siendo este el fenómeno en el que los diferentes sentidos están en armonía entre sí y el entorno, lo que crea una experiencia gastronómica más satisfactoria.

Disfrutar de una comida china, escuchando música de esta cultura, en un plato que asemeje las porcelanas tradicionales de ese país, hará que nuestros sentidos maximicen el placer, haciendo de esa comida una experiencia mucho más grata y memorable. Si llevamos esto a casa, a la hora de comer obtendremos resultados llenos de placer. Al disponer de la mesa, invitar a todos a dar las gracias y a disfrutar de la comida causará una reacción en cadena en el organismo, aumentando los niveles de las hormonas de felicidad, potenciando la percepción sensorial positiva derivando en un momento pleno de felicidad.

Algunos consejos para comer en casa:

Disfruta de la comida en un lugar tranquilo y relajado. Apaga el televisor, la radio o cualquier otro dispositivo que pueda distraerte. Obviamente, los *smartphones*.

Viste la mesa con manteles o individuales, platos, cubiertos y servilletas que te gusten. También puedes añadir flores, velas o cualquier otro elemento decorativo que te ayude a crear un ambiente agradable.

Escucha música que te guste mientras comes. La música puede ayudar a crear una atmósfera más relajada y placentera aunque siempre a bajo volumen.

Invita a tus seres queridos a compartir la comida contigo. La compañía de los demás puede hacer que la experiencia sea aún más especial.

La mente: el control maestro del sabor

Hasta ahora hemos visto cómo nuestros cinco sentidos: vista, oído, olfato, gusto y tacto, interactúan para brindarnos la información necesaria a la hora de comer. Sin embargo, en este viaje, nuestro cerebro es el epicentro de la experiencia gastronómica, en donde todos estos datos son interpretados para crear un festín de sensaciones y emociones.

Debemos partir del hecho de que el acto de comer es emocional además de funcional, sea por la satisfacción que da saciar el hambre, el placer de disfrutar de algo rico o las memorias que despierta. Esto es determinante pues, en el camino de la felicidad, estar conscientes es muy importante.

El cerebro aprendió que para sobrevivir tenía que premiar algunos comportamientos y hábitos, y generó todo un sistema de recompensa, como ya hemos dicho, en el que se activan múltiples hormonas que producen cambios químicos y físicos que nos impulsan a buscar placer y ser felices cuando comemos. Es necesario entender qué ocurre dentro de él, de su química y la del cuerpo para crear mejores experiencias gastronómicas, y entender cómo el sabor puede cambiar según el estado emocional del individuo.

La función del cerebro, cuando el hombre busca comida, es garantizar que existen estímulos suficientes para repetir esta acción generando endorfinas, serotoninas y dopaminas, conocidas como las "hormonas de la felicidad". Estas sustancias aparecen cuando se comprueba que lo que sucede en la mesa es lo que se anticipó. Los cambios químicos que se producen en el organismo al producirse estas sustancias alteran la manera como se percibe el exterior, como se vive la experiencia culinaria. De allí que la emoción controla la percepción.

Te invitamos a que realices esta actividad, que muestra el efecto de las emociones sobre el sabor. Tómate una taza de café, o la bebida de tu preferencia, mientras escuchas diferentes melodías o canciones que conecten con diferentes sentimientos como nostalgia, alegría o tristeza. Prueba con un "Yesterday" de los Beatles o un "Ojalá que llueva café" de Juan Luis Guerra. A medida que la música cambia, el café puede percibirse más dulce, amargo, ácido o intenso. Igual sucede con las notas de cata del café, que pueden variar al compás del cambio de las emociones, como también las tostadas, avellanadas, frutas o bebidas achocolatadas. Luego pregúntate: ¿qué te pareció? ¿Percibiste los cambios?... Por experiencia estoy seguro de que la mayoría dirá que sí.

Los neurotransmisores de la felicidad

Los neurotransmisores son moléculas que actúan como mensajeros químicos en el sistema nervioso. Se liberan desde el extremo de una neurona en respuesta a un impulso eléctrico y viajan a través de la sinapsis, el espacio entre dos neuronas, para unirse a receptores específicos en la neurona vecina. Esto puede resultar en la excitación o inhibición de la segunda neurona, permitiendo que la señal se transmita o se detenga.

Los neurotransmisores son esenciales para el funcionamiento adecuado del cerebro y el sistema nervioso. Estos mensajeros químicos influyen en una amplia gama de funciones, desde el estado de ánimo y el comportamiento hasta la regulación de funciones fisiológicas vitales. Comprender su función y cómo pueden desequilibrarse es fundamental para la psicología y la neurociencia, permitiendo el desarrollo de tratamientos más efectivos para trastornos mentales y neurológicos.

La endorfina, la serotonina, la dopamina y la oxitocina son neurotransmisores, y a menudo se les llama "químicos del bienestar" debido a los roles que desempeñan en la promoción de sentimientos positivos y en la regulación de diversas funciones fisiológicas y comportamientos en el cuerpo.

A lo largo del libro hemos descubierto muchas herramientas para ser felices. Ahora exponemos que deben ocurrir algunos procesos dentro del organismo, impulsados o propiciados por este cuarteto de la felicidad que conforman estos neurotransmisores.

Loretta G. Breuning es conocida por sus investigaciones y libros sobre la neuroquímica de la felicidad. ("The Science of Positivity" y "Habits of a Happy Brain"). En su obra, discute cómo los neurotransmisores mencionados desempeñan un papel crucial en la sensación de felicidad y bienestar. Es verdad que cada uno de ellos tiene una función específica y que, aunque su liberación produce sensaciones de placer o satisfacción, no se liberan de forma constante. La dopamina lo hace en respuesta a recompensas inesperadas o a la anticipación de estas; la serotonina se asocia con la sensación de importancia o estatus social; la oxitocina está en la conexión y el vínculo social, y las endorfinas se liberan en respuesta al dolor físico, proporcionando alivio y sensaciones de euforia.

Breuning explica, en "Hábitos de un cerebro feliz", que "cuando tu cerebro emite uno de estos químicos, te sientes bien", pero a pesar de que nos gustaría estar felices siempre, no funciona de esta manera, porque cada químico tiene un trabajo específico que cumplir y se "apaga" una vez que el trabajo está hecho.

Podríamos decir que las endorfinas son consideradas como una suerte de analgésico natural, la serotonina fluye cuando te sientes importante, la dopamina suele ser descrita como la responsable de sentimientos como el amor y la pasión y la oxitocina suele ser conocida como la hormona de los vínculos emocionales. Veamos en más detalle estos responsables de la felicidad para luego comprender por qué la mesa estimula esta parte de nuestra felicidad.

Las endorfinas:

Son péptidos que son conocidos por sus propiedades calmantes para aliviar el dolor. Se liberan en respuesta a situaciones de estrés o de alguna dolencia, y su función es similar a la de los opiáceos como la morfina, pero no son drogas, son producidos naturalmente por el cuerpo. Además, las endorfinas están asociadas con sensaciones de placer y euforia, y a menudo se liberan durante el ejercicio, la risa y ciertas actividades gratificantes.

Las endorfinas son una parte muy activa de nuestro organismo presentes en distintos procesos bioquímicos en nuestro cuerpo, y coadyuvan a generar bienestar porque inhiben el dolor físico y el dolor psicoemocional, influyen en el sistema inmune, favorecen la memoria y la atención y participan activamente en la sexualidad.

Se activan al reírse, al lograr un objetivo, al mantener relaciones satisfactorias, al practicar ejercicio físico, al relajarnos, al descansar profundamente, al contacto físico, cuando nos enamoramos y cuando comemos alimentos placenteros o vivimos momentos o hacemos actividades que nos gusten. Cuando comemos comida picante, curiosamente la irritación causada por el ardor activa un mecanismo de defensa, generando cantidades importantes de endorfinas que sirven para calmar el dolor y producir, a su vez, un momento de satisfacción.

La serotonina:

Es un neurotransmisor que regula muchas funciones, incluyendo el estado de ánimo, el apetito, el sueño y la función intestinal. Los desequilibrios en los niveles de serotonina están asociados con trastornos como la depresión y la ansiedad. Este neurotransmisor cumple una serie de funciones cruciales desde nuestra edad temprana. Desde el desarrollo del cerebro inmaduro hasta el estado de ánimo, pasando por procesos o funciones fisiológicas, la serotonina está presente en gran cantidad de procesos.

Esta hormona tiene múltiples funciones que contribuyen al equilibrio del cerebro; no se encarga únicamente de "generar felicidad", como se cree, ya que tiene un papel clave en la regulación de funciones necesarias para la supervivencia, como el hambre, el sueño, el dolor y la respuesta sexual, y contribuye también en procesos de aprendizaje y en la memoria, específicamente en la adquisición de conocimientos para un posterior procesamiento a través de la razón. Definitivamente esta hormona juega un papel relevante en el desarrollo y comportamiento de los humanos. Conozcamos cómo aumentar su nivel de manera natural: cuando se consume una dieta variada y rica en triptófano, como la carne, pollo, pescados azules, frutos secos, espinacas, dátiles, chocolates, café, que son solo algunos de los alimentos que te la pueden proporcionar. Evita el consumo de carbohidratos simples. Aumenta el consumo de Omega 3. Realiza algún tipo de actividad física. Toma sol en horarios adecuados para aumentar el nivel de vitamina D. Mantén buenos hábitos de sueño. Medita y mantente positivo y piensa en recuerdos felices.

La dopamina:

Está asociada con el sistema de recompensa del cerebro y juega un rol crucial en la motivación, el placer y la regulación del movimiento. Las alteraciones en los niveles de dopamina están relacionadas con enfermedades como el Parkinson y trastornos como la esquizofrenia y la adicción.

Este neurotransmisor es conocido como el "mediador del placer" ya que es uno de los muchos neurotransmisores que utilizan las neuronas para comunicarse entre ellas, por lo que su función va mucho más allá de sentir placer. Nos impulsa a ser competitivos, a crear sentido de defensa ante algún peligro y a motivarnos a cumplir metas personales. Tiene que ver con nuestro estado de ánimo y nuestra forma de ser y regula el metabolismo. Igualmente acompaña al amor desde la fase de acercamiento, pasando por la atracción, la incitación y la sexualidad hasta el desarrollo del amor pleno.

Su función dentro de nuestro organismo es sumamente amplia; por esto, es importante entender cómo funciona y cómo nos ayuda en nuestros procesos y comportamientos. Aprendamos qué hacer para aumentar y mantener la dopamina a tono: realiza actividades que te apasionen, practica actividades físicas e incrementa los niveles de tirosina, un aminoácido que se encuentra en alimentos como las almendras, aguacates, plátanos, chocolate, café, té verde, y patilla o sandía. Escucha música, medita y evita comportamientos adictivos.

La oxitocina:

A menudo se la llama "la hormona del amor". Se libera en grandes cantidades durante el parto y la lactancia, así como durante el contacto físico y la intimidad. Además de actuar como neurotransmisor en el cerebro, la oxitocina también actúa como una hormona en el cuerpo. Está involucrada en la formación de vínculos sociales, la empatía y las relaciones interpersonales. Es la hormona de la supervivencia de la raza humana, por lo que nos gusta llamarla el seguro de vida de la creación. Es responsable de que amemos, seamos fieles, compasivos y amables; incentiva la confianza, el altruismo, la generosidad, la formación de vínculos, los comportamientos de cuidado, la empatía o la compasión.

Está involucrada en los vínculos sociales, se desempeña en procesos de aprendizaje y en la memoria, el reconocimiento facial y las emociones. También en la activación de los centros de recompensa dopaminérgicos, produciendo placer. Estos centros son esenciales para la supervivencia y la función adaptativa, ya que nos motivan a repetir comportamientos que son beneficiosos para nuestra supervivencia y bienestar. El principal circuito involucrado en la recompensa y la motivación es el "circuito mesolímbico dopaminérgico", que conecta áreas cerebrales con el núcleo accumbens en el sistema límbico y libera dopamina, produciendo sensaciones de placer y recompensa. Originalmente, este sistema de recompensa evolucionó para asegurar que los seres humanos y otros animales repitieran comportamientos esenciales para la supervivencia, como comer, beber y reproducirse, porque al hacer que estas actividades sean gratificantes, se aumenta la probabilidad de que se repitan.

Por ello, cuando se sufren alteraciones en este sistema de recompensa dopaminérgico se notan trastornos como la esquizofrenia, la depresión y ciertas perturbaciones de la personalidad. Además, enfermedades como el Parkinson, que se caracterizan por la degeneración de neuronas dopaminérgicas, pueden afectar el sistema de recompensa.

La oxitocina es producida por el hipotálamo y secretada por la hipófisis durante varios hechos trascendentales de la vida, como la procreación, y cuando alguien arriesga su vida por salvar la vida de otro. Durante estas experiencias sublimes de vida, esta sustancia genera cambios en el organismo. En una relación íntima amorosa, al hacer el amor, mucho más allá del placer del sexo, la presencia de oxitocina promueve un orgasmo más intenso en la mujer y una eyaculación más cuantiosa y con mayor fuerza en el hombre. También, permite la dilatación del útero materno al momento de dar a luz, y desencadena todo el proceso de amamantamiento tanto en la madre como en el hijo.

Reflexionemos en lo siguiente. Hemos dicho que la oxitocina se activa en hechos en los que la mente considera trascendentales de la vida; pues bien, también entra en acción en una circunstancia que debe ser trascendental para los seres humanos: la interacción social en la mesa, pues cuando comemos solos no se genera este cambio químico en nosotros. El cerebro, al darse cuenta de que estamos en compañía en una mesa para comer y conversar, la produce. Podemos decir que su activación se da porque se concibe este hecho como protector del individuo, *ergo*, la familia, la tribu, para asegurar la supervivencia. El cerebro sabe que compartir en la mesa es vital.

Definitivamente para la neurogastronomía la oxitocina es la reina de los neurotransmisores por todos los papeles y roles que desempeña en nuestro comportamiento diario, y entenderla nos permite disponer de elementos que mejoran los niveles de placer y felicidad, ayudándonos a realizar cambios progresivos en el hogar y potenciando el uso de la mesa como centro de interacción del amor de la familia.

Comer acompañados: un remedio natural contra el estrés

Hemos visto cómo las hormonas de la felicidad se activan dependiendo de las actividades que realizamos y lo que comemos. Hacer ejercicio, meditar, bailar, cantar, ser agradecido, dormir lo suficiente, son ejemplos de lo que podemos hacer a lo largo del día de manera consciente para mejorar nuestro estado de ánimo. Ahora bien, tenemos a nuestra disposición una fuente infinita de felicidad que podemos aprovechar, generando una serie de beneficios para la salud, incluyendo la reducción del estrés y la ansiedad de una manera primordial: comer en compañía de amigos o familiares. Y es que, además de disfrutar de la comida, la compañía de los demás hace que liberemos todas las hormonas de felicidad en nuestro cuerpo en simultáneo.

La experiencia de compartir una comida con seres queridos es un ritual cultural y social que ha perdurado a través de los tiempos y civilizaciones. Más allá de la simple ingesta de alimentos, comer en compañía tiene connotaciones emocionales y psicológicas profundas que influyen en nuestro bienestar mental. Desde una perspectiva psicológica, los beneficios de comer en grupo van más allá de la simple camaradería. Se ha encontrado evidencia científica que sugiere que este evento puede actuar como un potente antídoto contra el estrés.

Un estudio publicado en 2012 en el Journal of Epidemiology and Community Health encontró una relación directa entre comer en solitario y el aumento de síntomas depresivos en adultos mayores. Los investigadores observaron que los individuos que frecuentemente comían solos presentaban un mayor riesgo de depresión en comparación con aquellos que solían comer en compañía. (Tani, Y., Kondo, N., Takagi, D., Saito, M., Hikichi, H., Ojima, T., y Kondo, K., 2015. "Combined effects of eating alone and living alone on unhealthy dietary behaviors, obesity and underweight in older Japanese adults: Results of the JAGES". Journal of Epidemiology and Community Health, 69-11, 1.082-1.088). Aunque el estrés no es sinónimo de depresión, ambos estados comparten mecanismos fisiológicos y hormonales, como la liberación elevada de cortisol.

Otro estudio realizado en 2015 descubrió que las personas que comían con amigos o familiares tenían niveles más bajos de cortisol, la hormona del estrés, en comparación con aquellos que comían solos. (Smith, A. P., Ralph, A., y McNeill, G., 1991. "Influences of meal size and companionship on the mood of healthy young adults". Journal of Psychosomatic Research, 35-6, 665-670). Esta investigación resalta cómo la interacción social durante las comidas puede actuar como un regulador del estrés, proporcionando un espacio de relajación y conexión.

La razón detrás de estos beneficios puede estar relacionada con la liberación de oxitocina, a menudo denominada "hormona del amor". Esta hormona, conocida por sus efectos en la promoción de vínculos y la reducción de la ansiedad, puede ser liberada durante interacciones sociales positivas, como compartir una comida. (Ditzen, B., Schaer, M., Gabriel, B., Bodenmann, G., Ehlert, U., y Heinrichs, M., 2008. "Intranasal oxytocin increases positive communication and reduces cortisol levels during couple conflict". Biological Psychiatry, 65[9], 728-731).

Las implicaciones de estos hallazgos son profundas, especialmente en una sociedad donde el ajetreo diario y las responsabilidades a menudo nos llevan a comer rápidamente y solos. Fomentar comidas en grupo, ya sea con los seres queridos, familiares, amigos o colegas, podría ser una estrategia simple pero efectiva para combatir los crecientes niveles de estrés y mejorar el bienestar emocional.

Todo lo cual nos lleva a concluir que disfrutar de la mesa con amigos o familiares puede ser una forma natural de reducir el estrés. El efecto positivo de las hormonas que se generan en torno a un plato puede durar varias horas, dependiendo de la intensidad de la experiencia social. Por lo tanto, si estás buscando una forma natural de reducir el estrés, sentarte a compartir puede ser una buena opción. Para esto te invitamos a seguir estos consejos: elige un lugar tranquilo y relajado para comer, disfruta de la compañía de los demás, habla y ríe con ellos y practica la atención plena mientras comes.

Juntos, hemos descubierto las bases de la neurogastronomía y la fascinante interacción entre nuestros sentidos, la mente y la experiencia gastronómica. Hemos comprendido cómo el olfato y el gusto son solo el principio y cómo la estimulación sensorial en todas sus formas aumenta la satisfacción y el placer al comer. Ya podemos afirmar que el acto de comer va más allá de la nutrición.

Es una obra sensorial que nos conecta con el mundo que nos rodea, nuestras emociones y el quiénes somos. A continuación, vamos a pasar al siguiente nivel, pues exploraremos cómo la atención plena al disfrutar de la comida puede enriquecer nuestras vidas y nuestra relación con la comida.

Mindful eating y la conciencia total en la mesa:
Imagina un mundo donde no solo comemos para saciar nuestro apetito, sino donde cada bocado es una experiencia en sí misma. Este es el mundo del "mindful eating", un enfoque que nos invita a sintonizar con cada detalle de nuestra comida, desde su apariencia hasta su sabor y textura. Al practicar la alimentación consciente, descubrimos una nueva dimensión en la que la comida se convierte en una fuente de satisfacción y bienestar.

La práctica de la alimentación consciente nos enseña a prestar atención total a lo que estamos comiendo, lo que nos lleva a una mayor apreciación y gratitud por los alimentos. Al comer de manera consciente, no solo nutrimos nuestro cuerpo, sino también nuestra alma. Para muchas personas, las comidas son a menudo rápidas y compulsivas. La idea es que transformemos este acto cotidiano en una experiencia consciente. Aprendemos a reconocer las señales de hambre y saciedad de nuestro cuerpo, lo que nos permite comer de manera más saludable y equilibrada. Todo esto con el fin de ayudar a prevenir la sobrealimentación y fomentar una relación más armoniosa con la comida.

Cada bocado puede ser una fuente de felicidad. A través de ejercicios prácticos y técnicas de alimentación consciente, aprendemos a disfrutar plenamente de cada comida. La práctica de la alimentación consciente nos muestra que la felicidad no solo reside en lo que comemos, sino en cómo lo experimentamos.

La alimentación es una necesidad básica del ser humano, pero con el tiempo ha evolucionado para convertirse en una experiencia compleja y multifacética que va más allá de la simple satisfacción del hambre. En medio de una sociedad donde el estrés, el ritmo acelerado y la abundancia de opciones alimenticias a menudo nos llevan a hábitos poco saludables, surgió el concepto de *mindful eating* o "alimentación consciente", una revolución en la relación con la alimentación. Jean Kristeller, una reconocida psicóloga estadounidense, fue la precursora de este enfoque en la década de 1990, transformando nuestra percepción y relación con la comida.

El mindful eating propuesto por Kristeller se basa en la práctica de la "atención plena", que tiene sus raíces en tradiciones meditativas budistas. En el contexto de la alimentación, esta práctica implica prestar plena atención a la experiencia de comer, reconociendo las sensaciones, emociones y pensamientos que surgen durante el acto de alimentarse. (Kristeller, J. L., y Wolever, R. Q., 2011. "Mindfulness-based eating awareness training for treating binge eating disorder: the conceptual foundation". Eating Disorders, 19-1, 49-61). Es una invitación a estar presentes en el momento, a saborear cada bocado y a conectarse profundamente con la experiencia de nutrir el cuerpo.

Uno de los principales objetivos del mindful eating es abordar problemas como la alimentación compulsiva y los trastornos de la conducta alimentaria. Kristeller desarrolló un programa llamado "Mindfulness-Based Eating Awareness Training" (MB-EAT) que ha demostrado ser eficaz en la reducción de episodios de ingesta compulsiva y en la mejora de la relación con la comida. (Kristeller, J. L., Wolever, R. Q., y Sheets, V., 2014. "Mindfulness-based eating awareness training, MB-EAT, for binge eating: A randomized clinical trial". Mindfulness, 5-3, 282-297). A través de este programa, los participantes aprenden a reconocer las señales de hambre y saciedad, a identificar y manejar las emociones que a menudo desencadenan la ingesta incontrolada y a desarrollar una actitud de aceptación y comprensión hacia sí mismos.

El impacto del mindful eating va más allá de la relación con la comida. Al cultivar una mayor conciencia y comprensión de nuestras necesidades y respuestas, también podemos mejorar nuestra salud mental, reducir el estrés y fomentar una vida más equilibrada y plena. En un mundo donde la alimentación constantemente se ve influenciada por factores externos, como la publicidad, las presiones sociales y la disponibilidad de alimentos ultraprocesados, el enfoque de Kristeller es un recordatorio de la importancia de volver a conectarnos con nosotros mismos. Su trabajo ha sido una revolución en el campo de la psicología de la alimentación y ha sentado las bases para una nueva comprensión de la relación entre mente, cuerpo y comida.

Para iniciarnos debemos familiarizarnos con los conceptos de conciencia, aceptación y compasión: la conciencia es la base del mindful eating. Significa que estemos presentes en el momento mientras comemos, prestando atención a nuestras sensaciones físicas, emociones y pensamientos relacionados con la comida. Al ser consciente, podemos notar las señales de hambre y saciedad, así como las preferencias personales. La aceptación es reconocer nuestros patrones alimenticios sin crítica ni culpa. Consentir nuestras elecciones alimenticias nos permite tomar decisiones más informadas y comprender cómo afectan nuestro bienestar. La compasión es tratarnos con amabilidad y humanidad. En lugar de castigarnos por comer ciertos alimentos o por no seguir una dieta estricta, aprendamos a nutrirnos con amor y cuidado. La compasión hacia uno mismo también se extiende a aceptar nuestras imperfecciones y errores sin autocrítica.

Cuando iniciamos este camino, la relación con la comida varía de diferentes maneras, generando cambios muy interesantes, lo que nos permite ser más conscientes de lo que estamos comiendo, disminuyendo la impulsividad alimentaria, reduciendo el estrés y la ansiedad relacionados con la comida, y mejorando nuestra capacidad de disfrutar de la comida.

Principios básicos del mindful eating:

En primer lugar tenemos la conexión mente-cuerpo: la atención plena nos permite establecer un puente entre ambos. Este enlace nos lleva a una respuesta consciente en lugar de reacciones impulsivas, especialmente en nuestra relación con los alimentos.

Señales de hambre: es esencial sintonizar con las verdaderas señales de hambre del cuerpo. Diferenciar entre el hambre fisiológica y las ganas de comer impulsadas por emociones o circunstancias es crucial.

Disfrutar la comida: la alimentación consciente implica apreciar y saborear cada bocado. Esto nos lleva a una experiencia culinaria más rica y gratificante.

Reconocimiento de la saciedad: es vital aprender a identificar cuándo hemos comido lo suficiente, evitando comer de más.

Recomendaciones para practicar el mindful eating:

Antes de comer debemos evaluar el hambre real que tengamos. Ajustar las porciones según el apetito. Identificar desencadenantes emocionales para no sobrealimentarnos. Crear un ambiente propicio y libre de distracciones para la comida.

Durante la comida es vital comer con lentitud y atención plena, así como atender las señales de saciedad. Debemos ser conscientes de la satisfacción proporcionada por la comida, y después de comer reflexionar sobre el bienestar de la poscomida, como valorar y agradecer la experiencia alimenticia.

Adentrarse en la práctica del mindful eating es un viaje enriquecedor. Se trata de elegir alimentos que concuerden con nuestro paladar, prepararlos con intención y disfrutarlos en un ambiente agradable, idealmente en compañía. Es fundamental ser compasivo y paciente con uno mismo durante este proceso de autoconocimiento y crecimiento.

El mindful eating es, en esencia, una invitación a redescubrir el placer de comer y a cultivar una relación saludable y consciente con la alimentación. Es una herramienta poderosa que puede transformar nuestra vida diaria y enriquecer nuestra búsqueda de bienestar y plenitud. La elección de adoptar este enfoque está en tus manos, y los beneficios pueden ser profundos y duraderos.

La creatividad culinaria como fuente de felicidad:

La creatividad en la cocina puede convertirse en una fuente inagotable de satisfacción y felicidad. Los fogones son lienzos en blanco donde los chefs y cocineros ejercen su creatividad para deleitar a los comensales. Es una forma de expresión que nos permite experimentar alegrías a través de cada plato y conectar con nosotros mismos y con los demás. Cuando cocinamos, estamos usando nuestra imaginación y nuestros sentidos para crear algo nuevo y delicioso. Esto puede ser una fuente de gran alegría.

La creatividad culinaria puede tener un impacto positivo en la salud mental y el bienestar. Las personas que cocinamos —asegura Merlín Gessen— con frecuencia nos sentimos más felices y satisfechas con nuestras vidas que las personas que no cocinan. La cocina, tradicionalmente vista como una necesidad o un pasatiempo, está siendo reconocida cada vez más por sus beneficios terapéuticos y su impacto en el bienestar mental. Esta actividad creativa, que abarca desde la selección de ingredientes hasta la presentación de los platos, ofrece una serie de ventajas psicológicas que merecen atención.

Un estudio realizado en 2015 investigó el impacto de las intervenciones culinarias en el bienestar emocional y encontró que cocinar puede ser un medio para mejorar el estado de ánimo y reducir los síntomas de ansiedad y depresión. Esta conexión puede estar relacionada con el sentido de logro y la autoeficacia que se experimenta al preparar una comida desde cero. (Farrow, C. V., Haycraft, E., y Blissett, J. M., 2015. "Teaching our children when to eat, how parental feeding practices inform the development of emotional eating, a longitudinal experimental design". The American Journal of Clinical Nutrition, 101-5, 908-913).

Además, cocinar también puede funcionar como una forma de reducir el estrés y las preocupaciones. Según un artículo en The Wall Street Journal, cocinar requiere concentración, atención al detalle y estar presente en el momento. Esta atención plena puede ser especialmente beneficiosa para quien lo hace. (Passy, C., 2020, April 2. "The Unexpected Joy of Cooking: It's a Form of Therapy". The Wall Street Journal).

Por otro lado, la actividad de cocinar y compartir alimentos puede fortalecer las conexiones sociales. Un estudio divulgado en Public Health Nutrition destacó que comer en familia, una práctica que a menudo implica cocinar en casa está asociado con dietas más saludables y mejor bienestar mental, especialmente en adolescentes (Utter, J., Denny, S., Peiris-John, R., Moselen, E., y Dyson, B., 2017. "Family meals and adolescent emotional well-being: findings from a national study". Public Health Nutrition, 20-3, 438-445).

En definitiva, la actividad de cocinar no solo alimenta nuestros cuerpos, sino también nuestras mentes y espíritus. Su papel en la promoción del bienestar mental y emocional es una valiosa adición a las razones para adentrarse en el arte culinario.

Cocinando con alegría:

A medida que descubrimos la importancia de la innovación culinaria, nos podemos dar cuenta de cómo chefs y cocineros han llevado la creatividad a nuevos niveles no solo para satisfacer el paladar, sino también para dejar una impresión indeleble en la mente y el corazón de aquellos que tienen el placer de probarlas. Así como ellos, darnos el permiso para explorar nuevos sabores, combinaciones o recetas puede desencadenar en momentos que serán inolvidables.

El proceso en sí mismo de buscar una receta, comprar los ingredientes, hacer las invitaciones, preparar la comida, decorar la mesa y vestirnos para la ocasión, todo eleva nuestro estado de ánimo, nutre nuestra alma y fortalece nuestros lazos con amigos y familiares. Estas son algunas recomendaciones específicas de cómo preparar nuevos platos, lo que puede ser una fuente de alegría: la cocina puede ser una forma divertida y emocionante de explorar nuevos sabores y texturas; esto coadyuva a las personas a descubrir nuevos alimentos y platos que todos disfrutarán. Es una forma de expresar la creatividad usando la imaginación para crear platos únicos personalizados.

Igual, es una forma de desconectarse de la cotidianidad y de relacionarse con los demás al cocinar para los seres queridos, por esto es positivo darse el permiso para cocinar una nueva receta cada vez que se pueda porque ayudará a explorar nuevos sabores y texturas. También hay que ser creativo con los ingredientes que tienes a mano. No tengas miedo de experimentar y cocinar para tus seres queridos. Compartir esa comida es una forma maravillosa de amarlos.

Receta o creación:

A la hora de escoger una receta o dejarnos llevar por nuestra creatividad, hay que tener en cuenta varios factores, como el nivel de experiencia culinaria, el tiempo disponible, los ingredientes que se tienen a disposición y las preferencias personales. Acá te presentamos diferentes recomendaciones de los expertos para que tu proceso sea un éxito.

Antes de comenzar considera tu nivel de experiencia culinaria. Si eres principiante, es mejor elegir una receta que sea relativamente fácil de seguir. Si tienes más experiencia, puedes elegir una más desafiante. Ten en cuenta el tiempo disponible. Algunas recetas requieren mucho tiempo y esfuerzo, mientras que otras son más rápidas y fáciles de preparar. Revisa la lista de ingredientes y chequea que estén todos. Considera las preferencias personales. ¿Gusta la comida picante? ¿La comida vegetariana? Y elige una receta que se adapte a los gustos. En ocasiones tendrás que hacer dos recetas dependiendo los invitados. Luego ve videos tutoriales de recetas, que pueden ayudarte y dar trucos. Debes preparar y medir todos los ingredientes con precisión antes de comenzar a cocinar. Esto te ayudará a trabajar de manera eficiente y evitará que te olvides de algo. Lava y corta las verduras y las frutas. Esto ayudará a que la preparación sea más rápida y fácil. Precalienta el horno o la sartén si es necesario. Esto ayudará a que la comida se cocine de manera uniforme. Luego saber cuándo detenerse. No es necesario cocinar demasiado la comida, ya que esto puede hacer que se seque o se queme. Por último, no te desanimes si tu primer intento no sale perfecto. La práctica hace al maestro.

La cocina como expresión de amor:

La cocina es una forma de expresión, una forma de comunicarnos con los demás. Cuando cocinamos para alguien, estamos compartiendo algo de nosotros mismos, nuestros gustos y nuestras preferencias. Estamos diciendo: "Pienso en ti, me importas y quiero que disfrutes de esta comida".

Al cocinarles a otros, los estamos haciendo sentir una serie de emociones positivas como felicidad, gratitud, satisfacción, conexión y amor. Estas emociones pueden surgir de diferentes factores, como el gesto de amor y cuidado que representa la comida, el disfrute de una comida deliciosa o la conexión que se crea al compartir una comida con los demás. El impacto emocional que puede tener la creatividad en los demás y en nosotros mismos es incuestionable. Por esto te recomendamos cocinar con amor y cariño para crear momentos de alegría y conexión.

Conclusiones

En este capítulo, realizamos nuestro viaje por el mundo de la neurogastronomía y la felicidad, en el que hemos aprendido y reflexionado sobre cómo la comida y la felicidad mejoran nuestra vida diaria, ayudándonos a conectar con los demás y a crear recuerdos positivos. La neurogastronomía nos ha enseñado que la comida puede tener un impacto significativo en nuestro estado de ánimo, nuestras emociones y nuestra salud física. Cuando elegimos alimentos que nos gustan y que nos nutren, nos sentimos más felices, satisfechos y conectados.

También, exploramos las interacciones entre la comida, el cerebro y el cuerpo, al ver cómo la comida puede tener un impacto significativo cuando elegimos alimentos que nos gustan y que nos nutren. Juntos hemos comprendido que comer conscientemente puede mejorar nuestra vida diaria de varias maneras. En primer lugar, puede ayudarnos a elegir alimentos que nos hagan sentir bien; en segundo lugar, ayudarnos a reducir el estrés y la ansiedad y, en tercer lugar, puede ayudarnos a crear recuerdos positivos. Las comidas compartidas con los seres queridos pueden ser momentos de alegría y conexión.

Igualmente se hizo evidente por qué razón Abraham Maslow clasificó en primer lugar y entre las necesidades primarias, fisiológicas y básicas para la supervivencia humana, como el aire y el agua, a la comida, por lo que se incluyó en este primer nivel. Por encima de las necesidades de seguridad, indicando que una vez que las necesidades fisiológicas fueran satisfechas, es que las personas buscarían la seguridad y estabilidad, incluyendo la seguridad física, de recursos y de salud, para posteriormente cubrir las necesidades sociales o de pertenencia con las relaciones interpersonales, amor, amistad y pertenencia a un grupo, y después vendrían las necesidades de estima, que incluyen la de sentirse respetado, tener autoestima y estima de los demás, reconocimiento y sentirse valorado. Lo último serían las necesidades de autoactualización. Este es el nivel más alto en la jerarquía de las motivaciones y se refiere a la realización del potencial personal, la creatividad y la búsqueda de experiencias enriquecedoras. Comer la colocó en el primer nivel de la jerarquía de Maslow, dentro de las necesidades.

Comer ha sido la primera necesidad y motivación del ser humano para su existencia y supervivencia. El ser humano hubo de proveérsela. El oxígeno estaba disponible y el agua hasta casi el presente también, aunque comenzó a escasear desde el siglo 20. Pero la comida siempre los humanos hemos tenido que procurarla. Es un acto trascendente en la vida de cada persona.

La mesa en las creencias:

Más de 6 mil millones de seres humanos dan gracias antes de comer, una práctica común en muchas religiones del mundo. Aunque las razones y los métodos específicos pueden variar, en general esta práctica refleja una combinación de gratitud, reconocimiento a una divinidad y un recordatorio de la relación sagrada entre los seres humanos, la comida y la divinidad.

Los cristianos rezan antes de las comidas para agradecer a Dios por la provisión de alimentos. Esta práctica puede estar influenciada por el ejemplo de Jesús de Nazaret, quien bendijo el pan y el vino durante la Última Cena. En el judaísmo, antes de comer pan, los judíos recitan la "Berajá", una bendición que agradece a Dios por "sacar el pan de la tierra". Hay otras bendiciones específicas para diferentes tipos de alimentos, y después de comer se recita el "Birkat Hamazón", una serie de bendiciones que agradecen por la comida y otros aspectos de la vida.

En el islam los musulmanes suelen decir "Bismillah" ("En el nombre de Alá") antes de comenzar a comer, y "Alhamdulillah" ("Gracias a Alá") después de terminar. Estas prácticas reflejan la gratitud a Alá por la provisión y el reconocimiento de su sustento.

Los hindúes justo antes de comer ofrecen su comida a la divinidad, a menudo a una forma específica de deidad, como Krishna, en un acto llamado "prasad". Esto santifica la comida, y al consumirla, se cree que uno está recibiendo una bendición divina.

Los monjes budistas y quienes practican el budismo recitan versos antes de comer, reflejando gratitud por la comida y recordando la importancia de la práctica y la disciplina en su vida. Además, hay un énfasis en comer conscientemente y reconocer el origen y la naturaleza interdependiente de los alimentos. En el sijismo, la comida a menudo se distribuye en "langar", una cocina comunitaria en el Gurdwara —templo sij— para luego comer. Entretanto los sijs expresan gratitud por la comida y por la comunidad que se reúne para compartirla.

La razón detrás de estas prácticas en diversas religiones es multifacética. A menudo, se trata de expresar gratitud, reconocer la santidad de la vida y la comida y conectarse con lo divino. También pueden actuar como un recordatorio de los valores y enseñanzas de la religión y reforzar la comunidad y la conexión entre sus miembros. Sin embargo, dar gracias por la comida no deja de definir como sagrada a la comida y lo que involucra, la reunión de las personas en torno a ella.

Bon Appétit!

Capítulo 5. Un destino distinto: nueva vida y oportunidad para ser felices

Imagen de Gerd Altmann en Pixabay

Los que emigran por supervivencia

Cuando pensamos en la migración —en primer lugar— se nos vienen a la mente las imágenes que vemos de los masivos desplazamientos de personas huyendo de la hambruna, por falta de alimentos o de agua, por guerras civiles, por persecuciones religiosas o políticas, por la inseguridad provocada por pandillas o delincuentes, o por razón del narcotráfico, por gobiernos autocráticos o dictaduras que oprimen a los ciudadanos y pueden haber sido sometidos a la violencia o a violaciones a los derechos humanos, a prisión, o por haber sido torturados. También por enfermedades, pandemias, o por falta de trabajos adecuadamente remunerados, o desempleo. Se trata de cubrir las necesidades básicas.

La migración es un fenómeno que ha ocurrido a lo largo de la historia de la humanidad, y un sinnúmero de países han visto a buena parte de sus habitantes emigrar. Entre los que han sufrido mayores niveles de emigración en la historia hispanoamericana se incluyen México y Cuba, dos de los principales emisores de migrantes hacia Estados Unidos y Canadá, así como hacia otros países de América Latina. En Cuba la dictadura ha impulsado a muchos cubanos a emigrar a Estados Unidos y otros destinos.

China ha tenido una larga historia de emigración, tanto hacia otros países asiáticos como a América del Norte y Europa. India también ha sido un emisor de emigrantes hacia el Reino Unido y a otros miembros de la Commonwealth, al igual que para Estados Unidos y Canadá.

Es destacable igualmente el caso de Italia, con cientos de miles de emigrantes América del Norte y del Sur, así como hacia otras naciones europeas, de la misma forma que Irlanda, durante el siglo XIX y principios del XX, cuando una cantidad enorme de irlandeses emigraron hacia Estados Unidos, Canadá, Australia y Nueva Zelanda debido a la hambruna y la falta de oportunidades.

Por otro lado, los países de África en que se ha observado más emigrantes varían dependiendo de factores como la inseguridad, la falta de oportunidades económicas, la persecución política y otras situaciones sociales y políticas. Algunos de estos países africanos incluyen a Nigeria, que es el más poblado del continente y ha tenido una gran cantidad de emigrantes a Estados Unidos, Inglaterra, Canadá y otros territorios de Europa y América. En Etiopía la inseguridad, una economía precaria y la persecución política han llevado a muchos etíopes a emigrar a Estados Unidos, Canadá y países europeos. Igualmente en Somalia la guerra civil y la inseguridad han llevado a una gran cantidad de somalíes a emigrar a países como Kenia, Yemen y otros países de Europa.

En Sudán la inestabilidad política, la guerra y la pobreza han incitado a muchos sudaneses a emigrar a países como Jordania,

Arabia Saudita y Estados Unidos. La dictadura en Eritrea llevó a muchos eritreos a emigrar a Europa, Italia, Alemania y Países Bajos. La inestabilidad económica y política y la violencia en la República "Democrática" del Congo han forzado a una gran cantidad de congoleños a irse a países como Uganda, Burundi y Ruanda.

Otros estados con dictaduras y gobiernos no democráticos a menudo son los que impulsan mayores niveles de emigración debido a la falta de libertades, la violencia y la inseguridad, la falta de opciones económicas y la persecución política. Algunos de estos países con gobiernos no democráticos que han visto grandes niveles de emigración han sido Siria, donde una guerra civil y una dictadura provocaron que millones de sirios huyeran. La crisis política y económica en Venezuela determinó que el 30 por ciento de su población abandonaran el país en busca de mejores condiciones de vida hasta 2023.

En Myanmar la junta militar ha estimulado a un gran número de personas a fugarse en busca de seguridad y libertad. De la misma manera en Eritrea se emigra a Europa. El régimen comunista en Corea del Norte ha inducido a una gran cantidad de personas a escapar del país en busca de libertad y seguridad.

Estos son solo algunos ejemplos de los países con dictaduras y gobiernos no democráticos que han generado grandes niveles de emigración. Cada situación tiene sus características y hay muchos otros factores que pueden influir en los niveles de emigración en cada caso específico. En el siglo 20 en América Latina hubo grandes emigraciones de Argentina, Chile y Uruguay, huyendo de las dictaduras militares y de sus crímenes y persecuciones a los ciudadanos.

Por otra parte, España ha tenido una historia de emigración hacia América Latina y Europa, especialmente durante las décadas de los 50 y los 60. También Corea del Sur, a partir de la década de

1960, ha sido un país emisor de migrantes hacia Estados Unidos, Canadá y otros países del mundo.

Estos son algunos ejemplos de los países que han visto una enorme cifra de desplazados, pero otros también han experimentado niveles significativos de migración en diferentes momentos a lo largo de la historia.

La pandemia del coronavirus Covid-19, en la década de los 20 del siglo 21, generó —además de los fallecidos— problemas de desempleo al permanecer cerradas las empresas, lo que a su vez incidió en la falta de suministros y de bienes y de servicios que condujeron a procesos inflacionarios y crisis económica en una buena parte del mundo. Mientras duró la prohibición de viajes se detuvieron momentáneamente los ímpetus migratorios, para retornar, con mayor fuerza que antes de la pandemia, en cuanto se volvieron a abrir las fronteras.

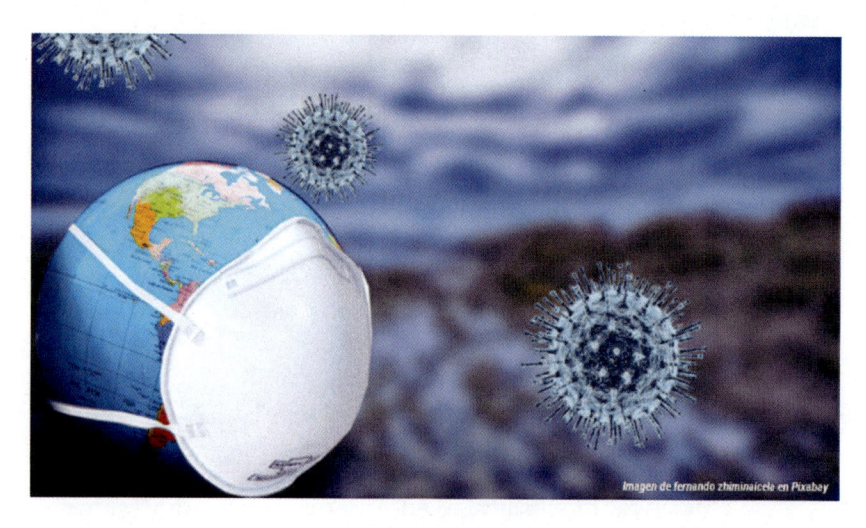

Imagen de fernando zhiminaicela en Pixabay

La pandemia y la falta de medicamentos en los países de menores ingresos potenciaron más bien mayores migraciones, en cuanto se pudo hacer, a naciones con mejores servicios de salud.

En los últimos años, el cambio climático ha comenzado a provocar movilizaciones de migrantes como consecuencia de sequías, tormentas, huracanes e inundaciones, desastres naturales o climas extremos que causan un aumento desproporcionado de los precios de los alimentos a nivel mundial, por los retrasos del transporte o por las pérdidas en los cultivos o en la agroindustria.

En definitiva, millones de seres humanos migran por supervivencia o por satisfacer algunas de las necesidades básicas o escapando de condiciones no favorables para lograr el bienestar, el confort y ser más felices.

Otros también emigran no por supervivencia, sino por mejorar su calidad de vida, por razones profesionales o personales, de trabajo, de desarrollo individual, por tener mayor seguridad, por causas afectivas, por motivos médicos, o en busca de alguna ocasión de cambiar su vida y la de su familia.

Desde los albores de nuestra existencia, los seres humanos llevaban consigo el espíritu de la migración. Nuestros antepasados eran intrínsecamente nómadas mucho antes de que la idea de establecerse y construir comunidades sedentarias se arraigara en sus prácticas diarias. Estos grupos primitivos, impulsados por la necesidad de supervivencia, se asentaban temporalmente en regiones donde la abundancia de caza y la recolección de frutos les garantizaban sustento. Sin embargo, la naturaleza efímera de estos recursos y la necesidad constante de agua potable les obligaba a moverse una y otra vez, en un ciclo permanente de desplazamiento y reasentamiento.

La humanidad nació en un paraje de África y de allí comenzó la larga migración, hace más de 90 mil años, a todos los continentes, a lo que hoy es el Medio Oriente, a Europa, Asia, Australia, Norte, Centro y Sudamérica hasta la Patagonia. Los migrantes lo hicieron por todo el mundo durante miles de años.

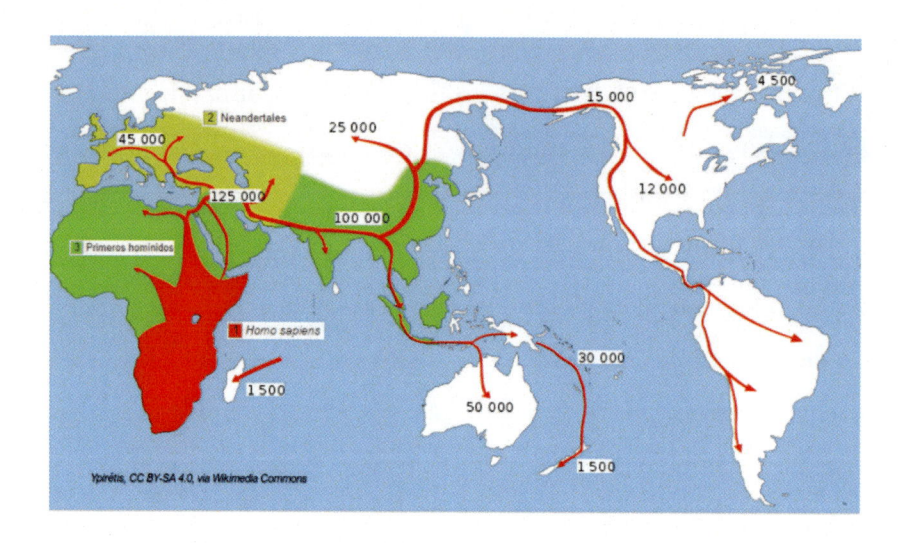

La cuna de la humanidad se sitúa en las vastas llanuras de África. Fue en este continente donde, hace más de 90 mil años, comenzó una de las migraciones más significativas y transformadoras en la historia del ser humano. Desde este punto de origen, nuestros ancestros emprendieron audaces travesías que los llevaron a cruzar vastos desiertos, escalar montañas imponentes y navegar por océanos desconocidos. Se aventuraron hacia el Medio Oriente, se expandieron por Europa, atravesaron las estepas de Asia, llegaron a las costas de Australia y siguieron su marcha por Norte, Centro y Sudamérica, llegando incluso a los confines de la Patagonia.

Para el año 2022, poco menos de 300 millones de personas emigraron, aproximadamente 3,8 por ciento de la población mundial. En 2023, una persona migra por cada 29 habitantes, y continuará creciendo. En 1970 emigró 2,8 por ciento de la población mundial y ha ido subiendo desde 172 millones a casi 300 millones de ciudadanos que se desplazaron de su país de origen.

Un hecho relevante es que los países a los cuales se dirigen los migrantes son Estados Unidos, en primer lugar, y luego Alemania y Arabia Saudita. Podríamos nombrar igualmente al Reino Unido, Francia, Canadá, Italia, España y Australia, entre otras naciones.

Los países en donde se origina la emigración en el primer cuarto del siglo 21 comienzan con Siria y Venezuela, Afganistán, Sudán del Sur, Myanmar y Ucrania, después de la invasión rusa, como consecuencia de las guerras civiles internas, o externas, y de gobiernos que generan una enorme inseguridad para sus ciudadanos, incluido el riesgo de perder la vida. Les siguen países africanos como Chad, Burkina Faso y Malí, Nigeria, República Centro Africana, República "Democrática" del Congo, Mozambique, Somalia y Etiopía, y de Hispanoamérica, como Nicaragua, Haití y Cuba.

Las cifras en general nos indican que los migrantes se van masivamente de sus países por razones de supervivencia, hacia naciones desarrolladas o países prósperos. La gran mayoría que se desplaza de donde habita lo hace de naciones de bajos ingresos, con poco desarrollo social y económico o estados en guerra, conflictos internos, o falta de alimentos o ante algún desastre climático.

Imagen de Gerd Altmann en Pixabay

La emigración planificada: los que se van porque quieren hacerlo

No todos los migrantes lo hacen por circunstancias de supervivencia. También están aquellos que deciden irse de sus países de origen para vivir mejor, para estudiar y desarrollarse en distintos ámbitos, sean económicos o profesionales, o para dejar atrás alguna insatisfacción personal. Asimismo, para alcanzar alguna meta u objetivo que le es imposible realizarlo en donde habita, como sería el caso de alguna vocación. Hemos conocido astronautas en Estados Unidos que no lo hubieran logrado si no se iban a esta nación u otras con sistemas espaciales. En sus países de origen aún no existe esta profesión.

En otros casos, algunas personas que estudian y se gradúan en otras latitudes distintas a donde nacieron y vivieron, deciden quedarse en ellos y completar su inmigración porque consideran que les irá más acorde a los objetivos personales que persiguen.

También ocurre con frecuencia en el mundo de las relaciones internacionales. Muchos hijos de diplomáticos o de profesionales de algunas industrias como la petrolera y otras multinacionales tienen la oportunidad de conocer distintas culturas, idiomas y formas de vida. Al comenzar la adultez, una buena parte de estos jóvenes escogen algún país distinto del suyo para hacer su vida porque están convencidos de que tendrán más opciones, y sienten que vivir allí coincide en mayor grado con su forma de ser que en su país de nacimiento.

Otros emigrantes lo hacen por motivos familiares, por razones psicológicas, por causas de vida, por necesidad de algún cambio, por reencuentros con otras personas y entornos afines, o por coincidencia de valores trascendentales.

Ahora, con la intercomunicación mundial a través de las redes, cada día aumentan las personas que se enamoran a distancia y se encuentran en alguno de los dos países de origen —o en un tercer destino— al emigrar uno de los dos o ambos.

Cuando nacemos, nuestra familia y la sociedad donde vivimos nos van a guiar. Nuestros padres nos dirigirán y formarán los primeros años de vida. Después los sistemas educativos nos ilustrarán y enseñarán. La cultura social a la cual hayamos pertenecido, y las normas y leyes sociales que nos rijan, nos orientarán hasta que en algún momento comencemos a pensar y a actuar con luz propia.

Así, decidiremos nuestro futuro: ¿qué y quiénes somos y queremos ser? Esto nos hará seleccionar distintos caminos en todos los aspectos de nuestra existencia. ¿Qué estudiaré? ¿Qué profesión o trabajo ejerceré? ¿Formaré familia? ¿Estoy satisfecho con el destino que me otorga mi familia y entorno social? ¿Deseo forjar otro destino? ¿Dónde y cómo voy a vivir?

Tendremos que elegir en distintas etapas los caminos que recorreremos. Cada vez que lo hagamos comenzamos de alguna manera una nueva historia, basándonos en lo que hemos aprendido y adquirido.

Todo cambia, como cuando pasamos de solteros a casados, o al comenzar a trabajar y depender de nosotros mismos, al formar pareja o al tener hijos. Cada vez que emprendemos un nuevo capítulo en nuestro proceder asumimos nuevos roles y comportamientos.

Cuando nos disponemos a emigrar por planificación personal, esta puede ser la mayor decisión de nuestra vida porque involucra absolutamente toda nuestra existencia y todo nuestro entorno.

No es así para quien emigra por supervivencia, ya que se ve en buena medida obligado a irse de donde habita porque su entorno le hace imprescindible hacerlo. No obstante, en ambos casos, sea por planificación propia o por otras vicisitudes, emigrar significará —en mayor o menor medida— superar obstáculos de distinta índole, así como carencias psicológicas y afectivas.

¿Qué motiva al emigrante a irse?

Hay muchas razones que pueden llevar a una persona a emigrar de su país. Algunas de las más comunes incluyen motivos económicos: las condiciones socioeconómicas precarias, la falta de un buen empleo y la inflación o hiperinflación pueden motivar a las personas a emigrar en busca de mejores condiciones de vida.

Las *razones políticas* provocan hasta emigraciones masivas. La inestabilidad política, la corrupción, la represión y la persecución política pueden ser motivos para que las personas emigren de su país.

La mayor emigración de ciudadanos europeos ocurrió por la I Guerra Mundial, cuando millones de ciudadanos emigraron a América del Norte y del Sur, Asia y Oceanía. La II Guerra Mundial provocó también una gran cantidad de migraciones forzadas, de quienes fueron desplazados de sus hogares debido a los combates, la ocupación militar y las políticas de deportación y exterminio implementadas por regímenes totalitarios. Después de la guerra, hubo una gran cantidad de refugiados que buscaban asilo y protección en otros países, lo que tuvo un gran impacto en la migración y la movilidad humana en los siglos 20 y 21. Las guerras civiles de España, Líbano, Siria y otros países, y los regímenes dictatoriales de Cuba, Venezuela y Nicaragua, han ocasionado igualmente masivas migraciones.

Por motivos *sociales* también se emigra: la discriminación, la pobreza, la violencia, la falta de acceso a servicios básicos y la escasa atención médica pueden ser las causas para que las personas abandonen su país.

La discriminación en particular puede ser una causa determinante para que las personas emigren. La discriminación toma muchas formas, como la segregación racial, étnica, religiosa, de género, orientación sexual, entre otras, y puede tener un impacto negativo en la vida de las personas, limitando sus posibilidades y afectando su bienestar y calidad de vida.

En algunos casos, la discriminación puede ser tan grave y sistémica que las personas pueden sentir que no tienen otra opción que abandonar donde viven y buscar un lugar más seguro y acogedor. Esto es especialmente cierto para los que pertenecen a grupos marginados o vulnerables que enfrentan discriminación y persecución. Por ello se debe enfrentar la discriminación en todas sus formas para garantizar que todas las personas tengan una vida digna y plena en sus países de origen.

En algunas ocasiones *se emigra por desastres naturales* como terremotos, huracanes, tornados, inundaciones y sequías que pueden afectar la vida de las familias y llevarlas a salir de su entorno en busca de un medio ambiente más seguro. Estos desastres generan movimientos migratorios. Los eventos pueden tener un impacto significativo en la vida y la seguridad de las víctimas, lo que puede provocar —en principio— la necesidad de abandonar sus hogares y buscar refugio en otras áreas. En el caso de los terremotos, los daños a los edificios y la infraestructura pueden hacer que se vean obligadas a abandonar sus viviendas destruidas. Los terremotos también pueden provocar tsunamis, con daños irreparables, lo que aumenta el número de personas que buscarán otra locación.

En el caso de los huracanes, las fuertes lluvias y los vientos producen inundaciones y daños a las estructuras, lo que eventualmente obliga a la gente a mudarse como sucedió en Puerto Rico con el huracán María. Este ciclón llegó a la isla el 20 de septiembre de 2017 de categoría 4, con vientos sostenidos de hasta 155 millas por hora y lluvias torrenciales. Causó graves daños a la infraestructura de la isla, incluyendo el dejar a gran parte de la población sin energía eléctrica —o con muy limitado servicio— durante más de un año. También ocasionó la muerte de más de 3.000 personas.

A raíz del huracán, muchos puertorriqueños tuvieron que buscar refugio. Se estima que alrededor de 130.000 puertorriqueños emigraron de la isla a Estados Unidos en los meses siguientes del huracán, y muchos de ellos se instalaron en Florida, Nueva York y otros estados. La emigración masiva de puertorriqueños a Estados Unidos después del huracán María ha tenido un impacto significativo en la población y la economía de Puerto Rico.

Las inundaciones e incendios forestales concurrentes, como ocurren en California, Estados Unidos, han causado que muchas familias se muden a otras regiones. Estos desastres generalmente provocan grandes daños a las infraestructuras, lo que afecta la capacidad de las personas para volver a vivir en una determinada área. En el caso de las sequías, la falta de agua y la pérdida de cultivos hacen que las personas busquen nuevas áreas donde encontrar trabajo y alimentos.

Últimamente se nota un nuevo factor para emigrar, el cual se encuentra en aumento. Países europeos, así como Estados Unidos, Canadá o Australia, están recibiendo inmigrantes que vienen a petición de sus familiares que ya son residentes de estas naciones. *La reunificación familiar* y la búsqueda de un entorno más seguro para sus hijos o para sus padres u otros familiares es una de las causas para que las personas se rencuentren.

Otra razón para emigrar son las educativas. La falta de opciones docentes y universitarias, y mejores perspectivas para su formación, son motivaciones para que estudiantes, por sí mismos o enviados por sus padres o familiares, emigren.

Para 2023, los países con los mayores flujos migratorios incluyen a México, China, India, Filipinas, Sudán y Bangladesh, cuyos migrantes suelen irse a otros lugares en busca de una vida mejor en términos de seguridad y calidad de vida. También tienen una alta salida de sus ciudadanos en Siria. Emigran de ese país debido a la guerra civil y la violencia que han sufrido millones de sirios, que se ven en la necesidad de abandonar sus hogares y buscar refugio en otras naciones, y en Haití emigran por hambre y falta de empleos. Los emigrantes venezolanos escapan de su país debido a la crisis económica y política que ha llevado a una inflación desbocada y a una escasez de alimentos, a nivel de desnutrición, así como de medicinas básicas. Y a todo esto se agrega que han huido de la violencia y la represión política en este país.

Las pérdidas de los emigrantes por supervivencia

Los emigrantes por planificación generalmente se adaptan muy bien desde el primer día. Se han preparado para ello y además querían hacerlo. Llegar al nuevo destino es un primer éxito en su plan de vida. Mientras que los emigrantes que lo hacen por necesidad o supervivencia suelen experimentar diferentes tipos de pérdidas psicológicas.

Cualquier cambio importante en la vida de una persona genera estrés, ansiedad y otros problemas emocionales. Aún en el primer caso experimentan pérdidas relacionadas con la separación de familiares y amigos, el cambio de cultura y el ajuste a un nuevo entorno.

Sin embargo, también tienen la ventaja de contar con más recursos y apoyo financiero, lo que reduce su estrés económico y están en mejores condiciones para superar las circunstancias del nuevo escenario.

Es claro que los emigrantes que se ven obligados a irse a otros países experimentarán un mayor nivel de incertidumbre y estrés debido a las circunstancias económicas, políticas o de seguridad que los obligaron a emigrar, mientras que los emigrantes por decisión no. A pesar de esto, algunos de ellos presentan, en menor grado, pérdidas similares a quienes se ven obligados a irse de su país.

Es preciso tomar en cuenta que la experiencia de la emigración depende en gran medida de las circunstancias individuales. Todos los emigrantes pueden disponer de herramientas para procesar cualquier pérdida o desafío que se presente, de forma personal o acudiendo a las organizaciones sociales como las ONG que prestan apoyo a los inmigrantes.

Para todo psicólogo, es importante evaluar las necesidades y circunstancias de cada individuo y brindar apoyo emocional y psicológico adecuado para ayudar a los emigrantes a adaptarse y superar sus dificultades asociadas con los cambios. Siempre tomando en cuenta que la psicología en positivo no verá al emigrante y su familia como un paciente sino como una persona a la que le prestará sus servicios de instructor o educador que cuenta con las herramientas y los conocimientos necesarios para enseñarle cómo dirigir ese momento junto a sus seres queridos.

No debemos olvidar que todos los emigrantes quieren mejorar en el nuevo destino. Todos de alguna manera planifican y desean una mejor vivencia. Pero los emigrantes por planificación tienden a serlo más por decisión propia que por necesidad, y quienes emigran por circunstancias más apremiantes lo hacen más cercanos a la supervivencia. Los primeros planificarán más, lo harán con familia y objetivos claros; los segundos planearán menos, y en general la familia se separa. Sus metas variarán aunque estarán cercanas a la supervivencia o a lograr un mínimo de estándar de vida y satisfacer las necesidades básicas: vida y subsistencia, trabajo, salud y educación.

Motivaciones externas para emigrar

Imagen de Gerd Altmann en Pixabay

Las comunicaciones:

En el siglo 21 ha surgido un nuevo mundo. Las comunicaciones se han convertido en una necesidad para cada persona, tanto de informarse como de comunicar. El concepto de "aldea global" de Marshall McLuhan se expresa claramente porque hemos ido pasando de la identidad primaria de familia o de "tribu", a la identidad nacional, o regional —como la identidad europea—, y ahora a la identidad colectiva de "red social", en un acelerado tránsito a una identidad colectiva mundial.

La llegada del internet, y en consecuencia de las redes sociales, además de los *smartphones*, logró que miles de millones de personas se comuniquen diariamente y se informen de cuanto ocurre en el mundo, y de cómo se vive en distintos países, lo cual les afecta positiva o negativamente. Un buen número de seres humanos se sienten partícipes del acontecer en distintos lares, y se hacen amigos —cuando no familiares— que están en distintos lugares geográficos, situación que va en aumento progresivo, lo que nos hace esperar que en el inmediato futuro se seguirán expandiendo las interacciones de ciudadanos en todo el planeta.

Por otro lado, aparece el concepto de "virtualidad" con lo que significa el viajar virtualmente. Este concepto va asociado a una "realidad" en los entornos simulados o artificiales —pero muy verdaderos en términos virtuales—, así como en los sociales, donde se accede a distintas culturas con interacciones multisensoriales. Los usuarios pueden visitar, en un mundo posible y factible, distintos sitios en diferentes locaciones. Todos estos escenarios abren la puerta a las personas para pensar en emigrar.

Además, la tecnología genética actual permite a cada uno conocer los antecedentes históricos de su familia a través del estudio particular del ADN, descubriendo sus vínculos ancestrales. De esta forma, ciudadanos de Hispanoamérica descubren sus lazos y parentescos de origen con Europa o del Medio Oriente, África o Asia; estadounidenses tienen la oportunidad de conocer la procedencia de bisabuelos o tatarabuelos irlandeses, británicos, africanos, franceses, italianos o latinos, o canadienses descubren sus ancestros de Europa, del Líbano, de la India o de Asia. En todos estos casos, son muchas las personas que considerarán visitar esos países de origen o planear en ellos su retiro.

Cada vez aumentan más las comunicaciones y, con ellas, incentivos y estímulos que crean en las personas deseos o necesidades de emigrar. Y así será hasta que se establezcan los equilibrios, primero regionales y luego mundiales, entre los países y sus ciudadanos.

La comunidad europea es un ejemplo de cómo podría funcionar a nivel mundial. La Unión Europea (UE) ha implementado una serie de políticas y programas con ventajas para los ciudadanos europeos que desean emigrar dentro de ella.

Una de las principales ventajas es la libertad de movimiento. Los ciudadanos europeos tienen derecho a vivir y trabajar en cualquier país de la unión sin necesidad de visado o permiso de trabajo. Esto significa que los ciudadanos europeos tienen la libertad de buscar oportunidades de trabajo y vivienda en otros países de la comunidad, sin tener que preocuparse por los obstáculos legales o administrativos que podrían impedirles hacerlo.

Otra ventaja es la igualdad de trato. Los ciudadanos europeos que viven en otro país de la UE tienen los mismos derechos y protecciones legales que los ciudadanos de ese país. Esto significa que acceden a la seguridad social, atención médica, educación y otros servicios públicos como cualquier otro ciudadano de la unión.

También han creado programas para fomentar la movilidad laboral y el intercambio educativo entre los países miembros. El programa Erasmus permite a los estudiantes universitarios estudiar en otro país de la UE durante un período determinado, con lo que adquieren habilidades lingüísticas y culturales, así como experiencias laborales valiosas.

Todas estas ventajas para los europeos han estimulado la emigración entre sus países y ha permitido a los ciudadanos aprovechar las oportunidades de trabajo, educación y otros beneficios en otras naciones. Según datos de la oficina estadística de la Unión Europea, Eurostat, en 2020 los países que recibieron más ciudadanos inmigrantes de otras naciones de la Unión Europea —con 16,2 millones de inmigrantes de otros Estados miembros— fueron España, con 2,4 millones, y Reino Unido, con 2,3 millones. Otros países que recibieron grandes flujos migratorios de ciudadanos europeos fueron Italia, Francia y Países Bajos.

Por otro lado, los países que más ciudadanos enviaron a otros países de la UE fueron Rumania, con 3,5 millones de emigrantes hacia otros Estados miembros; Polonia, con 2,2 millones, y Alemania, con 1,7 millones. También Italia, Portugal y España registraron flujos importantes de emigrantes.

El transporte:

La migración por supervivencia no ha variado en el tiempo, y es desesperada y riesgosa en la mayoría de los casos. Se realiza "a pie" o en precarias balsas o embarcaciones, como se observa desde África hacia Europa, o del Oriente Medio a Europa, o de Latinoamérica a Estados Unidos o a otro país latino.

Por el contrario, la emigración planificada cada vez tiene mejores transportes para hacerlo, sea por avión, tren, barco o a través de carreteras o autopistas. Sin duda viajar se ha facilitado, con la temporal interrupción a lo largo de la historia producto de pandemias, como la comenzada la segunda década del siglo 21.

El transporte moderno ha tenido un impacto significativo en las migraciones humanas al hacer que sea más fácil y accesible para las personas moverse de un lugar a otro. Incluye la movilización a larga distancia como los aviones y los trenes de alta velocidad. Se ha hecho posible viajar grandes distancias en un corto período. Esto ha permitido que las personas se muden a lugares más lejanos sin tener que preocuparse tanto por el tiempo que llevaría viajar allí. Nuevas rutas de transporte, como trenes y autobuses, han permitido que todos lleguen a lugares a los que antes era difícil o prácticamente imposible. Esto ha abierto nuevas oportunidades de migración a lugares antes inaccesibles, lo cual conlleva un aumento en la migración mundial y ha permitido que las personas exploren nuevas formas de vida en diferentes regiones.

Memorial de la hambruna en Dublín, Irlanda

Guerras, hambrunas, persecuciones, epidemias e insalubridad:
Debemos hacer la salvedad de que en el caso de emigraciones obligadas o cuando no hay otro camino, la emigración es una alternativa positiva y salvadora en todo caso. Nos referimos a países que entran en procesos bélicos, sean internos como las guerras civiles o revoluciones, o externos cuando la conflagración se da entre dos o más naciones. De acuerdo al Instituto Internacional de Investigaciones sobre la Paz de Estocolmo, de la UNESCO, desde la segunda guerra mundial se han sufrido más de cien guerras o revoluciones. Para finales del año 2022 estaban activas 61 guerras incluyendo la invasión de Rusia a Ucrania y otras confrontaciones o insurreccio-

nes que involucraron a 21 países africanos, 14 latinoamericanos, 8 europeos, 16 del Oriente Medio y de África del Norte, 15 en el Lejano Oriente y en Asia, entre otros conflictos armados.

Asimismo, las revoluciones y otros procesos políticos autoritarios de distinta índole establecen persecuciones políticas que reprimen a sus nacionales con cárcel e incluso con la muerte a sus oponentes. En los países en donde operan carteles del narcotráfico o pandillas, igualmente se genera tal violencia armada que pone la vida en peligro de las comunidades en donde funcionan estas organizaciones criminales.

La hambruna es una circunstancia que se da cuando en un país o región no se puede acceder a la cantidad de alimentos y nutrientes necesarios para sus habitantes, lo que provoca enfermedad o muerte por desnutrición, masivamente. Naciones Unidas estima en 24 mil las personas que mueren diariamente como consecuencia del hambre, y se calcula que 76 por ciento de ellas son niños menores de 5 meses. Estamos hablando de casi 9 millones de ciudadanos del mundo que mueren anualmente por la falta de comida, 6 millones y medio de ellos son bebés. La hambruna puede ser causada por guerras, pobreza extrema, desastres naturales o epidemias.

Una endemia es la presencia de un padecimiento en algún área en específico, sea esta transmitida por un animal, o por déficit de una vitamina o un nutriente. La epidemia es una enfermedad que infecta a una población y se traspasa rápidamente de uno a otro. Cuando la epidemia alcanza varios países o regiones, o cuando se extiende por el mundo como ocurrió con el Covid-19, se denomina pandemia.

Las personas huyen de una endemia o de una epidemia generando emigraciones que pueden llegar a ser masivas. Emigraciones dentro de la misma nación en el caso de endemias, o del país si es una epidemia. Las pandemias, por el contrario, impiden las emigraciones internas o externas por la prohibición que imponen los gobiernos, precisamente para evitar su expansión.

La insalubridad es una razón de emigración muy tenida en cuenta por quienes buscan terminar con alguna enfermedad crítica que, aunque es curable, podría ser mortal en el contexto donde se desenvuelven, en particular por la falta de servicios médicos o desactualizados, obsoletos o inexistentes.

Conocemos de casos personales, e incluso de clínicas y hospitales, donde una buena parte de sus pacientes provienen de otros países. Numerosos enfermos, y sus familiares directos, terminan quedándose en estas naciones por temor a la reincidencia de la enfermedad o porque no encontrarán los servicios hospitalarios y médicos o las medicinas adecuadas para el postratamiento de su dolencia.

Estas son algunos de los factores más comunes que pueden llevar a una persona a emigrar de su país, pero la motivación puede variar de una a otra y depender de una combinación de circunstancias.

El cambio no es solo de país: será una transformación personal:

Hemos señalado que la emigración por criterios de supervivencia es, más que por planificación, una huida. Se evade una realidad que nos impulsa a escapar de ella. Fugarse generalmente es peligroso y conlleva la angustia —extrema en la mayoría de los casos— y una perturbación de vida que generalmente altera nuestra conducta, afectividad y comportamiento. A la par, disminuyen y hasta se alejan los vínculos que sostienen nuestra forma de ser, de sentir y de pensar.

Lo que ocurre es que nos vamos a distanciar físicamente de la familia, amigos, conocidos, compañeros de trabajo, del entorno donde hemos existido y desarrollado. Dejaremos de comer los alimentos y nuestros sabores y platos favoritos. Nos alejaremos posiblemente de un ambiente que no consideramos en alguna medida seguro o insatisfactorio, pero iremos a otro hábitat y a contextos desconocidos que durante un tiempo —hasta adaptarnos— también nos darán al menos preocupaciones.

Es un camino que se asienta en la incertidumbre y en lo desconocido y es común que el ser humano le tenga aprehensión y temor a no saber con qué se debe enfrentar. Habrá un cambio de cultura, las más de las veces, un cambio radical que nos afectará en nuestra conducta.

Nuevas leyes, nuevas autoridades, nuevas relaciones sociales, nuevos amigos, nuevas formas de comportarse en sociedad, en familia y hasta en la intimidad. Así crearemos nuevos vínculos para integrarnos y disfrutar la vida en la nueva sociedad, en una nueva comunidad, en una nueva tribu.

En la emigración no planificada existen situaciones de peligro

Definitivamente hay riesgos de vida asociados con la emigración. La emigración puede ser un camino y un desafío peligroso, especialmente para aquellos que lo hacen de forma impuesta por las condiciones del país de origen, o a través de rutas peligrosas. Algunos de estos riesgos incluyen el tráfico de personas, de violencia, de cobro de peajes por pandillas, o los asaltos de grupos mafiosos, que representan graves contingencias durante el viaje hacia un destino. Ocurre en Sudamérica en casos como el de los venezolanos, el de los países centroamericanos y el de los mexicanos hacia Estados Unidos. El tráfico clandestino de personas se encuentra manejado notoriamente por "coyotes" en combinación con carteles criminales. También ocurre en Asia y África. Son constantes los maltratos, los robos y hasta las violaciones en el peligroso recorrido desde el punto de partida hasta el destino.

Luego, una vez arribado al país aspirado, los emigrantes en todo el mundo, en tanto que no sean residentes aceptados, pueden enfrentar inseguridad, discriminación y abuso, persecución por los agentes de inmigración locales e incluso el miedo a ser encontrados por las autoridades policiales. Estos emigrantes están sin acceso a servicios básicos como la atención médica y la vivienda, lo que puede aumentar su vulnerabilidad.

Es importante tener en cuenta que estos riesgos varían dependiendo de la situación y el destino específico, y que la mayoría de los emigrantes que logran llegar a sus destinos de forma segura, a pesar de las vicisitudes, una vez aprobado su asilo, o como refugiados admitidos, residentes o ciudadanos del nuevo país, tienen éxito en su nueva vida. Por ello, se debe estar informado sobre estos trances y tomar medidas para minimizar y asimilar los percances y las exposiciones ante peligros.

El estrés y las pérdidas del emigrante y cómo superarlas

Cuando la emigración es por supervivencia, el desconcierto y las pérdidas de la persona se acentúan y se podrían dar situaciones de estrés postraumático —como consecuencia de algún acto de violencia sufrido en el viaje, a la salida de su país o en la llegada al destino— que deben ser tratadas, por una parte, y por la otra, generalmente la persona presentará un "síndrome del emigrante" que puede hacerse crónico, con distintas características psicosomáticas, o hasta una denominada "depresión del emigrante".

Estrés postraumático:

El estrés postraumático es un problema de ansiedad que desarrolla una persona por haber presenciado un evento traumático como violencia o alguna agresión física o psicológica y amenazante para la vida. Este evento se produce ante una situación de guerra, un desastre natural, un accidente, una agresión sexual o un acto violento, entre muchos otros acontecimientos.

Las personas pueden experimentar *flashbacks*, pesadillas, evitación de estímulos relacionados con el trauma, hipervigilancia, ansiedad y depresión. Igual se afecta significativamente la calidad de vida del paciente y su capacidad para funcionar en su vida cotidiana. Cada persona es diferente y los profesionales de la conducta buscan individualizar cada caso para abordar su intranquilidad.

El síndrome del inmigrante

Este síndrome afecta a los inmigrantes que experimentan una serie de factores estresantes crónicos y múltiples relacionados con su proceso migratorio forzado por circunstancias traumáticas para su vida en un país extranjero. Los factores estresantes pueden incluir barreras culturales, problemas de adaptación, discriminación, tristeza, falta de apoyo social y económico, y la preocupación constante por la seguridad y el bienestar de sus familiares que se encuentren todavía en su país de origen.

Los síntomas varían, pero a menudo incluyen ansiedad, depresión, insomnio, fatiga, dolor de cabeza, dolor de espalda, trastornos gastrointestinales y problemas de memoria y concentración. Igualmente llegan a tener un impacto significativo en la calidad de vida de los inmigrantes, y dificultar su capacidad para funcionar y adaptarse en su nuevo entorno.

Para tratarlo, se abordan los factores estresantes subyacentes que lo causan. Existen distintos caminos para minimizar el impacto de la emigración. Además, debemos abogar por políticas que disminuyan los factores estresantes sociales y económicos que enfrentan los inmigrantes y sus comunidades, con políticas que promuevan la inclusión, la equidad y el acceso a recursos y servicios de apoyo.

Las pérdidas:

El duelo del emigrante eventualmente escala hacia una afectación emocional y mental que puede incluso vulnerar el sistema inmunológico y poner en riesgo la salud física. En el caso de personas que deciden emigrar planificadamente, lo hacen para alcanzar objetivos o sueños, por lo que la persona no se verá en situación crítica; no obstante, significará un cambio de vida y un proceso de adaptación.

La emigración tiene un impacto psicológico significativo en los emigrantes, sobre todo en los que se ven apremiados a hacerlo. La emigración es un proceso estresante y desafiante que implica abandonar el hogar, la comunidad y la cultura de origen.

Por otro lado, muchos emigrantes enfrentarán problemas económicos, sociales y culturales. La mayoría de los efectos psicológicos más comunes que se notan en los emigrantes incluyen la soledad y el aislamiento social. Numerosos inmigrantes se sienten de esta forma porque, de súbito, no tienen un enjambre social y familiar establecido en el nuevo país.

Igual pasarán periodos con alguna frecuencia de remembranza y tristeza. Tendrán o sentirán nostalgia por su hogar y su cultura de origen, lo que puede llevar, en última instancia, a la depresión. Como la emigración es un proceso estresante que implica enfrentar nuevos desafíos y adaptarse a lo desconocido, se incrementarán la intranquilidad, la incertidumbre y las preocupaciones. Los emigrantes así mismo afrontarán —en alguna medida— conflictos culturales y dificultades para integrarse en la nueva sociedad.

Las pérdidas tienen impacto negativo en la salud mental y emocional en los inmigrantes. Por ello, les ayuda recibir apoyo para manejar los desafíos psicológicos que trae el proceso de emigración. No obstante, la mayoría de ellos también obtienen ganancias y oportunidades en su nuevo lugar, y encuentran maneras de superar estas pérdidas con el tiempo y el apoyo adecuado. Destacamos que la emigración generalmente es una experiencia positiva que en la mayoría de los casos ha proporcionado mejores condiciones de vida a los emigrantes, luego de que definen sus objetivos y trabajan para alcanzarlos.

Imagen de Meege en Pixabay

El duelo

Cuando muere un familiar o un amigo cercano, en repetidas ocasiones el dolor emocional, y la aflicción por la pérdida sufrida, generan uno de los estrés más severos por los que puede pasar un ser humano. Los vínculos afectivos con la pareja, los hijos, los padres, abuelos o nietos son muy fuertes, y forman parte del instinto de supervivencia genético. La muerte del amigo también genera duelo afectivo.

Este estado de duelo nos crea —en mayor o menor grado— sentimientos de tristeza profunda, llanto, desconsuelo y desasosiego. También inundan nuestra mente las preocupaciones, las interrogantes sobre qué hacer ante la ausencia del ser querido. La inquietud, la zozobra y la tribulación —y la rabia— llegan a acongojar.

Sin embargo, de alguna manera sabemos en lo más interno de nuestro ser que el ser querido "descansa en paz" o "se encuentra más cerca del Creador". Nos decimos a nosotros mismos que "pasó a mejor vida". Esto nos consuela.

Por el otro lado, estamos al tanto de que la vida continúa para nosotros. Y que, aunque no olvidaremos al ser amado, el duelo pasará.

El caso de Carlos:

En una ocasión Carlos visitó a un psicólogo. Se mostraba desesperado y en un franco estado de duelo porque su esposa lo había abandonado y le había pedido el divorcio. Realmente presentaba un dolor emocional, tristeza y ansiedad profunda. Además sentía una gran rabia por lo que consideraba una traición por circunstancias que explicó. No podía contener el llanto y narraba que no podría superarlo nunca.

Mientras contaba en detalles su pena, en un momento expuso que si ella —su cónyuge— no volvía, no podría vivir. Entonces el psicólogo le preguntó si se sentiría igual en el caso de que su esposa, en lugar de irse, hubiera fallecido en un accidente.

Él respondió que no, e indicó que cuando un ser querido muere es distinto porque no puede regresar y se debe aceptar. Que sin duda guardaría un luto, pero que tarde o temprano el tiempo lo ayudaría a superarlo. Él mismo señaló el primer paso para superar un duelo: la aceptación y el camino para lograrlo.

En ese momento se le pidió a Carlos que comparara ambos hechos y pudo rápidamente entender que el duelo se puede superar porque el ser querido no volverá, y que si aceptaba el hecho de que su esposa no regresaría, le sería más fácil seguir adelante y rehacer su vida.

Se planificaron con él encuentros terapéuticos de visualizaciones y se aplicaron técnicas de *mindfulness*.

Las técnicas de visualización son una herramienta utilizada en la psicología para mejorar el rendimiento, reducir el estrés y la ansiedad, aumentar la autoestima y la confianza, y promover la relajación. Estas técnicas se basan en la idea de que la mente y el cuerpo están conectados, y que la visualización de imágenes mentales influye en el funcionamiento físico y emocional. En la visualización, una persona imagina imágenes mentales detalladas de una situación deseada, con el fin de mejorar su desempeño en esa situación. Un atleta podría visualizar en su mente una carrera perfecta antes de competir, o un músico podría imaginar una interpretación sin errores antes de un concierto importante.

Además, las técnicas de visualización son útiles en el tratamiento de las fobias, trastorno de ansiedad en el que una persona experimenta un miedo intenso y persistente hacia un objeto, una situación o una actividad específicos. El tratamiento contempla terapia cognitivo-conductual, que es una forma de terapia que se enfoca en cambiar los pensamientos y comportamientos asociados con la fobia. En el tratamiento de la fobia a las arañas, una persona podría visualizar imágenes mentales de arañas y practicar la relajación y la exposición gradual a las arañas en un entorno seguro y controlado. Esto ayuda a la persona a desensibilizarse gradualmente respecto al objeto de su fobia y reducir su miedo.

Otra técnica de visualización que se practica en el tratamiento de las fobias es la técnica de "reestructuración cognitiva". Esta técnica implica la visualización de imágenes mentales de situaciones temidas, mientras se trabaja en la reestructuración de pensamientos y creencias irracionales asociados con la fobia. Una persona con fobia social podría visualizarse a sí misma hablando en público y cambiando su pensamiento negativo de "todo el mundo me está mirando y juzgando" a "es normal sentirse nervioso al hablar en público, pero puedo manejar esta situación con éxito".

El *mindfulness* es la práctica de estar completamente consciente en el momento actual, en tiempo presente, bien sea para disfrutar la vida, para resolver problemas o alcanzar los objetivos de cada día, sin juzgar ni distraerse por pensamientos o preocupaciones pasadas o futuras.

Se trata de una técnica de meditación y atención plena que se ha utilizado en psicoterapias y otras formas de tratamiento para reducir el estrés y la ansiedad y mejorar la calidad de vida. El *mindfulness* se puede practicar en cualquier momento y lugar respondiendo algunas autopreguntas como: ¿qué voy a hacer hoy?, ¿cómo paso un rato agradable o divertido hoy o esta semana?, ¿a cuál amigo o familiar llamo hoy?, ¿qué puedo hacer en mi tiempo libre hoy?, ¿ver una película, hacer ejercicio o descansar?, ¿cuáles son mis metas para hoy o esta quincena?, entre otras interrogantes que facilitan vivir con optimismo, en positivo, y afrontar con éxito la solución a los problemas convirtiéndolos en retos y en metas alcanzables, paso a paso, y que se incorporan en la rutina diaria para ayudar a las personas a enfocarse en el momento presente y mejorar así su bienestar psicológico.

La terapia cognitivo-conductual (TCC) es una forma de psicoterapia que se enfoca en el tratamiento de los problemas psicológicos a través de la identificación y modificación de los patrones de pensamiento y comportamiento negativos y los que no permiten funcionar adecuadamente. Se basa en la premisa de que nuestros pensamientos, emociones y comportamientos están interconectados, y que las creencias negativas y distorsionadas conllevan problemas sociales y emocionales. Por lo tanto, la terapia se enfoca en cambiar los patrones de pensamiento y comportamiento disfuncionales. La persona trabaja en el desarrollo de estrategias y técnicas específicas para modificar estos patrones, y así mejorar la forma como siente y se comporta.

El proceso de reestructuración cognitiva implica la identificación de los pensamientos negativos y distorsionados de una persona, y luego el cambio de estos por pensamientos más realistas y positivos. Si una persona tiene pensamientos negativos como "no soy lo suficientemente bueno", "nunca voy a tener éxito en mi trabajo" o "no puedo superar esa pérdida", el terapeuta trabajará con ella para identificar estos pensamientos y transformarlos en positivos. Luego se ayudará a desarrollar pensamientos más realistas como "estoy haciendo lo mejor que puedo", "he tenido éxito en el pasado y puedo tener éxito de nuevo" o "sí lo superaré". También se usan ejercicios de autoafirmación, donde se anima a la persona a identificar y recordar sus fortalezas y logros.

Carlos sobrepasó su divorcio, y pasado el tiempo se volvió a casar, tuvo dos hijas y luego emigró a otro país buscando nuevas oportunidades que no podía tener en su nación de origen.

Carlos José Staniland (1838-1916), Public domain, via Wikimedia Commons

La familia y los amigos:

A diferencia del divorcio y de los seres amados que se van a otra vida, cuando emigramos solos no perdemos realmente a los amigos o familiares, pero no van a estar presentes en nuestra vida cotidiana.

No obstante, aunque no es un duelo, de alguna manera y en algún grado nos afectará cuando nos vamos. El vínculo con los seres queridos y los amigos se debilitará. El caso de mayor afectación es el de la separación de la familia directa como el cónyuge o la pareja, o la separación de los hijos y padres. En estos casos ambas partes, tanto el emigrante como quienes quedan en el país de origen, estarán tremendamente afligidos y conmovidos por el alejamiento.

Lo ideal es emigrar por planificación y junto con la familia. Si no se puede porque es obligado irse de su país, también el mejor escenario es hacerlo junto a toda la familia. Cuando esta situación sea inevitable se debe tomar en cuenta que habrá que mantener hasta donde sea posible la comunicación cotidiana a distancia con los seres queridos.

No hay que olvidar que las personas que emigran no son los únicos que pueden solicitar ayuda psicológica. También las pérdidas se dan en los familiares y amigos que se quedaron.

La separación de la pareja:

Una de las situaciones que se presentan es que cuando la pareja vive en distintos países, el que emigró es quien tiene que hacer frente a la subsistencia en donde se encuentra. Muy probablemente tendrá que trabajar tiempos extras para poder establecerse. Su prioridad será cómo procurar su sustento y además enviar a su familia lo que pueda para su manutención.

Esto conlleva un consumo del tiempo en esta noble tarea, pero en algunos casos va en detrimento de las comunicaciones entre la pareja. Se pasa de una conexión constante como lo era cuando estaban juntos, a una conversación primero diaria, y luego, poco a poco va pasando a ser semanal. Posteriormente, los lapsos pueden aumentar. No comunicarse con la misma frecuencia puede alterar la normalidad de la pareja. Otro elemento crucial es la falsa creencia de que cada uno debe resolver los problemas que se le presenten y no comunicárselo al otro, precisamente por amor para evitar más preocupaciones al ser amado.

El caso de Emilia y Claudio:

En una ocasión una pareja acudió al psicólogo de forma virtual por problemas en su matrimonio. Claudio estaba en Estados Unidos y Emilia en Venezuela. Ambos sentían que la relación se estaba "diluyendo", expresó él. Ella señalaba que las comunicaciones cada vez se distanciaban más. Luego de examinar lo que ambos aseguraban, como era el hecho de que se amaban y que deseaban volver a la normalidad, se le preguntó a cada uno, en presencia del otro, cuál problema tenía.

Claudio se explayó contando todas las peripecias que tuvo y estaba atravesando para poder establecerse. Trabajaba un horario completo más medio turno cada día. Y los fines de semana realizaba otro tipo de labor como jardinería o reparar o pintar alguna casa cuando lo contrataban.

Emilia no sabía gran parte de esto. Cuando se le preguntó a Claudio por qué nunca se lo comentó, él reveló que no quería preocupar ni angustiar a su esposa.

Acto seguido, Emilia, conmovida, manifestó que ella tampoco le había contado a Claudio algunos problemas que tuvo que afrontar, para no inquietar a su esposo.

El amor es un compendio de todo lo positivo y lo negativo, "en las buenas y en las malas". Lo positivo es el sentimiento y su forma de expresarse, lo negativo es buscarle juntos la solución a algún percance. Ambos elementos son indispensables para incrementar el sentimiento. Comunicarse lo bueno y lo malo fortalece al amor.

En el caso de una separación por emigración, es vital la comunicación diaria por ello. Aunque sea unos minutos. Y contarse todo lo agradable, afectuoso y divertido que pasó en el día, al igual que las dificultades e inconvenientes. También conversar de cómo se van a manejar los nuevos problemas. Este tipo de comunicación en estos momentos de separación inevitable coadyuvará a minimizar la soledad y la tristeza y que el vínculo amoroso se fortalezca.

La separación con los hijos:

La inmigración puede tener un impacto específico en el desarrollo y bienestar de los niños. Para los que emigran, los cambios culturales y lingüísticos pueden hacerles sentir una falta de pertenencia y presentarles dificultades para adaptarse a un nuevo entorno y a una cultura diferente.

Para los niños que quedan atrás cuando el padre, la madre o ambos emigran, y que se van a vivir con los abuelos o con algún familiar, la situación puede convertirse en una pérdida importante.

El duelo parcial por la ausencia de alguno de sus seres queridos les suscita la "sensación de abandono". En la medida que pierdan el contacto de su padre o de su madre de forma directa la ansiedad irá en aumento. Sus dos preguntas fundamentales serán: ¿por qué me abandonaron? y ¿por qué no me llevaron con ellos? Y la respuesta obvia que crearán en su mente es "porque no me quieren". Muy probablemente se interrogarán diciendo: ¿qué de malo hice yo?, culpabilizándose por la ida de sus padres. Los padres deben por ello explicarles, hasta donde sea entendible dada la edad de los niños, por qué se tienen que separar, y decirles muy enfáticamente que será solo por un tiempo y que siempre los amarán.

La alternativa para mamá y papá es la comunicación permanente con ellos y fijarse esa opción como parte de cada día. Hablar con los hijos cuanto sea posible, si bien no sea a diario. Siempre decirles cuánto se les quiere y que todos están trabajando para reunirse nuevamente.

Asimismo, hay que escuchar a los hijos cuanto quieran contar lo bueno y, sobre todo, sus percances, e indicarles cómo pueden resolverlos, además de pedir la ayuda de quienes estén a cargo de ellos.

Cuando los niños acompañan y emigran con los padres, su estabilidad emocional en algunos casos les hace experimentar ansiedad, estrés y tristeza debido a la separación de sus amigos, familiares y lugares conocidos como la escuela. Los niños inmigrantes pueden enfrentar barreras para acceder a una educación de calidad y tener dificultades para mantenerse al día en sus estudios. Además, varían sus relaciones interpersonales y los pequeños pueden tener algunas dificultades para hacer amigos debido a la barrera lingüística y cultural.

Para esto ayuda que los niños inmigrantes reciban apoyo y atención adecuados para abordar estos desafíos y garantizar su bienestar y desarrollo. Lo mejor es prevenirlos señalándoles cuáles dificultades podrían tener y de qué forma actuar ante las mismas. Los hijos dejan lo conocido, y su seguridad personal se ve afectada por tener que enfrentar un nuevo entorno, donde pueden ser objeto de discriminación, rechazo o bullying. Esta situación provocará eventualmente estrés, soledad, inseguridad personal y miedo a quedarse solo o en abandono.

Para los más pequeños apoyarles es indispensable. Se debe establecer desde un comienzo una estructura de hábitos personales hasta que se convierta en rutina diaria, reglas que le dan un sentido de pertenencia y de seguridad: hora de levantarse y acostarse, higiene personal como cepillado de los dientes, baño, lavado de manos, comida saludable, ir a la escuela, hora de estudio, deporte y compartir con ellos, y participar de juegos donde esté presente la alegría.

Otro aspecto es incrementar el sentido de pertenencia con asignaciones como repartir las tareas de la casa desde un comienzo, entre todos los integrantes de la familia. Así, los hijos asumirán los deberes de la casa como parte de la rutina de hábitos personales y no como un deber. Entre estas tareas se encuentran tender la cama, recoger los juguetes después de jugar, ayudar en la limpieza de la casa, lavado de la ropa y luego ponerla en su lugar, y dependiendo de la edad, enseñarles a preparar comidas sencillas y saludables.

Los padres deben estar atentos a cómo se sienten sus hijos y en contacto con lo que ocurra en el colegio. La conversación con ellos debe ser fluida y casual, y no ser en forma de interrogatorio, ya que así se percibirán vigilados y no comprendidos. Es apropiado hacer un hábito de cenar juntos en la mesa y "echarse los cuentos" en ese momento. Mamá y papá pueden comenzar contando lo positivo y lo negativo en las ocurrencias del día y pedir a los hijos que hagan lo mismo.

Tratar de no transmitirles angustia por el estrés del trabajo y presentar los problemas como parte natural de todo empleo o de ser estudiantes. Que tomen conciencia de que se presentan situaciones buenas, agradables y otras no tan buenas, y que todo ello forma parte de la vida.

También se debe dar esperanzas y hablarles de forma casual sobre lo afortunados que son como familia por tener una nueva oportunidad de desarrollo que los llevará a ser más exitosos en la vida, y mantener comunicación con el entorno familiar, ya que esto les da sentido de pertenencia.

Expresarles amor, reconocimiento y comunicación son factores fundamentales en el desarrollo de este nuevo comienzo. En el caso de los adolescentes, papá y mamá, además de mostrarle su afecto y amor, deben expresarles los problemas que podrán tener y cómo manejarlos.

El caso de Harry:

Harry, un adolescente que viajó con sus padres a Canadá cuando tenía 15 años y para el momento era estudiante de bachillerato en un país latinoamericano, le tocó incorporarse al colegio de *high school* en la ciudad de Ottawa. Entonces le planteó a su papá, un psicólogo especialista en jóvenes inmigrantes, su temor de estudiar en un idioma que todavía no hablaba. El padre, le explicó detalladamente los problemas que iba a tener que afrontar. En cuanto al idioma, tendría que inmediatamente estudiarlo y aprenderlo. El colegio ya le había asegurado a la familia que tenía previsto el curso de inglés como segunda lengua para adolescentes y que los profesores estarían en cuenta de esta limitación temporal.

El papá, profesional de la conducta, también le comentó que lo más probable es que sufriera bullying porque era el "nuevo" de una clase que ya había comenzado el curso un mes atrás. Cuando un grupo escolar ya se ha conformado, establece algunos posicionamientos de sus componentes. Quiénes son los más estudiosos, los más simpáticos, los más amistosos, los más introvertidos, así como los más aceptados y los más rechazados. A Harry le tocaba ser el "nuevo". Y como tal llamaría la atención para bien o para mal. Usualmente es rechazado en alguna medida, y hasta cierto punto será sometido a pruebas para ser asimilado en el grupo.

Como psicólogo y padre le advirtió a su hijo que, estando en Canadá, estaba legalmente protegido por las leyes en contra de cualquier discriminación, y además en ese gran país se practica el multiculturalismo y conviven distintas nacionalidades y etnias. No obstante, podría tener algún incidente de discriminación, así que le detalló cómo debía comportarse en caso de presentarse este hecho. A la par, su papá le dijo a Harry que lo más probable era otra opción, la de que fuera ignorado y que en los primeros momentos se sentiría solo y apartado. Los amigos tienden a reunirse en los recreos o para estudiar y estos grupos ya estarán formados. Además del problema idiomático. Él tendría que entender que esto ocurre con todo nuevo estudiante en un colegio y un nuevo inmigrante en un país. Conjuntamente con su familia podría tratar cada día esta situación, de presentarse, y todos juntos buscar una solución a cada paso.

El padre también le explicó que, justamente por estar aislado, algunos adolescentes menos adaptados son quienes en ese momento le pueden "tirar un salvavidas" y ofrecerle una falsa amistad, por supuesto acompañada de comportamientos que pueden ser delezables como la bebida o el consumo de drogas. Al final, le señaló que su principal grupo era su familia, que podía contar siempre con ellos y estarían a su lado para superar —al fin y al cabo— todos juntos el mismo problema.

Harry así lo hizo y desde el momento que en el colegio le pasó algo de lo dicho por su padre, esperó con ansias la cena de ese día para contar lo sucedido. Estaba muy impresionado y seguro de sí mismo pues sabía por qué le ocurrió y cómo comportarse al respecto. Lo más destacado es que vino corriendo a hablar con su familia. Si su padre no lo hubiera advertido muy posiblemente hubiera guardado silencio. Supo desde el primer instante que podía confiar en su familia.

Durante las cenas se podría exponer lo positivo y lo negativo de cada quien —si así se deseaba— y pedir opiniones de cómo dar la respuesta adecuada a algún incidente si lo hubo. Así fue, y esta familia hoy considera como muy satisfactorias y oportunas estas cenas familiares. Hoy Harry y sus tres hermanos son profesionales universitarios.

Antonio Rocco, Public domain, via Wikimedia Commons

El desarraigo:

Es un sentimiento que describe la sensación de pérdida de conexión o pertenencia a un lugar o comunidad. Es causado por diversas razones, como mudarse a un nuevo lugar, emigrar a un país diferente, perder un hogar debido a un desastre natural o conflictos políticos, o sentirse marginado dentro de una comunidad. El desarraigo lleva a una sensación de soledad y ansiedad. Las personas que lo experimentan se sienten desconectadas de su propia identidad y tratan de encontrar un sentido de pertenencia y propósito en sus vidas. El sentimiento de desarraigo es temporal o permanente, y la forma en que se experimenta y se maneja varía de una persona a otra. En nuestro caso el desarraigo se debe tomar en cuenta porque es común en los emigrantes.

Es posible que una persona emigre para huir de sí misma y sus problemas personales. A veces, la emigración es una forma de escapar de la vida cotidiana, de las presiones y responsabilidades, o de situaciones difíciles en el hogar o en el trabajo. Sin embargo, tengamos en cuenta que los problemas personales a menudo pueden seguir existiendo o aumentar el desarraigo después de la emigración, y que la emigración por sí sola no resuelve los problemas subyacentes.

El caso de Beatriz:

Beatriz se sentía desarraigada y lo resistía y disimulaba, pero decidió hablar con una psicóloga, Esther, y le explicó lo que le pasaba. En principio la psicóloga le pidió que le narrara su historia. Esto le ayudó a Beatriz a contar e identificar lo que le ocurría y a procesar los cambios y desafíos asociados con la emigración. También Esther la estimuló para que comprendiera cómo su cultura y experiencias únicas influyen en su identidad y en su sentimiento de desarraigo.

Esther coadyuvó a reconstruir las redes naturales de apoyo de Beatriz —incluidas las nuevas formas de comunicaciones virtuales— y a desarrollar nuevas relaciones saludables. Igualmente, le dio claves para encontrar nuevos sentidos de propósito a través de la exploración de intereses y valores personales, y le habló de la resiliencia y cómo aumentarla en ella para desarrollar habilidades de resistencia y fortaleza psicológica que le permitieran hacer frente a los desafíos y cambios, así como desplegar estrategias efectivas para transitar situaciones estresantes y desafiantes. Estas habilidades permiten la regulación emocional, la resolución de problemas, la toma de decisiones acertadas, la comunicación efectiva y la gestión del tiempo.

Beatriz sintió cómo podía identificar y cambiar sus patrones de pensamiento y comportamiento negativos y desarrollar habilidades para resolver problemas y tomar decisiones efectivas. Esther, de la misma manera, incluyó en sus reuniones con Beatriz enseñarle técnicas como la meditación, la respiración profunda y el yoga, que ayudan a reducir el estrés y la ansiedad, y le dio una perspectiva centrada en la gratitud y la positividad, logrando que Beatriz se enfocara en las cosas buenas y en adoptar una actitud de gratitud y apreciación. Así se autoafirmó, desarrolló una mejor estima personal y construyó una imagen balanceada y positiva de sí misma.

Las pérdidas y ganancias del inmigrante

Lo primero que debemos entender es que el proceso migratorio implica tanto pérdidas como ganancias para la persona que emigra. Existen pérdidas en los lazos familiares y sociales. El inmigrante puede experimentar una gran tristeza y nostalgia por dejar atrás a familiares y amigos en el país de origen. Asimismo, puede sentirse aislado en la nueva sociedad, especialmente si no habla el idioma local o no conoce a nadie en esa comunidad. El inmigrante llega a sentir que ha perdido parte de su identidad cultural y su sentido de pertenencia a su pasado entorno social. Esto siempre es difícil si la cultura del país de origen es diferente a la del país de destino.

Una pérdida de estatus social y profesional se hará presente en la gran mayoría de los casos. Algunos inmigrantes experimentan el tener que dejar atrás su carrera o su posición en el país de origen, como es el caso de médicos que trabajarán como auxiliares de enfermería hasta hacer las reválidas correspondientes. O abogados que no pueden ejercer por el cambio del sistema judicial entre su origen y actual destino. Es muy probable que el inmigrante deba empezar desde cero en su nueva sociedad y construir una nueva carrera. Existe una pérdida de seguridad y familiaridad en la nueva sociedad, especialmente si ha dejado atrás una vida estable y familiar en el país de origen.

No obstante, los inmigrantes tienen también claras ganancias. Esa ha sido la historia de la humanidad. Las personas salen de sus países para rehacer sus vidas y en un altísimo porcentaje lo logran. Los inmigrantes aumentan sus oportunidades de empleos y de forma general acceden a un mejor nivel de vida. Disfrutan de mejores servicios de educación para sus hijos y superior nivel de salud que no estaban disponibles en el país de origen, y ganan nuevas experiencias culturales y sociales. Aprenden nuevos idiomas y amplían sus horizontes.

Por otra parte, desarrollan una nueva identidad multicultural y aprenden a integrar sus valores y costumbres de origen con los de la nueva sociedad, a la par de que incrementan su red de contactos al establecer nuevas relaciones interpersonales.

Comenzaremos por las pérdidas de los inmigrantes y qué hacer para solventarlas.

La pérdida del lenguaje

La mayoría de los emigrantes asiáticos a Australia, Europa o América, los emigrantes africanos a Europa u otros continentes, o los inmigrantes a Estados Unidos procedentes de Hispanoamérica o Brasil, o los emigrantes europeos a otros países de Europa, suelen presentar lo que se denomina la "pérdida de la lengua" materna.

El lenguaje es vital para cada persona. Es parte indivisible de su identidad personal y de su propia seguridad e intimidad. Es su forma de comunicarse con su entorno. Cuanto hace se encuentra relacionado con la forma de comunicarse. Se piensa, se habla, se aprende, se enseña, se debate, se enamora, se sacan cuentas en la mente, se pide auxilio, se juega... Hasta la propia conciencia y hablar con la Divina Providencia está en el idioma original.

Este lenguaje original, también conocido como lengua materna, es el primer idioma que una persona aprende en su infancia y que utiliza para comunicarse en su hogar y en su comunidad, e incluso para comunicarse consigo mismo. Para cualquier persona, el lenguaje primario tiene un significado profundo y una gran trascendencia y alcance en su identidad cultural. A través de ese lenguaje se le han transmitido sus tradiciones, su historia y los valores de su cultura de origen y su música, por lo que es una parte integral de la identidad de una persona y está intensamente arraigado en su experiencia de vida. Por ello, perderlo o dejarlo conllevará parte del duelo y del desarraigo de la inmigración, excepto en los niños muy pequeños, que hacen suyo el idioma preescolar nuevo, aunque tienen el riesgo de perder el idioma de mamá.

En cuanto a la conexión emocional, el lenguaje original es una herramienta de comunicación de las emociones. Las palabras y los modismos tienen significados específicos en un idioma, y a menudo no se pueden traducir directamente a otros lenguajes. Esto significa que hay ciertas emociones, pensamientos y sentimientos que solo pueden ser expresados en el lenguaje original, porque existe toda una neuroprogramación emocional y racional que incluye expresar el miedo, el temor, el amor, la rabia, la tristeza o la alegría. La pérdida del lenguaje original puede significar la ausencia de esta conexión emocional y la imposibilidad de expresarse de manera auténtica en el otro idioma que se pueda aprender. El llanto, la risa, el amor o la música serán distintos.

El lenguaje corporal depende del idioma y puede variar en función de la cultura. Si vemos el uso de las manos en el caso del gesto de "ok" —formando un círculo con el índice y el pulgar—, se utiliza para indicar que todo está bien en muchas culturas occidentales. Sin embargo, en Brasil, este mismo gesto se considera ofensivo y se utiliza como un insulto. En cuanto al contacto físico, como un abrazo o el beso en la mejilla, puede ser visto como una muestra de afecto y cercanía en algunas culturas, mientras que en otras se considera invasivo o inapropiado. En algunas culturas asiáticas, como la coreana, el contacto físico entre personas del mismo sexo no es común, mientras que en algunas culturas de América Latina el contacto físico es muy común incluso entre personas que no se conocen bien.

En contacto visual es interpretado de manera diferente entre culturas distintas. En algunas de ellas, como la estadounidense, se espera que las personas mantengan un contacto visual directo mientras hablan, ya que esto se considera una muestra de sinceridad y honestidad. Sin embargo, en algunas naciones asiáticas, como la japonesa, el contacto visual directo puede ser visto como una muestra de falta de respeto o de agresión.

En el caso del deporte, gritar "gol" —¡gooool!— es una expresión muy europea e hispana. En el fútbol americano, cuando se marca algún tanto, los estadounidenses no gritan "gol", sino que utilizan una expresión diferente. En este caso es *touchdown*. Esta palabra en inglés significa "tocar el suelo" y hace referencia al momento en que un jugador de fútbol americano entra en la zona de anotación con el balón en sus manos. Cuando se anota, los aficionados suelen celebrar con entusiasmo, coreando la palabra "touchdown" o simplemente gritando y aplaudiendo. También es común que se utilicen otros cánticos o expresiones de ánimo, dependiendo del equipo y de la región en la que se juegue.

En algunos partidos de fútbol americano universitario en Estados Unidos, los aficionados corean el número "1-80" como parte de una tradición de animación en los estadios. Es una forma de animar al equipo y de demostrar el apoyo a los jugadores individuales. Un hispano al ver una anotación en el futbol americano tenderá a gritar de forma natural "¡gooool!".

En Bulgaria para decir "sí", se mueve la cabeza hacia los lados, y para decir "no" se mueve de arriba abajo, lo contrario de la mayoría de los países. Esto también ocurre en algunas otras naciones de Europa del Este como Grecia y Turquía, y resulta confuso para alguien que no está familiarizado con estas costumbres. La razón detrás de esta práctica no está clara, pero se cree que podría tener sus raíces en las culturas antiguas de la región. También se ha sugerido que podría estar relacionado con la influencia del Imperio otomano en la región durante siglos, ya que los turcos tienen una costumbre similar.

Por otra parte, existen en el idioma español en Hispanoamérica expresiones idiomáticas, los refranes, que no son iguales en otros idiomas. En las naciones de otros idiomas pueden existir refranes equivalentes en su significado, aunque no digan literalmente lo mismo. Los refranes castellanos en comunidades de habla inglesa difieren. "Más vale prevenir que lamentar" es un típico refrán latino, pero no se traduce en inglés de esta forma, la cual sería: "Better safe (prevent) than sorry". El refrán equivalente en inglés es: "An ounce of prevention is worth a pound of cure", que se traduce en español: "Una onza de prevención vale una libra de cura". Otro refrán muy popular en español es: "No hay mal que por bien no venga" y en los países de idioma inglés su equivalente es "Every cloud has a silver lining" que literalmente en inglés es: "Cada nube tiene un resquicio de plata".

El equivalente en inglés del refrán "En boca cerrada no entran moscas" es "Silence is golden" (El silencio es oro); en el caso de "A quien madruga Dios le ayuda", su igual en inglés es "The early bird catches the worm" (El pájaro madrugador atrapa al gusano). La tendencia de cada inmigrante será traducir estos refranes literalmente de un idioma a otro y serán poco entendidos en el país de destino.

Igual ocurre con las palabras vulgares como "carajo", "pendejo" o "coño" y lo que ellas expresan no serán iguales en otros idiomas distintos del español. Estas palabras generalmente van asociadas a momentos emocionales fuertes, y se pronuncian en buena parte automáticamente como un "arco reflejo".

En Hispanoamérica es común utilizar la palabra "¡Dios!" o la expresión "¡Dios mío!" en momentos de sorpresa, asombro o admiración. Estas expresiones son una forma de invocar a Dios en momentos de intensidad emocional, y pueden utilizarse de distintas formas dependiendo del contexto y la entonación. Es importante mencionar que el uso de estas expresiones puede variar dependiendo del país y la región, y en algunos lugares pueden existir otras palabras o expresiones similares que se utilizan con el mismo propósito.

En países de habla inglesa, es común utilizar la expresión "Oh my God!" (¡Oh, Dios mío!). En Estados Unidos se utiliza comúnmente en los momentos de asombro o sobresalto. Esta expresión es considerada parte del lenguaje cotidiano y se utiliza con frecuencia en situaciones informales. Sin embargo, también es importante mencionar que algunas personas consideran que el uso de la expresión "Oh my God!" es ofensivo o inapropiado desde un punto de vista religioso, y prefieren utilizar expresiones alternativas, como "Oh my goodness!" u "Oh my gosh!", que tienen un tono similar pero no involucran la palabra "Dios". Otras expresiones análogas que también se utilizan en inglés en estos contextos incluyen "Wow!".

No poder expresarse correctamente provoca una sensación de inseguridad que acompaña por largos años al emigrante. Aun al aprender a hablar el nuevo idioma, el distinto acento lo hará diferenciarse del común y de alguna forma el emigrante se siente y lo aprecian diferente, y esta diferenciación —aunque no existiera discriminación— siempre molesta.

El lenguaje original tiene un significado propio para un individuo, ya que está estrechamente ligado a su identidad cultural, su conexión emocional, su capacidad de comunicarse efectivamente y su comprensión de la cultura. Esta pérdida en buena parte del lenguaje original puede tener un impacto determinante en los emigrantes y lleva a que en primer lugar algunos inmigrantes se sientan desconectados de sus raíces y que tengan problemas para transmitir su cultura a las generaciones futuras, a la par de las dificultades para comunicarse en el nuevo país en el idioma local.

El caso de Juan y Margarita:

Los abuelos de Katherine y Beatrice son de origen hispano, y sus nietas nacieron del matrimonio de su hijo Miguel y de su esposa estadounidense Emma. Se han criado en Estados Unidos. Katherine y Beatrice hablan en inglés porque su mamá Emma no habla español. Las nietas —ya en primaria— solamente hablan inglés.

Juan y Margarita como abuelos disfrutan a Katherine y Beatrice. Se reconocen como familia y se demuestran cariño, pero no pueden comunicarse más allá de las muestras de afecto familiares, porque no hablan inglés, lo cual disminuye la interacción abuelos-nietos.

Este caso nos demuestra cómo en tres generaciones "abuelos-padres-hijos" se pierde la comunicación en muy buena medida por la carencia de un idioma que comunique a la primera con la tercera generación en una familia.

El caso de Olivia:

En una ocasión, mientras daba su clase una profesora de español, Susana, en un colegio privado en Estados Unidos, una niña, Olivia, estaba distraída y respondía a regañadientes las preguntas de la educadora. Cuando Susana se acercó a ella y cordialmente le preguntó qué le pasaba, la alumna le dijo que ella no quería hablar el lenguaje de las "nannies". Este nombre señala a las personas que cuidan niños en los Estados Unidos...

Profesionales de la conducta han descrito que algunos hijos de padres inmigrantes que nacieron en Estados Unidos o llegaron siendo bebés, y que hablan el inglés como primera lengua, tratan de no hablar el idioma de sus padres para no sentirse discriminados o sujetos de bullying.

Ser bilingües

Corrientemente, si los emigrantes no hablan el nuevo idioma tendrán dificultades para encontrar trabajo o para avanzar en sus carreras. Esto los lleva a sentirse excluidos socialmente. También tendrán barreras en la atención médica, estarán en aprietos para explicar de qué padecen y no comprenderán las instrucciones médicas. Todo esto contribuye a una disminución de la calidad de vida.

La superación de la pérdida del lenguaje original de un sinnúmero de inmigrantes es un proceso que requiere un respaldo en el ámbito de la educación y la integración cultural. Algunas estrategias que ayudan a superar la pérdida deben contar con dos elementos: por un lado, fomentar el aprendizaje y el mantenimiento del lenguaje original. Esto puede hacerse a través de la familia y los grupos de amigos del mismo origen en conversaciones a diario, y mediante la participación en eventos culturales del país de origen. De igual forma, escuchando noticias en radios del idioma original, viendo programas y participando activamente en las redes sociales en el lenguaje materno. Esto tiene que incluir la lectura de libros, y escribir.

El segundo elemento —tan vital como el anterior— es promover el aprendizaje del idioma local: aprender el nuevo idioma es fundamental para la integración y la comunicación efectiva. Se debe asistir a clases del idioma y seguir programas tutoriales o sesiones de conversación para adquirir habilidades expresivas.

Los profesionales de la conducta ofrecen apoyo emocional a los emigrantes, brindándoles un espacio seguro para expresar sus sentimientos y ayudándoles a encontrar formas de adaptarse y superar los desafíos que enfrentan durante su transición cultural. Los gobiernos locales deben promover la inclusión y la diversidad cultural para que los emigrantes se sientan valorados y respetados en su comunidad de acogida.

Al ganar el segundo idioma sin perder el lenguaje original, los inmigrantes se sienten ciudadanos completos, y con ventaja de quienes solo hablan uno. Poco a poco superan el duelo de la pérdida del lenguaje materno y recuperan y aumentan su seguridad. Ahora hablarán, aprenderán, enseñarán, debatirán, enamorarán, harán el amor, pedirán auxilio, jugarán y harán de todo en dos idiomas. Asimismo, llorarán, se reirán y sentirán la música —de ambas culturas— con expresiones bilingües.

Otro tema que se tiene que tomar en cuenta es que los ciudadanos nacidos en el país donde se encuentra el inmigrante tienen el derecho de preservar su propia lengua, por lo que ambas partes deben llegar a acuerdos para que exista un espacio de integración. Estamos en un mundo cada vez más globalizado y todas las personas tendremos que relacionarnos cada vez más con distintas culturas e idiomas.

De allí la importancia de que cada comunidad de inmigrantes se busque y se encuentre para promover el mantenimiento de su cultura y de su idioma creando sus propios centros de estudio, porque normalmente las autoridades municipales o federales de los países solamente dictan cursos en el idioma nacional.

En general, para la pérdida del lenguaje materno en inmigrantes lo pertinente es ayudar a la persona a mantener y mejorar sus habilidades de comunicación en su lengua materna y a conectarse con su cultura de origen, simultáneamente con el aprendizaje del nuevo idioma y enlazarse con la nueva cultura.

Un consejo para las comunidades de inmigrantes en otro país: búsquense unos a otros, compartan sus alegrías y tristezas, no pierdan contacto con sus familiares y amigos, ayúdense entre sí, y sobre todo no se autodiscriminen, sientan el orgullo de su origen y raíces.

La pérdida de la cultura, de las costumbres y del medio ambiente conocido

En buena medida somos parte de un entorno, un medio ambiente y una cultura que no solamente nos envuelve sino que determinó nuestra manera de ser e identidad como personas. La ausencia de este entorno de cultura propia, y la adaptación a nuevas costumbres, reglas o leyes de otro país, puede tener un impacto significativo emocional en una persona y en su forma de comportarse cuando emigra a otro país.

Lo que algunos notan más es la contradicción existente entre quienes son los inmigrantes, y los demás. Es usual que se compare la identidad de "uno mismo" con la identidad de "los otros". Cuando una persona llega a otro entorno, es habitual que deje atrás las conductas y costumbres que representan a su país, que podemos llamar "de normalidad" para ella. Esto puede hacer que se sienta desconectada de su identidad ante la "anormalidad" que está viviendo, lo que a su vez puede ser causa de incomodidad.

Adaptarse a una nueva cultura y forma de vida puede ser estresante. Las diferencias generan en algunos una sensación de confusión y ansiedad, e incluso una crisis de identidad. Cuando alguien emigra a un nuevo país, es posible que tenga dificultades para comunicarse con los demás aunque se hable el mismo idioma, debido a las diferencias de los modismos y de los distintos acentos que existen entre distintos países, y en la forma de comunicarse, lo que puede provocar frustración y aislamiento social.

Además, el hablar "distinto" identifica ante otros a la persona, para bien o para mal. Cuando algún latinoamericano habla en España, los españoles lo reconocerán y algunos lo señalarán.

El caso de Juan José:

A la semana de haber comenzado las clases en Barcelona, Juan José, un adolescente sudamericano, recibió un remoquete o sobrenombre que le pusieron sus compañeros. Cuando llegaba a clases o a alguna reunión en el colegio, lo normal era que dijeran "llegó el colombiano". En realidad esto, que parece algo sin importancia, no lo era para él. Quería ser igual a todos y consideraba que llamarlo "el colombiano" era separarlo del grupo aunque fuera de buena fe. Aunque Juan José decía que era mejor que lo llamaran "colombiano" que "sudaca", un epíteto despectivo que usan afortunadamente pocos españoles para los sudamericanos, pero obviamente él quería ser simplemente Juan José...

Igualmente la discriminación en Estados Unidos en relación con las culturas hispanas o afroamericanas ha promovido que durante generaciones ciudadanos que la han sufrido hayan tomado medidas para evitarlo. En algunos casos llegando hasta la endodiscriminación o el prejuicio que una persona siente hacia sí misma debido a su propia identidad cultural, racial, sexual, de género o religiosa, entre otras. Es decir, la persona internaliza los estereotipos y prejuicios negativos que existen en su entorno hacia su propia identidad y los aplica a sí misma, generándole sentimientos falsos de inferioridad, vergüenza y autorrechazo.

Esta forma de autodiscriminación puede ser el resultado de la exposición constante a prejuicios y segregación en su entorno, como los medios de comunicación, la cultura popular o las experiencias directas de apartamiento, entre otros. También puede estar relacionada con una baja autoestima y falta de confianza en uno mismo. Se encuentra con mayor frecuencia en los niños y adolescentes. Tenemos que destacar que puede haber consecuencias negativas en la salud mental y emocional de las personas, al generar sentimientos de ansiedad, depresión, aislamiento social y disminución de la calidad de vida.

Es necesario fomentar la educación y la valoración de la diversidad, así como promover la autoaceptación y la autoestima positiva en las personas. Se debe trabajar en la eliminación de la discriminación y los prejuicios en todas sus formas, para crear entornos más inclusivos y equitativos para todos.

Cuando una persona no se siente a gusto con su propia raza o grupo étnico, o género, esta es una actitud que puede surgir como resultado de la internalización de estereotipos negativos sobre su ser, así como de la influencia de experiencias personales de marginación en su vida, lo que puede traer consecuencias negativas en su estabilidad al generar sentimientos de inseguridad, baja autoestima y rechazo de su propia identidad.

La autodiscriminación no es una elección consciente de la persona y puede ser resultado de la presión social y cultural para adaptarse a normas y valores dominantes. Por ello, fomentar la educación intercultural, el diálogo y la valoración de la diversidad cultural, promueve una autoestima positiva y una aceptación de la propia identidad.

Cuando los niños no quieren hablar su idioma materno también son víctimas de la discriminación, porque, a pesar de que sus padres sean de origen distinto de donde habitan, ellos no quieren que les discriminen por serlo. Ellos intuyen o se percatan de que sí hablan el idioma materno en otra cultura van a ser discriminados. En el caso de Olivia, cuando la niña no quería hablar el idioma de las nannies (español), por su corta edad no se percataba de que en la ciudad donde vivía, Miami, si bien no es indispensable hablar español, es una ventaja competitiva desde un punto de vista profesional o de empleo. Por otro lado, muy recóndito en su mente ella, sin probablemente saberlo, estaba discriminando a sus propios familiares.

La falta de pertenencia a la comunidad y a la sociedad puede hacer que una persona se sienta excluida, marginada, sola. Sin embargo, hay que reconocer que estas experiencias son relativamente normales, y que existen recursos y estrategias que pueden ayudarlas a adaptarse a su nueva vida en otro país. Los psicólogos y profesionales de la conducta humana aplican herramientas para procesar las emociones y desarrollar habilidades que ayuden a enfrentar los desafíos de la emigración. Igualmente el entrenamiento en habilidades sociales permite que la persona pueda conectarse con otras y construir relaciones significativas en su nueva comunidad. Esto puede incluir técnicas de cómo iniciar conversaciones, escuchar activamente y hacer amigos.

Existen varias técnicas terapéuticas que pueden ser útiles para ayudar a las personas a procesar sus emociones y desarrollar habilidades para enfrentar los desafíos de la emigración: la terapia cognitivo-conductual, enfocada en identificar y cambiar los patrones de pensamiento y comportamientos que coadyuvan a desarrollar habilidades con este fin; la terapia de aceptación y compromiso, que dirige a aceptar los sentimientos asociados con la emigración y manejarlos con inteligencia emocional para procesarlos favorablemente, y la terapia de grupo, que suele ser especialmente útil para las personas que se sienten aisladas y desconectadas, ya que hacen contacto con otras que están pasando por situaciones similares y pueden recibir apoyo, comprensión, perspectivas y soluciones útiles de otros miembros del grupo.

Toda pérdida cultural se refiere a los cambios que se incorporarán en la manera de ser de quien emigró. Cada sociedad y cultura tiene sus propias expresiones, su música, su forma de hablar, sus jergas, sus expresiones corporales, su manera de vestir, de comportarse, sus leyes, códigos morales, sus relaciones humanas, sus costumbres, sus creencias y su religión. Es normal tenerle miedo a lo desconocido y, por tanto, cualquier cultura que sea ajena a la del individuo siempre generará un choque. Y sumado a eso, esta eventual discriminación. Los países libres y democráticos y que mantienen procesos de inmigración y refugio deben propugnar la tolerancia y la integración multicultural.

Gabriel Gessen, matemático, lo explica así: "Se vuelve una situación compleja el hecho de tener una gran diversidad cultural y que 'todos acepten a todos'. En principio, porque es normal tenerle miedo a lo desconocido y, por tanto, cualquier cultura que sea ajena a la del individuo siempre generará un choque, mucho más cuando hay falta de información sobre las costumbres de la otra cultura. Pero sumado a eso, se presenta el conflicto de que hay costumbres excluyentes: como que 'mi cultura promueve algo que en la tuya no es aceptada', entonces 'ya no te puedo valorar', tomando en consideración que 'mis valores' —a lo que yo pondero dentro de tus acciones— no son 'tus valores'. Creo que el objetivo no debe ser 'evaluar' la diversidad cultural, sino 'comprenderla', y que en el entendimiento de las costumbres de otros se pueda aceptar al que sea externo a esta 'tribu'. Incluso, muchas personas creen —no es mi caso— que la inmigración genera apropiación cultural, y que por tanto los inmigrantes destruyen su cultura. Esto es simplemente un miedo —más bien un mecanismo de defensa—, un temor basado en la ignorancia, el peor de todos los miedos, pero que existe y debe tratarse. Por eso creo que se debe promover la información de otras culturas, pero no la 'valoración' de otras culturas, porque de una u otra manera, las diferencias se van a presentar y generarán sesgos y se empezará a discriminar y todo volverá a empezar".

El emigrante tendrá que convivir, de manera general, con otros ciudadanos habituados a un distinto cuerpo de ideas y de conductas diferentes que lo harán sentirse distinto y probablemente discriminado. La forma de reírse o estar alegre de un latino es muy diferente a la de un sajón. Incluso, la forma de hacer el amor es distinta entre culturas diferentes. Son comunes las consultas de los jóvenes latinos que se manifiestan discriminados por parejas estadounidenses por considerarlos muy "complicados". También, jóvenes hispanos se sienten atropellados por jóvenes estadounidenses por la velocidad con la cual quieren adelantar la relación.

La discriminación desde la prehistoria

Lucy es uno de los fósiles más famosos y completos de los primeros homínidos conocidos como "Australopithecus afarensis". Se cree que medía aproximadamente 1,1 metros de altura y pesaba alrededor de 29 kilogramos. La forma de su pelvis y la longitud de sus brazos y piernas sugieren que caminaba erguida, aunque todavía pasaba tiempo en los árboles. Lucy fue nombrada por los investigadores que la descubrieron, encabezados por Donald Johanson, después de que la canción "Lucy in the Sky with Diamonds" de los Beatles sonara en el campamento en 1974 durante el descubrimiento en Etiopía. El nombre se ha mantenido desde entonces y se ha convertido en un nombre icónico en la historia de la paleoantropología. Después de los homínidos como Lucy, apareció el género Homo, y dentro de este el primero en dispersarse fuera de África fue el Homo erectus, hace aproximadamente 1,8 millones de años, que se caracteriza por tener un cerebro significativamente más grande que el del australopithecus (Lucy), y por ser una especie bípeda y con herramientas.

El Homo erectus se extendió por gran parte de Asia y Europa, y algunos de los primeros fósiles de esta especie fueron encontrados en Java y China. Después del Homo erectus, aparecieron varias especies, incluyendo el Homo neanderthalensis, que vivió en Europa y Asia hasta hace aproximadamente 40.000 años.

"Lucy": reconstrucción femenina del Australopithecus afarensis

El Homo sapiens, que se sostiene que se originó en África hace aproximadamente 300.000 años y que ha poblado todos los continentes del mundo, se convirtió en la única especie descendiente de los homínidos que sobrevive hoy en día.

Desde la prehistoria se vivió en tribus:

Es altamente probable que durante la prehistoria, tanto los homínidos como los Homo sapiens hayan vivido en grupos sociales conocidos como tribus. Los homínidos como Lucy y el Homo erectus

se cree que vivieron en grupos pequeños de entre 20 y 50 individuos, mientras que el Homo sapiens prehistórico vivía en grupos más grandes de varias docenas a cientos de individuos.

La vida en tribus era importante para la supervivencia de estas especies prehistóricas, ya que les permitía trabajar juntos para recolectar alimentos, protegerse de los depredadores y cuidar a sus crías. Las tribus también proporcionaban un sentido de comunidad y apoyo de hogar, en torno a la hoguera. Los miembros de la tribu solían trabajar juntos en actividades como la caza, la recolección de alimentos y la construcción de refugios. Los hombres cazaban mientras que las mujeres recolectaban alimentos y cuidaban de los niños. Los ancianos de la tribu también desempeñaban su papel en la toma de decisiones y en la transmisión del conocimiento y de la sabiduría a las generaciones más jóvenes.

La existencia de tribus jugó un papel fundamental en la vida de los homínidos y Homo sapiens, en una era crucial para su supervivencia y éxito en un mundo peligroso. También en estas tribus surgieron el sentido de pertenencia al grupo y el de defensa de la vida ante los otros grupos. Es probable que los homínidos y Homo sapiens hayan sido agresivos entre distintas tribus. La competencia por los recursos naturales, como el agua y los alimentos, seguramente los llevó a conflictos, especialmente en momentos de escasez.

También nacieron distintas creencias y culturas y la rivalidad por la supervivencia y las diferencias pueden haber causado tensiones entre las tribus. Además, otras tribus prehistóricas y depredadoras también podían ser una amenaza común para los grupos humanos, lo que significaba que surgieran conflictos cuando dos tribus se encontraban en un territorio compartido. En estos casos, la agresión podría ser una forma de proteger a la tribu y asegurar la supervivencia. Algunas tribus prehistóricas habrían dependido de alianzas y la colaboración con otras tribus para enfrentar los desafíos comunes. El comercio y el intercambio de bienes también podría haberse dado entre distintas tribus, lo que sugiere que no todas las interacciones entre grupos humanos eran agresivas. Gracias a ellas hoy existimos.

Cuando no hubo entendimiento entre los futuros humanos en la prehistoria, algunas especies no sobrevivieron en favor de los más fuertes, como fue el caso de los neandertales.

En el presente, si la humanidad quiere prevalecer tiene que haber entendimiento, porque, a diferencia del pasado, ahora solamente existe un territorio, y si no convivimos en la Tierra corremos el mismo peligro de extinción de tantas especies desaparecidas a lo largo de la historia.

Foto de Monic en Pexels

La pérdida del medio ambiente

En cuanto al medio ambiente, este factor también incide en los inmigrantes. Una buena parte de ellos provienen de países tropicales de África, Latinoamérica o Asia. Esto significa que se van de naciones con temperaturas que oscilan entre los 20 y los 35 grados centígrados en promedio. Llegan a países con cuatro estaciones y en invierno se encuentran con temperaturas bajo cero grados centígrados. Las bajas temperaturas implican un cambio en la forma de vestirse, y el cuerpo debe adaptarse físicamente al cambio de clima. Se debe aprender a convivir con el frío y lo que ello envuelve. Este cambio afecta en mayor o menor grado a los inmigrantes de diversas maneras, dependiendo de su país de origen, el destino y las condiciones climáticas en ambos lugares.

Mudarse a un ambiente muy diferente al que se está acostumbrado puede requerir tiempo y recursos para adaptarse. Si alguien se muda de un lugar muy frío a uno muy cálido, puede tener dificultades para acostumbrarse al calor y necesitar aprender a protegerse adecuadamente del sol.

El caso de Alexis:

En la capital de Canadá, Ottawa, la decisión de cerrar las escuelas debido a las condiciones climáticas peligrosas es tomada por el consejo escolar del distrito o por la dirección de la escuela, y en esos días los niños no van a clases. En casos en que no se decida así, las escuelas pueden tener políticas que requieren la asistencia de los estudiantes a pesar del clima adverso.

Una fuerte tormenta de nieve en Ottawa puede traer desde 60 centímetros hasta un metro de nieve. Durante estas tormentas, la ciudad de Ottawa se prepara para hacer frente a la acumulación de nieve. La limpieza de las carreteras y calles principales puede llevar varios días, mientras que las calles secundarias y los senderos pueden tomar más tiempo. La temperatura bajará considerablemente después de la ventisca. Recién llegados a este país, la mamá de Alexis, Marisol, al día siguiente de una nevasca impresionante, decidió no llevar a su hijo a clases. Poco tiempo después de la hora de inicio, recibió una llamada de reclamo de la escuela por no haberlo enviado. La maestra le explicó la política de centro escolar: si no se suspendían oficialmente, los alumnos deben asistir, y a continuación le indicó que debía vestir a Alexis por capas de ropa, con una ropa interior de invierno, luego un pantalón y camisa para bajas temperaturas, una tercera capa con un suéter, y luego chaqueta o abrigo de estación. Además, y dada la acumulación de nieve, debería usar un "outerware" o ropa impermeable en forma de braga.

Marisol vistió a Alexis hasta la tercera capa y fueron primero a comprar el outerware, el cual se estrenó ese día al dejarlo en el colegio. Luego la familia se enteró de que, en cualquier caso, los padres siempre tienen el derecho de tomar la decisión final sobre la seguridad de sus hijos, y no se les debe obligar a enviarlos a la escuela en situaciones en las que no se sienten seguros, aunque algunas escuelas insisten en esa política, muy en el espíritu de los canadienses, que están acostumbrados a lidiar con las bajas temperaturas y las condiciones climáticas adversas que pueden afectar su trabajo y su vida diaria durante el invierno. Si bien es cierto que las tormentas de nieve y las temperaturas extremadamente bajas pueden tener un impacto en la movilidad y la productividad, la mayoría de los ciudadanos están preparados para trabajar y hacer frente a estas condiciones de todos modos.

De manera similar, en las altas temperaturas, las personas son más susceptibles al "golpe de calor", que es una condición médica grave que se produce cuando el cuerpo se sobrecalienta debido a la exposición a temperaturas muy altas. Esta condición puede ser potencialmente mortal si no se trata adecuadamente. Cuando una persona está expuesta al calor, el cuerpo intenta enfriarse sudando y aumentando el flujo sanguíneo hacia la piel. Si la temperatura ambiente es demasiado alta, además de que la persona esté deshidratada, el cuerpo tiene dificultades para regular su temperatura interna y comienza a sobrecalentarse. Los síntomas iniciales del golpe de calor pueden incluir sudoración excesiva, mareo, debilidad, dolor de cabeza y náuseas. Si la condición no se trata, los síntomas empeoran y surgen otros más graves, como piel seca y enrojecida, falta de sudoración, fiebre alta, convulsiones, confusión, delirio e incluso pérdida del conocimiento.

También se presentan enfermedades relacionadas como la deshidratación, o resequedad en la piel y vías respiratorias, lo que obliga a la persona afectada a cambiar sus hábitos de tomar y de evacuar líquidos. Una persona que se muda a un lugar muy húmedo tiende a ser más susceptible a enfermedades relacionadas con la humedad, como el moho.

Cada ser humano, probablemente sin saberlo, trata de vestirse de una forma que le satisfaga, que lo identifique, que vaya acorde a la imagen de sí mismo, la que puede variar en el nuevo destino, donde tendrá que cambiar su autoimagen de acuerdo a la estación. En caso de que el inmigrante trabaje en una industria que está fuertemente influenciada por el clima, como la agricultura o la pesca, puede ser vulnerable a las fluctuaciones de temperatura o a la presencia de inundaciones o tornados, en especial si son eventos climáticos desconocidos en sus países de origen.

De la misma manera, los cambios en el clima pueden ser una razón por la que los emigrantes deciden abandonar su país de origen. Ante el cambio climático que induzca a una sequía prolongada, los agricultores pueden verse obligados a abandonar sus tierras y buscar trabajo en otro lugar o en otra nación.

Otra situación es la no aceptación o el evidente rechazo de algunas personas, y en algunos países, de la vestimenta distinta del emigrante. Es importante aclarar que no estamos de acuerdo con que prohíban la forma de vestir de las personas, ya que lo consideramos una violación de los derechos humanos y las libertades individuales. Sin embargo, algunos países han implementado leyes que prohíben el uso de ciertas prendas de vestir, como la "burka" o el "niqab", que cubren el rostro y el cuerpo en su totalidad. El "niqab" es un tipo de velo que cubre la cara de la mujer, dejando solo los ojos al descubierto. Es una prenda de vestir femenina que se utiliza en algunas sociedades musulmanas y en algunas comunidades islámicas en todo el mundo. Suele ser confundido con la "burka", que es una prenda que cubre todo el cuerpo y la cara, dejando la abertura para los ojos. Sin embargo, el "niqab" cubre solo la cara, y se usa junto con otros elementos de vestimenta islámica como el "hijab", que cubre la cabeza y el cuello.

El uso de estas prendas es un tema controversial en algunos países, ya que algunos argumentan que son un símbolo de opresión y de subordinación de la mujer en algunas sociedades. Otros, sin embargo, señalan que su uso es una elección personal de la mujer y que debería ser respetado como parte de su libertad religiosa y cultural. Actualmente los países que tienen leyes que impiden el uso de la burka y/o el niqab incluyen a Francia, donde no se pueden usar estas prendas en lugares públicos.

Bélgica también tiene esta prohibición desde 2011. Austria lo vetó desde 2017. Dinamarca desde 2018 y Suiza desde 2021. Estas leyes han sido objeto de controversia y críticas por parte de quienes argumentan que limitan la libertad religiosa y la libertad de elección de las mujeres.

En todo el mundo la manera de vestirse es parte de la forma de ser de cada cultura. La vestimenta de las personas en países como India, Afganistán o China es muy variada, y está influenciada por su civilización, la religión, las creencias y las tradiciones de cada país. En India, la ropa varía ampliamente de una región a otra. En general, los hombres suelen usar el "kurta", una túnica larga que llega hasta las rodillas, y el "dhoti", una tela que se enrolla en la cintura y cubre las piernas. Las mujeres suelen usar prendas como el "sari", una tela larga que se enrolla alrededor del cuerpo, y el "salwar kameez", un conjunto que consta de un pantalón holgado y una túnica larga.

En Afganistán, lo tradicional para los hombres es el "perahan tunban", un conjunto que consta de una túnica larga y un pantalón holgado. Las mujeres suelen usar un "chador", una prenda que cubre todo el cuerpo excepto el rostro y las manos. En China, la vestimenta característica para los hombres es el "changshan", un traje de una sola pieza que llega hasta los tobillos. Las mujeres suelen usar el "qipao", un vestido largo y ajustado que tiene una abertura en la parte inferior para permitir la libertad de movimiento.

La vestimenta de los distintos países es muy variada. En el Medio Oriente y África del Norte, los hombres suelen usar prendas como la "jalabiya", una túnica larga, y el "thobe", una túnica sin mangas. Las mujeres suelen usar prendas como el "abaya", una túnica larga que cubre todo el cuerpo. En países como Japón y Corea del Sur, la vestimenta tradicional incluye prendas como el "kimono" y el "hanbok", respectivamente.

En Malasia conviven tres culturas, la malaya y las de origen indio y de China; la vestimenta es muy diversa y está influenciada por la religión, la cultura y las tradiciones de su población multiétnica. Aunque la ropa occidental es común en áreas urbanas, muchas personas en

Malasia todavía prefieren usar ropa tradicional en ocasiones formales y en la vida diaria. Los malayos usan el "Baju Melayu", un traje tradicional de los hombres malayos, que consiste en una camisa suelta y larga que llega hasta la rodilla, y un pantalón holgado llamado "kain sampin" que se enrolla en la cintura. Asimismo, el "Baju Kurung" es el traje tradicional de las mujeres malayas. Una túnica suelta y larga que llega hasta los tobillos y una falda holgada. A menudo se combina con un pañuelo llamado "selendang" para cubrir la cabeza y los hombros. También hay algunas restricciones sobre la vestimenta en ciertos lugares religiosos y gubernamentales, como la Mezquita Nacional de Malasia y los tribunales. En la capital, Kuala Lumpur, conviven las tres culturas de una manera armónica. Es común ver a la salida de los liceos o universidades a las jóvenes malayas vestidas como musulmanas, a las malayas de origen indio con sus "saris" al estilo de India y a las de origen chino con minifaldas.

También en Canadá es frecuente ver la diversidad en la forma de vestir de las comunidades musulmanas, hindúes, chinas y occidentales. Es usual observar, cuando se llega a un aeropuerto internacional canadiense —como funcionarios de aduana— a los sijes con sus turbantes. Son de la religión Sij, que fue fundada en el siglo XV por el gurú Nanak Dev Ji. Es una comunidad étnica originaria de la región del Punjab, que se encuentra en la frontera entre India y Pakistán. Hay una importante diáspora sij en países como Canadá, Estados Unidos y Australia.

La ropa es solamente un rasgo de las diferencias que un emigrante encuentra al mudar de país. En realidad naciones como Canadá o Malasia suman culturas.

El caso de Humberto y Marián:

Humberto, un inmigrante hispano en Estados Unidos, se casó con Marián, que nació y creció en Chicago. Desposarse con una pareja nativa del país puede tener ventajas para superar las pérdidas que provoca eventualmente el emigrar. Ayuda al inmigrante en la integración social y cultural, y a tener un mayor conocimiento del idioma, la cultura y las costumbres del país de acogida, y la pareja puede brindar apoyo emocional y afectivo, lo cual es valioso en momentos de soledad y estrés. Pero, por otro lado, así como la integración social y cultural es un proceso que lleva tiempo y esfuerzo al inmigrante, las parejas de distintas culturas igualmente requieren de un período de adaptación. La pareja nativa del país de acogida no necesariamente será capaz de entender completamente las experiencias y pérdidas del inmigrante, y es posible que surjan discrepancias culturales y de comunicación que generen conflictos en la relación.

Las diferencias culturales, en valores y en creencias, como la religión o los principios y objetivos de vida, si son muy distantes, serán el origen desacuerdos y conflictos en áreas determinantes, desde la crianza de los hijos, la vida social y las decisiones financieras hasta en la gastronomía. Las parejas de desiguales religiones suelen tener dificultades para encontrar áreas de interés común y valores compartidos, lo que se traduce en una fuente de insatisfacción y frustración para ambos.

A pesar de estos desafíos, una pareja con estas características es viable psicológicamente si los dos están dispuestos a trabajar juntos para superar los desacuerdos y encontrar formas de compromiso. Coadyuva mantener una comunicación abierta y respetuosa, en la que expresen sus puntos de vista y escuchen los del otro. Deben procurar buscar áreas de convergencia y valores compartidos, y aceptar las disparidades.

Si la pareja desea tener hijos, tendrán que decidir cómo educarlos en términos de creencias, y si fuera necesario, en caso de dos religiones, buscar acuerdos que les permitan criar a sus hijos considerando ambas.

La sociedad y la familia tendrán expectativas y prejuicios respecto a las culturas, y tal vez intentarán crear presión y estrés en la relación. Para vencerlo la pareja debe apoyarse mutuamente y dejar amablemente en claro a los parientes que como nueva familia ellos resolverán sus divergencias.

La viabilidad psicológica de una pareja dispareja dependerá de la capacidad de comunicación, del respeto recíproco, de la disposición para conversar y de llegar a acuerdos, entre otros factores.

Humberto y Marián llevan más de una década juntos y tienen un niño y una niña. Hablan todos en inglés, aunque los menores estudian en la escuela el idioma español como segunda lengua. Sus creencias coinciden más allá de lo esencial y sus credos religiosos —no siendo practicantes asiduos— no han presentado problemas. Los hijos aprenden que existen distintas religiones y se les responden las preguntas que hacen al respecto, indicándoles que cuando cumplan sus 18 años ellos escogerán si quieren formar parte de alguna iglesia. Humberto y Marián son profesionalmente exitosos, y todo señala que es una familia estable que se declara feliz.

La pérdida del entorno

Otra pérdida que provocará nostalgia en los emigrantes es la de los paisajes y el país de origen. Ordinariamente, la persona que se va dirá a la larga que su nación es la más bella, y tenderá a idealizar "su tierra" como la mejor del mundo. Así lo afirmará y creerá, aunque a veces, al principio de su inmigración, algunos hablarán mal de su país —en muchos casos con justificada razón— como un mecanismo de defensa para explicarles a terceros por qué se fue de allí.

Obviamente el inmigrante estará influido y posiblemente afectado al cambiar su entorno geográfico, su ubicación conocida y un medio ambiente diferente. En especial si proviene de un país tropical y se encuentra en un país del hemisferio norte.

Algunos psicólogos consideran que es inevitable conectarse con las personas nativas del país de donde se emigró. Hacerlo ayuda a reducir el sentimiento de aislamiento social, mientras se vaya asimilando la nueva cultura hasta que el emigrante pueda convertirse en buena medida en "bicultural", porque aprender el idioma y la cultura del nuevo país evita el estrés cultural y mejora la comunicación con los demás. Países como Canadá o Australia ya se definen como naciones "multiculturales" y este concepto apunta a ser global.

Por esto, explorar la nueva sociedad y familiarizarse con los recursos y los servicios disponibles, así como participar en actividades y eventos culturales de ambos países, favorece a las personas para conectarse con su cultura de origen y descubrir las nuevas tradiciones.

En general, es esencial que cada inmigrante conozca cuáles serán los retos que tendrá que sortear para que se encuentre preparado y resiliente ante el proceso de adaptación al nuevo país, y tenga paciencia consigo mismo y se permita tiempo para encontrar su lugar en la nueva comunidad. En una mayoría absoluta y contundente, los inmigrantes en el mundo —y a través de la historia— han logrado una inmigración feliz y exitosa en el balance familiar.

Joaquín: un caso de identidad:

Joaquín se fue huyendo de una dictadura militar en Sudamérica. En una ocasión le comentó a un psicólogo que sentía que perdía su identidad, que ya no era el mismo de siempre. Se fue primero a Venezuela y llegó un momento que, como él mismo lo decía, era su propio país. Era un artista plástico y hombre del teatro y explicaba que, además de su simpatía y empatía, su principal valor era ver lo que lo que él tenía y podía ofrecer a los otros, de lo que ellos carecieran. En Venezuela trabajó en distintas áreas y le fue muy bien, llegando a ser muy apreciado y querido por la comunidad venezolana. Luego, por la misma razón, tuvo que emigrar junto a su familia a Estados Unidos. Nuevamente tuvo que comenzar y logró, una vez más, un estatus de éxito en su profesión. Allí aplicó las mismas técnicas de ofrecer lo que "ellos" no tenían y hacerse útil en todos los aspectos. Su simpatía y agradecimiento, y su trabajo de excelencia, lo llevaron a la vuelta de dos años a conseguir el trabajo de sus sueños en una cadena televisiva en Estados Unidos. Siempre decía: "Ama el lugar donde vivas como si fuera el lugar donde naciste y así serás feliz". Sin embargo, pasados los años contaba a sus amigos su entrevista con el psicólogo a quien le planteó su sentimiento de pérdida de identidad y lo que le enseñó. El profesional le había preguntado que si él era igual al niño que había sido, a lo que Joaquín le dijo que no porque ya era adulto, aunque era él mismo. El psicólogo le explicó que cambiamos cada diez años aproximadamente. En los primeros diez somos niños, de los 10 a los 20 años somos otra persona que pasa por la pubertad y la adolescencia y adquirimos plena conciencia de nosotros mismos. Conoceremos a una pareja y decidiremos qué y quiénes vamos a ser. Y cuando ya creemos que lo sabemos todo, pasamos a la década de los 20 a los 30 años. Nos graduaremos y/o trabajaremos en algún oficio o carrera técnica o universitaria. Tal vez nos casaremos o estableceremos un hogar. Luego vendrán los cuarenta, los cincuenta, los sesenta, los setenta y cada diez años seremos distintas personas; así como fuimos hijos, hermanos, esposos, padres, abuelos, bisabuelos, con diferentes objetivos, roles y logros, y habremos tenido disímiles trabajos, y vivido en muchas viviendas, o en diferentes sitios, o países. Pero..., aunque fuimos diversos siempre tenemos nuestra propia identidad, concluyó el psicólogo. Joaquín decía que eso cambió su vida y nunca más sintió ninguna pérdida de identidad, simplemente su identidad iba a la par del tiempo transcurrido. Siempre ha estado orgulloso de ser uruguayo, venezolano y estadounidense. En realidad siempre ha sido Joaquín y nunca perdió su identidad.

La pérdida de la orientación o ubicación geográfica

Aunque fácil de superar, es posible que durante meses, y en casos, años, un inmigrante se sienta desubicado y pierda su sentido de orientación en un nuevo país o cultura. Mudarse a un lugar nuevo puede ser una experiencia abrumadora y emocionalmente desafiante, en especial si hay barreras idiomáticas, diferencias culturales y falta de familiaridad con el entorno. La sensación de desubicación puede ser causada por una variedad de factores, como la falta de conocimiento sobre la cultura y las normas sociales, la dificultad para comunicarse con los demás debido a las diferencias en el idioma, o el tono cultural, y la pérdida de la sensación de pertenencia y de la red de apoyo que se tenía en su lugar de origen. Además, el cambio y la falta de familiaridad en el nuevo país pueden hacer que un inmigrante pierda su sentido de orientación, tanto en el sentido físico como emocional. Los inmigrantes deben darse cuenta de que estos sentimientos son normales y que existen cada vez más recursos disponibles para ayudarles a adaptarse y sentirse más cómodos en su nueva vida.

En consulta, es normal el tema. Los inmigrantes indican la dificultad para movilizarse o para asistir a algún sitio. Lo que ocurre es que en su país de origen durante años la persona aprendió a ir de un lugar a otro —como el centro de estudio, el trabajo, el parque—, a usar los medios de transportes, y sobre todo a moverse con confianza. Así, sabía por dónde ir con menos tráfico, o por dónde no pasar por razones de seguridad. Cuando se llega a un nuevo sitio, todo cambia. En principio, generalmente el inmigrante llega a una ciudad que no conoce y debe comenzar a asimilar adónde queda casi todo.

Lo primero es situarse donde vive y cuál será su centro de compra más cercano, pero tendrá que tomar en cuenta en qué tienda, automercado o farmacia podrá comprar al menor precio del mercado, y es posible que no estén tan cerca. Luego, debe buscar cómo movilizarse, sea caminando, en un transporte público o en su propio vehículo. Lo óptimo es proveerse tan pronto como pueda de un smartphone o teléfono inteligente, una herramienta muy apropiada para situarse en todo momento. Mientras no lo tenga puede adquirir un mapa detallado de la zona donde vive para orientarse.

En cualquier centro de ayuda a refugiados o de apoyo a inmigrantes, o con algún familiar, o amigo o vecino, pida que le muestren los principales puntos de referencia, calles importantes, transporte público y lugares de interés cercanos, tales como farmacias, hospitales, escuelas. También, puede preguntar cómo llegar a su sitio de empleo, así como a los lugares de recreación, y el tiempo que tardará en llegar y los medios de transporte disponibles. Si posee computadora debe buscar todos los sitios que desee visitar y ver cómo llegar a ellos.

Asimismo, es conveniente tomar un paseo por la zona donde viva y por la ciudad, y observar los lugares comerciales o institucionales, lo que puede ayudarlo a familiarizarse con su nuevo entorno. Hoy en día, hay muchas aplicaciones de mapas disponibles que pueden ayudar al inmigrante a orientarse en su nuevo entorno. Lo mejor es aprender a utilizar las aplicaciones de estos mapas y las de GPS, que le proporcionarán la información sobre su posicionamiento para encontrar direcciones, cómo llegar a esos lugares y calcular los tiempos de viaje.

La orientación geográfica es una habilidad que se adquiere con el tiempo y la práctica. Es ventajoso que el inmigrante tenga paciencia y pida apoyo continuo para que se sienta cómodo en su nuevo entorno y logre desarrollar su sentido de orientación.

Todo será cuestión de práctica y de paciencia. Se tiene que comprender que habrá errores, sobre todo si se maneja algún vehículo, tales como extraviarse. Hay conductores inmigrantes en Estados Unidos a quienes les cuesta adaptarse a la velocidad en las autopistas para tomar una salida, en particular cuando debe hacerlo en los distribuidores de múltiples salidas y con poco tiempo para virar a un lado u otro. Sin embargo, no se debe olvidar que, cuando se yerra, se atinará en la segunda ocasión. En algunos casos en la tercera. La clave es ensayo y error, y paciencia. Poco a poco la desubicación desaparecerá en corto tiempo y este aspecto se superará sin problemas.

La pérdida del posicionamiento social

La pérdida del estatus o del posicionamiento social es un fenómeno común que experimentan muchos inmigrantes al llegar a un nuevo destino. Esta pérdida puede ocurrir por varias razones, incluyendo las diferencias culturales, las barreras lingüísticas, la falta de reconocimiento de las credenciales académicas y de las habilidades que se tenían en el país de origen, y de alguna u otra manera la discriminación.

El caso de Augusto:

Conocimos un caso de Augusto, un connotado profesional que buscó un empleo en su área en una acreditada empresa en Estados Unidos. El gerente de recursos humanos que lo entrevistó era un inmigrante con muchos años en el país que lo recibió con "amistad", y luego, al terminar el encuentro y después de revisar sus títulos y cartas de recomendación de distintas compañías, incluso estadounidenses, en el país de origen del profesional, el "gerente" le comentó que realmente eran impresionantes sus datos curriculares, pero que no podía darle el empleo porque él era de un país de donde venían muchos inmigrantes y que tenía que darles preferencia a sus connacionales. El inmigrante no era de ese país. El "gerente" le pidió que lo comprendiera, y le sugirió que fuera a alguna empresa donde el dueño fuera de su país de origen.

Lo más impresionante de este caso es que el "gerente" echaba su cuento teniendo la certeza de que hacía "lo correcto" aduciendo que tenía que ayudar "a su pueblo", contó Augusto. Cuando le reclamó que ese era un acto de discriminación con los nacidos en su país, el "gerente" le explicó que no tenía nada que ver con racismo ni discriminación sino con ayudar a "su gente".

Estas situaciones las encontramos en diferentes países y se observan frecuentemente. También se nota en las comunidades conocidas como "Chinatown" en distintas ciudades y países en el mundo. Las personas viven en zonas cuyos habitantes en su mayoría son de la misma cultura, religión, país de procedencia o etnia, y vemos también cómo en innumerables sitios de trabajo se agrupan los nacidos del mismo país. Así, vemos en Miami "Doralzuela", donde predominan los venezolanos; la "pequeña Habana" y Hialeah, donde se concentran los cubanos, o la "pequeña Haití", donde habitan la mayoría de los ciudadanos de ese país. Otro ejemplo es Korea Town, o los barrios de mexicanos de origen, en Los Ángeles.

La pérdida del posicionamiento social tiene que ver con el estatus social y económico de la persona, no importando en qué nivel se encuentre en su país de origen, porque, normalmente, la mayoría de los emigrantes trabajarán en labores de menor importancia que la que tenían antes de venir. Este posicionamiento se hace más evidente cuando los inmigrantes se desenvuelven en comunidades abiertas por la discriminación, lo cual no ocurre cuando su vecindario es de su misma cultura.

Asimismo, tenemos que tomar en cuenta que existen aún sectores sociales racistas y discriminadores en la mayoría de los países del mundo. Los latinoamericanos, asiáticos y africanos son en buena medida discriminados en Estados Unidos y en los países europeos. Aunque es más adecuado señalar que, de una forma u otra, todo inmigrante será discriminado en algún grado en el país que escogió para vivir.

La pérdida del estatus o del posicionamiento social puede tener efectos negativos en la psiquis del inmigrante, incluyendo estrés, ansiedad, depresión y problemas de autoestima. Es especialmente difícil para aquellos inmigrantes que se sentían muy valorados y respetados en su país de origen y que ahora se sienten marginados o excluidos en su nueva comunidad. Así, veremos a médicos con posgrados trabajando como enfermeros y a enfermeros como bedeles. Son incontables los abogados y de otras profesiones que nos hemos encontrado en Uber o como taxistas en Nueva York.

Para algunos inmigrantes, el estatus social y el posicionamiento pueden ser cruciales para su sentido de identidad y autoestima. Los profesionales de la salud mental, como los psicólogos, reconocen la importancia del estatus social para los inmigrantes y por ello brindan apoyo y orientación para superar esta pérdida.

El inmigrante debe procesar y expresar sus sentimientos de pérdida y dolor, así como establecer nuevas redes sociales y participar en las comunidades de apoyo. Siempre deberá estar atento para identificar oportunidades de empleo y educación en su campo de aptitud y de habilidades, lo que lo ayudará a recuperar su estatus vocacional y posición social.

El caso de Alejandro:

Cuando una persona desea emigrar por decisión propia y sin verse obligado a hacerlo, es diferente el caso. Un profesional hispano, Alejandro, que emigró a Canadá y ahora es ciudadano de ese país, lo explica así: "Cuando un profesional se quiere ir de su país, lo primero que hace es planificarlo. Irá al país o se procurará información a donde desea emigrar y buscará las opciones que tiene desde el punto de vista legal, porque no es un refugiado, y no pretende ir sin la documentación necesaria. Luego, buscará la posibilidad de encontrar empleo en su área aplicando a través de internet en las páginas de recursos humanos de empresas en el país de destino o a través de reclutadores profesionales.

En paralelo, y si no logra esta opción, calculará su patrimonio para saber qué podría emprender con esos recursos en el país donde aspira a vivir. Si su patrimonio no es suficiente para hacerlo, entonces tratará de emplearse aunque no sea específicamente en su profesión. También investigará si existe alguna profesión técnica para la cual pueda aplicar en educación a distancia, hasta conseguir alguna licencia o diplomado que le permita trabajar en ese país, mientras transcurre el tiempo de espera para recibir las visas de residente que haya tramitado. En caso de que la visa tarde poco y llegue al nuevo país sin haber obtenido la licencia que pretende con sus estudios, puede ir preparado, con sus ahorros y patrimonio, para mantenerse por el tiempo que le falte hasta obtener la licencia, e igualmente puede buscar empleo e ir trabajando en el campo que está estudiando, a tiempo convencional, o incluso en otra área laboral".

Esta forma de actuar de quien emigra por la decisión de buscar un destino mejor a pesar de estar bien en su país de origen sirve por igual para todo el núcleo familiar si fuera el caso. En este tipo de emigraciones no se presenta la pérdida del estatus porque ha sido aceptada esa eventualidad desde el inicio del proceso. La persona o la familia estará siempre alcanzando los objetivos establecidos de una forma o de otra. Las pérdidas y duelos en general pueden darse en el comienzo de las inmigraciones por decisión y planificación, pero serán mínimos o de corta duración. Ordinariamente serán inmigraciones exitosas.

No será igual en el caso de las emigraciones forzosas de personas muy desasistidas y desposeídas, porque estos inmigrantes tienden a ser resilientes y muy positivos, y sin problemas en el sentido de estatus social, porque de hecho no lo tenían, y más bien, poco a poco irán alcanzándolo y mejorando su bienestar social y calidad de vida.

Pongamos como ejemplo Estados Unidos, un país que se constituyó por inmigrantes y que a lo largo de su historia los ha recibido procedentes de todo el mundo, y cuyo símbolo ha sido la Estatua de la Libertad en la ciudad de Nueva York. Este país es el mejor ejemplo de que quienes llegaron en la inopia pudieron desarrollarse y progresar junto a toda su familia.

A lo largo de la historia de Estados Unidos, ha habido diferentes períodos en los que diversos grupos de inmigrantes han llegado al país en grandes cantidades. Algunos de los grupos de inmigrantes más destacados en distintas épocas fueron, durante el período colonial, los colonizadores europeos, principalmente de Inglaterra, quienes establecieron las bases de lo que eventualmente se convertiría en Estados Unidos. También hubo inmigrantes de otras partes de Europa, como los neerlandeses, suecos, franceses y alemanes. A mediados del siglo 19, la gran hambruna en Irlanda provocó una gran migración de irlandeses hacia Estados Unidos. Millones llegaron al país, escapando y buscando oportunidades económicas. Igualmente los alemanes también fueron un grupo importante de inmigrantes en Estados Unidos. Huyendo de la inestabilidad política y las dificultades económicas en Alemania, se establecieron en diferentes partes del país, especialmente en el Medio Oeste. A finales del siglo 19 y principios del 20, una gran cantidad de italianos emigraron en busca de una vida mejor y se establecieron principalmente en ciudades como Nueva York, Boston, Filadelfia y Chicago. Asimismo, hubo una inmigración significativa de países asiáticos, especialmente de China y Japón, en el occidente de Estados Unidos. A principios del siglo 20, una ola de inmigrantes de Europa del Este llegó a Estados Unidos. Los grupos más destacados fueron los judíos de Europa Oriental, así como los inmigrantes de países como Polonia, Rusia y Hungría, y durante todo el siglo pasado y hasta la actualidad, México ha sido una fuente importante de inmigración hacia Estados Unidos. La proximidad geográfica y las oportunidades económicas han llevado a que millones de mexicanos emigren en busca de una vida mejor.

Los más —de forma superlativa— han logrado progresar alcanzando en un tiempo razonable sus objetivos y el bienestar para sí, para sus familias y para su descendencia.

El caso de Gustavo:

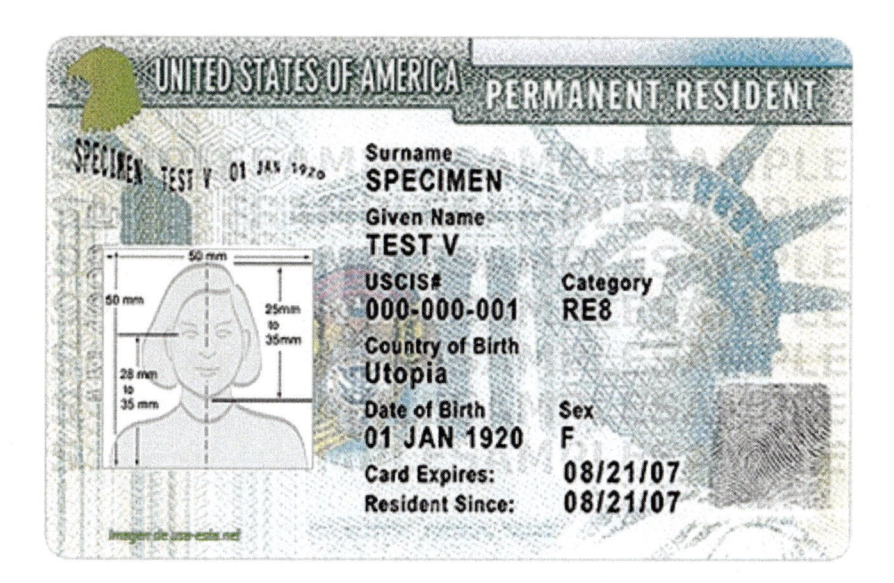

Gustavo es un hispano inmigrante en Estados Unidos graduado en Business Administration en una reputada universidad estadounidense. Inicialmente comenzó a ejercer su carrera en una cadena comercial muy reconocida en la nación, en Portland, Oregon. Al tiempo introdujo su currículum en una empresa de "headhunters" que lo encaminó hacia una importante corporación, en la que fue contratado como vendedor especializado para trabajar en su sede principal en la ciudad de Miami, cuya población habla mayoritariamente el español. En esa oportunidad le explicaron que primero tenía que adiestrarse en las características de los productos que fabricaban.

Así pasó los siguientes seis meses. A los dos años fue promovido a gerente de Ventas por sus logros. Y años más tarde a gerente general de la compañía en Miami, donde lleva varios años desempeñándose con acierto y reconocimiento de los más altos niveles. Todas las veces que ha querido ascender a posiciones directivas en distintos estados, o a nivel nacional, ha encontrado un muro que lo impide.

La pérdida de la seguridad personal

La inicial pérdida de la seguridad es un riesgo mortal, dada la presencia de peligros que sufren los emigrantes por supervivencia. Los emigrantes de Cuba, México, Venezuela o Centroamérica arriesgan la vida para llegar a Estados Unidos, y lo mismo ocurre con los ciudadanos de África o Asia que van a Australia o a Europa, quienes en cualquier país por donde transiten se ven sometidos a peligros, pues son ser abusados por grupos mafiosos, pandillas o incluso por autoridades deshonestas, que pueden someter a los emigrantes a chantajes o violaciones, o hasta quitarles la vida. También ocurre en caso de conflictos bélicos, como la guerra civil de Siria o la invasión de Rusia a Ucrania; ciudadanos de estos países emigran para salvar la vida y se la tienen que jugar para llegar a destino seguro y solicitar refugio.

Por otro lado, ya estando en el país que les servirá de refugio, los inmigrantes comienzan a enfrentar situaciones que los afectan. En primer lugar, lograr el estatus legal que les permita seguir allí y no ser deportados. Buena parte de los inmigrantes entran clandestinamente y otros piden refugio, pero tendrán que esperar un tiempo, que suele ser prolongado, para obtener los distintos grados de permisos, como el de trabajo, el de asistencia social o el de viajar. Por definición, no tener estatus legal en el país de destino significa de alguna manera "no estar legal", aunque todo refugiado tiene derecho a ese amparo y protección.

El derecho al refugio está reconocido por las Naciones Unidas como un derecho humano fundamental. Está establecido en la Declaración Universal de los Derechos Humanos de 1948, que establece que "toda persona tiene derecho a buscar y recibir asilo en otros países" (artículo 14).

Además, la Convención sobre el Estatuto de los Refugiados de 1951 establece una definición más precisa de quiénes son los refugiados y cuáles son sus derechos y obligaciones en el país de acogida. La Convención reconoce el derecho de los refugiados a la protección contra la devolución o expulsión forzada del país donde pida el refugio, el acceso a la justicia y a la educación, el derecho a trabajar y el acceso a servicios básicos como la atención médica y la vivienda.

Es importante destacar que el derecho al refugio está diseñado para proteger a aquellos que han sido perseguidos, o que tienen un temor fundado de serlo, por motivos de raza, religión, nacionalidad, pertenencia a un grupo social particular u opiniones políticas. Por lo tanto, los Estados tienen la obligación de proteger a los refugiados y garantizar que sus derechos humanos sean respetados.

Existe una categoría de refugiados reconocidos por Naciones Unidas llamados "refugiados por razones humanitarias". Esta categoría incluye a personas que huyen de situaciones de extrema pobreza, hambre y desastres naturales, y que no pueden regresar a sus países de origen debido a las condiciones insostenibles en las que se encuentran.

La Convención establece claramente que un refugiado se define como "toda persona que, debido a fundados temores de ser perseguida por motivos de raza, religión, nacionalidad, pertenencia a un grupo social u opiniones políticas, se encuentre fuera del país de su nacionalidad y no pueda o, a causa de dichos temores, no quiera acogerse a la protección de tal país; o que careciendo de nacionalidad y estando fuera del país donde antes tuviera su residencia habitual, no pueda o, a causa de dichos temores, no quiera regresar a él".

Aunque la Convención no menciona explícitamente la categoría de "refugiados por necesidades humanitarias", algunos países aceptan a estas personas como refugiados en virtud de su obligación de proteger a los seres humanos en situaciones de necesidad extrema. En última instancia, la decisión de reconocer a una persona como refugiado recae en la autoridad de cada país, y la determinación debe basarse en las circunstancias específicas de cada caso.

Además del estatus legal del inmigrante, este debe enfrentar otras pérdidas de seguridad. Por ejemplo, la seguridad en sí mismo para resolver problemas o eventualidades. Normalmente los habitantes de un país saben cómo sacar una partida de nacimiento, un pasaporte, cómo conseguir un medicamento, cómo lidiar con un policía ante una infracción de tránsito, dónde conseguir algún tipo de alimento, o algún bien o servicio. El inmigrante, mientras se adapta, no sabrá cómo hacer muchas cosas, y esto le genera una incertidumbre sobre su propia capacidad y sus habilidades. No saber qué hacer es un estado de indefensión que crea angustia.

En los inmigrantes la pérdida de la seguridad se manifiesta como una disminución en la sensación de seguridad, confianza y autoestima que ocurre como resultado del proceso migratorio. Durante el proceso de migración, las personas a menudo se enfrentan a una serie de situaciones, como la falta de familiaridad con la cultura local, la barrera del idioma, la incertidumbre laboral, la dificultad para encontrar vivienda adecuada o la falta de apoyo social o de alguien a quién recurrir.

Estos desafíos los hacen sentir inseguros, aislados y vulnerables. Presentan entonces síntomas de ansiedad, depresión y estrés, con un impacto en la salud mental y el bienestar emocional. Esta pérdida también se relaciona con la discriminación que a menudo enfrentan los inmigrantes en los países de acogida. Las actitudes negativas hacia los inmigrantes pueden hacer que se sientan no valorados e indeseados, lo que puede aumentar su sensación de inseguridad personal. Incluso, cuando hablan otro idioma, se sienten inseguros de que los entiendan por su pronunciación.

Por último, una necesaria advertencia: en un país donde funcionan las leyes y operan los tribunales, no conocer estos procedimientos y sus normas trae consecuencias. Los profesionales de la conducta deben tener en cuenta las implicaciones legales que pueden afectar a los inmigrantes.

Si un inmigrante comete ciertas faltas o violaciones de inmigración, esto le dificultaría la obtención del estatus de residencia. Operar un vehículo mientras se está bajo la influencia del alcohol es una violación grave en Estados Unidos. Los conductores arrestados por ello enfrentarán cargos penales, suspensiones de licencia de conducir, multas y, en casos más serios, incluso penas de prisión. Ante la violencia doméstica, los perpetradores pueden enfrentar cargos penales, órdenes de restricción y consecuencias legales significativas. Igualmente con delitos financieros, como el fraude con tarjetas de crédito o de seguros, las estafas de identidad o a servicios médicos y los casos de acoso sexual. Todos delitos graves que pueden resultar en largas penas de prisión. Generalmente, estas faltas o delitos conllevan la pérdida del estatus legal o el impedimento para alcanzar la ciudadanía en el país al que emigraron.

Por otro lado, los inmigrantes son elegibles para ciertos beneficios migratorios, pero si desconocen las reglas podrían perder la oportunidad de obtenerlos y desaprovechar los programas y recursos disponibles, como sus derechos a acceder a servicios públicos esenciales, atención médica, educación o servicios sociales.

El caso de Baldomero

El CEO de una empresa de comunicaciones, Baldomero, nos reseñó en una ocasión que un nuevo ejecutivo de origen hispano recién llegado a Estados Unidos, contratado por esta compañía, en los primeros días de trabajo acostumbraba a hacer un recorrido por la planta y saludar a los empleados de su departamento. La mayoría de los trabajadores eran de origen hispano y normalmente se saludaban con amistad, dando la mano o un beso en la mejilla. El recién llegado gerente aceptó los besos en las mejillas de algunas empleadas, lo cual es bastante usual en Latinoamérica o países como Francia, donde se besan en ambas mejillas. Al quinto día, una nueva y recién llegada empleada estadounidense interpretó el saludo como un acoso sexual y se retiró para volver al día siguiente con un abogado y amenazar con una demanda. No la hubo porque recibió una inmediata indemnización de 9 mil dólares, y firmó reconociendo que no hubo acoso ni abuso de ningún tipo. Los besos de saludos quedaron prohibidos y el nuevo gerente aprendió que el "sexual harassment" es causa de juicio en Estados Unidos para proteger a las personas del acoso y abuso sexual.

Constantemente los inmigrantes tienen más multas por infracciones de tránsito o multas menores, por desconocimiento de las leyes federales, estatales o municipales. Esto crea una pérdida de la seguridad legal de la persona. Igual tendrán que aprender en el nuevo país a no caer en las trampas o en las ofertas engañosas de personas inescrupulosas que tratarán de timarles, y a ser precavidos y limitar el acceso a los datos de su vida personal.

La pérdida de la seguridad personal en los inmigrantes es un problema psicológico y emocional que puede surgir y necesitar eventualmente apoyo de los profesionales de la salud y del trabajo social. Especialmente cuando se enfrentan a circunstancias difíciles, como estar indocumentados, la falta de empleo, vivienda, apoyo social y cultural.

Desde una perspectiva psicológica, los psicólogos recomiendan la evaluación de las necesidades y retos específicos de la persona, considerando factores como la cultura, la historia migratoria, la exposición a eventos traumáticos y la resiliencia. Se buscará desarrollar habilidades de afrontamiento y de resolución de problemas, mejorar la autoestima y la autoeficacia.

Desde una perspectiva social, es importante que el inmigrante solicite apoyo a nivel comunitario, incluyendo programas de integración y educación cultural, oportunidades de empleo y vivienda, y servicios de asistencia lingüística.

Las ganancias de los inmigrantes

Una pregunta clave es: ¿por qué los inmigrantes, sí tienen tantas "pérdidas", no regresan a su país de origen? La respuesta es la misma que a la interrogante de por qué se trabaja. Se hace porque existe una ganancia. Los beneficios que obtiene un inmigrante al mudarse a un país más desarrollado pueden variar, pero hay claros dividendos que la mayoría de los inmigrantes aprecian.

Mejores oportunidades económicas

Los inmigrantes llegan en búsqueda de empleos o para iniciar emprendimientos que en su país de origen no pueden conseguir o desarrollar. Los que tienen menor educación a menudo trabajan en empleos que no requieren una alta cualificación, como en el sector de la agricultura, la limpieza, el trabajo doméstico, la hostelería o la manufactura, entre otros.

Los obreros calificados suelen trabajar en empleos que requieren habilidades y conocimientos técnicos específicos, como en la construcción, la industria manufacturera, la mecánica, la electricidad o la soldadura, entre otros. En algunos países, los obreros calificados pueden encontrar oportunidades laborales en sectores de alta demanda, como la tecnología o la ingeniería, donde hay escasez de estos. También pueden trabajar en empleos que requieren habilidades especializadas, como en la industria de la aviación, la construcción naval o la industria automotriz.

Los ingenieros, matemáticos y otros graduados universitarios logran ubicarse en empleos que solicitan conocimientos especializados en sus áreas de estudio, como en la ingeniería, la tecnología, las finanzas, la investigación, la educación y la medicina, entre otros.

Los inmigrantes emprendedores pueden iniciar una amplia variedad de empresas, dependiendo de sus habilidades, experiencia y recursos disponibles. Son comunes los emprendimientos iniciados por inmigrantes en países como España, Canadá, Australia o Estados Unidos que incluyen negocios de servicios personales tales como peluquerías, salones de belleza, tiendas de ropa, lavanderías y servicios de limpieza. Por otra parte, en cuanto a restaurantes y cafeterías los inmigrantes pueden introducir platos y comidas de sus países de origen, lo que puede ser una ventaja competitiva en las vecindades de sus connacionales. Inician también servicios de construcción, de reparación o de renovación de viviendas o de plomería.

Quienes tienen mayor experiencia y habilidades en finanzas, contabilidad, marketing, tecnología, recursos humanos, paisajismo y otras áreas pueden iniciar negocios de consultoría y asesoramiento en estos servicios. Asimismo en negocios de comercio electrónico, ya que los inmigrantes jóvenes pueden aprovechar las oportunidades de iniciarlos en línea, como tiendas *online*, servicios de programación y diseño web, y servicios de marketing digital.

Los salarios tienden a ser más altos en los países más desarrollados en relación con el costo de vida, lo que les permite a los inmigrantes tener un mejor nivel de vida, aunque la diferencia de estos costos y la inflación puede variar significativamente entre los países de origen y de destino, lo que afecta el poder adquisitivo real de los salarios.

Entre los países con los sueldos más altos del mundo, Suiza mantiene la economía que se considera una de las más estables y con salarios promedio muy apropiados. Le sigue Dinamarca por su excelente calidad de vida y su sistema de bienestar social, lo que se refleja en los excelentes beneficios para sus trabajadores. Islandia tiene un elevado nivel de vida y una economía estable, lo que se traduce en buenos recursos para los empleados. Noruega es otro de los países ricos gracias a su industria petrolera bien administrada, lo que se refleja en los ingresos de sus habitantes.

Sin embargo, emigrar a estos países puede ser difícil y complicado, ya que muchos de ellos tienen requisitos estrictos de inmigración y selección de trabajadores extranjeros. Por lo general, se requiere que los solicitantes de visas de trabajo o de residencia demuestren su capacidad económica para contribuir al país y cumplir los criterios de elegibilidad, como contar con recursos económicos suficientes, habilidades especiales, educación avanzada o experiencia laboral relevante. Además tienen cuotas anuales limitadas de estas visas, lo que dificulta la entrada de nuevos inmigrantes. También existen barreras lingüísticas y culturales, así como la necesidad de ajustarse a las leyes y regulaciones. A pesar de estos obstáculos, personas continúan emigrando a estos países debido a las oportunidades económicas y de calidad de vida que ofrecen.

Estados Unidos —en términos generales— tiene salarios relativamente altos en comparación con muchos otros países, en particular con los latinoamericanos. Según datos de la Organización para la Cooperación y el Desarrollo Económico (OCDE: stats.oecd.org), el salario promedio anual de un trabajador estadounidense a tiempo completo en 2020 fue de alrededor de 63.000 dólares. Esto coloca a Estados Unidos en el grupo de países con sueldos promedio más altos, junto con Australia, Canadá y las naciones europeas del norte mencionadas, entre otras.

Estados Unidos también está entre los países que se destacan por tener un mercado laboral dinámico y próspero, con una economía diversa y altamente desarrollada, y ofrece una amplia gama de oportunidades laborales en una variedad de sectores, desde tecnología hasta finanzas y servicios. Canadá, con una economía fuerte y en constante crecimiento, es conocida por su enfoque en la innovación y el desarrollo de nuevas tecnologías, lo que ha llevado a un aumento en la demanda de trabajadores altamente capacitados en campos como la informática y las ciencias de la salud. Alemania, que goza de una economía altamente industrializada y orientada a la exportación, ofrece una amplia gama de oportunidades laborales en sectores como la ingeniería, la tecnología y la fabricación.

Australia cuenta por igual con una economía próspera y en constante crecimiento, y es conocida por su enfoque moderno y creativo, lo que ha llevado a una alta demanda de trabajadores en campos como la tecnología, la salud y la educación. Singapur posee una economía próspera y altamente desarrollada y es conocido por su enfoque en tecnología, lo que ha originado una alta demanda de trabajadores altamente capacitados en campos como la informática y las finanzas.

Mejores servicios públicos:

Los países más desarrollados suelen tener mejores sistemas en la mayoría de los servicios públicos. Los inmigrantes que se mudan a estos países pueden beneficiarse de estos servicios y mejorar su calidad de vida.

Los servicios públicos son aquellos que presta el Estado o empresas públicas con el objetivo de satisfacer necesidades básicas de la población y garantizar el bienestar social. Algunos ejemplos de servicios públicos son el suministro de agua potable o el suministro de energía eléctrica —aunque puede ser también privado—, que se considera como un servicio esencial y siempre regulado por el Estado. Igual ocurre con los servicios de telecomunicaciones, de transporte público y de limpieza, recolección de basura y manejo de residuos. Además de los servicios de salud y de educación pública.

En cuanto al sistema judicial y de defensa de los derechos humanos, estos son considerados como públicos al igual que los servicios de protección civil y gestión de emergencias. Todos estos servicios son vitales para el bienestar de la sociedad y son proporcionados o financiados por el Estado a través de impuestos y otras fuentes de ingresos del país.

La ausencia o deficiencia de servicios públicos es un problema en muchos países, especialmente en aquellos con bajos niveles de desarrollo económico y social, conflictos armados o corrupción gubernamental. Los países que enfrentan mayores desafíos en la provisión de servicios públicos son precisamente los que figuran con mayor número de emigrantes en distintas épocas, dependiendo del estado socioeconómico del país.

Haití es considerado el país más pobre de América y enfrenta importantes desafíos en la prestación de servicios básicos como agua potable, saneamiento, salud y educación. Sudán se encuentra dividido en un estado de conflicto armado y ha sufrido de manera significativa en la provisión de servicios públicos como salud, educación, energía y agua potable.

Somalia ha sufrido décadas de conflicto y falta de gobierno centralizado, lo que ha generado enormes carencias en la prestación de servicios públicos básicos, incluyendo agua potable, saneamiento, educación y salud. Afganistán enfrentó una guerra civil de décadas, lo que creó severas complicaciones en la provisión de servicios públicos básicos como agua potable, saneamiento, energía y salud. La República "Democrática" del Congo se ha visto afectada por décadas de conflictos armados y violencia, lo que ha impedido la prestación adecuada de distintos servicios públicos.

En cuanto a los servicios en Ucrania, Siria, Irak, Cuba, Venezuela y Nicaragua, la situación puede variar en cada país. En el caso de Ucrania, la invasión militar y guerra armada de Rusia ha inhabilitado, imposibilitado o minimizado la prestación de la mayoría de los servicios básicos como agua potable, energía, transporte y salud. En Siria, el conflicto armado disminuyó considerablemente la prestación de los servicios, incluyendo la educación. Irak ha sufrido años de conflictos armados, lo que ha generado fallas graves de servicios indispensables.

En Cuba, aunque los servicios pueden teóricamente estar disponibles para la mayoría de la población, la calidad ha mermado fuertemente y existen serias limitaciones en su disponibilidad, especialmente en materia de energía eléctrica, de alimentación y de suministro de medicinas, dada la permanente crisis económica que padece el país. En Venezuela, la situación es extrema debido a la crisis económica y política, que ha alterado la prestación de los servicios como el suministro de agua potable, energía, transporte y salud. La falta de inversión y mantenimiento ha llevado a que muchos de estos servicios no estén disponibles o sean de pésima calidad. Nicaragua presenta una merma en la prestación y calidad de los servicios dado el autoritarismo existente y el retroceso de la economía.

Por otra parte, los países que reciben más refugiados e inmigrantes justa y ciertamente son a la vez los que tienen una muy buena figuración mundial en la calidad y la prestación de servicios públicos, motivo por el que atraen a los emigrantes.

España cuenta con un sistema de servicios públicos amplio y variado que incluye salud, educación, transporte y seguridad social. Se considera que los servicios en España son de calidad. El sistema de servicios públicos en Estados Unidos varía significativamente dependiendo del estado y la región. En general se financian en gran parte por impuestos y son prestados por gobiernos estatales y locales, organizaciones sin fines de lucro y empresas privadas. No obstante, los servicios públicos como la seguridad social y la educación están disponibles a nivel federal. En comparación con los servicios en los países de origen de la mayoría de sus inmigrantes latinoamericanos o asiáticos, en Estados Unidos los servicios son muy superiores.

Francia tiene un sistema de servicios muy desarrollado. Son financiados en gran parte por impuestos y están disponibles para todos los ciudadanos, aunque algunos servicios pueden ser más accesibles que otros dependiendo de la región. Portugal ha mejorado significativamente su sistema de servicios en los últimos años e Italia cuenta con un sistema de servicios amplio y variado.

Canadá, que ha sido reconocido por su sistema de inmigración y por ser un país acogedor para los refugiados, cuenta con un sistema de servicios públicos muy floreciente. Suecia ha sido un destino popular para los refugiados e inmigrantes, y tiene un sistema de servicios más que adecuado y accesible para todos. Alemania ha recibido una enorme cantidad de refugiados en los últimos años y cuenta con un buen sistema de servicios. Australia y Países Bajos (Holanda), igualmente, han sido reconocidos por servicios públicos muy al día.

Mejores sistemas de salud:

Los países con los mejores sistemas de salud y salubridad suelen ser aquellos que tienen una combinación de factores como una buena infraestructura sanitaria, atención médica asequible y de calidad, altos niveles de inversión en investigación médica y programas eficaces de prevención y control de enfermedades. Son estos países los que muchos emigrantes buscan como destino.

En el caso de Estados Unidos, el sistema de salud se basa en gran medida en la atención médica privada, lo que significa que los ciudadanos y residentes deben pagar por sus servicios de salud. Sin embargo, el gobierno de Estados Unidos proporciona programas de atención médica, como Medicare y Medicaid, además de subsidios a los seguros médicos, lo que es ampliamente conocido como el "Obamacare". Igual, para los inmigrantes es vox populi que pueden acudir a los hospitales públicos en casos de emergencia y ser atendidos por la obligación de los centros médicos de no rechazar a un paciente y brindarle asistencia. También están al tanto de que las deudas médicas se pueden pagar muy a largo plazo con montos mensuales pequeños.

El sistema de salud francés se considera uno de los mejores del mundo, con una amplia cobertura de atención médica gratuita o a bajo costo para todos los ciudadanos y residentes. El sistema también cuenta con una gran cantidad de médicos y especialistas altamente capacitados, y son relevantes sus programas efectivos de prevención y control de enfermedades. El sistema de salud canadiense se basa en el acceso universal a la atención médica financiada por el gobierno, y se considera uno de los más equitativos del mundo. También cuenta con altos estándares de calidad y una amplia gama de servicios médicos.

Suecia es conocido por su enfoque preventivo en salud y su fuerte inversión en investigación médica. El sistema se financia a través de impuestos y proporciona atención médica gratuita o a bajo costo para todos los ciudadanos y residentes. En el caso de España, el sistema de salud es principalmente público, gratuito para todos los ciudadanos y residentes y financiado a través de impuestos. Esto significa que los pacientes no tienen que pagar por la mayoría de los servicios de atención médica, incluidas las visitas al médico, las pruebas y los tratamientos, lo que garantiza un acceso universal a la atención médica y hospitalaria. Además, el sistema de salud en España se considera uno de los mejores del mundo, con altos estándares de calidad y una amplia gama de servicios médicos.

Una buena parte de los inmigrantes toman en cuenta la salud para irse de su país de origen. Para algunos la salud y la atención médica es la principal razón para emigrar.

Mejor educación:

La decisión de emigrar puede estar motivada por la búsqueda de una mejor educación para los hijos. Muchos inmigrantes ven en las naciones de destino una oportunidad de acceder a un sistema educativo de alta calidad que les permita a sus hijos tener una educación mejor de la que podrían tener en sus países. Además, el sistema educativo en naciones como Estados Unidos ofrece múltiples opciones para que los estudiantes puedan desarrollar sus habilidades y talentos en una variedad de áreas, lo que es atractivo para los padres que quieren que sus hijos tengan una educación integral y diversa.

En Estados Unidos, la educación es obligatoria desde los 5 hasta los 18 años y es altamente descentralizada; cada estado y distrito escolar tiene su propio plan de estudios y sistema de exámenes. En cuanto a la educación superior, el país tiene uno de los sistemas de educación más grandes y diversos del mundo, con una amplia gama de opciones de universidades y colegios comunitarios, tanto públicos como privados. A pesar de ello, la educación superior es también muy costosa en comparación con muchos otros países, y la financiación puede ser un problema serio para muchos estudiantes, aunque existan múltiples planes de becas y de financiamiento para los estudiantes aprovechados.

El costo promedio de la educación universitaria en Estados Unidos varía significativamente según el tipo de institución, la ubicación geográfica y otros factores, pero según datos del College Board (research.collegeboard.org), una organización sin fines de lucro que realiza investigaciones sobre educación y administra el examen de admisión universitaria SAT, el costo promedio anual de la matrícula y las tarifas para estudiantes de pregrado en una universidad pública en el año académico 2021-2022 era de aproximadamente 27.020 dólares para estudiantes no residentes del estado donde se encuentra la universidad. En el caso de universidades privadas, el costo promedio anual de la matrícula y las tarifas en el año académico 2021-2022 es de aproximadamente 37.650 dólares.

El sistema educativo de Canadá ha sido clasificado como uno de los mejores. El país tiene una amplia gama de opciones de educación, desde programas universitarios hasta programas de formación profesional. En Francia, la educación es obligatoria desde los 6 hasta los 16 años. La educación es centralizada y estandarizada, con un plan de estudios nacional y un riguroso sistema de exámenes. En España, la educación es obligatoria desde los 6 hasta los 16 años. La educación en España es descentralizada, y cada región tiene su propio plan de estudios y sistema de exámenes.

En Alemania ni las universidades públicas ni las privadas cobran matrícula a los estudiantes de pregrado y posgrado. Sin embargo, los estudiantes tienen que pagar una pequeña cantidad de dinero por semestre en concepto de tasas administrativas. En Francia y España, la educación universitaria no es completamente gratuita, pero es altamente subvencionada por el gobierno y los costos son elocuentemente más bajos que en otros países como Estados Unidos. En ambas naciones, los estudiantes suelen pagar matrículas muy bajas en comparación con otros países. En Francia, por ejemplo, el costo promedio de la matrícula universitaria para 2021 era de alrededor de 170 euros por año para los estudiantes de pregrado y posgrado, mientras que en España el costo promedio de la matrícula universitaria es de alrededor de 1.500 euros por año para los estudiantes de pregrado. Al mismo tiempo tienen sistemas de becas y otros tipos de ayuda financiera disponibles para ayudar a los estudiantes a pagar por su educación.

En innumerables consultas de profesionales de la educación y de la conducta, los inmigrantes han manifestado que la razón por la cual se fueron a otros países fue para darles una buena profesión a sus hijos. El segundo motivo fue para poder obtener una vivienda. Distintos estudios indican que la búsqueda de una mejor educación para los hijos y la oportunidad de adquirir una casa son las razones más comunes de la emigración.

En cuanto a la educación, se ha encontrado que los padres inmigrantes consideran que es una prioridad para sus hijos y están dispuestos a hacer sacrificios para proporcionárselas. Los padres inmigrantes en Estados Unidos están dispuestos a trabajar más horas y a ahorrar más dinero para pagar la universidad de sus hijos. Además, muchos inmigrantes valoran el acceso a programas estudiantiles de calidad y a recursos educativos que no están disponibles en sus países de origen.

Por otro lado están los profesionales universitarios y tecnólogos que requieren estar al día en sus áreas, en un mundo donde la actualización en los conocimientos técnicos y científicos exige contar con la tecnología de comunicaciones necesaria. No es igual trabajar en un país desarrollado que en uno con racionamiento eléctrico que contemple hasta ocho horas diarias sin luz y por consiguiente sin internet, o con internet limitado. Esto provoca la fuga de talentos hacia los países más desarrollados.

La educación más avanzada es un factor que influye en la ida de profesionales hacia países más desarrollados, porque tienen sistemas educativos de alta calidad que ofrecen una educación especializada en diversos campos. Estas oportunidades educativas pueden ser muy atractivas para los trabajadores altamente cualificados que buscan mejorar sus habilidades y conocimientos en áreas específicas. Además, los países desarrollados también ofrecen más opciones para la investigación y el desarrollo para quienes buscan trabajar en proyectos innovadores y con impacto a nivel global, algo de lo que no disponen en sus países de origen.

Conocemos de padres en Hispanoamérica que en sus naciones son profesionales exitosos y señalan que una de sus metas familiares de vida es que sus hijos estudien en universidades acreditadas a nivel mundial. Según un informe de la Oficina de Estadísticas de Educación Internacional del Departamento de Educación de Estados Unidos (Open Doors Report on International Educational Exchange 2020, opendoorsdata.org), en el año académico 2019-

2020 más de 1,5 millones de estudiantes internacionales estaban matriculados en instituciones educativas de ese país. Más del 70% de ellos procedían de diez países: China, India, Corea del Sur, Arabia Saudita, Canadá, Vietnam, Taiwán, Japón, Brasil y México. El informe señala que alrededor del 45 por ciento de los estudiantes internacionales que completan sus estudios en Estados Unidos regresan a sus países de origen, mientras que el 55 por ciento se queda para trabajar o continuar su educación. La decisión de quedarse en Estados Unidos después de terminar los estudios está influenciada por varios factores, como la calidad de vida, las oportunidades de empleo y la posibilidad de obtener una visa de trabajo en el país.

Reunificar a la familia

Cuando los padres envían a los hijos a estudiar en otros países más desarrollados y deciden quedarse allí, es probable que los padres en algún momento los acompañen y la familia se reunifique en el nuevo destino, donde sus hijos se graduaron y pueden ejercer su profesión.

Millones de personas emigran anualmente a Estados Unidos para reunirse con sus familiares que ya están en él, ya sea porque se han casado con ciudadanos estadounidenses o porque tienen familiares que han emigrado anteriormente.

Según datos del censo de Estados Unidos, en 2020 había aproximadamente 37,8 millones de personas de origen mexicano viviendo en el país, lo que representa aproximadamente 11,3 por ciento de la población. De acuerdo con datos del informe sobre las estadísticas de migración internacional de la Organización de las Naciones Unidas (ONU), durante el año 2020 la emigración de México a Estados Unidos fue de 1.323.000 personas, la gran mayoría con familiares residentes o ciudadanos estadounidenses.

Definitivamente, una razón y ganancia de los inmigrantes es la reunificación familiar.

Mejores opciones para comprar una casa

Muchas personas se enfrentan a dificultades económicas y de vivienda en sus países nativos y ven en la emigración una oportunidad para mejorar su situación económica y obtener una vivienda apropiada para su familia. En algunos casos, la falta de un lugar asequible o seguro donde vivir puede ser un factor importante que motiva la emigración. En el caso de Hispanoamérica son comunes las barriadas o "favelas" de viviendas muy precarias dentro de la pobreza existente en estos países.

Existen múltiples razones por las cuales los inmigrantes pueden encontrar más fácil adquirir una vivienda en países como Canadá, España o Estados Unidos en comparación con sus países. Algunas de estas razones son el acceso a créditos y financiamiento. En Cuba y Venezuela es imposible obtener crédito para adquirir una vivienda debido a la falta de financiamiento. Mientras tanto, en naciones más desarrolladas las políticas de crédito son favorables para los inmigrantes y ofrecen más facilidades para conseguir préstamos hipotecarios.

Por ello muchas personas van a otros países en busca de poder comprar una casa. En los países con una economía más estable y con un mayor poder adquisitivo, los inmigrantes pueden tener más facilidades para adquirirla, ya que tendrán un ingreso más apropiado y los precios de las propiedades, aun siendo más costosas, son más viables y sobre todo con un sistema de créditos que permite hacerlo.

En algunos países, las políticas de vivienda están diseñadas para favorecer a sus ciudadanos, lo que puede hacer que sea más difícil para los inmigrantes adquirir una vivienda. No obstante, en otros existen políticas de vivienda que buscan favorecer a los inmigrantes para adquirir una vivienda.

Comprar una casa o apartamento en España o Estados Unidos presenta algunos retos. En estos países, sin embargo, para un inmigrante que ya tenga residencia legal no es necesariamente más difícil comprar la vivienda que para un ciudadano nativo. Al igual que para cualquier comprador, los inmigrantes deben presentar documentos para demostrar su identidad, ingresos o historial crediticio. Obviamente para una persona que no posea estatus en esos países es complicado comprar una vivienda si no cuenta con una residencia legal.

Igualmente, los inmigrantes residentes en España o Estados Unidos tienen la misma capacidad que los ciudadanos nativos de tener acceso a los recursos para adquirir una vivienda, como préstamos hipotecarios y asesoramiento legal y financiero. Además, existen organizaciones y asociaciones que ofrecen servicios específicos para ayudar a los inmigrantes en la compra de viviendas.

Esta es otra razón —pero una de las más mencionadas— de por qué emigrar.

Caso Eduardo y Virginia:

Eduardo y Virginia son unos de los millones de emigrantes que han salido de Venezuela. Cruzaron la selva del Darién, que separa a Colombia de Panamá. Es una de la rutas para quienes desean llegar a Estados Unidos cruzando Centroamérica y México por los denominados "caminos verdes" o vías alternas a las carreteras. Ellos lo lograron, pero antes vendieron todo cuanto poseían: 2 mil dólares en total. Pasaron por Colombia hasta un pueblo costero cerca de Panamá y partieron de un puerto colombiano en un pequeño bote para quince personas —aunque montaron a 32 pasajeros— hasta la selva del Darién. El trayecto fue hasta una playa de nombre Carreto que es territorio panameño con una población indígena. Lo hicieron sin llevar comida y tampoco estaban preparados para las demoras por la custodia de lanchas de la Guardia Nacional panameña, y en el bote, para colmo, comenzó a entrar agua. El temor se apoderó de los migrantes. El que manejaba la pequeña lancha amenazó con arrojarlos al mar. Fueron 17 horas de pánico hasta que arribaron. Luego se encontraron en la selva y se unieron a unas cuatrocientas personas. Eran varios grupos. Donde ellos estaban eran 16.

Fue muy duro, porque narran que se descubre que no es un camino o trocha y que cuando te hablan de barro es pantano hasta la rodilla o el pecho, y cuando mencionan un río es de fuertes corrientes que te pueden arrastrar si no te agarras bien a los mecates, sin contar con los animales peligrosos como las serpientes, en medio de una exigencia física abrumadora. Lo único que pensaban era que no querían morir en la selva.

Virginia nos comenta: "Puedes sentir que el instinto de sobrevivencia es tan fuerte que difícilmente esperas a alguien. Si no vas al ritmo del grupo te dejan atrás y sin guía. El mandato parece ser avanzar o morir. Había momentos en los que yo sudaba frío, me descompensaba, no aguantaba pero me mantenía en el grupo. La ruta se presta para robos y violaciones, y donde estábamos nosotros también porque estamos hablando de una selva virgen, con unos guías que supuestamente velan por la seguridad del viajero pero que a veces tienen convenios con guerrilleros que conviven en la selva y te llevan para esos campamentos, donde te roban y te violan".

Luego vino el paso por Panamá hasta cruzar la frontera a Costa Rica. Les quedaban cerca de 1.600 dólares. Todo es caro en el trayecto. El paso a Nicaragua pudieron hacerlo por una senda clandestina.

Primero una finca, luego una selva y finalmente un lodazal y ciénaga horrible. Hay países donde se paga salvoconducto, lo que permite cruzarlos sin problema, pero cada salvoconducto les costaba mínimo 250 dólares. En el caso de Virginia y Eduardo, como el de muchos, no tenían ese dinero, por lo que cruzaron las fronteras de manera ilegal con el riesgo que implica, hasta llegar a México. En Tapachula lograron gestionar y pagar los dos permisos para cruzar el país.

Abordaron un bus que los llevó al Distrito Federal mexicano, donde hicieron el trasbordo hasta Monterrey, lugar hasta donde era el permiso. Llegaron a Piedras Negras, población fronteriza con Estados Unidos, escondidos en un carro particular. Solo les quedaba cruzar el río Bravo, que ese día "gracias a Dios" estaba algo calmado. El agua les llegaba por arriba de la cintura pero pudieron cruzar caminando.

Por fin Texas. Ya en Estados Unidos fueron hasta las oficinas de inmigración. Plantearon su situación, llamaron a sus familiares y ellos se hicieron responsables de los dos en su estadía. Ahora esperarán el juicio donde un juez decidirá si se quedan como inmigrantes o serán deportados.

Les preguntamos cuáles fueron las razones para correr un riesgo de vida de tal magnitud para llegar a Estados Unidos. Esta fue la respuesta: "Nuestros hijos no tendrían futuro en Venezuela, apenas tenemos unos meses aquí y tenemos la esperanza de que algún día podrán ser profesionales de éxito. Nosotros ya estamos trabajando, vivimos en un apartamento y tarde o temprano compraremos una buena casa".

Ganar una nueva cultura:

Foto de Mathias Reding en Pexels

Los inmigrantes en un país diferente y más desarrollado también conocen nuevas culturas y formas de pensar, lo que puede ser una experiencia enriquecedora y educativa. Al enfrentarse a nuevos desafíos culturales y lingüísticos, aprenden sobre otras artes, civilizaciones, conocimientos, modos de vida y comportamientos. Lo primero en ganar es el nuevo idioma y su forma de expresarse. También pueden compartir su propia cultura con las personas en su nuevo país de residencia, lo que promueve su diversidad y el entendimiento intercultural. Esta exposición puede ayudar a expandir los horizontes y la perspectiva de las personas inmigrantes, lo que es muy valioso ya que internalizan nuevas formas de hacer las cosas y de abordar los problemas, enriqueciendo su vida personal y profesional.

Los inmigrantes también pueden ampliar su red de contactos al establecer relaciones con personas de diferentes orígenes y culturas.

Mejora en estatus y en derechos humanos y civiles:

Por regla general los inmigrantes mejoran su estatus social y político al obtener la residencia, luego la ciudadanía, y participar en la vida política del país al que se han mudado. Existen varias organizaciones que monitorean la situación de los derechos humanos y civiles en los países de Latinoamérica y África con más emigrantes.

El informe anual de Amnistía Internacional (amnesty.org) sobre el estado de los derechos humanos en América Latina, publicado en 2021, identifica a Venezuela, Nicaragua, Cuba y Brasil como países donde se han producido graves violaciones a los derechos humanos en los últimos años. También destaca la situación de países como México, Honduras, El Salvador, Colombia y Chile, además de Haití, donde se producen crímenes de pandillas que controlan territorios extensos y ciudades.

Por su parte, el Informe Anual de Derechos Humanos en África, elaborado por la Comisión Africana de Derechos Humanos y de los Pueblos (achpr.org), señala a países como Eritrea, Somalia, Sudán del Sur, Sudán, República Democrática del Congo, Mali, Nigeria, Libia y Camerún.

También hay otros detallados informes de organizaciones como Human Rights Watch (hrw.org), Freedom House (freedomhouse.org) y la Oficina del Alto Comisionado de las Naciones Unidas para los Derechos Humanos (ohchr.org), sobre la situación de los derechos humanos en diferentes países del mundo. De forma global observamos que estos países usualmente están relacionados con las masivas emigraciones.

Es común que los países hacia donde dirigen sus objetivos los emigrantes tienden a ser más estables y desarrollados socioeconómicamente, así como más democráticos, lo cual garantiza una vida más segura, menos persecuciones políticas, menos violaciones de los derechos civiles y humanos, y mayor ejercicio de la libertad individual y de la práctica de un sistema democrático y de libre pensamiento y de acción.

Mayor felicidad:

Existe una relación entre la calidad de vida y la felicidad. La calidad de vida se refiere a diversos aspectos que afectan el bienestar de las personas, como la salud, la educación, el acceso a recursos económicos, la seguridad o el medio ambiente, entre otros. Estos factores pueden influir en la felicidad de las personas, ya que una buena calidad de vida proporciona definitivamente un mayor bienestar emocional y psicológico.

Varios estudios han encontrado una relación positiva entre la calidad de vida y la felicidad. Por ejemplo, la Encuesta Mundial de Gallup (Global Well-Being Report 2020) sobre el bienestar encontró que las personas que viven en países con una mejor calidad de vida reportan más altos niveles de satisfacción con la vida y de felicidad subjetiva. Sin embargo, es importante tener en cuenta que la relación entre la calidad de vida y la felicidad no es determinista, es decir, que no necesariamente una mejor calidad de vida garantiza la felicidad de las personas. La felicidad también puede depender de otros factores, como las creencias, las relaciones interpersonales, el sentido de propósito y significado de vida, entre otros.

El nivel de vida es un término que se refiere a la calidad de vida que experimentan las personas en un país. Entre los países mejor ubicados en este sentido figura Finlandia, reconocido por su sistema educativo y de salud de alta calidad y que ha sido clasificado como el país más feliz del mundo por el Informe Mundial de la Felicidad 2023, el World Happiness Report (worldhappiness.report), que mide el bienestar subjetivo de las personas.

Dinamarca es considerado uno de los países más igualitarios y prósperos del mundo, con altos niveles de bienestar social, educación, seguridad y libertad. También Suiza por su economía estable, sistema de salud y educación de alta calidad, así como su hermosa naturaleza y sus paisajes.

Canadá aparece como uno de los países más desarrollados y con mejor calidad de vida del mundo, con un sistema de salud y educación accesible para todos. Nueva Zelanda destaca por su hermoso paisaje natural y su sistema de bienestar social, que incluye acceso gratuito a la atención médica y a la educación, y Australia es estimado como uno de los países más seguros y con mejor calidad de vida del mundo, con un sistema de salud y educación altamente desarrollado.

Estados Unidos es un país con altos ingresos y una economía muy grande, pero su posición en las clasificaciones internacionales de calidad de vida y bienestar varía según la fuente que se consulte. El World Happiness Report 2021 lo clasificó en el puesto 19 en términos de felicidad, entre 149 naciones, mientras que el Índice de Desarrollo Humano del Programa de las Naciones Unidas para el Desarrollo (PNUD: hdr.undp.org) lo situó en el puesto 17 en su última edición en 2020.

Francia, que es conocida por su patrimonio cultural y gastronómico y su sistema de salud y educación de alta calidad, así como su alto nivel de vida en general, quedó en el puesto número 23 en el World Happiness Report 2021. Su posición en el ranking indica que el país tiene un nivel relativamente alto de bienestar subjetivo y felicidad en comparación con otros países analizados en el informe. Algunos estudios internacionales también destacan problemas como la desigualdad económica y los altos niveles de desempleo en algunos sectores franceses.

En este mismo informe, México está en el puesto 36 y Colombia en el puesto 42. Cuba quedó en el puesto 74, Nicaragua en el puesto 111 y Venezuela en el puesto 138, de 149 países analizados. De Venezuela se han ido en los últimos 15 años más de 7 millones de ciudadanos, casi el 25 por ciento de su población. El índice de felicidad en este caso es inversamente proporcional a la rata de crecimiento de la emigración. Estos datos nos indican con claridad que a menor felicidad, mayor será la emigración de un país. Por otra parte, los países mejor ubicados en este índice son los que atraen a un mayor número de inmigrantes.

Evidencia para tomar en cuenta

Los estudios e investigaciones muestran que algunos emigrantes deciden regresar a sus países de origen después de haber vivido en el extranjero por un tiempo. Varían dependiendo del país de origen y del país de destino, así como de las condiciones económicas, políticas y sociales en ambos lugares. Según el informe World Migration Report, de la Organización Internacional para las Migraciones (OIM), en 2020 retornaron a sus países de origen 2,2 millones de migrantes, incluyendo tanto a migrantes económicos como a refugiados y solicitantes de asilo. Estos regresos se vieron influenciados por la pandemia de Covid-19, que afectó la economía global y aumentó la incertidumbre para muchos migrantes.

Según el informe International Migration 2020 de las Naciones Unidas se registraron aproximadamente 3,5 millones de nuevos migrantes en ese año a pesar de las restricciones de la pandemia. El regreso anual de inmigrantes es menor de 2,2 millones de ciudadanos. Es decir, cada año aumentan en 1,3 millones los inmigrantes en el mundo. Con todo, es difícil establecer una cifra exacta del número de migrantes que llegan y salen de los diferentes países cada año. Una cosa es cierta: son más los que se van que los que regresan.

De emigrar para la supervivencia a hacerlo en búsqueda de la felicidad

Hemos señalado que la emigración se hace en principio por supervivencia o por propia planificación y voluntad, y la diferencia entre ambas. Sin embargo, toda emigración conlleva un único objetivo, una sola ilusión: el sueño de vivir con mayor bienestar social, mayor prosperidad, mayor tranquilidad, seguridad, confort y comodidad, y —por qué no decirlo— mayor fortuna. Todos los emigrantes, de una manera u otra, quieren y aspiran, al final de la ecuación, ¡ser felices!

Los inmigrantes frecuentemente tienen mejores tasas de éxito y felicidad en comparación con las personas que permanecen en sus países de origen. Un estudio del Instituto de Política Migratoria de Estados Unidos encontró que los inmigrantes en ese país tienen tasas de participación en la fuerza laboral y en la propiedad de negocios, más altas que los ciudadanos estadounidenses de nacimiento. En relación con el denominado "sueño americano", algunos inmigrantes creen que, dependiendo de la capacidad de cualquier persona, independientemente de su origen o estatus socioeconómico, aún es posible lograr el éxito y la prosperidad en esa nación. Otros argumentan que no es así, y que por ahora el sueño americano ha muerto porque hay cada vez menos oportunidades para los inmigrantes y las personas de bajos ingresos. El Instituto de Política Migratoria (Immigrant Workers in the United States, 2021), señala: "En 2018, la tasa de participación laboral de los inmigrantes fue de 66,4 por ciento, mientras que la tasa de participación laboral de los ciudadanos nacidos en Estados Unidos fue de 62,3 por ciento. Además, los inmigrantes tienen más probabilidades de ser propietarios de negocios que los ciudadanos nacidos allí. En 2018, la tasa de propiedad de negocios entre los inmigrantes fue de 11,7 por ciento, mientras que la tasa de propiedad de negocios entre los ciudadanos de nacimiento fue de 9,5 por ciento".

En Europa, hay estudios que sugieren que los emigrantes pueden enfrentar desafíos en términos de integración y discriminación. No obstante, también existen cada vez más inmigrantes que informan haber encontrado éxito y felicidad en este continente. Al igual que en cualquier país, la experiencia de los inmigrantes en Europa difiere según una variedad de elementos, como su procedencia, su nivel de educación y sus habilidades lingüísticas. Pero la mayoría de ellos tienden a manifestar que viven mejor que en sus países de origen.

En el Estudio de Felicidad Migratoria Global (Global Migration Group, 2020) se indica: "Los inmigrantes en general están más satisfechos con la vida que los nativos del país, independientemente de su origen y destino". El Informe sobre el Desarrollo Mundial (Dividendos Digitales, Banco Mundial, 2016) explica: "Los inmigrantes felices pueden contribuir al bienestar económico y social de sus países de acogida". La Organización Internacional para las Migraciones (OIM) también ha señalado: "Aunque los emigrantes enfrentan muchos desafíos, los datos sugieren que muchos encuentran la felicidad y la satisfacción en sus países de destino" (Informe

Mundial sobre las Migraciones, 2020). El Estudio sobre la Felicidad de los Emigrantes (Universidad de Warwick, 2018) coincide con gran parte de las investigaciones: "Los emigrantes pueden ser más felices en países donde encuentran una mayor integración social y económica". Otro estudio similar de la Universidad de Harvard (2019) especifica: "Los emigrantes pueden experimentar una mejora en su calidad de vida y bienestar emocional después de la mudanza".

Esto quizás se deba a que el emigrante de alguna manera tiene el objetivo de prosperar, de lograr un trabajo, de beneficiarse él mismo y su familia.

No nacimos para sufrir, nacemos para ser felices

Esta es la realidad, se emigra para buscar la felicidad. La mayoría de los seres humanos nos planteamos este dilema desde tiempos pretéritos. Es una pregunta que ha sido debatida permanentemente a través de los años. Algunos —como nosotros— argumentamos que los seres humanos estamos en la Tierra para ser dichosos y bienaventurados aunque tengamos que trabajar por ello, mientras que otros sugieren que el sufrimiento es una parte inevitable de la vida.

Según el filósofo Aristóteles, la felicidad es el objetivo último de la vida humana. En su obra *"Ética a Nicómaco"*, argumenta que la felicidad es la búsqueda constante de la humanidad y que el propósito final de la existencia es encontrarla. De manera que con el ilustre personaje coincidimos.

La psicología positiva, una rama de la psicología que se centra en el estudio de las emociones positivas y el bienestar, sugiere que los seres humanos tienen la esperanza y un impulso natural que apunta hacia la felicidad. Esta escuela psicológica argumenta que la felicidad se puede cultivar mediante la práctica de comportamientos y hábitos saludables, así como mediante el establecimiento de relaciones significativas y la búsqueda de actividades gratificantes.

Otros autores argumentan que el sufrimiento es parte de vivir. El filósofo alemán Friedrich Wilhelm Nietzsche argumentó que el sufrimiento es una parte esencial de la vida y que la única forma de encontrar la felicidad es aceptar el sufrimiento como una parte natural de la experiencia humana.

Los seres humanos recordamos más fácilmente las experiencias relevantes, sean estas negativas o positivas. Lo cual sugiere que poseemos un sesgo de estos acontecimientos. De esta forma, si los momentos de negatividad superan a los positivos, el sufrimiento puede ser más prominente en nuestra experiencia diaria que la felicidad.

Empero, cuando observamos a los emigrantes nos damos cuenta de que cada uno de ellos en efecto pasará mucho trabajo durante buen tiempo, pero lo hace porque todos buscan la prosperidad y la felicidad, aunque pasen por situaciones negativas y hasta terribles.

En general, los estudios revelan que los inmigrantes experimentan tanto emociones positivas como negativas en su proceso de adaptación al país de destino, y que su felicidad varía según su experiencia individual, pero han encontrado que son más los que logran un aumento en su bienestar emocional, después de establecerse en el país de destino y encontrar trabajo y apoyo social. A pesar de que enfrentarán desafíos y circunstancias estresantes en su proceso de adaptación al país de destino, la mayoría encontrarán felicidad y satisfacción en su nueva vida.

Si alguien piensa en emigrar, debe tomar en cuenta que no es lo mismo hacerlo en familia que realizarlo solo. Quien emigra individualmente experimenta un duelo al recordar a los familiares y seres queridos que se quedaron. El acontecimiento de emigrar lo es para toda la familia, adultos y niños, y cuando la familia se va junta, del mismo modo quedan atrás padres, hermanos, primos, parientes y amigos, y una sociedad que extrañaremos. Tendremos que aprender cómo convivir con ellos a pesar de la distancia. Los emigrantes por supervivencia mantienen una esperanza de vida, y quienes deciden emigrar por otros motivos quieren mayor bienestar. En ambos casos emprenden su camino a otro destino, donde el optimismo será la clave.

Lo emprenden con temor y valentía a la vez, llenos de ilusiones, un claro anhelo y la certeza —o la fe— de lograr una oportunidad de ser más felices, las más de las veces, junto a sus familias. Emigrar en alguna medida se trata de alcanzar prosperidad, seguridad y ventura. Es hacerlo en búsqueda de felicidad.

Sin duda emigrar ofrece nuevas oportunidades, pero también implica afrontar distintas situaciones. Por esto quien lo hace debe evaluar sus necesidades y prioridades personales antes de tomar cualquier decisión de inmigración, y justipreciar cuidadosamente las expectativas que tiene con respecto a emigrar en busca de felicidad. Es conveniente examinar las razones y buscar un equilibrio entre la posibilidad de una vida mejor y los sacrificios necesarios para lograrlo. Recomendamos investigar exhaustivamente sobre el país al que se aspira a llegar. Averiguar sobre el estilo de vida, el sistema educativo, las oportunidades laborales, las políticas de inmigración y los tropiezos a superar.

Igualmente, para hacerse con una perspectiva objetiva es recomendable hablar con un profesional especializado en inmigración, así como considerar las alternativas y explorar si hay otras posibilidades de mejorar su situación o sobre otras formas de encontrar felicidad y bienestar en el lugar donde se encuentra. La inmigración será un proceso difícil y eventualmente peligroso, y algunos lo lamentarán. Siempre en la decisión habrá que hacer un balance entre las satisfacciones por lograr y los riesgos que se correrán.

Capítulo 6: Valores trascendentales que conducen a ser feliz

La felicidad y la "Conexión Universal"

En la búsqueda del bienestar, el ser humano ha recurrido a diversas fuentes, tales como riquezas, poder, conocimientos y, de manera especial, la espiritualidad y la relación con lo divino, las creencias. En este sentido, las religiones organizadas del mundo, con sus variados dogmas y enseñanzas, a menudo convergen en una idea: la omnipresencia divina. Es decir, que Dios, o la Divina Providencia, está en todas partes.

La omnipresencia:

La cuestión de la omnipresencia de Dios es un tema central en las religiones más importantes del mundo. Desde los tiempos más remotos, la humanidad ha buscado entender la naturaleza de lo divino y su relación con el Universo. Aunque las creencias religiosas varían ampliamente en sus dogmas y prácticas, existe un notable consenso entre estos credos en la idea de que Dios está en todas partes.

El cristianismo, una de las religiones monoteístas más extendidas, sostiene que Dios es omnipresente. La Biblia, que es su texto sagrado, declara en el Salmo 139:7-10: "¿A dónde me iré de tu Espíritu? ¿Y a dónde huiré de tu presencia? Si subiere a los cielos, allí estás tú; y si en el sitio de reposo de los muertos hiciere mi estrado, he aquí, allí tú estás". Esto, para la fe cristiana, significa que Dios está presente en todas partes, con conocimiento y control sobre todo. Los cristianos creen que Dios está cerca para brindar apoyo, consuelo y guía en cada momento de sus vidas. Por lo menos en 18 versículos de la Biblia, como en Proverbios 15:3, también indica que: "Los ojos de Dios están en todo lugar", o como en Mateo 18:20, en el que se advierte: "Porque donde están dos o tres reunidos en mi nombre, allí estoy yo en medio de ellos".

El islam, otra religión monoteísta desplegada, igualmente afirma la omnipresencia de Dios. En el Corán 50:16, se describe que Alá (Dios) es "más cercano al ser humano que su vena yugular". Lo cual sugiere que Dios no solo está presente en todo momento, sino que también está íntimamente conectado con cada individuo. Los musulmanes creen que Alá es consciente de todas las acciones y pensamientos de las personas y que pueden buscar su guía y protección en todo momento a través de la oración y la reflexión.

Por otro lado, en el hinduismo, una religión que abarca una amplia variedad de creencias y prácticas, se encuentra la noción de Brahman, el principio supremo que está presente en todo el Universo. La idea de que Dios está en todas partes se refleja en el concepto de que en la totalidad las formas de vida y la naturaleza misma son manifestaciones de Brahman. Los hindúes creen que pueden experimentar la Presencia Divina a través de la meditación y la contemplación, reconociendo la unidad de toda la existencia en la omnipresencia de Brahman.

Brahman es un concepto fundamental en la religión hindú y en la filosofía vedanta. Se refiere a la realidad última y trascendental que se considera la fuente y la sustancia de todo cuanto existe en el Universo. En el contexto del hinduismo, Brahman es considerado el ser supremo, eterno, inmutable e impersonal. Es visto como la realidad última que subyace a todas las formas de existencia en el Universo. Todas las entidades y seres, incluyendo los dioses, son manifestaciones o aspectos de Brahman.

Esta entidad no se limita a una forma personalizada como en algunas otras religiones, sino que es considerado sin forma y trascendental. Sin embargo, también es concebido como un principio consciente y personal por aquellos que siguen ciertas tradiciones del hinduismo. A través de la meditación, la reflexión, la devoción y otras prácticas espirituales, los hindúes buscan comprender y experimentar directamente la unidad con Brahman.

Aunque estas tres religiones tienen enfoques diferentes y comprensiones de lo divino, todas ellas comparten una creencia fundamental en la omnipresencia de Dios. Esta idea trasciende las fronteras religiosas y culturales y sugiere una comprensión universal de la divinidad que está presente en toda la creación. Es un recordatorio de la unidad subyacente que conecta a todas las religiones en su búsqueda de lo sagrado y su reconocimiento de una presencia divina en todas partes.

Nosotros hacemos énfasis en esto porque, si un ser supremo es omnipresente, o sea, está en todas las partes, se encuentra presente en todos los átomos, partículas, ADN y conciencias. Por consiguiente, esa entidad divina se halla en cada átomo, cada célula y cada conciencia en todos nosotros, los seres humanos.

Si descomponemos esta idea a nivel atómico, nos damos cuenta de que todo en el Universo, desde las galaxias más lejanas hasta el ser humano, está compuesto por átomos y partículas subatómicas entrelazadas infinitamente en hilos o, más bien, "cuerdas", como lo explica la teoría de ese nombre. Estas partículas son los cimientos del cosmos y de nuestra propia existencia, porque Dios es y está en todo cuanto nos conforma y en cada partícula que compone el Universo. El cual es vasto, infinito y enigmático para la mente humana. Empero, las enseñanzas de la ciencia o de algunas creencias sugieren que, más allá de su inmensidad física, el Universo también tiene un carácter de suprema cognición.

La omnisciencia:

Es la capacidad de conocer todo lo que existe. Esto incluye cuanto ha sucedido, todo lo que está ocurriendo y lo que acontecerá. La omnisciencia es parte de la definición de un ser supremo, pero también es considerado un concepto filosófico y científico. La omnisciencia tiene implicaciones profundas para nuestra comprensión del mundo. Si lo divino es omnisciente, entonces sabe todo lo que pensamos, sentimos y hacemos. La omnisciencia también significa que esta entidad sabe el futuro por lo que conoce todos los eventos que sucederán, incluso los que la ciencia aún no puede predecir.

La omnisciencia es un concepto fundamental en las religiones abrahámicas. Al igual que la omnipresencia, existe un notable consenso entre estos influyentes credos, el cristianismo, el islam y el judaísmo. Las iglesias cristianas más extendidas en el mundo sostienen firmemente la omnisciencia de Dios. La Biblia, su texto sagrado, lo presenta en numerosos pasajes como omnisciente. En el Salmo 147:5 se declara: "Grande es nuestro Señor, y grande su poder; y su entendimiento no tiene límite". Esto indica que Dios posee un conocimiento infinito y que comprende todos los aspectos del Universo y de la vida humana; al fin y al cabo, creó el Universo. Para los cristianos, la omnisciencia de Dios es un fundamento de su fe y un consuelo, ya que entienden que Dios conoce sus pensamientos, deseos y necesidades.

En el islam, que sigue al Corán como su libro sagrado, la omnisciencia de Dios es un concepto central. Allí se lee repetidamente que Dios es omnisciente y que su conocimiento abarca todo. En el Corán 2:255 se expresa: "¡Dios! No hay más divinidad que Él, el Viviente, el Persistente. Ni el sueño ni el cansancio se le acercan. Suyo es lo que está en los cielos y en la tierra". Esta creencia en la infinita sabiduría de Dios es esencial en el islam, ya que los musulmanes confían en que Dios conoce sus acciones y motivaciones, lo que influye en su comportamiento y adoración.

El judaísmo, como religión monoteísta antigua, igual sostiene la omnisciencia de Dios. En la tradición judía, se cree que Dios es omnisciente y que conoce todos los pensamientos y acciones de las personas. En Isaías 46:10 se afirma: "Yo anuncio el fin desde el principio y desde la antigüedad lo que no ha sido aún hecho; yo digo: Mi consejo permanecerá y haré todo lo que quiero". Esta perspectiva de Dios como omnisciente es un basamento en la relación entre Dios y el pueblo judío.

Aunque estas religiones difieren en otros aspectos de su teología y prácticas, la convicción de que Dios posee un conocimiento completo e infinito de todas las cosas es una creencia compartida que subraya la importancia del entendimiento divino en la vida de sus seguidores.

En el ámbito científico, la omnisciencia es un concepto más difícil de abordar. La ciencia se basa en la observación y la experimentación, pero la omnisciencia trasciende el mundo físico. Si aplicamos el método científico, no podremos observar o experimentar la omnisciencia, por lo que no conseguiremos probar o refutar su existencia. Lo que debemos tener en cuenta es la definición de la mayoría de la humanidad de que Dios es omnisciente, por lo que es una suprema conciencia con el infinito conocimiento universal.

Bajo esta conciencia infinita —para aquellos credos que ven el Universo como una manifestación de lo divino—, la idea de que todos los seres existimos dentro de Dios adquiere un significado profundo, porque nuestras conciencias igualmente y todas las conciencias de vidas en el Universo formarían parte de Su Conciencia. Estaríamos literalmente inmersos en la divinidad: formamos parte de Dios en cuerpo y conciencia, y Dios está en nosotros en cada átomo y sus partículas, y en nuestra conciencia. Estamos en Dios y Él en nosotros.

Esta perspectiva nos lleva a un entendimiento esencial sobre la felicidad. No es simplemente una emoción efímera o un estado pasajero porque es una conexión profunda con el propósito de la vida y con la esencia divina o universal que reside en nosotros. Es un reconocimiento de nuestra propia naturaleza sagrada y de la presencia constante de la Divina Providencia o de las "fuerzas universales" en cada aspecto de nuestra existencia.

Confiar en nosotros mismos, por lo tanto —en este caso—, no es solo un acto de autoafirmación, sino también un acto de fe. Cuando confiamos en nosotros, confiamos en la divinidad o fuerza universal que reside en cada célula, en cada átomo. Conectar con esta realidad divina interna puede ser una fuente inagotable de fortaleza, esperanza y, por supuesto, de felicidad, que es, en última instancia, una búsqueda espiritual. Las religiones en sus diversas formas, así como la ciencia, nos ofrecen caminos para conectar con lo divino y reconocer la presencia sagrada o universal en todo lo que nos rodea. Al reconocer que estamos compuestos por las mismas partículas que el Universo y que la Divina Providencia reside en todo, entendemos que la felicidad verdadera proviene de esa conexión profunda y eterna con el Universo. Es un llamado a abrazar la divinidad en nosotros y en el Universo, y a confiar en esa conexión en nuestra búsqueda de propósito y felicidad.

La "Conexión Universal" funciona para todos:
Buena parte de las religiones con mayor feligresía en el mundo, en toda su diversidad, han propuesto la idea de una Divina Providencia, un Dios o entidad omnipresente que impregna cada rincón del Universo y cada partícula de nuestro ser. Por otra parte, también existe un grupo significativo de personas que, aunque no se suscriben a una creencia tradicional en un ser supremo, encuentran asombro, inspiración y guía en la magnitud y los misterios del Universo mismo. Aunque no admitan un creador, la ciencia indica que somos producto de la misma materia que los astros, una parte intrínseca del gigantesco y complejo tejido del cosmos.

Para ellos, el Universo no es un ente gobernado por un ser divino, sino una manifestación del orden, la magnificencia y la complejidad del Universo. La maravilla del cosmos no reside en la mano de un creador, sino en sus propias leyes y mecanismos, en los patrones que han surgido a lo largo de eones, y en la intrincada red de relaciones entre todas sus partes.

Stephen Hawking dijo que el Universo se creó a sí mismo. En su libro "El gran diseño", escribió: "El Universo podría haberse creado por sí mismo de la nada". De esta forma —para quienes creen en una entidad suprema o Dios—, el Universo sería el propio creador, y si lo fue, tendría lógicamente que tener las mismas características divinas que el Creador o Dios.

Esto no hace que quien no cree que exista un Dios —en su búsqueda de felicidad— sea menos espiritual. Al reconocer que estamos hechos de las mismas partículas que conforman las galaxias lejanas, hay un sentido profundo de conexión con todo lo que nos rodea. Esta interconexión, este entendimiento de que somos un reflejo infinitesimalmente microscópico del cosmos, puede ser una fuente inagotable de asombro y gratitud.

Las fuerzas universales, desde la gravedad hasta la energía oscura, actúan en y alrededor de nosotros, moldeando nuestra existencia de maneras que aún estamos empezando a comprender. Entonces, ya sea que veamos a la divinidad en el ilimitado Universo o que nos maravillemos de su majestuosidad desde una perspectiva puramente científica, la conclusión es similar: somos pequeñas partes de algo mucho más grande que nosotros. Y en esa comprensión, encontramos un propósito, una dirección y, finalmente, una profunda felicidad. Ya sea que confiemos en un Dios que reside en cada partícula o en las asombrosas leyes del Universo, es esa conexión con el todo lo que nos da esperanza, significado y una sensación de pertenencia en este incalculable cosmos.

¿Cuándo debemos pedir la ayuda a Dios o al Universo?

El caso de la represa que se desborda
Seguramente han escuchado la parábola o cuento popular que a menudo se usa para discutir la fe, la interpretación de las señales y la intervención divina en situaciones de crisis. La historia es más o menos así: un hombre muy religioso estaba en su casa cuando el informe meteorológico anunció que una fuerte tormenta causaría

inundaciones y que todos deberían evacuar. El hombre pensó: "No tengo nada de qué preocuparme. Dios me protegerá".

El agua comenzó a subir, y un vecino pasó en su camioneta ofreciéndole al hombre una salida. El hombre rechazó la oferta diciendo: "No te preocupes, Dios me salvará". El agua continuó ascendiendo, y el personaje tuvo que subir al segundo piso de su casa. Al tiempo una lancha de rescate pasó y las personas dentro le ofrecieron ayuda por una ventana. Nuevamente, el hombre declinó, afirmando entusiasmado: "Dios me salvará".

El agua siguió remontando, y él tuvo que subirse al techo de su casa. Un helicóptero llegó, y le ofreció una cuerda para rescatarlo. Una vez más, rechazó la ayuda, confiando en que Dios lo salvaría.

Finalmente, el agua lo inundó todo, tanto que el caballero se ahogó. Al llegar al cielo, le preguntó a Dios: "Yo confié en ti... ¿Por qué no viniste a salvarme?". Y Dios le respondió: "Te envié un informe meteorológico, una camioneta, una lancha y un helicóptero. ¿Qué más querías que hiciera?".

Esta historia se utiliza a menudo para resaltar la idea de que Dios, o el destino, o el Universo, frecuentan enviar ayuda de maneras que no siempre son obvias o milagrosas, y que es responsabilidad de cada persona, reconocer y actuar ante estas señales.

Lo primero es ayudarnos nosotros mismos:

El primer paso es confiar en nuestras capacidades. Hemos hablado de los programas o *software* que debemos modificar para alcanzar la felicidad. Marcus Gessen nos comenta en relación con la parábola de la represa: "La búsqueda de la felicidad y el éxito es una constante en la vida del ser humano. No obstante, a menudo nos encontramos esperando una señal divina, un milagro o una intervención sobrenatural que nos guíe hacia el camino correcto. Si bien es legítimo y valioso tener fe en lo divino, primero debemos mirar hacia adentro, hacia la fuente más directa de poder y transformación: nosotros mismos, recordando que en cada partícula nuestra está la Divina Providencia o la integridad del Universo.

Antes de esperar una fuerza omnipotente que transforme nuestra realidad, debemos cambiar nuestra programación mental. Como una computadora que necesita el *software* para funcionar de manera óptima, nuestra mente también requiere de 'programas' adecuados que nos dirijan hacia la felicidad y el éxito. Estos programas mentales, a menudo instaurados desde la infancia a través de experiencias, creencias y aprendizajes, pueden ser tanto un motor de impulso como un freno para nuestro desarrollo personal. Por ello, es imperativo identificar los programas obsoletos o dañinos que nos mantienen atascados en ciclos de infelicidad y fracaso.

La autorreflexión, la autoevaluación y la educación constante son herramientas esenciales para esta revisión interna. A través de ellas, podemos reemplazar creencias limitantes por convicciones impulsadoras. Al cambiar nuestra percepción de nosotros mismos y del mundo, comenzamos a atraer oportunidades, experiencias y relaciones que resuenan con esta nueva vibración mental.

Una vez que confiamos en nosotros mismos y trabajamos activamente por nuestro propósito de vida, es cuando podemos invocar con más sinceridad y propósito a la Divina Providencia universal. Esta ayuda no debería ser vista como una solución mágica a nuestros problemas, sino como un complemento, una fuerza adicional que trabaja con nosotros y en vez de nosotros. Dios, o cualquier entidad superior en la que se crea, puede guiarnos y fortalecernos, pero siempre y cuando hagamos nuestra parte en el proceso cocreativo de la vida.

La historia del hombre que rechazó todas las señales tangibles esperando un milagro divino es una potente parábola de esto. A menudo, la ayuda que buscamos ya está frente a nosotros en forma de oportunidades, personas o recursos, pero si no estamos preparados mental y espiritualmente para reconocerla, podría pasar desapercibida.

La verdadera evolución personal y espiritual se encuentra en un equilibrio entre la autodependencia y la fe en lo sobrehumano. Mientras trabajamos en nosotros mismos, afinando nuestro *software* mental, nos volvemos más aptos para recibir y reconocer la ayuda de Dios y/o de las fuerzas universales. Es un viaje donde la responsabilidad personal y la gracia universal convergen, llevándonos hacia un destino más pleno y feliz", concluye Marcus Gessen.

El "bien" y el "mal"

El rostro múltiple de Dios: un viaje psicológico con los inuit:

Esta religión se basa en creencias animistas y espirituales que están estrechamente relacionadas con la naturaleza y el entorno en el que ha vivido este grupo humano en el Ártico. Los inuit creen en una variedad de espíritus y deidades que habitan en el mundo natural, como los espíritus de los animales, los espíritus del clima, los espíritus de los elementos naturales y los espíritus de los antepasados. Cada uno de estos espíritus tiene para ellos un papel importante en la vida y se le rinde culto y respeto.

Los chamanes —conocidos como angakoks— desempeñan un papel esencial en la creencia inuit. Son los intermediarios entre los humanos y los espíritus. Ellos realizan rituales de invocación, curación y adivinación para mantener el equilibrio entre humanos y espíritus. La caza de animales como el caribú, las focas y otros especies marinas ha sido una parte fundamental de la vida de los inuit. Piensan que los espíritus de estos animales deben ser respetados y que su caza requiere ceremonias y rituales especiales para asegurar el éxito y la gratitud hacia los espíritus.

En el Círculo Ártico, los psicólogos Vladimir y María Mercedes Gessen fueron en un viaje no solo geográfico sino también introspectivo, buscando entender la cosmovisión de los inuit (esquimales). En uno de los encuentros, su atención fue capturada por una peculiar estatuilla que, según aprendieron, representaba al Creador en la cultura inuit. El tótem mostraba al frente dos caras visibles: una de un ser humano y la otra de un águila. Pero notaron una tercera cara, oculta a simple vista, en la parte inferior y trasera del tótem. Esta cara, que transmitía una energía adusta, los inquietó y los llevó a indagar más sobre de qué se trataba.

Para el artista inuit que hizo la estatuilla ilustraba una verdad fundamental: la fuerza divina que rige el Universo tiene una cara humana que refleja nuestra propia esencia y la de los animales que habitan la Tierra, reconociendo así la conexión intrínseca entre todos los seres vivos. Sin embargo, la tercera cara, la escondida, representa —según el virtuoso inuit— el "rostro oculto de Dios", una dimensión insondable, misteriosa y a veces perturbadora de la divinidad.

Desde una perspectiva psicológica, la cara oculta en el tótem puede interpretarse como una representación simbólica de que en la psique humana, al igual que en el Universo, coexisten fuerzas positivas y negativas, por lo que también dentro de cada individuo hay un equilibrio entre la luz y la sombra. Y al igual que en cada átomo, donde se encuentran asimismo cargas positivas y negativas, en nuestra psicología se manifiestan tendencias y pulsiones tanto constructivas como destructivas.

Este "rostro velado de Dios" puede ser una metáfora de nuestro sentido instintivo, esa parte de nuestra mente que opera en las sombras, fuera de nuestra percepción consciente. Es esa dimensión de nosotros mismos que, si no se reconoce y se integra, puede manifestarse de formas inesperadas y a menudo autodestructivas.

Una "tríada" en el contexto de la humanidad puede referirse a varios conceptos diferentes. Puede ser una tríada de tres valores fundamentales o principios que son considerados importantes para la humanidad. Estos pueden variar según la perspectiva cultural, ética o filosófica, como incluir conceptos como la libertad, la igualdad y la justicia.

En psicología, una tríada describe a un grupo de tres características o elementos relacionados. Para Sigmund Freud, existía la "tríada psíquica", que incluye el ello, el yo y el superyó como componentes claves de la mente humana. Algunas religiones o sistemas espirituales creen en una tríada divina, que incluye tres deidades o aspectos divinos interconectados. La trinidad del cristianismo se compone con el Dios Padre, el Dios Hijo (Jesús de Nazaret) y el Espíritu Santo.

En la sociología o antropología se incluye una estructura social o grupo de tres individuos que interactúan de manera específica, como en la "tríada social" que se utiliza para analizar dinámicas de grupo y relaciones dentro de grupos de tres personas.

Para los psicólogos Gessen, la enseñanza del inuit fue clara: es crucial reconocer y respetar todas las facetas de la existencia, tanto las luminosas como las no tan claras. Al acercarnos a lo positivo, fortalecemos este aspecto de nuestra naturaleza y nos alineamos con las fuerzas constructivas del Universo. Pero si, por el contrario, nos aproximamos o nos dejamos dominar por lo negativo, nos arriesgamos a encontrarnos con el rostro oculto de Dios o del Universo, con sus consecuencias inesperadas y, a menudo, nada positivas. Reconocer, comprender y equilibrar las diversas fuerzas que operan dentro y fuera de nosotros nos facilitará navegar con sapiencia y propósito a lo largo de nuestra existencia.

Esta creencia del autor de la estatuilla se basa en alguna interpretación o sincretismo particular de las creencias inuit, pero no es una característica estándar de su credo porque la religión inuit tradicional está más centrada en una multiplicidad de espíritus y deidades relacionados con la naturaleza y el entorno circumpolar. Cada uno de estos espíritus y deidades tiene su propia importancia y atributos, pero no se asocian comúnmente con una trinidad o una deidad con tres caras como en algunas otras religiones.

Las creencias y prácticas religiosas pueden variar dentro de cualquier grupo cultural y las influencias externas, como la colonización. El contacto con otras religiones a menudo ha dado lugar a sincretismo religioso y cambios en las creencias tradicionales en el tiempo. Por lo tanto, es posible que algunas comunidades inuit hayan desarrollado sus propias interpretaciones y representaciones religiosas a lo largo de la historia.

La religión inuit se ha transmitido de generación en generación a través de tradiciones orales, narraciones y canciones. Estas tradiciones ayudaban a preservar y transmitir las creencias espirituales y la sabiduría de la comunidad. Las creencias inuit tradicionales han experimentado cambios significativos debido a la influencia del cristianismo y la colonización europea en las regiones habitadas por los inuit. Muchos inuit han adoptado el cristianismo, principalmente el protestantismo y el catolicismo, pero algunos aspectos de sus creencias tradicionales aún persisten en la cultura y la espiritualidad contemporánea inuit.

Buscar el lado positivo del Universo:

La psicología positiva ha ganado prominencia en las últimas décadas por su enfoque en las fortalezas humanas, el bienestar y la búsqueda de la felicidad. Se centra en nutrir y ampliar las experiencias positivas, las cualidades y las virtudes humanas. Dentro de este marco, la idea de alinearse con el lado positivo del Universo o de la Divina Providencia toma un significado particularmente profundo.

Todo en el Universo vibra, se encuentra en permanente movimiento desde el nivel cuántico hasta las grandes galaxias, y cada vibración tiene una frecuencia. Alinear nuestras acciones, pensamientos y emociones con frecuencias positivas nos permite sintonizarnos con las energías constructivas.

La teoría de cuerdas en la física cuántica explica que las partículas están interconectadas en todo el Universo. Propone que todas las partículas fundamentales son en realidad vibraciones de cuerdas. Estas tienen diferentes dimensiones, y sus formas de vibración dan lugar a las diferentes partículas. En el caso de un electrón, es una cuerda que vibra de una manera particular, mientras que un quark es una cuerda que vibra de otra manera. Estas cuerdas son infinitesimales y están presentes en todo el Universo.

La interconexión de las partículas se explica por el hecho de que las cuerdas están vinculadas entre sí. Cuando dos cuerdas se tocan, se intercambian energía y momento. La teoría de cuerdas aún está en desarrollo, pero podría explicar la naturaleza fundamental del Universo, ya que las partículas están conectadas entre sí en todo el Universo, aunque estén separadas por descomunales distancias.

Las partículas pueden intercambiar energía y momentos entre sí, incluso estando a años luz en el Universo desde el punto de vista cuántico de la física y la teoría de campos. Este fenómeno se basa en el principio de la no localidad cuántica. Es el concepto de "entrelazamiento cuántico", según el cual dos partículas entrelazadas pueden influenciarse mutua e instantáneamente, independiente de la inmensa distancia que las separe.

Las "cuerdas" positivas:

Esta alineación de partículas, subpartículas o cuerdas nos hace pensar que existen conexiones universales de las fuerzas positivas, como hemos insistido, y que facilitan la unión de momentos y entrelazamientos entre ellas. En términos más humanos sería una interconexión entre la atracción de circunstancias positivas y las relaciones que fomentan la felicidad, la armonía y el bienestar.

El "hilo rojo":

En las ceremonias religiosas budistas, como la primera bendición de un bebé, es común que el monje que dirige el evento envuelva un cordel rojo entre los participantes. Según explican, esto permite que los padres y el infante bendecido, o la pareja que va a unir sus vidas en matrimonio, estén ligados por siempre.

El hilo rojo del budismo

En el mundo asiático, en general, donde predomina el budismo, es común ver en la mano izquierda de las personas pulseras de un hilo rojo. De acuerdo a lo que explican los entendidos en estas creencias, ese hilo protege de vibraciones o energías negativas el campo magnético de quienes lo portan.

La creencia supone que este hilo puede unir a dos o más personas que estarán destinadas a quererse, independientemente del momento, el sitio o las circunstancias. Y que ese hilo o conexión espiritual se mantendrá en todo espacio y tiempo, y nunca se romperá.

En las culturas asiáticas, la simbología y la espiritualidad juegan un papel fundamental en la vida diaria de sus habitantes. Una de las prácticas simbólicas más destacadas es el uso de una pulsera de este hilo rojo, que es vista como un talismán protector contra energías negativas en diversas culturas y religiones asiáticas.

En China, donde el taoísmo, además del budismo, ha tenido una profunda influencia en la filosofía y las creencias de la gente, la pulsera de hilo de este color sirve como un amuleto protector que resguarda a los individuos de las energías negativas. Según su tradición, atar el hilo en la muñeca izquierda puede ayudar a equilibrar el yin y el yang del cuerpo, dos fuerzas opuestas y complementarias que gobiernan la vida y el Universo según las creencias taoístas.

Este hilo rojo no solo es un talismán de protección, sino que también es visto como un símbolo de destino y conexión entre las personas. En la mitología china se habla de un "hilo rojo del destino" que conecta a quienes están destinados a encontrarse, una creencia que se ha generalizado en esa cultura, manifestándose en relaciones románticas, amistades y encuentros significativos.

En Japón, donde el sintoísmo es una de las religiones predominantes junto al budismo, la pulsera de hilo rojo también posee un profundo significado espiritual. En el contexto sintoísta, se considera que este hilo resguarda a los individuos de las energías negativas y las influencias malintencionadas. A menudo, estos hilos son adquiridos en santuarios sintoístas, donde son bendecidos por los sacerdotes para infundirles más poderes protectores. Además, en la cultura japonesa la idea del "hilo rojo del destino" también es prevalente, siendo vista como una conexión invisible que une a las personas que están destinadas a encontrarse en algún punto de sus vidas. Este concepto ha permeado a la sociedad japonesa, destacando la creencia en un vínculo que puede superar tiempo, distancia y circunstancias.

Este hilo rojo es un símbolo potente que representa protección, destino y conexión. Al usarlo, las personas sienten un enlace tangible con fuerzas mayores, una protección invisible contra energías no favorables, y una hermosa manifestación de los lazos invisibles que unen a las personas en un entramado de destino y encuentro. Es, por lo tanto, un símbolo de esperanza, de fe en las conexiones humanas y de la presencia constante de lo divino en nuestras vidas cotidianas.

Los hindúes y el hilo rojo

El hinduismo, una de las religiones más antiguas del mundo, está repleto de rituales y símbolos reveladores. Este hilo sagrado, que es conocido como "mauli" o "kalawa", es una práctica común en la tradición de la India, se utiliza en diversas ceremonias y rituales hindúes y lleva consigo un hondo significado espiritual.

El "mauli" es utilizado comúnmente en diversas ceremonias religiosas. Durante estas ceremonias, el sacerdote, conocido como "pujari" o "pandit", ata el hilo rojo en la muñeca derecha de los hombres y en la muñeca izquierda de las mujeres. Esto se hace mientras se recitan mantras sagrados, inculcando al hilo con protección divina y bendiciones.

El uso del hilo rojo en la tradición hindú, además de ser una práctica ritual, también simboliza protección, santidad y una conexión con lo divino. Se cree que llevar este hilo ayuda a proteger a la persona de fuerzas producto de odios y rencores. Además, es una representación de las bendiciones divinas, sirviendo como un recordatorio constante de los preceptos y enseñanzas de la religión hindú.

El hilo igualmente representa una conexión especial con las deidades hindúes. En algunos casos, se asocia con la deidad particular que es venerada durante la ceremonia en la que se entrega el hilo. De esta manera, el hilo sirve como una conexión física y simbólica entre el devoto y la deidad, fortaleciendo su relación y fomentando una vida espiritual más profunda. Asimismo, también se utiliza como un marcador de eventos significativos en la vida de una persona. Por ejemplo, puede ser atado alrededor de la muñeca durante ceremonias de bodas, nacimientos o iniciaciones religiosas, marcando la importancia y la sacralidad de estos eventos.

Definitivamente es un emblema poderoso que indica protección, bendiciones y unión divina. Es, en efecto, una manifestación física de las creencias centrales del hinduismo, brindando a los individuos una forma de llevar su fe y su espiritualidad consigo en su vida diaria.

La pulsera de hilo rojo en la cábala

Entre los seguidores de la cábala —un método recóndito para interpretar los libros antiguos de la Torá del judaísmo—, el hilo rojo es atado por un rabino en la mano izquierda de la persona que se quiere proteger, haciendo siete nudos y acompañado de una bendición. Este rito representa un símbolo de protección contra energías negativas. Es un distintivo que ofrecería resguardo y correspondencia con Yahveh, el nombre más sagrado de Dios en el judaísmo. En la artesanía textil de las tradiciones y simbolismos que conforman la cultura judía, la cábala ocupa un lugar especial como una forma esotérica y mística de interpretar las enseñanzas religiosas. Una de las prácticas más reconocibles asociadas con la cábala es el uso de esta pulsera atada en la muñeca izquierda, que representa un talismán de protección contra las fuerzas negativas y una manifestación física de las enseñanzas cabalísticas.

La pulsera de hilo rojo tiene raíces en los textos antiguos de la cábala, una disciplina y escuela de pensamiento que busca descifrar los misterios de la vida y el Universo a través de la interpretación esotérica de las escrituras hebreas. Según la tradición, el hilo rojo está impregnado de cualidades protectoras y purificadoras, capaces de alejar el "ayin hara" o mal de ojo, que sería una supuesta energía negativa que puede ser transmitida por personas, a menudo involuntariamente, a través de miradas envidiosas o que reflejan perversidad.

El acto de atarla en la muñeca izquierda posee un significado subterráneo. En la cábala, se cree que esta mano representa la dimensión receptora del cuerpo humano, conectada con el deseo de recibir, mientras que la mano derecha simboliza la dimensión de dar. Al poner la pulsera en la muñeca izquierda, se busca crear un escudo protector que filtre las energías negativas y permite que solo las influencias positivas penetren en el aura de la persona.

Llevar una pulsera de hilo rojo no es una moda o una simple superstición, es más bien una manifestación tangible de la fe y la devoción de una persona hacia las enseñanzas cabalísticas. Se convierte en un recordatorio constante de vivir una vida de rectitud, de mantener una perspectiva espiritual centrada en el bienestar de uno mismo y de los demás.

La pulsera de hilo rojo también simboliza una conexión íntima con lo sagrado. A menudo, estos hilos son bendecidos con oraciones y rituales que invocan el amparo y la guía de las fuerzas divinas. Además, el color rojo, que representa la fuerza y la vitalidad, evoca la presencia activa de lo divino en la vida cotidiana, ofreciendo protección y fomentando la conexión espiritual. A través de este hilo rojo, las personas pueden llevar consigo una manifestación física de su fe y su deseo de vivir una vida guiada por principios de bondad, compasión y armonía espiritual.

Entre China, India, Japón e Israel suman más de 3 mil millones de habitantes. Se estima que las creencias del budismo son seguidas por más de 600 millones de personas en todo el mundo que lo practican, aunque este número puede variar dependiendo de la fuente. El hinduismo es seguido principalmente en India y Nepal. Se estima que hay aproximadamente 1.200 millones de seguidores, siendo la mayoría de ellos en India. El judaísmo es una religión de 14 a 20 millones de fieles en el mundo. Estas cifras nos indica que un simple hilo rojo forma parte de las creencias de una inmensa parte de la humanidad.

Otros símbolos buscan lo positivo

En Hispanoamérica existen otros elementos religiosos que se usan en lugar de la pulsera de hilo rojo. Dentro de las denominaciones cristianas no existe un símbolo universalmente reconocido que sea exactamente equivalente al hilo rojo utilizado en otras tradiciones religiosas para proteger contra energías negativas o para atraer bendiciones. Sin embargo, en estas comunidades religiosas concurren varios objetos y prácticas que son utilizados con esos fines de protección, bendición o como insignias de fe.

Los católicos a menudo usan cruces y crucifijos como emblemas de su fe, que también pueden ser vistos como una forma de protección. Utilizan igual agua bendita para bendecir y protegerse contra influencias negativas. A menudo llevan medallas religiosas o escapularios como una forma de protección y devoción a una figura religiosa específica. El rosario representa la repetición de la oración de los feligreses como una forma de comunicarse con Dios para pedir beneficios o ayuda divina en las desgracias.

Por otro lado, los protestantes, evangélicos, bautistas, metodistas, luteranos y presbiterianos consideran a la Biblia como una fuente de guía y protección, estudiándola regularmente y llevándola consigo. Para todas las denominaciones cristianas, la oración es una práctica central en todas estas comunidades, y normalmente se ve como la forma más poderosa de buscar protección y guía divina.

Los mormones (Iglesia de Jesucristo de los Santos de los Últimos Días) utilizan una ropa interior especial, conocida como "garments", que simboliza una protección espiritual y recordatorios de sus convenios religiosos.

Los testigos de Jehová usualmente llevan consigo literatura religiosa y revistas, como *Atalaya*, como una forma de guía y protección espiritual.

En el islam, la práctica de usar un hilo rojo como un medio de protección o como un amuleto no es común ni está promovida en las enseñanzas fundamentales de la religión. En su lugar, los musulmanes tienen otras prácticas que son utilizadas para buscar la protección y bendición divina. Creen en el constante recuerdo de Alá (Dios) a través de la recitación de ciertas frases y oraciones, conocidas como Dhikr. El equivalente del rosario en el islam es conocido como "misbaha" o "tasbih". Consiste en una cadena de cuentas, generalmente 33 o 99, que se utiliza para sumar las recitaciones de ciertas frases y oraciones de alabanza y gloria a Dios, incluyendo "Subhanallah" (Gloria a Dios), "Alhamdulillah" (Gracias a Dios) y "Allahu Akbar" (Dios es el más grande). El acto de utilizarlo para recitar estas frases es una forma de Dhikr, es el recuerdo constante y consciente de Dios, una práctica central en el islam. Esto se hace con la intención de buscar protección y bendiciones de Dios. También realizan súplicas específicas, conocidas como Du'a, para buscar protección contra el mal y las influencias negativas. Algunos musulmanes llevan consigo pequeñas copias del Corán o citas de este libro sagrado en colgantes como una forma de protección y como recordatorio de su fe.

El "Ayatul Kursi" (Verso del Trono) es un pronunciamiento específico del Corán (2:255) que se recita para buscar protección divina. Es comúnmente recitado para protección contra el mal. Aunque no es un símbolo religioso oficial en el islam, la "Khamsa" o "Jamsa" es un símbolo cultural que en algunas comunidades musulmanas han utilizado como amuleto para protección contra el mal de ojo y las energías negativas. En algunas culturas musulmanas, especialmente en la región del Mediterráneo y el norte de África, se usa el azabache como una forma de protección contra el mal de ojo.

El "Jamsa" a través de las culturas

El Jamsa, a menudo conocido como "la mano de Fátima" o "la mano de Miriam", es un símbolo ampliamente reconocido en varias culturas y religiones, principalmente en las tradiciones judías y musulmanas. Este amuleto con forma de mano abierta es un ícono cargado de historia, simbolismo y significado espiritual. Se cree que precede tanto al judaísmo como al islam. Existen evidencias de que se usaba como amuleto en el antiguo Egipto, donde se consideraba un símbolo de protección contra el mal de ojo. Otras teorías sugieren que podría haber sido adoptado y adaptado por los cartagineses y posteriormente difundido a través de sus rutas comerciales.

Dentro de la tradición judía, el Jamsa a menudo se conoce como "la mano de Miriam", en referencia a Miriam, la hermana de Moisés y Aarón. Es considerado un símbolo de protección, particularmente contra el mal de ojo. Muchos hogares judíos tienen colgantes o decoraciones con este símbolo como medida de protección y para atraer buena fortuna.

En la cultura árabe y musulmana, el Jamsa es comúnmente referido como "la mano de Fátima" en honor a Fátima Zahra, la hija del profeta Mahoma. Al igual que en la tradición judía, se utiliza como un amuleto protector contra el mal de ojo y se cree que trae bendiciones a su portador. A menudo, la mano se adorna con un ojo en el centro, reforzando su significado como un escudo contra las miradas malignas.

El Jamsa se encuentra en una variedad de objetos, desde joyas hasta decoraciones para el hogar. Su popularidad trasciende las fronteras religiosas y culturales, y es usado por personas de diversas creencias como un símbolo de protección, bendición y fortaleza. En términos de beneficios, algunas personas creen firmemente en su capacidad para proteger contra el mal de ojo y atraer la buena fortuna, mientras que otras simplemente aprecian su significado cultural y estético.

El Jamsa, con sus raíces en antiguas civilizaciones y su relevancia en culturas modernas, es un poderoso recordatorio de cómo los símbolos pueden trascender el tiempo y las fronteras. Ya sea que se le considere un mero ornamento o un poderoso amuleto, el Jamsa representa la interconexión de las tradiciones humanas y la universalidad del deseo de protección, bendición y paz.

En general, aunque la manera exacta puede variar, cada una de estas denominaciones tiene prácticas, símbolos u objetos que se esgrimen con la intención de buscar defensa ante el mal; también bendiciones divinas, similares en espíritu a la función del hilo rojo en otras tradiciones. Todos estos talismanes, métodos o acciones pareciesen demostrar que la absoluta mayoría de la humanidad reconoce que existen fuerzas que te pueden dañar a distancia o proteger y bendecir, como si estas energías estuvieran en todo el Universo y te pudieran conectar con ellas.

Desde una perspectiva psicológica, el uso generalizado de talismanes, amuletos, prácticas, creencias y métodos protectores en diversas culturas y religiones puede analizarse tomando en cuenta varios ángulos teóricos, incluyendo la psicología cognitiva, la psicología de la religión y la psicología evolutiva.

La creencia en fuerzas invisibles, benévolas o malévolas ha sido una constante. Las culturas han desarrollado una serie de rituales, objetos y talismanes que sirven como medios para interactuar con estas fuerzas percibidas, ofreciendo protección, bendiciones y bienestar. Este fenómeno parece indicar una inclinación universal hacia la aceptación de un mundo impregnado de energías inobservables que tienen un impacto directo en la vida individual. A través de una lente psicológica, es posible explorar las razones subyacentes detrás de estas prácticas y creencias, y cómo han llegado a formar parte integral de la experiencia humana.

Desde la perspectiva de la psicología cognitiva, estos rituales y objetos pueden verse como una forma de reducir la incertidumbre y ejercer un grado de control sobre el entorno. La humanidad ha desarrollado un conjunto de creencias y prácticas como una forma de navegar por un mundo complejo y a menudo impredecible. Atribuirles poderes protectores a objetos físicos puede funcionar como una "muleta" cognitiva, ayudando a individuos a mitigar el estrés y la ansiedad asociados con la percepción de amenazas potenciales.

La psicología de la religión ofrece una explicación más rigurosa sobre cómo estas creencias podrían haber surgido y persistido. Las religiones, en sus diversas formas, ofrecen una narrativa que explica los fenómenos del mundo, incluyendo la presencia de fuerzas benevolentes y malignas. La creencia en estas fuerzas y la utilización de talismanes y prácticas protectoras pueden servir para fortalecer la cohesión grupal y fomentar una sensación de pertenencia y seguridad en una comunidad.

Desde el punto de vista de la psicología evolutiva puede argumentarse que la inclinación hacia la creencia en fuerzas invisibles y el uso de objetos protectores es un rasgo que ha sido favorecido por la selección natural. En un mundo primitivo lleno de peligros reales, la predisposición a percibir amenazas, incluso aquellas que podrían considerarse irracionales, podría haber ofrecido una ventaja de supervivencia, llevando a una mayor precaución y vigilancia.

La prevalencia de talismanes, amuletos y prácticas protectoras a través de culturas y religiones parece apuntar a una tendencia universal en la experiencia humana. La necesidad de encontrar orden, significado y seguridad en un Universo a menudo incierto. Estas prácticas se explican como una manifestación de la profunda necesidad humana de seguridad y estabilidad, sirviendo tanto como una herramienta para navegar por un mundo complejo como una forma de fomentar la conexión y la comunidad entre los individuos.

No obstante, a pesar de las explicaciones de las causas que lo inducen, lo cierto es que la humanidad cree que existen fuerzas o energías que pueden lograr protección y bendiciones o daños y perjuicios, a distancia en espacio y tiempo.

Las partículas son cuerdas

La teoría de las cuerdas en la física cuántica nos muestra modelos fundamentales de esta ciencia que señalan que las partículas son "ondas", realmente cuerdas vibracionales, como un "hilo" o filamento, y que están interconectadas en todo el Universo sin importar la distancia. Un punto se puede mover en el espacio en determinada dirección de localización basado en tres dimensiones. Pero una "cuerda" podría "vibrar" en un espacio-tiempo de por lo menos cuatro dimensiones. Los científicos cuánticos calculan no menos de 11 y hasta 26 dimensiones en el Universo. Según la teoría de cuerdas, todo está hecho de "cuerdas" o cordeles primarios interrelacionados.

El Universo estaría constituido de infinitomillones de estas "cuerdas", y todas ellas estrechamente vinculadas por leyes que las rigen. Si nos imaginamos que el cuerpo humano es el Universo, las células serían como las partículas o cuerdas y todas interactúan para que funcione cada órgano, y que cada uno de estos trabaje conjuntamente para que el cuerpo lo haga como un todo. Los físicos cuánticos consideran que esta teoría permite explicar los espacio-tiempos, el fenómeno gravitacional y la expansión del Universo. Así, todo cuanto existe es semejante en su parte primigenia.

El Universo está presente en cada sitio y en cada una de las partes que lo conforman, donde todos somos iguales, porque todos básicamente estaríamos constituidos por "cuerdas" o partículas que a su vez constituyen los átomos. Así, todos nos encontraríamos unidos por las "cuerdas" y "esta conexión se mantendría en todo espacio y tiempo y nunca se rompería", como dicen los monjes del "hilo rojo", esa "cuerda roja" que algunos seres humanos han intuido que existe.

Podríamos pensar que las cuerdas de un ser humano vibran como nos vemos en la actualidad, pero si vibraran de otra manera al unísono, podríamos transmutarnos en otro modo de vida, en otro espacio-tiempo, en otra forma de existencia. Incluso sin dejar de ser quienes somos en la Tierra, porque no existe el tiempo como única dimensión. En el Universo todos los eventos en espacio-tiempo ocurren a la vez.

Como las "cuerdas", podemos alinear y vibrar con las emociones:

Las emociones como la gratitud, el amor, la alegría y la esperanza, no solo nos hacen sentir bien en el momento, sino que además tienen beneficios a largo plazo. Amplían nuestro repertorio de pensamientos y acciones, ayudándonos a construir habilidades y recursos que pueden ser valiosos en el futuro.

Esto significa aumentar la resiliencia y el crecimiento personal, porque estar en el lado positivo de las emociones no significa ignorar o evitar las adversidades. Más bien, se trata de cultivar una mentalidad de desarrollo que ve los desafíos como oportunidades para aprender y crecer. Esta perspectiva nos ayuda a recuperarnos más rápidamente de las dificultades y a encontrar significado en ellas.

Los sentimientos de estar conectados y de pertenencia aumentan. Desde una perspectiva espiritual, buscar la conexión con la Divina Providencia o con las fuerzas universales genera un sentido de pertenencia y propósito. Esto se sintoniza con las investigaciones en psicología positiva que muestran que sentirse conectado con algo más grande que uno mismo es una fuente primordial de felicidad y satisfacción. Si la conexión es con el inmenso Universo nos sentiremos conectados a lo más supremo.

Nos hace fortalecer las virtudes. La psicología positiva pone énfasis en identificar y utilizar nuestras enterezas personales. Al alinear estas fortalezas con el bien mayor, no solo mejoramos nuestra propia vida, sino que también contribuimos al bienestar de los demás y del mundo en general.

Buscar y estar del lado positivo del Universo, o alinearse con la Divina Providencia, para nosotros es una extensión natural de los principios de la psicología positiva. Este enlace promueve una vida rica en significados, propósitos y felicidad, y nos ofrece herramientas para navegar los altibajos de la existencia humana con gracia y sabiduría. Es una invitación a vivir de manera intencional, valorando las bendiciones y oportunidades que vienen con cada nuevo día.

Principios y valores universales

Desde el comienzo, el ser humano ha intentado comprender y explicar su relación con el cosmos. Esta búsqueda de significados a menudo ha llevado a la formulación de leyes, mandamientos y preceptos que dictan la moralidad y ética de la vida humana. La percepción del Universo en toda su dimensión nos lleva a contemplar una realidad más extensa y profunda. Así, las leyes universales emergen como principios cardinales que rigen la vida y existencia en sí. Estos principios claves serían los siguientes:

Amar a tu prójimo porque eres tú mismo

Este código nos invita a reconocer la unidad intrínseca que compartimos con todo lo que existe porque íntegramente formamos parte del mismo cuerpo: el Universo. Si un cuerpo humano está conformado de células y una de ellas se deteriora por alguna enfermedad, se afecta igualmente a la totalidad de la persona. Al entender que cada ser es parte y una manifestación del y dentro del Universo, nos damos cuenta de que si dañamos a otro ser humano lo hacemos con nosotros mismos. Asimismo, al amar a otros, en el fondo nos amamos a nosotros mismos. Esta comprensión promueve la empatía, la cooperación y el respeto mutuo.

En una encrucijada entre la psicología, la filosofía y la ciencia, se encuentra esta potente creencia de amar a tu prójimo. En esencia, este sabio mandamiento de origen religioso resalta la conexión intrínseca entre todos los seres humanos, instándonos a fomentar la armonía en nuestras relaciones.

Cuando reconocemos la unidad intrínseca que compartimos con otros, estamos más predispuestos a trabajar juntos, fomentando una sociedad basada en el entendimiento mutuo y la cooperación. Esta comprensión también puede ayudar a aliviar los conflictos y tensiones que surgen de las diferencias percibidas, ya que somos capaces de ver más allá de las divisiones superficiales y reconocer la humanidad en el otro.

La neurociencia ha mostrado que cuando experimentamos conexiones positivas con otros se activan ciertas áreas del cerebro relacionadas con el placer y la recompensa. Esto nos demuestra que estamos biológicamente programados para buscar estas conexiones, y que amar a los demás es, en efecto, una forma de amarnos a nosotros mismos.

El ser humano, por naturaleza, es un ser social cuya supervivencia y prosperidad dependen en gran medida de su habilidad para formar y mantener relaciones interpersonales. La neurociencia ha ofrecido conclusiones interesantes sobre cómo nuestras interacciones sociales impactan en nuestro cerebro y, por ende, en nuestro bienestar general.

Cuando experimentamos conexiones positivas con otros, como amistad o amor, se activan varias áreas del cerebro, incluyendo pero no limitando al sistema límbico, que está directamente involucrado en el procesamiento de las emociones y en la regulación de la liberación de neurotransmisores como la serotonina y la oxitocina, también conocida como la "hormona del amor". Esta última es especialmente notable por su papel en la construcción de vínculos afectivos y de confianza entre los individuos (Uvnäs-Moberg, K., Handlin, L., y Petersson, M., 2019. "Self-soothing behaviors with reference to oxytocin release induced by non-noxious sensory stimulation". Frontiers in Psychology, 9, 1521).

Además, se ha demostrado que el acto de dar y recibir amor activa el núcleo accumbens, una región del cerebro asociada con el placer y la recompensa. Esta activación no solo fortalece nuestras conexiones con los demás, sino que también tiene un efecto positivo en nuestro propio bienestar, sugiriendo que estamos biológicamente programados para buscar las conexiones con los demás y que amar a otros es, de hecho, una forma de amarnos a nosotros mismos (Inagaki, T. K., Bryne Haltom, K. E., Suzuki, S., Jevtic, I., Hornstein, E., Bower, J. E., y Eisenberger, N. I., 2016. "The

Neurobiology of Giving Versus Receiving Support: The Role of Stress-Related and Social Reward-Related Neural Activity". Psychosomatic Medicine, 78-4, 443–453).

Pensar bajo la idea "amar a tu prójimo porque eres tú mismo" va más allá de una simple afirmación filosófica, presentando una profunda verdad psicológica y neurocientífica sobre la naturaleza interconectada de la existencia humana. Al procesar una comprensión más completa de este axioma, promovemos una sociedad que valore la cooperación y el respeto mutuo, llevándonos hacia una comunidad global más unida y armoniosa. A través de la práctica consciente de esta ley, podemos empezar a ver un cambio en nuestras relaciones interpersonales y, por extensión, en el mundo en su conjunto.

La integración y la no discriminación

Es imperativo entender que cada ser tiene su lugar y propósito en el Universo. Discriminar o excluir a alguien basado en diferencias superficiales es actuar en contra de la unidad fundamental del cosmos. Debemos abrazar la diversidad y reconocer que es a través de ella que el Universo se expresa en su totalidad. Nada ni nadie se discrimina universalmente.

Vladimir Gessen lo detalla: "El término 'extraterrestre' se refiere a cualquier ser vivo que no es de la Tierra. Se utiliza a menudo para referirse a seres de otros planetas, es decir a seres de otros sistemas solares o galaxias. Pienso que el término extraterrestre lleva la discriminación al lenguaje universal. Al usar esta expresión, estamos sugiriendo que los seres de otros planetas son de alguna manera diferentes de nosotros, como cuando en la historia de la humanidad algún 'ser humano' ha sido considerado diferente o inferior a otro ser humano.

Esta discriminación universal es arrogante, errónea y, en la Tierra, hasta criminal. El Universo es un lugar inmenso y creado, de acuerdo a la ciencia, hace más de 18 mil 400 millones de años, y es altamente probable que exista una inconmensurable cantidad de seres vivos en él. Estos seres podrían ser diferentes de nosotros los humanos. Argumentos religiosos nos narran que Dios nos creó a su imagen y semejanza. Esto no indica que creó a algunas de las razas humanas —como pensaron algunos—, sino a todas. Hoy la ciencia nos muestra en qué somos semejantes a Dios: todo organismo en el Universo está compuesto por átomos y partículas, no importa su forma, y todo el Universo también es semejante, todo y todos los seres universales somos conformados por átomos.

Esto concluye que compartimos una misma base física y energética. También, que tenemos la capacidad de sentir y actuar. Por lo tanto, en lugar de etiquetar a los seres de lugares distintos a la Tierra tildándolos de 'extraterrestres' por no ser terrícolas, podríamos denominarlos 'seres universales', al igual que a nosotros.

Este término es más preciso. No sugiere que los seres de otros planetas son diferentes de nosotros. Es más respetuoso. Reconoce que los entes de otros planetas son seres vivos e inteligentes como nosotros. Este vocablo es más esperanzador. Nos recuerda que no estamos solos en el Universo. También, al llamar a existencias de otros astros 'seres universales', estamos enviando un mensaje de apertura y aceptación. Estamos consintiendo que todos los seres vivos del Universo somos parte de una misma comunidad universal. Debemos agregar que veríamos como una forma de discriminación que nos llamaran a nosotros seres 'extrauniversales'.

Este mensaje es vital, ya que podría ayudarnos a prepararnos para la posibilidad de un contacto cósmico de distintas inteligencias. Si alguna vez la humanidad se encuentra con otros seres universales debemos estar dispuestos a aceptarlos como iguales".

La interdependencia cósmica y la sociedad humana

En el actual escenario global, marcado por una notable diversidad y complejidad, la integración y la no discriminación surgen como pilares esenciales en la construcción de una sociedad equitativa y cohesionada. La creencia imprescindible de que cada individuo tiene un lugar y un propósito único en el Universo establece una perspectiva inclusiva que va más allá de las divisiones superficiales basadas en raza, género, orientación sexual o cualquier otra diferencia perceptible. Estas variables se encuentran intrínsecamente vinculadas a la unidad fundamental del cosmos, respaldándose en investigaciones psicológicas y sociológicas contemporáneas.

Desde esta perspectiva cosmológica, cada elemento del Universo está interconectado, trabajando juntos para crear un sistema equilibrado y armonioso. Esta interconexión sugiere que cualquier forma de discriminación va en contra de la ley natural de la unidad cósmica (Capra, F., 1996. "The Web of Life: A New Scientific Understanding of Living Systems". Anchor Books).

Al trasladar este principio al ámbito social, es evidente que la discriminación y la exclusión impiden la formación de una sociedad saludable y cohesionada. La discriminación, como fenómeno social, tiene sus raíces en procesos psicológicos que involucran prejuicios, estereotipos y sesgos. La investigación en psicología social ha demostrado que estas actitudes pueden ser mitigadas a través de la educación y la exposición a la diversidad, lo que promueve una mayor empatía y comprensión (Allport, G. W., 1954. "The Nature of Prejudice". Addison-Wesley).

Los prejuicios son juicios prematuros o preconcebidos que las personas forman acerca de grupos o individuos, basados generalmente en características como la raza, el género o la orientación sexual, entre otras. Estos juicios, que pueden desarrollarse a partir de una edad temprana, están influenciados por una variedad de factores, incluyendo la influencia de los padres, los medios de información, las redes sociales y las experiencias personales (Nelson, T. D., 2009. #Handbook of Prejudice, Stereotyping, and Discrimination". Psychology Press). Es crucial entender que los prejuicios pueden operar a un nivel inconsciente, influenciando el comportamiento sin que la persona sea plenamente consciente de ello.

Los estereotipos son creencias simplificadas y generalizadas acerca de un grupo de personas. Pueden tener un efecto pernicioso, ya que pueden llevar a la formación de los prejuicios y de la discriminación. La investigación ha mostrado que los estereotipos pueden ser resistentes al cambio, incluso cuando se presentan pruebas que contradicen las creencias estereotipadas (Dovidio, J. F., Hewstone, M., Glick, P., y Esses, V. M., 2010. "Prejudice, Stereotyping and Discrimination: Theoretical and Empirical Overview". In J. F. Dovidio, M. Hewstone, P. Glick, y V. M. Esses, Eds., The SAGE Handbook of Prejudice, Stereotyping and Discrimination, pp. 3-28. SAGE).

Los sesgos, como los prejuicios, suelen operar a un nivel inconsciente, lo que los hace especialmente difíciles de combatir. Se entienden como una inclinación o predisposición hacia una idea o grupo particular que provoca una percepción distorsionada un o juicio injusto. Estos sesgos se basan en diversas características, tales como raza, género, sexualidad, religión, edad y otras. En muchos casos, los sesgos se desarrollan a partir de la socialización, las experiencias personales, los medios de comunicación, las redes sociales o incluso una educación sesgada.

Se reconocen varios tipos de sesgos. Entre los más comunes se incluye el sesgo de confirmación o la tendencia a buscar, interpretar y recordar la información de una manera que confirma nuestras creencias o hipótesis preexistentes.

El sesgo de anclaje es una propensión a depender demasiado de la primera pieza de información —generalmente estereotipada— que se encuentra como "ancla" al tomar decisiones, lo que, en retrospectiva, induce a creer, después de que un evento ha ocurrido, que uno habría predicho o esperado el resultado. También está el sesgo de favoritismo de grupo, en el que se tiende a favorecer a los miembros de nuestra propia agrupación por encima de los de otras asociaciones.

Estos sesgos, y otros, frecuentemente afectan nuestra interacción y comportamiento con otras personas de distintas maneras, comenzando por tomar decisiones apresuradas con base a prejuicios en lugar de una evaluación justa y completa. Igualmente, en ambientes laborales o académicos, los sesgos pueden resultar en la exclusión o marginación de individuos basándose en características personales en lugar de sus habilidades o méritos.

Uno de los problemas adicionales es que si las personas actúan basándose en sus sesgos, pueden involuntariamente perpetuar y reforzar los estereotipos y prejuicios dañinos. También los sesgos pueden llevar a malinterpretaciones y conflictos innecesarios entre individuos de diferentes grupos. Al actuar basados en sesgos, las personas pierden oportunidades de aprender y crecer al no exponerse a diferentes perspectivas y experiencias.

La educación es una herramienta poderosa para combatir la discriminación. La educación inclusiva, que promueve el pensamiento crítico y la comprensión mutua, puede ayudar a desmantelar los prejuicios y estereotipos desde una edad temprana. Las iniciativas educativas que fomentan el diálogo y la comprensión entre grupos diferentes pueden ser especialmente efectivas en la reducción de prejuicios (Pettigrew, T. F., y Tropp, L. R., 2011. "When Groups Meet: The Dynamics of Intergroup Contact". Psychology Press).

La exposición a la diversidad también coadyuva a desafiar y cambiar prejuicios y estereotipos. Al interactuar con personas de diferentes culturas, todos comienzan a ver más allá de las categorizaciones simplificadas y a desarrollar una comprensión más matizada y empática de los demás (Allport, 1954).

A través de estrategias educativas proactivas y una mayor exposición a la diversidad, es posible mitigar estos efectos nocivos, fomentando una sociedad más inclusiva y aumentando su capacidad de identificarse con alguien de otra cultura y compartir sus sentimientos y formas de ser y de pensar.

Lograr una sociedad plurirracial y multicultural:

Vivimos en un mundo diverso, donde cada rincón es la suma de culturas, razas, etnias, religiones y lenguas. Estas diferencias a menudo han sido fuente de conflictos y divisiones. Sin embargo, es posible visualizar una sociedad donde lo plurirracial y la multiculturalidad no sean barreras, sino puentes que nos unan. El logro de una sociedad de estas características tiene enormes significados y beneficios que deben ser apreciados y promovidos.

Lo primero para lograr tal sociedad es el reconocimiento y respeto por la diversidad humana. Aceptar que cada individuo tiene su propio conjunto de experiencias, valores y perspectivas basados en su cultura y raza nos lleva a una comprensión de lo que es la humanidad en su totalidad. Esta sociedad ofrece la oportunidad de enriquecimiento cultural porque la interacción y convivencia entre diferentes culturas y razas nos permite aprender de otros, desde la gastronomía y el arte hasta filosofías y modos de vida. Este intercambio enriquece nuestras vidas, nos hace más abiertos y flexibles, y promueve la innovación y creatividad.

Al forjar una sociedad donde la pluralidad es norma, desafiamos activamente los prejuicios y estereotipos. Al interactuar y vivir lado a lado con personas de diferentes culturas y razas, las ideas preconcebidas son cuestionadas y a menudo desmanteladas. Esto lleva a una sociedad más informada y empática. Las sociedades que abrazan la diversidad tienden a ser más resilientes y adaptables a los cambios. Frente a desafíos globales, están en mayor capacidad de buscar soluciones y perspectivas de diferentes comunidades, lo que conduce a soluciones más holísticas y efectivas.

Alcanzar una sociedad plurirracial y multicultural también significa promover la solidaridad y la unidad. Al reconocer nuestras diferencias y celebrarlas, también encontramos puntos en común que nos unen. Esta conexión coadyuva a trabajar juntos hacia objetivos comunes y enfrentar adversidades como una comunidad unida. La integración de razas y culturas no debe ser vista como amenaza, sino como una oportunidad para crecer y evolucionar juntos.

Distintos países han hecho esfuerzos para lograr esta meta. Por ejemplo, Canadá es reconocida por su política de multiculturalismo, que fue adoptada oficialmente en 1971. El gobierno canadiense promueve activamente la diversidad cultural y la inclusión, y protege los derechos de las minorías culturales y lingüísticas. Ciudades como Toronto y Vancouver son un testimonio de esta diversidad, albergando comunidades de todo el mundo. En Australia, desde la década de 1970, se ha adoptado esta política de multiculturalismo que reconoce y valora la diversidad cultural. Aunque todavía enfrenta desafíos, especialmente en relación con los pueblos indígenas, ha realizado esfuerzos significativos para ser una sociedad más inclusiva. También en Sudáfrica, tras el fin del apartheid en 1994, se ha intentado forjar una "nación arco iris" —como señalara Nelson Mandela—, una sociedad pluralista que abrace su diversidad racial y cultural. La Constitución del país es una de las más avanzadas del mundo en cuanto a la protección de los derechos de las minorías.

El caso de Singapur destaca una diversidad étnica que incluye chinos, malayos e indios, y ha adoptado políticas para promover la armonía racial y religiosa, como la distribución equitativa de etnias en los complejos habitacionales y la celebración de festivales de todas las religiones y culturas. Malasia, por su parte, da señales importantes de convivencia entre las mayoritarias comunidades de ese país, tan disímiles como la hindú, la china y la malaya.

Por otro lado, Nueva Zelanda ha hecho esfuerzos para reconocer y honrar la cultura de los maoríes, los pueblos indígenas de esa nación. A través de tratados y políticas, se ha buscado garantizar que la cultura maorí tenga un lugar prominente en la sociedad neozelandesa.

Estos son algunos ejemplos, y cada país tiene su propio conjunto de desafíos y logros en el camino hacia la creación de una sociedad plurirracial y multicultural. Lo que es evidente en todos estos ejemplos es la necesidad de reconocer, respetar y valorar la diversidad como una fortaleza y no como una debilidad, y nos indica hacia dónde apunta la humanidad del futuro.

Sociología de la diversidad

Desde una perspectiva sociológica, la integración se manifiesta en la construcción de comunidades inclusivas donde las diferencias son celebradas y no denigradas. Es imperativo desarrollar políticas y programas que fomenten la integración y prevengan la discriminación, permitiendo así que cada individuo contribuya de manera significativa a la sociedad (Putnam, R. D., 2007. "E Pluribus Unum: Diversity and Community in the Twenty-first Century. The 2006 Johan Skytte Prize Lecture". Scandinavian Political Studies, 30-2, 137-174).

Abrazar la diversidad significa reconocer que es a través de una variedad de expresiones y experiencias que el Universo se manifiesta en su totalidad. Esto se logra celebrando las diferencias individuales en lugar de verlas como obstáculos, donde cada individuo pueda encontrar su lugar y propósito, contribuyendo así a una expresión más completa y armoniosa del Universo.

La dualidad de todo lo existente en el Universo

Esta ley refleja el equilibrio inherente en todo. Aunque existen fuerzas opuestas, como la luz y su ausencia, o el bien y el mal, estas no son independientes, sino interdependientes. Ambos polos son esenciales para el equilibrio y la armonía. La dualidad es un concepto profundo y omnipresente que se manifiesta en todos los aspectos de la existencia infinita —tanto lo macro como lo micro y lo infinitesimal— en el Universo.

En nuestro planeta, y dentro de la psicología humana, esta ley fundamental refleja el equilibrio inherente en todo el cosmos y nos recuerda que las fuerzas opuestas, aunque en apariencia contradictorias, están entretejidas y son esenciales para mantener el equilibrio.

La dualidad se hace evidente en numerosos aspectos de la experiencia humana, desde las emociones y las relaciones interpersonales hasta las percepciones y las decisiones que tomamos. Lo presenciamos en la dualidad del bien y del mal en la psicología y la moral humanas.

En nuestras vidas, experimentamos una gama completa de emociones que varían desde la alegría hasta la tristeza, de la ira a la compasión o del amor al odio. La dualidad de estas emociones no solo es natural, sino que es esencial para entendernos. La tristeza nos permite apreciar la alegría, y la ira puede motivarnos a buscar soluciones y cambios positivos en nuestras vidas. Sin la dualidad de estas emociones, nuestro entendimiento de ellas sería limitado y nuestra experiencia menos enriquecedora.

En las relaciones interpersonales, también encontramos la dualidad en forma de conflictos y desacuerdos. No obstante, es precisamente este contraste con la armonía y la cooperación lo que nos permite apreciar y fortalecer nuestras conexiones con los demás. La dualidad de la relación entre el individuo y la comunidad refleja la interdependencia en la que todos confiamos para nuestro bienestar psicológico.

En la toma de decisiones, enfrentamos constantemente elecciones que involucran valores y deseos en conflicto. La dualidad se manifiesta aquí en forma de dilemas morales y éticos. Estas contradicciones nos brindan la oportunidad de reflexionar sobre nuestras creencias y valores fundamentales, lo que en última instancia contribuye a un mayor autoconocimiento y desarrollo personal.

Existen fuerzas opuestas en la dualidad; estas no son independientes sino interdependientes. Lo bueno y lo malo a menudo están enraizados en la misma naturaleza humana. Este reconocimiento nos lleva a una apreciación más profunda de la complejidad de la existencia. La dualidad es un principio fundamental que impregna la psicología humana.

Premio o castigo

El Universo refleja lo que ponemos en él. Si actuamos con bondad, amor y comprensión, esos son los valores que el Universo nos retribuirá. Esta ley resuena con el principio del karma, donde nuestras acciones determinan nuestras experiencias futuras. Es cierto que el Universo refleja lo que ponemos en él. Nuestras acciones tienen un impacto en los demás. Cuando actuamos con estos parámetros, creamos un ambiente positivo para los demás. Esto conduce a una mayor felicidad, paz y armonía, y ejerce un impacto positivo en nosotros. Lo que implica subir la autoestima, la confianza y la felicidad personal.

Las acciones positivas crean un ciclo de reciprocidad, y cuando procedemos de esta forma es más probable que los demás nos traten de la misma manera. Lo cual se convierte en una mayor amabilidad, afecto y entendimiento entre todos.

El principio del karma es una filosofía que está en consonancia con esta idea. El karma sostiene que nuestras acciones determinan nuestras experiencias futuras. Si actuamos con bonhomía, afabilidad, sencillez y honradez, cosecharemos los frutos de estas acciones en el futuro. Y si actuamos con egoísmo, maldad, deshonestidad y con deshonor, la vileza se nos devolverá próximamente. Debemos destacar que el karma no solamente se entiende para que se presente en otra vida. Un monje budista nos comentó que si una persona hace suficiente bien —o mal— el karma lo alcanza en esta misma vida como premio o castigo.

Aunque no hay pruebas científicas que respalden la idea de que el Universo refleja lo que ponemos en él, dado que se rige por leyes universales podemos suponer que si nuestras acciones tienen un impacto en el mundo que nos rodea y en nosotros mismos, y crean en nuestro medio ambiente un ciclo de reciprocidad, no hay razones para pensar que no sea igual más allá de nuestro planeta y que esta forma de ser también reciba la atención de fuerzas universales que no conocemos, pero que podemos sentir.

La noción de que el Universo refleja lo que ponemos en él, especialmente en términos de nuestros valores y acciones, es un concepto profundamente arraigado en la psicología y la espiritualidad. Esta idea sugiere que nuestras acciones y actitudes influyen en la calidad de nuestras experiencias y relaciones en la vida, y que, en última instancia, cosechamos lo que sembramos en términos de bondad, amor y comprensión.

La ley de la atracción y la psicología positiva

El concepto de que el Universo refleja nuestras acciones y actitudes se relaciona estrechamente con la ley de la atracción, un principio que sostiene que atraemos a nuestras vidas aquello en lo que enfocamos nuestra atención y energía. Esto puede entenderse en términos de la influencia de nuestros pensamientos, emociones y comportamientos en nuestras experiencias.

Cuando actuamos con amabilidad, cordialidad y simpatía hacia los demás, estamos sembrando la semilla de la bondad en el Universo que, a menudo, se manifiesta en forma de relaciones positivas y apoyo social. La psicología positiva respalda esta idea, señalando que las emociones positivas y las acciones altruistas pueden aumentar nuestro bienestar psicológico y contribuir a una mayor satisfacción en la vida.

En la búsqueda de la felicidad y el bienestar, la intersección de las filosofías orientales con la psicología occidental moderna ha emergido como un campo de estudio fascinante y profundamente esclarecedor. Una de estas sinergias es evidente en la convergencia de la ley de la atracción y la psicología positiva, dos corrientes que, aunque surgen de tradiciones distintas, encuentran un punto de encuentro en la promoción de una vida plena.

La ley de la atracción, enraizada en las filosofías espirituales, sostiene que los individuos tienen la capacidad de atraer experiencias positivas o negativas a sus vidas, dependiendo de la naturaleza de sus pensamientos, emociones y energías (Byrne, R., 2006. "The Secret". Atria Books/Beyond Words). Esta ley propone que el Universo funciona como un espejo, reflejando las energías que emitimos. Por lo tanto, cuando nos enfocamos en pensamientos positivos y actuamos con bondad, estamos, en esencia, sembrando semillas positivas en el Universo que se manifestarán en nuestras experiencias de vida.

En la psicología positiva, uno de sus enfoques es estudiar los aspectos positivos de la experiencia humana, tales como la felicidad, el optimismo y el altruismo (Seligman, M. E. P., & Csikszentmihalyi, M., 2000. "Positive psychology: An introduction". American Psychologist, 55[1], 5–14). Este enfoque resalta la importancia de nutrir emociones positivas y practicar relaciones saludables, proponiendo que estos elementos pueden incrementar nuestro bienestar psicológico y conducir a una vida más satisfactoria.

Cuando se analizan juntos, es evidente que la ley de la atracción y la psicología positiva se complementan mutuamente, ofreciendo una perspectiva holística sobre el bienestar humano. La psicología positiva respalda científicamente lo que la ley de la atracción ha propuesto desde una posición más filosófica: que nuestra forma de actuar y nuestras acciones tienen un profundo impacto en nuestra calidad de vida.

Además, ambas corrientes proponen que las relaciones positivas y el apoyo social son vitales para nuestro bienestar, lo que, a su vez, resulta en una mayor satisfacción en la vida (Diener, E., & Seligman, M. E. P., 2002. "Very Happy People". Psychological Science, 13[1], 81–84).

Dos pilares de un mundo armonioso

En las relaciones humanas, dos hilos entrelazados y brillantes destacan como elementos cruciales: la empatía y la comprensión. Estas no son simplemente virtudes pasivas, sino fuerzas activas y dinámicas que pueden impulsar ciclos virtuosos de interacción positiva y cohesión social.

La empatía se refiere a nuestra capacidad de sintonizar y responder a las experiencias y emociones de los demás, permitiéndonos, en cierta medida, sentir lo que otros sienten (Decety, J., y Jackson, P. L., 2004. "The functional architecture of human empathy". Behavioral and Cognitive Neuroscience Reviews, 3-2, 71-100).

Es más que un simple acto de imaginación, es un fenómeno neurobiológico que involucra sistemas cerebrales específicos dedicados a facilitar una comprensión íntima de las experiencias ajenas (Singer, T., y Lamm, C., 2009. "The social neuroscience of empathy". Annals of the New York Academy of Sciences, 1156-1, 81-96).

La comprensión, por su parte, va de la mano con la empatía. Implica un esfuerzo consciente para entender las perspectivas y los contextos de los demás, reconociendo y respetando su singularidad y humanidad. Esta cualidad nos hace abordar situaciones y conflictos con una mente abierta y un corazón comprensivo, favoreciendo soluciones colaborativas y pacíficas (Rogers, C. R., 1957. "The necessary and sufficient conditions of therapeutic personality change". Journal of Consulting Psychology, 21-2, 95-103).

El ciclo virtuoso

La interacción de empatía y comprensión puede fomentar un ciclo virtuoso en nuestras relaciones. En la psicología social, esto refleja el principio de reciprocidad, que postula que las personas están inclinadas a responder a los actos de bondad con gestos similares de amabilidad y cooperación (Gouldner, A. W., 1960. "The norm of reciprocity: A preliminary statement". American Sociological Review, 25-2, 161-178).

Por tanto, cuando usamos la empatía y la comprensión, estamos sembrando armonía y cooperación, estableciendo un ciclo positivo que puede perpetuarse, fortaleciendo los nexos comunitarios y fomentando relaciones más armoniosas.

En un nivel más amplio, este ciclo de empatía y comprensión tiene el poder de transformar nuestras comunidades y nuestra sociedad en su conjunto. Al promover interacciones humanas más positivas, nutrimos una cultura de respeto mutuo, cooperación y apoyo emocional. Este tipo de sociedad no solo facilita la felicidad y el bienestar individual, sino que también crea una fundación sólida para enfrentar desafíos comunes y alcanzar metas colectivas.

Ambas son cualidades humanas cardinales que desempeñan un papel esencial en nuestras relaciones interpersonales y en la construcción de un mundo mejor.

La construcción de los valores y el carácter

En la jornada continua de crecimiento personal, la construcción de valores y del carácter emerge como una piedra angular que no solo guía nuestras interacciones con el mundo que nos rodea, sino que también moldea nuestro mundo interno. La bonhomía tiene un reverberante efecto positivo en nuestra psicología y bienestar personal, subrayando la intrínseca relación entre nuestras acciones y actitudes y nuestro desarrollo holístico como seres humanos.

Bonhomía: ser bueno básicamente

Actuar con bonhomía, o con buena voluntad y amabilidad hacia los demás, es una práctica que tiene raíces en la ética de la reciprocidad, que dicta que las buenas acciones, por lo general, engendran más bien en el mundo (Darley, J. M., y Batson, C. D., 1973. "From Jerusalem to Jericho: A study of situational and dispositional variables in helping behavior". Journal of Personality and Social Psychology, 27-1, 100-108).

Esta actitud positiva va más allá de las interacciones sociales superficiales, zumbando profundamente en nuestra propia psique, reflejando una reverberación que fortalece nuestros valores fundamentales y nutre un carácter sólido y ético.

Nuestra identidad y carácter no están escritos en piedra, sino que son entidades dinámicas y maleables que se construyen y desarrollan continuamente a través de nuestras acciones y decisiones conscientes (Lapsley, D. K., y Narvaez, D. 2004. "Moral development, self, and identity". Psychology Press).

Al experimentar valores tales como la bondad, la honestidad y la integridad en nuestras acciones cotidianas, establecemos un basamento ético sólido que se convierte en la esencia de nuestro carácter.

Uno de los beneficios intrínsecos de vivir de acuerdo con un conjunto de valores éticos es el desarrollo de una autoestima saludable y un autoconcepto positivo. A medida que testificamos nuestra capacidad para actuar con bonhomía y ética, la percepción de nosotros mismos mejora, promoviendo una visión más saludable y positiva de nuestra propia identidad (Crocker, J., y Wolfe, C. T., 2001. "Contingencies of self-worth". Psychological Review, 108-3, 593-623).

No podemos subestimar el poder transformador que tiene vivir con integridad y valores éticos en nuestra salud mental y bienestar emocional. Este enfoque es valioso y fomenta la satisfacción y la felicidad personal, así como promueve un estado de bienestar, de paz emocional y tranquilidad mental que es sostenible y duradero (Ryff, C. D., 1989. "Happiness is everything, or is it? Explorations on the meaning of psychological well-being". Journal of Personality and Social Psychology, 57-6, 1069-1081).

En el punto en donde nuestro mundo interno encuentra el externo, la construcción de valores y carácter se destaca como un proceso vital y enriquecedor. Actuar con bonhomía no es simplemente un acto de benevolencia hacia el mundo, sino también una inversión en nuestro propio crecimiento y bienestar personal. Al nutrir estos valores, no solo mejoramos nuestras propias vidas, sino que además contribuimos a una sociedad más amable y comprensiva. En última instancia, este principio resalta el potencial transformador de nuestras acciones y actitudes, subrayando que cada uno de nosotros tiene el poder de dar forma a un mundo tanto interno como externo que resuena con bondad, compasión y ética.

Este principio tiene un impacto en nuestra propia psicología y desarrollo personal. Estas acciones refuerzan nuestros valores y contribuyen a la formación de un carácter integro, sólido y ético, lo que a su vez mejora nuestra forma de ser y aumenta nuestro bienestar emocional.

La simbiosis universal

La noción de simbiosis, que refleja la interdependencia de todos los elementos en el Universo, trasciende el ámbito biológico y encuentra una consonancia en la psicología humana. Esta ley fundamental nos recuerda que, al igual que en la naturaleza, los seres humanos también están extraordinariamente conectados entre sí y con el entorno que los rodea. En el ámbito de las relaciones humanas, la simbiosis se manifiesta en nuestra dependencia mutua. Desde el nacimiento, los seres humanos estamos ligados a nuestros familiares, y luego se construyen conexiones con amigos, familiares y comunidades. La psicología reconoce que estas relaciones desempeñan un papel fundamental en el bienestar emocional y mental de las personas.

La teoría del apego de John Bowlby destaca la importancia de las relaciones afectivas en el desarrollo humano. Los individuos dependen de las relaciones cercanas para obtener apoyo emocional, seguridad y un sentido de pertenencia. El reconocimiento de esta interdependencia nos recuerda la necesidad de colaboración y coexistencia armoniosa para promover la salud mental y emocional. A medida que los niños desarrollan los apegos, forman "modelos internos de trabajo" que son representaciones mentales de sí mismos y de sus relaciones con otros. Estos modelos influirán en sus relaciones futuras.

A través de investigaciones, especialmente el famoso "experimento de la situación extraña" realizado por Mary Ainsworth, se identificaron varios patrones de apego. La calidad del apego en la infancia puede tener efectos duraderos en el desarrollo socioemocional y en las relaciones futuras de una persona. Los individuos con apegos seguros de sus cuidadores tienden a tener relaciones más estables y una autoestima más positiva en comparación con aquellos con patrones de apego inseguro (Ainsworth, M. D. S., & Bell, S. M., 1970. "Attachment, exploration, and separation: Illustrated by the behavior of one-year-olds in a strange situation". Child Development, 41-1, 49-67).

Esta teoría ha sido ampliamente estudiada y ha influido en áreas como el desarrollo infantil, la psicoterapia y la educación. También ha generado investigaciones y teorías complementarias en el ámbito de la psicología del desarrollo y clínica.

La simbiosis universal se extiende también a nuestra relación con el entorno natural. A menudo, los seres humanos han visto la naturaleza como un recurso explotable en lugar de admitir nuestra interdependencia con ella. Una comprensión más extensa del vínculo entre los seres humanos y la naturaleza se ha vuelto esencial en la era actual, donde los problemas ambientales como el cambio climático y la pérdida de biodiversidad requieren una respuesta colectiva.

La psicología ambiental y la ecopsicología exploran cómo nuestro enlace con la naturaleza influye en nuestro bienestar mental y emocional. Ya es común aceptar que el contacto con la naturaleza reduce el estrés, mejora el estado de ánimo y aumenta el sentido de unión con el mundo que nos rodea. Esto refuerza la idea de que nuestra salud mental está asociada a nuestra interacción con la naturaleza y la necesidad de coexistir en armonía con ella.

Coexistencia:

En última instancia, la ley de la simbiosis universal nos llama a la colaboración y la coexistencia. Como seres humanos, estamos en una posición única para influir en nuestro entorno y con los demás. La colaboración no solo promueve la resolución pacífica de conflictos, sino que igual nos permite aprovechar la diversidad de habilidades y perspectivas para abordar desafíos comunes.

La psicología social nos enseña que las relaciones positivas, la empatía y la cooperación son esenciales para la construcción de sociedades saludables y prósperas. Al reconocer nuestra interdependencia y abrazar la simbiosis universal, podemos cultivar el respeto mutuo, la solidaridad y la sostenibilidad.

La simbiosis universal es una ley que trasciende la biología y se extiende a la psicología humana y a nuestra relación con el entorno. Nos recuerda que la colaboración, la coexistencia y la interconexión son fundamentales para nuestro bienestar emocional y mental, para el futuro sostenible de nuestro planeta y para crear una atmósfera por un mundo más armonioso y equilibrado. Estas leyes ponen de manifiesto la interdependencia de todo en el Universo. Al igual que los peces payasos y las anémonas se benefician mutuamente de su simbiosis, debemos aprender a coexistir en armonía con el medio ambiente al mismo tiempo que con las personas.

Estas leyes universales, a diferencia de los mandatos culturales, no están ligadas a un contexto particular, sino que son aplicables a toda la existencia. Reconocer y vivir de acuerdo con estas leyes nos lleva a una vida más enriquecida, en sintonía con el ritmo del Universo, y en armonía con todo cuanto existe. Es una invitación a vivir en un lugar de profundo entendimiento y amor, no solo por nosotros mismos, sino por toda la creación.

Busca el lado positivo del Universo, de la Divina Providencia, y ayúdate a ti mismo, que las fuerzas universales te acompañarán.

Valores de la humanidad

La humanidad ha recorrido su historia. Hemos experimentado grandes avances tecnológicos, sociales y culturales. Sin embargo, algunos valores han permanecido constantes a lo largo de los siglos. Estos valores son los que nos definen como seres humanos y nos permiten vivir en sociedad. Son los valores que nos ayudan a construir un mundo mejor para todos.

Monumento a la Paz en Washington, Estados Unidos

La paz:

Es un valor fundamental para la humanidad. Es el deseo de vivir en armonía y tranquilidad, sin violencia ni conflicto. La paz es un concepto complejo que ha sido definido de muchas maneras diferentes. En general, la paz se entiende como un estado de concordia, avenencia, ausencia de guerra, sin violencia ni conflicto. Es un estado en el que las personas logran vivir en seguridad y libertad, sin miedo a la agresión o la opresión, y que permite a las personas desarrollarse plenamente y alcanzar su máximo potencial y felicidad.

Es vivir en bienestar y prosperidad, en un escenario en el que todos los seres humanos tengan la oportunidad de tener una vida digna y plena. En el que las personas resuelvan sus diferencias de manera pacífica y constructiva. Es un objetivo que todos los seres humanos anhelan y debemos perseguir, que requiere de la cooperación y la solidaridad de todos, buscando un mundo más justo y equitativo.

La paz es vivir en seguridad y libertad y debemos promoverla en nuestras propias vidas, en nuestra comunidad y en el mundo. Eduquemos y apoyemos los esfuerzos para resolver los conflictos de manera pacífica. Todos tenemos un papel que desempeñar en la construcción de un mundo más sosegado.

La paz no es solo un ideal, sino también una garantía legal. En el ámbito internacional, existen una serie de tratados y acuerdos que buscan garantizar la paz. Estos protocolos establecen normas y principios que deben ser respetados por todas las naciones para evitar conflagraciones. Uno de ellos es la Carta de las Naciones Unidas. Este documento fue adoptado en 1945, tras la Segunda Guerra Mundial, y establece los principios básicos de la organización, entre los que se encuentran la promoción de la paz y la seguridad internacionales. La Carta de la Organización de Naciones Unidas (ONU) prohíbe hacer la guerra contra la integridad territorial o la independencia política de cualquier Estado. También establece que los estados deben resolver sus diferencias de manera pacífica y cooperar para que esto suceda.

Otros tratados imprescindibles en materia de paz son el Pacto Internacional de Derechos Civiles y Políticos, el Pacto Internacional de Derechos Económicos, Sociales y Culturales, y la Declaración Universal de los Derechos Humanos. Estos protegen los derechos fundamentales, que son esenciales para la paz y la seguridad.

En el ámbito interno de cada país —salvo en Estados autocráticos o totalitarios— también existen una serie de leyes y normas que buscan garantizar la paz. Estas leyes prohíben la violencia, el terrorismo y otras formas de conflicto. También establecen mecanismos para solucionarlos de manera pacífica, como los tribunales de justicia y los mecanismos de mediación.

La paz es un derecho fundamental de todos los seres humanos que debe ser protegido por el derecho internacional y el derecho interno. Estas garantías legales de la paz son prominentes por varias razones. En primer lugar, ayudan a prevenir confrontaciones. Al establecer normas y principios que deben ser respetados por todos, estos documentos disuaden a los Estados de recurrir a la violencia para resolver sus diferencias. De la misma manera, ayudan a construir la confianza entre los países. Al demostrar que las naciones están comprometidas con la paz, estos acuerdos ayudan a crear un clima de confianza que puede facilitar la resolución de los conflictos.

Cuando estos tratados no se cumplen o practican, sus consecuencias son el surgimiento de confrontaciones, y su corolario el estado de guerra.

Paz y felicidad:

La felicidad es un estado de ánimo positivo que se caracteriza por la sensación de bienestar, satisfacción y plenitud. La paz, por su parte, es un estado de armonía y tranquilidad, sin violencia ni conflicto. En general, se considera que la paz es un requisito previo para la felicidad. Sin paz es difícil sentirse seguro, tranquilo y confiado. Dificulta el desarrollo de las relaciones personales, la realización profesional y el disfrute de la vida.

En casos históricos, la felicidad ha sido el resultado de la superación de estados de guerra o de regímenes oprobiosos que impiden ser libres a los ciudadanos. Cuando los pueblos —luego de las conflagraciones— han alcanzado la deseada libertad, han celebrado su satisfacción, aunque tengan que salvar las heridas de los años de lucha y zozobra.

Sin paz no habrá felicidad.

Justicia y felicidad

La justicia, entendida como una columna central en la conformación de una sociedad equitativa y armoniosa, ha sido objeto de una miríada de discusiones y análisis por la humanidad. La conceptualización de la justicia ha mostrado una capacidad única para adaptarse y evolucionar, reflejando las complejidades y los matices de la condición humana. Desde los diálogos socráticos hasta las modernas teorías de justicia social, este concepto ha mantenido una conexión inextricable con la búsqueda de la felicidad individual y colectiva.

Es ineludible entender que la justicia va más allá de una simple estructura de castigo y recompensa. Es una entidad que impregna todos los aspectos de la vida social, configurando las normas, valores y expectativas que guían el comportamiento humano. Al instaurar un ambiente donde la equidad y la igualdad de oportunidades son prioritarias, la justicia sienta las bases para una coexistencia pacífica y respetuosa, permitiendo así que florezca la felicidad.

Desde una perspectiva filosófica, muchos teóricos han argumentado que la justicia es una condición necesaria para alcanzar una vida plena y feliz. Aristóteles estableció una relación directa entre la justicia y la felicidad, sugiriendo que el verdadero florecimiento humano solo sería alcanzado dentro de una sociedad justa, donde los individuos puedan vivir virtuosamente y en armonía con los demás.

Aristóteles aborda esta relación entre justicia y felicidad en varias de sus obras, donde destaca la importancia de una vida virtuosa como medio para alcanzar la "eudaimonia" (felicidad y bienestar). En su obra *"Ética a Nicómaco"*, Aristóteles explora extensamente este concepto, argumentando que la finalidad última de la vida humana es alcanzar esta forma de felicidad, que se logra a través de la virtud y la vida moralmente buena. Aunque no se refiere directamente a la justicia como una condición para la felicidad, insinúa que llevar una vida virtuosa incluye actuar "justamente", lo que es esencial para alcanzar la eudaimonia.

En "Política", Aristóteles expande su discusión sobre la eudaimonia en el contexto de la sociedad y el Estado. Sugiere que un Estado justo es aquel que permite a sus ciudadanos vivir vidas buenas y felices. Aquí podemos ver cómo la justicia juega un papel crucial para procurarles la felicidad a los ciudadanos, además de definirla como una de las virtudes cardinales.

En la "Retórica", Aristóteles también nos lega la cuestión de la justicia, aunque desde un punto de vista un poco diferente, explorando cómo las nociones de justicia pueden ser utilizadas en la argumentación y la persuasión.

Una visión más contemporánea expone que las teorías de la justicia social buscan redimensionar esta relación, abogando por una distribución más equitativa de las oportunidades, lo cual, argumentan, facilita la realización personal y, por ende, incrementa los niveles de felicidad en la sociedad. En este sentido, se podría inferir que una colectividad justa funciona como un catalizador para la felicidad, creando un entorno donde los individuos pueden alcanzar su potencial completo y vivir vidas significativas y satisfactorias.

Igualmente es crucial entender que la relación entre la justicia y la felicidad no es lineal. En ocasiones, la búsqueda de la justicia llega a implicar sacrificios y dificultades, lo que plantea preguntas complejas sobre cómo equilibrar la búsqueda de la justicia con la consecución de la felicidad. En este escenario, emerge la precisión de una justicia reflexiva y matizada, que pueda negociar entre las diversas demandas y expectativas de una sociedad diversa y multifacética.

La justicia y la felicidad se entrelazan de manera profunda en el núcleo de la experiencia humana. A través de la promoción de una justicia equitativa y compasiva, es posible fomentar un entorno en el que la felicidad pueda florecer, demostrando así que la búsqueda de la justicia es, en realidad, una búsqueda intrínseca de la felicidad. En este viaje conjunto, la humanidad tiene la oportunidad de construir una sociedad más inclusiva y próspera, donde la justicia no solo sea una aspiración, sino una realidad que nutra y sustente la felicidad de todos.

Equidad y seguridad:

La justicia envuelve igualmente la distribución equitativa de recursos, oportunidades y derechos. Desde una perspectiva psicológica, las personas experimentan una sensación de bienestar y seguridad cuando perciben que están siendo tratadas de manera justa. Cuando no es así, se forjan sentimientos de frustración, desconfianza y ansiedad, lo que afecta negativamente a la persona alejando su estado de bienestar y, por consecuencia, su felicidad. La justicia proporciona un marco en el que las personas pueden confiar en que serán tratadas con respeto y consideración, lo que contribuye a una mayor satisfacción y contento en la vida cotidiana.

Identidad y pertenencia:

La justicia también está vinculada a la percepción de pertenencia y cohesión social. Cuando las personas sienten que sus voces son escuchadas y que tienen igualdad de oportunidades, su sentido de identidad y autoestima se fortalece. La identificación con una comunidad justa y ecuánime fomenta un sentimiento de conexión con los demás y una sensación de pertenencia a un grupo en el que se sienten valorados. Este sentido de pertenencia a su vez contribuye a una mayor satisfacción en la vida y una mayor felicidad.

Estrés y ansiedad:

La injusticia y la desigualdad generan estrés psicológico y ansiedad en las personas. Cuando los individuos se enfrentan a situaciones en las que sus derechos son violados o su bienestar se ve amenazado, su salud mental sufre. La justicia, al proporcionar un sistema en el que se respeten y protejan los derechos de todos, reduce el estrés y la ansiedad asociados con la incertidumbre y la injusticia. Esto crea un ambiente psicológico propicio para la felicidad y el bienestar general.

La gratificación emocional:

La justicia promueve la idea de reciprocidad y cooperación en la sociedad. Las personas experimentan satisfacción emocional al participar en un sistema justo donde sus acciones son recompensadas de manera proporcional a sus esfuerzos. La sensación de que sus acciones tienen consecuencias predecibles y equitativas proporciona una gratificación emocional que contribuye directamente a la felicidad individual. De esta forma la justicia, como concepto y valor fundamental, juega un papel crucial en la contribución a la felicidad de cada individuo. Como un principio arraigado en la naturaleza humana, la justicia no solo moldea las interacciones sociales, sino que también tiene un impacto profundo en la felicidad de las personas en la búsqueda constante de un mundo más feliz.

La justicia se encuentra estrechamente asociada al concepto de igualdad que representa el reconocimiento del valor de todos los seres humanos, independientemente de su raza, religión, género u origen, así como a la solidaridad, la cooperación y la ayuda mutua entre todos. Es también la convicción de que cada uno de nosotros es responsable del bienestar de los demás.

Libertad y felicidad

La libertad ha sido un motor de cambio y evolución en la historia de la humanidad. Abarca desde la capacidad de elección individual hasta la autonomía en la toma de decisiones y la expresión personal. Otorga a los ciudadanos un sentido de control sobre sus vidas y decisiones. Esta percepción de autonomía es esencial para la salud psicológica y la felicidad. Cuando las personas sienten que tienen la capacidad de tomar decisiones que reflejan sus valores y deseos, experimentan empoderamiento y satisfacción. Por otro lado, la falta de libertad puede generar sentimientos de frustración y malestar emocional al limitar la expresión de la identidad personal y la búsqueda de metas individuales.

Autorrealización y felicidad

La libertad permite a las personas explorar sus intereses, pasiones y aspiraciones. Al poder perseguir metas que se alinean con sus valores y deseos internos, las personas experimentan una mayor sensación de logro y realización personal. Este proceso de autorrealización contribuye directamente a la felicidad, ya que las personas se sienten más conectadas con su propósito en la vida y experimentan una mayor satisfacción al alcanzar objetivos significativos.

Expresión y creatividad:

La libertad también se asocia con la capacidad de expresar ideas, emociones y creatividad de manera auténtica. Cuando las personas se sienten libres para ser ellas mismas sin temor a la censura o represión, experimentan un alivio emocional y una mayor autenticidad en sus interacciones sociales. La expresión libre fomenta la construcción de relaciones genuinas y la conexión con los demás, lo que a su vez contribuye a un mayor sentido de pertenencia y bienestar psicológico. La libertad también está relacionada con la reducción del estrés y la ansiedad. Cuando las personas se encuentran en un entorno que les permite tomar decisiones informadas y coherentes con sus valores, tienen menos probabilidades de experimentar la sensación de estar atrapadas en situaciones que no desean o disfrutan. Esto conduce a una disminución del estrés psicológico y a una mayor estabilidad emocional, lo que se traduce en una mayor sensación de felicidad. En última instancia, la capacidad de ejercer la libertad y vivir una vida auténtica y significativa es un elemento vital para la búsqueda de la felicidad individual tanto como colectiva.

Estos valores no siempre han sido respetados. Sin embargo, han sido la inspiración de los seres humanos siempre en búsqueda de un destino cada vez superior. En la actualidad, estos valores son más importantes que nunca. Vivimos en un mundo globalizado y conectado, donde los retos que enfrentamos son cada vez más complejos. Para construir un mundo mejor, necesitamos trabajar juntos para promover estos valores. Requerimos educar a las generaciones futuras sobre la importancia de la paz, la justicia, la libertad, la igualdad y la solidaridad, ya que son parámetros imprescindibles y la base de una sociedad justa y equitativa, donde todos podamos vivir en paz y concordia.

La búsqueda de la felicidad es un objetivo inherente a la naturaleza humana, y en esta búsqueda los valores juegan su determinante papel. Desde una perspectiva psicológica, los valores desempeñan un rol fundamental en la determinación de nuestro bienestar emocional y satisfacción en la vida.

Definiciones:

La Real Academia de la Lengua nos indica que *libertad*, entre sus primeras acepciones, es la facultad natural que tiene el ser humano de obrar de una manera o de otra, y de no obrar, por lo que es responsable de sus actos. El estado o condición de quien no es esclavo, o de quien no está preso. Es el derecho de valor superior que asegura la libre determinación de las personas.

En términos psicológicos, la libertad puede ser vista como la capacidad de un individuo para ejercer autonomía, tomar decisiones basadas en sus propios valores, deseos y creencias, y actuar de acuerdo a su voluntad, sin coacciones. La percepción de la libertad está intrínsecamente ligada a varios aspectos de la salud mental y el bienestar del individuo.

Psicología humanista:

Desde una perspectiva humanista, la libertad se considera como una de las necesidades básicas del ser humano. Un prominente psicólogo humanista, Abraham Maslow, propuso que para alcanzar la autorrealización un individuo necesita tener libertad para explorar y expresar su verdadero yo, sin restricciones indebidas (Maslow, A. H., 1943. "A Theory of Human Motivation". Psychological Review, 50-4, 370-396).

Teoría de la autodeterminación:

La teoría de la autodeterminación, propuesta por Deci y Ryan, sugiere que para que un individuo pueda alcanzar un óptimo bienestar psicológico, necesita satisfacer tres necesidades básicas: competencia, relacionamiento y autonomía. La autonomía, en este contexto, es sinónimo de libertad psicológica, permitiendo que los individuos tomen decisiones basadas en sus propios intereses y valores (Deci, E. L., y Ryan, R. M., 1985. "Intrinsic motivation and self-determination in human behavior". Plenum).

Psicología cognitiva:

Desde una perspectiva cognitiva, la libertad puede ser vista como la habilidad de ejercer control cognitivo sobre nuestras acciones y decisiones. Esto implica la capacidad para evaluar diferentes opciones, planificar acciones y ejercer autocontrol, lo que, en esencia, nos proporciona la libertad para dirigir nuestras vidas de una manera que esté en línea con nuestras metas y valores personales (Eysenck, M. W., y Keane, M. T., 2015. "Cognitive psychology: A student's Handbook". Psychology press).

Psicoanálisis:

En el campo del psicoanálisis, la libertad puede estar vinculada a la liberación de conflictos internos y represiones que pueden inhibir la expresión genuina del yo. Sigmund Freud argumentaba que, a través de la terapia analítica, los individuos pueden obtener una mayor libertad psíquica al resolver estos conflictos y reducir la influencia del superyó restrictivo. (Freud, S., 1923. "El yo y el ello". En "Obras completas"., Vol. 19. Amorrortu Editores).

Psicología positiva:

La psicología positiva, que se enfoca en estudiar los aspectos positivos de la experiencia humana, también reconoce la importancia de la libertad y la autonomía para el bienestar general. La percepción de tener control sobre la propia vida y poder ejercer la libertad de elección se considera como un contribuyente significativo a la felicidad y satisfacción con la vida (Seligman, M. E., y Csikszentmihalyi, M., 2000. "Positive psychology: An introduction". American Psychologist, 55-1, 5-14).

Toda definición conduce a que no habrá felicidad y bienestar sin libertad, que es un vital componente de la salud mental y el bienestar social y personal, implicando la autonomía, la autodeterminación y la capacidad de vivir de acuerdo a nuestra forma de ser, de vivir, de pensar y de expresarnos.

La libertad y su punto de equilibrio:

Existen y debemos respetar las "fronteras invisibles" que limitan nuestra independencia porque "la libertad de cada quien termina en el límite de la libertad de otros", un axioma que encapsula una idea fundamental en la ética y la filosofía política, compartida por distintos pensadores en la historia. No se puede atribuir a un único autor, pero encontramos ecos de este principio en el trabajo de varios filósofos y teóricos sociales.

Uno de los filósofos más prominentes que abordaron esta idea fue John Stuart Mill en su obra "Sobre la libertad" (Mill, John Stuart., 1859. "On Liberty". John W. Parker and Son). Allí postula un principio de no maleficencia, donde destaca que la única razón válida para interferir en la libertad de un individuo, por parte de la sociedad, es para prevenir daño a otros. Esta teoría, conocida como el "principio de daño", refleja claramente la idea central del axioma. Jean-Jacques

Rousseau, en *El contrato social*, refleja una idea similar, proponiendo que en una sociedad los individuos acuerdan ceder cierta cantidad de su libertad personal para obtener la protección y los beneficios de vivir en una comunidad, estableciendo así un límite a la libertad individual en beneficio del bien común (Rousseau, J.-J., 1762. "Du Contrat Social: ou, Principes du droit politique ». Marc-Michel Rey).

Asimismo, en el ámbito legal y de derechos humanos este principio es fundamental para establecer leyes y normativas que buscan mantener un equilibrio entre la libertad individual y el bienestar colectivo.

Límites y ecuanimidad:

En el complicado mundo social en el que convivimos, el equilibrio entre la libertad individual y el respeto por las libertades de los demás surge como un requerimiento vital para mantener la armonía y la paz. La libertad individual destaca la necesidad de delinear fronteras entre lo personal y lo comunitario, evocando una ética de respeto mutuo que salvaguarda la dignidad de cada individuo en una sociedad.

Punto de partida... La libertad personal:

Para entender la magnitud de este límite a la libertad individual —si afecta la libertad de otro o de una comunidad—, es imprescindible comprenderla como un valor primigenio que nace de la inherente autonomía del ser humano, que engloba el derecho a pensar, expresarse y actuar según el propio juicio. Es como una fuerza motriz que permite a los individuos moldear su destino, perseguir sus aspiraciones y vivir en paz consigo mismo. Sin embargo, en una sociedad que abriga una multiplicidad de voces y perspectivas, algunos pueden en ocasiones convertir la libertad ilimitada en una amenaza para la cohesión social.

Encuentro con el otro: la frontera invisible

Cuando las acciones y decisiones de un individuo empiezan a invadir el espacio de libertad de otro, se erige una frontera invisible que demanda respeto y consideración. En este punto de encuentro, la libertad no puede ser vista como una entidad aislada, sino como un entramado que se teje con las libertades de otros. En este caso se nos insta a reconocer que cada individuo es merecedor de un espacio donde su libertad pueda florecer, sin ser usurpado o amenazado por las acciones de otros.

La ética de la coexistencia:

La ética de la coexistencia que la libertad personal propone se fundamenta en un respeto mutuo que busca preservar la dignidad y la libertad de cada persona. Esto implica un compromiso activo para evitar transgresiones que puedan menoscabar la libertad de otros. Así, se fomenta un ambiente de tolerancia y empatía, donde los individuos pueden coexistir armónicamente, disfrutando de su libertad sin temor a violaciones injustas.

Hacia una sociedad justa y equitativa:

Con la libertad individual y sus límites en relación con la libertad de los demás, se abre el camino hacia la construcción de la concordancia social. La libertad se convierte en un bien común compartido, que se nutre y se fortalece a través de la responsabilidad individual de respetar los límites de la libertad ajena. En esta sociedad, la justicia no solo se manifiesta en la igualdad de oportunidades, sino también en el respeto mutuo que salvaguarda la libertad de cada persona como un tesoro precioso y sagrado. Este límite de ser libres nos invita a cultivar una perspectiva equilibrada sobre la libertad, donde se fomenta una cohesión social basada en el respeto y la consideración mutua. A través de este enfoque, podemos aspirar a construir una sociedad donde la libertad, en su verdadero esplendor, sea una realidad vivida por todos, creando así un ambiente donde la dignidad humana sea la piedra angular de una comunidad unida y próspera.

La igualdad de los seres humanos

La diversidad racial entre los seres humanos ha sido objeto de estudio y debate durante siglos. La teoría de la evolución, propuesta por Charles Darwin en el siglo XIX, proporcionó una base sólida para comprender cómo los seres humanos, junto con todas las formas de vida en la Tierra, comparten un ancestro común. Sin embargo, la pregunta se mantiene en una parte de las personas: si todos los humanos comparten un origen común, ¿cómo se explica la existencia de distintas razas?

Una explicación plausible para la diversidad racial entre los seres humanos es la adaptación al entorno. Durante decenas de miles de años, a medida que los grupos prehistóricos se dispersaron por todo el mundo, se encontraron con una amplia variedad de condiciones ambientales, como el clima, la dieta y las enfermedades. Durante milenios, las poblaciones humanas desarrollaron características físicas y genéticas específicas para sobrevivir y prosperar en sus respectivos entornos. Una de ellas fue la pigmentación de la piel, que se adaptó para protegerse de la radiación ultravioleta en áreas con altos niveles de luz solar.

Por otro lado, las mutaciones genéticas también han contribuido a la diversidad racial. A lo largo de generaciones, se produjeron mutaciones aleatorias en el ADN humano, algunas de las cuales dieron lugar a características físicas únicas. Estas evoluciones se propagan en una población si confieren una ventaja adaptativa o simplemente se vuelven más comunes. Con el tiempo, estas metamorfosis dan lugar a diferencias notables entre las poblaciones humanas.

Otro de los factores ambientales más influyentes en la diversidad racial ha sido el clima. Las poblaciones que se establecieron en regiones con climas fríos y templados, como Europa del Norte y Asia Central, a menudo desarrollaron características físicas que les permitían lidiar con bajas temperaturas. Esto incluye la evolución de la piel más clara en estas poblaciones para permitir una mayor absorción de la luz solar y la síntesis de vitamina D en entornos con menos luz solar.

Por otro lado, en regiones más cálidas y soleadas, como África subsahariana, los seres humanos desarrollaron una mayor pigmentación de la piel para protegerse contra los daños causados por la radiación ultravioleta. Estas adaptaciones climáticas nos indican cómo las condiciones ambientales influyeron en las características físicas de las poblaciones humanas a lo largo de miles de años.

El pliegue epicántico es un doblez de piel que cubre el ángulo interno del ojo, lo que puede hacer que parezca que los ojos están más cerrados en comparación con algunas poblaciones de otras regiones del mundo. Este rasgo se encuentra con mayor frecuencia en poblaciones asiáticas, y en otras poblaciones en menor medida. Esta característica puede haber sido influenciada por factores como la protección contra la exposición al viento, la nieve y la luz solar intensa en ciertas regiones de Asia, así como la adaptación a otras condiciones ambientales locales. La variabilidad genética y la diversidad en la apariencia facial son características comunes en todas las poblaciones humanas.

La dispersión geográfica ha influido en las características de las poblaciones. Durante las glaciaciones, los seres humanos se expandieron hacia regiones más cálidas cuando los glaciares avanzaban y se retiraban. Esto condujo a la adaptación a entornos climáticos diversos. También el intercambio genético durante la historia ha contribuido a la mezcla de características de diferentes poblaciones humanas.

Un aspecto que no podemos dejar de mencionar es la disponibilidad de alimentos y recursos, que también desempeñó un rol destacado en la diversidad humana. Las poblaciones que dependían de la caza y la recolección en entornos boscosos desarrollaron habilidades de caza y recolección específicas, así como una comprensión profunda de la flora y fauna local. Por otro lado, las poblaciones que vivían en regiones costeras dependían de la pesca y tenían una dieta rica en pescado y mariscos. Estas diferencias en la dieta no solo afectaron la fisiología, como el tipo de dentición y el sistema digestivo, sino que también influyeron en el desarrollo de tecnologías y herramientas específicas para la obtención de alimentos, lo que contribuyó a las diferencias culturales y raciales.

Las poblaciones humanas también desarrollaron resistencia a enfermedades específicas que eran comunes en sus respectivos entornos. Las poblaciones que vivían en regiones donde la malaria era endémica desarrollaron resistencia genética a esta enfermedad. Estas adaptaciones genéticas se convirtieron en características distintivas de estas poblaciones.

La diversidad racial en los seres humanos es un fenómeno complejo y multifacético que puede explicarse en términos evolutivos, genéticos y culturales. Una palabra clave para entender esta variedad de las personas es la adaptabilidad del ser humano.

Intervención genética de seres de otros mundos

La teoría de que la diversidad racial en los seres humanos podría ser el resultado de la intervención genética de seres de otros mundos es una perspectiva interesante pero altamente especulativa. No existe evidencia sólida que respalde esta idea, y en la comunidad científica generalmente se considera poco probable. La falta de pruebas concretas y la abundancia de explicaciones basadas en la evolución y la genética hacen que esta teoría sea menos considerada. Esta idea, aunque fascinante, carece de evidencia sólida en la comunidad científica.

Lo que sí es tomado en cuenta por la ciencia es que la totalidad del cosmos está compuesta por átomos, partículas o "cuerdas" y subpartículas interconectadas, por lo que es cierto que sí tenemos infinitesimalmente todo en común con la existencia en el Universo.

Coexistencia de *Homo sapiens* y neandertales

La historia de la evolución humana es rica en descubrimientos fascinantes. Uno de los enigmas más intrigantes es la coexistencia de dos tipos diferentes de seres humanos en la antigüedad: los Homo sapiens y los Homo neanderthalensis o neandertales. Ambos compartían un ancestro común, pero su historia divergente y la eventual desaparición de los neandertales plantea interrogantes sobre nuestra propia ascendencia.

Los Homo sapiens, a menudo referidos como humanos modernos, y los neandertales, convivieron en Eurasia durante un largo período. La evidencia arqueológica sugiere que ambos grupos compartieron un entorno y se superpusieron geográficamente en diversas regiones durante miles de años. Esto plantea la pregunta crucial de cómo estas dos especies interactuaron y compitieron entre sí.

Una de las hipótesis más discutidas es que el Homo sapiens y neandertales rivalizaron por recursos limitados, como alimentos y refugio. A medida que los Homo sapiens desarrollaron herramientas y estrategias de caza más avanzadas, se hizo evidente que tenían ventajas competitivas sobre los neandertales, lo que en última instancia contribuyó a su declive. También se han encontrado rastros de que hubo cierta interacción entre unos y otros, lo que llevó a la mezcla genética en algunos casos. Estudios genéticos sugieren que los Homo sapiens modernos que tienen ascendencia no africana comparten aproximadamente de uno a dos por ciento de su ADN con los neandertales. Sin embargo, esta mezcla genética no fue suficiente para que los neandertales sobrevivieran como una especie separada.

Los cambios climáticos drásticos también deben haber contribuido a la desaparición de los neandertales. Se piensa que durante el último período glacial las condiciones se volvieron extremadamente rigurosas en Europa, donde ellos eran prominentes. La adaptación a estos cambios climáticos podría haber sido difícil para los neandertales, mientras que los Homo sapiens tenían una mayor flexibilidad y capacidad para migrar hacia regiones más cálidas. Aunque los neandertales finalmente desaparecieron como una especie separada, su legado vive a través de la mezcla genética en la población actual de los descendientes del Homo sapiens, lo que nos recuerda la complejidad y la riqueza de nuestra historia evolutiva, y lo determinante que representa el que todos tengamos y compartamos el mismo ADN de origen.

La igualdad entre seres humanos

Desde un punto de vista psicológico, podemos examinar este concepto desde diversos ángulos, considerando la importancia de la igualdad en términos de creencias, valores, bienestar mental, desarrollo personal y relaciones interpersonales. Uno de los pilares fundamentales de la igualdad es la promoción del bienestar de la humanidad. La desigualdad, ya sea en términos de oportunidades, acceso a recursos o trato injusto, genera estrés, ansiedad y depresión en las personas. La sensación de ser tratadas con discriminación afecta negativamente a las personas en toda su vida, tanto en su autoestima como en su salud. En contraste, una sociedad que valora y practica la igualdad tiende a crear un ambiente donde las personas se sienten respetadas, valoradas y aceptadas, lo que contribuye a una plena existencia.

Igualdad y colectividad social:

La igualdad también promueve la cohesión social y la armonía en la comunidad. Cuando las personas sienten que son tratadas con equidad, es más probable que desarrollen un sentido de pertenencia y compromiso con la sociedad en la que viven. Este valor fomenta la confianza entre los individuos y reduce los conflictos sociales, creando un ambiente adecuado para la cooperación y el trabajo en equipo. Esto, a su vez, contribuye a una mayor estabilidad emocional y psicológica en la comunidad en su conjunto.

Igualdad y desarrollo personal:

La igualdad desempeña un papel fundamental en el desarrollo personal de los individuos. Cuando las personas tienen las mismas oportunidades, consiguen alcanzar su máximo potencial y desarrollar sus habilidades y talentos. Se eliminan barreras que limitan el crecimiento personal, como la discriminación y la exclusión. Las personas se sienten capaces, con autoridad y motivadas para perseguir sus objetivos, lo que, a su vez, aumenta su autoestima, autoeficacia y felicidad.

La igualdad no solo es un ideal deseable, sino que es elemental. Beneficia a los individuos y enriquece a nuestras comunidades y sociedades en general. A través del respeto mutuo y la eliminación de las desigualdades, podemos crear un mundo donde cada persona tenga la oportunidad de florecer y contribuir de manera productiva y auténtica.

La desigualdad de los seres humanos:

La alternativa en contrario a la igualdad es la desigualdad, que se manifiesta en diversas formas, incluyendo discriminación, segregación y opresión. La historia de la humanidad lamentablemente está marcada por hechos impactantes de desigualdad que han resultado en tragedias y genocidios.

El régimen nazi liderado por Adolf Hitler (1933-1945), durante la Segunda Guerra Mundial, implementó un sistema de discriminación y persecución de grupos considerados "indeseables", principalmente judíos, pero también gitanos, personas con discapacidades y otros. Esta discriminación culminó en el Holocausto, donde millones de personas fueron asesinadas en campos de concentración y exterminio debido a su origen étnico y religión. En esta guerra se estima que murieron de 70 a 85 millones de personas entre civiles y militares. Fue uno de los episodios más atroces de desigualdad y persecución en la historia contemporánea.

El Apartheid, en Sudáfrica (1948-1994), fue un sistema de segregación racial institucionalizado, que mantuvo a la población de origen africano en condiciones de opresión y desigualdad extrema en comparación con la población de origen europeo. Esta política de discriminación racial dio lugar a décadas de injusticia y violencia.

La masacre de Ruanda (1994) fue uno de los genocidios más devastadores del siglo XX. La rivalidad histórica entre los grupos étnicos hutu y tutsi, exacerbada por la discriminación y la incitación al odio, llevó a la muerte de aproximadamente un millón de personas.

El genocidio en Camboya (1975-1979) fue perpetrado durante el régimen de los jemeres rojos, bajo el liderazgo de Pol Pot, y resultó en la muerte de aproximadamente dos millones de personas. La población fue sometida a condiciones de trabajo forzado, tortura y asesinato masivo debido a su afiliación política, educación o creencias religiosas.

La tragedia de los nativos americanos:

La historia de los nativos americanos en América del Norte abarca siglos de discriminación, desplazamiento forzado y opresión a manos de colonizadores europeos. La conquista de tierras y la marginación cultural y social han resultado en una desigualdad continua para las comunidades nativas americanas. Su historia está marcada por una serie de eventos y políticas que llevaron a la pérdida de vidas y tierras de las poblaciones indígenas. La colonización europea y la expansión hacia el oeste, en América del Norte, suscitó numerosos conflictos armados entre los colonos europeos y las tribus nativas. Estos conflagraciones llevaron a la pérdida de vidas en ambas partes, pero las bajas que sufrieron las tribus nativas fueron desproporcionadas. A medida que los colonos europeos se expandían hacia el oeste, estos grupos humanos fueron desplazados de sus tierras ancestrales.

La conquista de América por España que comenzó en el siglo XVI trajo consigo una serie de impactos devastadores para las poblaciones indígenas de México, Centro y Sudamérica. La llegada de los conquistadores españoles llevó a la pérdida masiva de vidas indígenas debido a enfermedades europeas previamente desconocidas, como la viruela, el sarampión y la gripe, para las que las poblaciones indígenas no tenían inmunidad. Millones de personas fallecieron debido a estas epidemias, lo que provocó la disminución de la población indígena en gran parte de América. Se establecieron sistemas de trabajo forzado, como la encomienda y la mita, que obligaron a los indígenas a sufrir esa carga en condiciones de explotación en las minas y en las plantaciones. Todo ello resultó en la degradación de las condiciones de vida de las poblaciones indígenas y en la pérdida de culturas, creencias religiosas y formas de vida tradicionales para muchas de estas poblaciones autóctonas.

Estos hechos históricos dolorosos subrayan la importancia de la igualdad y la necesidad de prevenir la discriminación y la desigualdad sistemáticas en todas las sociedades. La historia nos enseña que el racismo y la segregación tienen consecuencias devastadoras para la humanidad y que la promoción de la igualdad y el respeto por las culturas y por los derechos humanos son fundamentales para evitar tragedias similares en el futuro.

Unidad en la diversidad humana:

La diversidad humana es una realidad innegable y asombrosa. Los seres humanos nos hemos dispersado por todo el orbe, adaptándonos a una variedad de entornos y condiciones climáticas, y desarrollando una multiplicidad de culturas, lenguajes y características físicas. Si bien estas diferencias son evidentes a simple vista, es fundamental recordar que, bajo la superficie, los seres humanos comparten una profunda similitud: todos somos miembros de una única especie, Homo sapiens.

Esta pluralidad nos enriquece porque, en lugar de ser una razón para la discordia, debería celebrarse como una fuente de beneficio. La variabilidad en nuestras culturas, experiencias y perspectivas nos brinda la oportunidad de aprender unos de otros, expandir nuestros horizontes y promover la creatividad y la innovación. Además de que también es vital para la supervivencia de nuestra especie.

A pesar de las diferencias externas en color de piel, rasgos faciales, creencias, idioma o religión, todos los seres humanos compartimos una igualdad fundamental, que se basa en nuestra biología, en nuestra capacidad de pensar, sentir y experimentar emociones, y en la habilidad de formar sociedades cohesionadas. En un nivel más profundo, compartimos un conjunto común de valores y aspiraciones, como la búsqueda de la felicidad, el deseo de seguridad y la necesidad de amor y de pertenencia.

La discriminación, ya sea basada en la raza, el género, la orientación sexual, la religión u otras características individuales, es un obstáculo para la igualdad y la justicia, ya que perpetúa estereotipos dañinos, promueve la exclusión y la marginación, y socava el potencial humano. En lugar de evaluar a las personas por sus méritos individuales, la discriminación se basa en prejuicios infundados que despojan a las personas de oportunidades y derechos.

Para construir un mundo más justo y equitativo, es esencial que rechacemos la discriminación en todas sus formas y protejamos los derechos de todas las personas, independientemente de su origen o características personales. También implica un compromiso personal de desafiar los prejuicios y estereotipos, fomentar la empatía y la comprensión, y trabajar juntos para construir sociedades inclusivas y respetuosas.

En última instancia, todos somos seres humanos, y nuestra humanidad compartida debe prevalecer sobre cualquier diferencia superficial. La diversidad nos enriquece, pero nuestra igualdad fundamental es lo que nos une como especie. La discriminación socava esta igualdad y perpetúa la injusticia. Al abrazar la diversidad y rechazar la discriminación, podemos construir un mundo más armonioso y compasivo donde todos prosperemos y contribuyamos plenamente. La unidad en la diversidad es un ideal que debemos abrazar y defender con determinación.

Autenticidad: seamos consecuentes con nosotros mismos

La autenticidad es un valor crucial que impacta la búsqueda de la felicidad y el bienestar emocional. Se refiere a la congruencia entre nuestros valores internos, pensamientos y emociones, y nuestras acciones y comportamientos externos. Ser auténtico significa ser genuino y fiel a uno mismo, viviendo de acuerdo con lo que somos y lo que valoramos en lugar de tratar de encajar en expectativas externas o roles sociales.

Cuando somos auténticos, experimentamos una mayor satisfacción y ventura emocional. Esto se debe a que vivir en coherencia con nuestros valores y creencias internos nos brinda una sensación de realización y significado en la vida. En lugar de sentirnos atrapados en una máscara o un papel que no refleja nuestra verdadera esencia, nos sentimos libres para ser quienes somos realmente. Esta libertad interna se traduce en una sensación de felicidad duradera, ya que no estamos constantemente luchando contra nosotros mismos ni tratando de complacer a los demás a expensas de nuestra autenticidad.

Ser auténtico también está estrechamente relacionado con una autoestima saludable. Cuando nos aceptamos a nosotros mismos tal como somos y no tememos el juicio externo, cultivamos una autoimagen positiva y una mayor autoaceptación. En contraste, la falta de autenticidad puede llevar a la autoevaluación negativa, ya que constantemente nos medimos según estándares externos en lugar de nuestros propios valores y principios. La autoestima se fortalece cuando vivimos nuestras vidas desde un lugar de verdad interna y autoaceptación.

La congruencia entre nuestro ser interno y nuestras acciones externas es la base de la integridad, la cual nos proporciona una brújula moral y una sensación de rectitud en nuestras acciones, y esto contribuye a una mayor satisfacción y paz interior. Vivir una vida auténtica nos permite mirarnos en el espejo y sentirnos orgullosos de la persona que vemos.

La autenticidad también está vinculada a la sensación de plenitud en la vida. Cuando somos auténticos, no estamos divididos ni fragmentados. No vivimos una vida de cómo "debería ser", sino una vida de quién "soy". Esta cohesión interna nos llena de una sensación de entereza que es elemental para la experiencia de la felicidad. En lugar de sentirnos incompletos o insatisfechos, nos sentimos llenos y orgullosos con quienes somos.

Ser genuinos, entendiendo esto como la congruencia entre nuestros valores internos y nuestras acciones externas, es un valor crucial para alcanzar la felicidad. Cuando somos consecuentes con nosotros mismos, experimentamos una mayor autoestima, complacencia y equilibrio emocional.

La gratitud

Es otro valor psicológico fundamental que tiene un impacto significativo en la felicidad. Practicar la gratitud implica reconocer y apreciar las cosas positivas en nuestra vida, incluso en medio de desafíos. Está relacionada con un enfoque en los aspectos positivos y el cultivo de una actitud optimista. Las personas que cultivan la gratitud tienden a experimentar menos estrés y depresión, y reportan niveles más altos de satisfacción y bienestar emocional.

En el ámbito de la psicología, la gratitud se erige como un valor fundamental que ejerce un impacto profundo y significativo en la búsqueda de la felicidad. Practicar la gratitud implica reconocer y apreciar conscientemente las cosas positivas en nuestra vida, incluso cuando enfrentamos desafíos y dificultades. Esta poderosa práctica está intrínsecamente relacionada con un enfoque en los aspectos positivos de la existencia y del cultivo de una actitud optimista y esperanzadora.

Algunos países como Canadá y Estados Unidos tienen dedicado un día a este valor y se reúnen en familia para celebrar el día de Acción de Gracias.

¿Vaso medio lleno o medio vacío?

La gratitud nos invita a enfocar nuestra atención en los aspectos positivos de la vida. A menudo, en medio de las tensiones diarias y los desafíos, es fácil perder de vista las bendiciones y los momentos de alegría que nos rodean. La práctica de este valor nos anima a tomar un momento para reconocer y apreciar las cosas que a menudo pasamos por alto: un gesto amable de un amigo, una hermosa puesta de sol o simplemente la oportunidad de estar vivos. Este cambio de enfoque hacia lo positivo puede influir poderosamente en nuestra percepción del mundo y nuestra propia felicidad.

El dicho popular "ve el vaso medio lleno en lugar de medio vacío" se relaciona directamente con el concepto de gratitud y el enfoque positivo. Este refrán implica que debemos adoptar una perspectiva optimista hacia la vida y sus circunstancias, en lugar de enfocarnos en lo que falta o en lo negativo. Cuando lo aplicamos, estamos practicando la gratitud al reconocer y valorar lo que tenemos en lugar de lamentarnos por lo que no tenemos o lo que podría faltarnos. Esta actitud optimista y agradecida puede tener un impacto positivo en nuestra salud mental, bienestar emocional y felicidad.

Cultivar la gratitud va de la mano con el desarrollo de una actitud optimista. Cuando nos entrenamos para reconocer y apreciar lo que disfrutamos, en lugar de enfocarnos en las carencias, creamos un patrón mental positivo que influye en cómo enfrentamos las circunstancias. Las personas agradecidas tienden a ver los problemas como alternativas para el crecimiento y la resiliencia en lugar de obstáculos insuperables. Esta perspectiva optimista puede ser un amortiguador contra las frustraciones, depresiones o el estrés crónico.

Existe una fuerte correlación entre la práctica de la gratitud y la felicidad. La razón detrás de este efecto es que la gratitud ayuda a reconfigurar nuestra percepción de las circunstancias adversas. Al centrarse en lo positivo, las personas son menos propensas a experimentar el pensamiento negativo, que se refiere a un patrón repetitivo que se caracteriza por la preocupación excesiva y la reflexión persistente sobre los problemas, las preocupaciones, las emociones negativas o los eventos estresantes pasados. Cuando damos vueltas una y otra vez alrededor de pensamientos negativos o intrusivos, sin llegar a la solución satisfactoria de algún problema, aparece el pesimismo. El pensamiento negativo se diferencia de una reflexión constructiva —que sería el método correcto para solventar dificultades— en que no conduce a la resolución de los problemas ni al alivio emocional.

El acto de expresar gratitud de igual manera está estrechamente vinculado con un mayor bienestar emocional. Al reconocer y apreciar las cosas buenas en la vida, las personas tienden a experimentar niveles más altos de satisfacción y felicidad. La gratitud puede crear un ciclo positivo: cuanto más agradecidos somos, más felices nos sentimos, lo que a su vez nos impulsa a ser aún más agradecidos. Esta es una vía hacia la construcción de una vida más plena y significativa. En un mundo medio lleno de adversidades, la gratitud es una brújula que nos guía hacia una vida más plena y satisfactoria y a ampliar el medio vaso lleno.

Superando adversidades

La capacidad de enfrentar adversidades y recuperarse de ellas de manera efectiva es vital para la felicidad porque nos permite enfrentar los desafíos de la vida con una mentalidad positiva y adaptativa. Las personas resilientes son capaces de mantener una perspectiva optimista incluso en momentos difíciles, lo que les ayuda a superar obstáculos y mantener su bienestar emocional... La resiliencia también está vinculada con la capacidad de aprender y crecer a través de las experiencias adversas, lo que contribuye a una mayor sensación de logro y satisfacción personal.

En el área de la psicología, la resiliencia emerge como un concepto que desempeña un papel crucial en la búsqueda de la felicidad, aportando la capacidad de enfrentar reveses, superarlos y recuperarse de manera efectiva. Esto nos ayuda a fluir ante situaciones complicadas en la vida, lo que a su vez impacta afirmativamente en nuestro bienestar. Las personas resilientes tienen la capacidad de mantener una perspectiva optimista incluso cuando se enfrentan a desafíos abrumadores. Esta actitud actúa como un escudo emocional que amortigua los impactos negativos de las dificultades. En lugar de caer en la desesperación o el pesimismo, las personas resilientes son capaces de ver la luz al final del túnel, y creer que se pueden superar los obstáculos. Esta mentalidad optimista es un componente clave para mantener un estado de felicidad constante.

Una de las características sobresalientes de las personas resilientes es su disposición para adaptarse a las circunstancias cambiantes.

En lugar de resistirse a ellas, están dispuestas a ajustarse y encontrar nuevas formas de enfrentarlos. Esta adaptabilidad es fundamental para la felicidad, ya que la vida está llena de cambios y transiciones. Se pueden abrazar estos cambios con una actitud abierta y positiva, lo que les abre un acceso para mantener su tranquilidad incluso en momentos de incertidumbre.

Superar situaciones adversas está vinculado a la capacidad de aprender y crecer a través de estas experiencias. Lo cual no solo les permite superar las dificultades, sino que también contribuye a una mayor sensación de logro personal, aumentando la autoestima y la autoconfianza. La resiliencia nos capacita para enfrentar los desafíos con confianza y mantener una satisfacción duradera, lo que nos lleva hacia una vida plena y feliz.

Conexión social

Este aspecto, aunque no se presenta como un valor único, se alza como un componente esencial en la búsqueda de la felicidad y el bienestar emocional. Las relaciones interpersonales y el sentido de pertenencia no solo conforman un aspecto fundamental de la experiencia humana, sino que también se erigen como factores clave para el bienestar de las personas.

La conexión social y el sentido de comunidad han sido identificados como determinantes para alcanzar la felicidad en la mayoría de las personas y sociedades. Estar conectados con otros y mantener relaciones cercanas nos brinda un refugio emocional, una red de apoyo y un sentido de pertenencia. La satisfacción emocional que emana de estas relaciones contribuye directamente a nuestra sensación de felicidad.

Estar conectados no es solo un producto de la cultura o la sociedad, sino que también tiene raíces profundas en nuestra evolución como seres humanos. Durante la historia de la humanidad la pertenencia a grupos y la cooperación con otros han sido esenciales para la supervivencia y la reproducción. Esta necesidad innata de conexión con otros persiste en la actualidad y se manifiesta en nuestra búsqueda continua de relaciones familiares, amistosas y sociales.

La falta de conexión social, por otro lado, tiene un impacto perjudicial en el bienestar emocional de un sinnúmero de personas y comunidades. La soledad crónica se ha relacionado con una menor sensación de felicidad. Cuando nos sentimos aislados, nuestro sentido de pertenencia y apoyo se ve socavado, lo que puede dar lugar a un declive en nuestro bienestar emocional.

La calidad de nuestras conexiones sociales es igual de importante, si no más, que la cantidad. Las relaciones auténticas, basadas en la empatía, el apoyo mutuo y la comprensión, son las que más contribuyen a la felicidad. Estas conexiones profundas brindan un sentido y propósito en la vida, y fomentan una sensación de alegría duradera. Por ello, la búsqueda de la felicidad se encuentra intrínsecamente ligada a nuestras relaciones con los demás.

Conexión divina

Un vínculo divino forma parte de la felicidad. La búsqueda de un enlace espiritual es fundamental en la experiencia humana. Muchas personas encuentran significado en su relación con un Creador, Dios o su conexión con el Universo. Este lazo profundo proporciona un apoyo emocional y una fuente de inspiración que enriquece nuestras vidas en una dimensión transcendental de la existencia humana. La creencia en un ser supremo o en una conciencia cósmica que rige el Universo ha sido una constante de la humanidad. Independientemente de la religión o la filosofía de vida de una persona, la espiritualidad juega un papel crucial en la formación de su identidad y en su búsqueda de significado en la vida.

Uno de los aspectos más significativos de la conexión divina es la sensación de que no estamos solos en el cosmos. Cuando una persona siente que está en unión con una instancia superior o con el Universo mismo, experimenta una profunda sensación de pertenencia y cuidado. Esta impresión de estar acompañados brinda consuelo y alivio en momentos de dificultad y desafío. Además, aporta un sentido de propósito a la vida. Muchas personas encuentran en su fe o en su relación con lo divino una razón para vivir de acuerdo con ciertos valores y principios. Esta disposición moral guía sus decisiones y acciones, lo que a su vez contribuye a una sensación de realización y de plenitud en la vida.

Las conexiones divinas también son una fuente de fortaleza emocional. En momentos de pérdida, dolor o sufrimiento, creer en una entidad sublime ofrece consuelo y esperanza, y la experiencia espiritual provee de herramientas poderosas para gestionar el estrés y la ansiedad. Asimismo, inspira a las personas a buscar un mayor entendimiento del mundo y de sí mismas. Muchas tradiciones religiosas —así como la ciencia— promueven la búsqueda de la verdad y el conocimiento como un camino hacia la iluminación espiritual.

Cada individuo puede tener su propio concepto de lo divino, ya sea en forma de un Dios personal o una conexión con el Universo. Lo que importa es que esta conexión sea significativa y auténtica, ya que es una vía hacia la felicidad y el bienestar individual y colectivo. Este vínculo puede enriquecer nuestras vidas de muchas maneras, proporcionando una base sólida para enfrentar los desafíos y experimentar una mayor satisfacción y bienestar. Sea cual sea la forma en que una persona interprete este contacto omnipotente, su impacto en la búsqueda de la felicidad es innegable.

Todos estos valores mencionados en este capítulo no solo moldean para bien nuestras experiencias emocionales, sino que además influyen en nuestra percepción de complacencia y felicidad en la vida. Al desarrollarlos y ejercerlos, podemos fomentar un entorno mental y emocional propicio para ser más auténticos y resilientes, y disfrutar una vida más gratificante.

Epílogo

La felicidad es un tema tan antiguo como la humanidad misma. A lo largo de las eras, se ha hablado de ella y se ha tratado de comprenderla y, sobre todo, alcanzarla. A través de este libro, hemos procurado desentrañar los misterios que han capturado la imaginación y el deseo de la humanidad desde tiempos inmemoriales. Es cierto que definir la felicidad es una tarea compleja y esquiva. No obstante, nos hemos atrevido a proponer una aproximación basada en la ciencia y en la experiencia acumulada a lo largo de miles de años de civilización. Esta aproximación no solo se basa en la comprensión teórica, sino también en herramientas prácticas para manejar y dirigir nuestra inteligencia emocional. Desde el amor hasta el miedo, pasando por la alegría y la ira, las emociones son el vehículo que nos lleva hacia la anhelada felicidad.

Una de las habilidades más fundamentales para el ser humano es la toma de decisiones. En una sociedad compleja y en constante cambio, saber elegir es esencial para nuestra felicidad. Decidir ya no es una opción, es una necesidad. Y es este acto de decidir, consciente y estratégicamente, lo que nos diferencia de otras especies y nos acerca a una vida plena. Respondemos algo indispensable para lograr más bienestar en la vida contemporánea como es aprender a tomar decisiones para encontrar la felicidad. Vimos que "lo que no se puede hacer es no hacer algo" ante una situación problemática, así como el precio de tomar o no tomar decisiones, lo cual por cierto es parte de lo que nos separa del comportamiento animal.

Así, la primera decisión es aceptar ser y actuar como un ser humano, porque pasamos del sistema nervioso instintivo animal al cerebro racional y cognitivo humano, y la segunda decisión es vivir estratégicamente, practicando en nuestras vidas el concepto de estrategia, conociendo todos sus elementos constitutivos y los recursos indispensables para cumplir nuestros planes y objetivos.

En el ámbito de la neuroprogramación positiva, hemos explorado cómo nuestras acciones y decisiones diarias, a menudo dictadas por comportamientos inconscientes que nos dirigen a la desventura, pueden ser reprogramadas para lograr cambiar estos hábitos negativos por las conductas y formas de ser que nos alejen de la insatisfacción y nos dirijan hacia hábitos que nos acerquen a la felicidad. También enumeramos las llaves para el control de nuestras vidas, y mecanismos y herramientas que nos ayudarán a manejar nuestros problemas y buscar mayor felicidad como propósito de vida y alcanzar la plenitud.

Con la neurogastronomía planteamos que la mesa familiar servida junto a los seres queridos, los amigos o la comunidad, es clave para ser felices. Los alimentos en la mesa, ese ritual tan humano, también juegan un papel crucial en nuestra búsqueda de la felicidad. Descubrimos cómo la comida, y los momentos compartidos a su alrededor, son una fuente inagotable de bienestar. No solo por los neurotransmisores que se activan con cada bocado, sino por la riqueza de las experiencias y recuerdos que se crean.

También hemos debatido sobre la relación entre posesiones materiales y felicidad, y cómo encontrar un equilibrio que sea lo más equitativo posible, siendo el propósito de ser feliz una constante para balancear nuestra vida.

En un mundo globalizado, donde las migraciones son una realidad cotidiana, reflexionamos sobre la búsqueda de la felicidad en tierras lejanas y cómo, al final, todos buscamos lo mismo: un lugar para ser felices. Conversamos sobre los que emigran por supervivencia y los que lo hacen de forma planificada, es decir los que lo hacen porque quieren hacerlo. Explicamos las pérdidas del emigrante planificado o por supervivencia y las motivaciones externas para emigrar, así como sus ganancias, porque al final lo que buscan es una mayor felicidad.

Para ser felices es cardinal basarse en los valores trascendentales, porque son los que nos conducen a ese estado. Por ello disertamos sobre la felicidad y la "conexión universal", sobre el bien y el mal y sobre encontrar el lado positivo del Universo. No se puede hablar de felicidad sin mencionar los valores trascendentales que nos guían. Además de los valores de las propias creencias y religiones, los valores universales como la paz, la justicia, la equidad, la libertad y la gratitud son esenciales para alcanzar un bienestar duradero.

Se habrán preguntado por qué tantos autores del libro, y nos encontramos con este punto de reflexión. No solo sobre la felicidad en familia, un tema que abordamos con profundidad y pasión, sino también sobre el proceso conjunto que nos llevó a escribir estas páginas. Cada uno de nosotros, los autores, desde nuestras perspectivas y campos de estudio, aportamos un granito de arena para realizarlo. Abuelo y abuela, con nuestra experiencia en psicología, recordamos la importancia de las emociones, de la razón y de la comunicación en la búsqueda de la felicidad. Nuestra nieta, igualmente desde el campo de la psicología, con su frescura y perspectiva moderna, aportó una visión renovada, mientras que el nieto matemático nos ofreció estructura, lógica y una perspectiva analítica. Nuestros dos hijos, uno inmerso en el mundo digital de la informática y el otro en el apasionante cruce entre neurociencia y gastronomía, enriquecieron este trabajo con sus conocimientos y experiencias únicas.

Pero, más allá de las disciplinas y materias tratadas, lo que realmente queremos resaltar es el metamensaje que subyace en cada capítulo, en cada anécdota y en cada consejo: la capacidad de tres generaciones para encontrar un consenso sobre un tema tan complicado y controversial como la felicidad. Este libro no solo es un testimonio de lo que pensamos sobre la felicidad en familia, sino también de cómo, a pesar de nuestras diferencias y formas de vida, pudimos ponernos de acuerdo, dialogar y, sobre todo, aprender los unos de los otros. Esperamos que, al leer nuestras palabras, no solo encuentres herramientas y consejos para cultivar la felicidad en tu hogar, sino también la inspiración para tender puentes entre generaciones, para escuchar y ser escuchado, y para descubrir que, a pesar de las diferencias, todos buscamos lo mismo: amor, comprensión y, por supuesto, felicidad.

Con cariño y gratitud, cada palabra y reflexión fueron impregnadas con nuestra más profunda pasión y sinceridad. Cada pensamiento compartido es el fruto de años de estudio, introspección y experiencia personal. Y usted, querido lector, ha sido nuestro compañero de viaje, navegando por este mar de emociones, desafíos y revelaciones. Por ello, desde lo más profundo, queremos expresar nuestras más sinceras gracias. No hay palabras que puedan capturar adecuadamente el aprecio y el reconocimiento que sentimos por haber dedicado su tiempo y emoción a este libro.

Esperamos que no solo haya encontrado respuestas, sino también preguntas que le impulsen a seguir buscando, sintiendo y viviendo con intensidad. Que las semillas plantadas en estas páginas florezcan en sus vidas, llevándolos a horizontes aún más brillantes y emocionantes. Gracias por confiar en nuestra voz, por permitirnos ser guías en este viaje y, sobre todo, por creer en la magia y el poder de la felicidad. Que este libro sea un faro que ilumine su camino hacia la plenitud.

No olvidemos que la felicidad es un viaje, no un destino. Nos sentimos honrados de haber sido parte de su travesía. Gracias una vez más y permítannos ser parte de su camino. Deseamos que este libro sea el inicio de muchas reflexiones y cambios positivos en su vida y la de sus seres queridos.

Familia Gessen

Contenido

Prefacio 7
La Felicidad 14
Capítulo 1: Cómo lograr el control y la inteligencia emocional necesarios para alcanzar la Felicidad...... 26
Capítulo 2: ¿Cómo me programo para ser feliz?................... 111
Capítulo 3. ¿Tengo que aprender a tomar decisiones para encontrar la Felicidad?................................ 237
Capítulo 4: Barriga llena... Corazón contento: las claves de la felicidad en la mesa 292
Capítulo 5. Un destino distinto: nueva vida y oportunidad para ser felices.. 349
Capítulo 6: Valores trascendentales que conducen a ser feliz.... 459
Epílogo 542

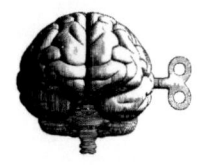

Esta edición de *Maestría de la Felicidad*, fue realizada por
FB Libros en la ciudad de Caracas en el mes de diciembre
del año dos mil veintitrés.

Made in the USA
Columbia, SC
05 October 2024

8ab9a12e-076b-43d9-8935-fc912728d83cR01